作者简介

张新科

河南上蔡人,留德博士,二级教授,先后担任两所大学校长、党委书记,现任江苏省社科联党组书记,是唯一囊括江苏省优秀教学成果奖、紫金山文学奖、哲学社会科学奖、五个一工程奖、政府出版奖的学者。

学习理工,爱好文字。著名作家,国家级汉语言文学一流专业带头人,被誉为"我国重大革命和谍战题材领军人物"。先后在《十月》《当代》《钟山》《中国作家》等刊物发表和出版文学作品600余万字。代表作有长篇小说《远东来信》《苍茫大地》《鏖战》《铩羽》等。多部作品被拍摄和改编成电视剧、戏曲、话剧等。

江苏十二美

张新科 编著

南京大学出版社

图书在版编目(CIP)数据

江苏十三美 / 张新科编著. —南京：南京大学出版社，2024.6
ISBN 978-7-305-28065-8

Ⅰ.①江… Ⅱ.①张… Ⅲ.①文化史－江苏 Ⅳ.①K295.3

中国国家版本馆CIP数据核字(2024)第087668号

出版发行	南京大学出版社
社　　址	南京市汉口路22号　　邮　编　210093
书　　名	**江苏十三美** JIANGSU SHISAN MEI
编　著	张新科
责任编辑	蔡文彬　高　军
封面题签	黄　惇
照　　排	南京开卷文化传媒有限公司
印　　刷	南京凯德印刷有限公司
开　　本	880 mm×1230 mm　1/32　印张15　字数353千
版　　次	2024年6月第1版　2024年6月第1次印刷
ISBN	978-7-305-28065-8
定　　价	98.00元

网　　址：http://www.njupco.com
官方微博：http://weibo.com/njupco
微信服务号：njuyuexue
销售咨询热线：(025)83594756

* 版权所有，侵权必究
* 凡购买南大版图书，如有印装质量问题，请与所购图书销售部门联系调换

序　言

美,是人类共同的追求,是每个人心中最温暖、最幸福、最有价值、最具色彩的精神意象。读万卷书,行万里路,胸中脱去尘浊,自然丘壑内营。这既是生发美好的叙事过程,也是丰盈灵魂的生命历程。

想象有一本书,为我们描绘一个个陌生之地、一座座他方之城,让我们生出天人合一之境、顿起掩卷而往之念,那一定是本美妙的书,那必定是座美妙的城。

美,就是这样化风行万里。到了北京能感受到首都中心之美,到了上海能感受到国际都市之美,到了深圳能感受到科技创新之美,到了成都能感受到天府悠然之美;到了巴黎能感受到艺术之都之美,到了洛杉矶能感受到好莱坞星光闪耀之美,到了维也纳能感受到音乐殿堂之美……这些世界上著名的城市都独具魅力、令人惊叹。大有大的气象万千,小有小的锦绣乾坤。在繁花似锦的大地上,在亚热带和温带气候的共同问候下,孕育了一处宛如天堂的美妙之地,串联起上天赐予人间的十三块熠熠生辉、各有奇美的瑰宝,这便是中华民族和中华文明的重要发祥地之一——江苏。

作为省级行政区出现,"江苏"之名仅有350多年的历史。1667年,清政府把江南省一分为二,设江苏、安徽两省。江苏之名,取江宁(今南京)和苏州(今苏州)两府首字。至民国,"苏"渐成江苏全省的官方简称。这个简短的名称,却承载着美好期许和向好寄托。"苏"的繁体字"蘇",由草、鱼、禾构成,寓意水草丰美、鱼米丰盛,确也符合时人对江苏这片土地物产丰沛、经济发达、人文昌盛的印象。滨江拥海跨淮的江苏,历经沧海桑田和社会变迁,培育出13个全国百强市,展现着瑰丽多彩的城市形象和地方特色文化,共同勾勒出大美江苏的时代画像,在新时代里乘风破浪、逐梦前行。

江苏之美,美在历史厚重,宛如一部厚重的古籍,每一页都承载着时间的痕迹和岁月的记忆。农耕文明是中华民族的文化底色。黄河、长江和淮河及其庞大的水系,造就了江苏超过八成的平原水域占比。因为地势平坦、土壤膏腴、气候优越,农业生产发达,江苏自古便是中国著名的鱼米之乡。从远古时代的汤山遗址、藤花落遗址,到春秋战国时期吴、越、楚在这片土地上辟荒野、建城邑,政治经济文化发展渐成规模。秦汉时,江苏地区的经济文化得到进一步繁荣发展,特别是丝绸、陶瓷等手工业开始萌发。到唐宋时期,江苏地区已经成为中国经济的中心之一。明清后,江苏地区的经济愈加繁荣,特别是南京、苏州、扬州、淮安等城市的发展,推动了文化、艺术的进一步发展创新,苏州刺绣、扬州漆器、南京

序言

云锦等都成为中国文化的杰出代表,经过历代的规划、调整、建设和积累,逐步奠定了现代江苏的地理、文化、行政、经济及社会发展的整体样貌。新中国成立后,江苏一直走在全国经济社会发展的前列,先后打造了苏南模式、耿车模式、江阴模式、昆山模式、常熟模式和新苏南模式等一系列经济模式,书写了苏州工业园区经验、昆山之路、张家港精神、人文经济典范之地等江苏故事,不断为中华民族繁荣昌盛贡献智慧和力量。回首千年,虽然历经战乱、移民、水患,但这片土地凭借韧性和底蕴,一次次沐火重生,繁花再开更斑斓,万紫千红皆是春。

江苏之美,美在自然生态,只要踏上这片神奇的江淮热土,必能寻得诗和远方。这是一片得天独厚的土地,位于长江三角洲,平原广阔、四季分明、水网密布。"一山二水七分田"的地理环境,注定了江苏平原大省的身份。这里有沃野千里、稻香四溢的苏南平原、江淮平原、黄淮平原、东部滨海平原、苏北平原、里下河平原,在江河湖海之中、日月星辰下徐徐展开,尽显美丽江苏的俊美灵动。作为全国地势最低的省份,江苏有山但不高,最高的连云港云台山玉女峰海拔仅625米,因此,全省地势平坦、平原广袤。得益于良好的气候,绵延于北部和西南的老山山脉、宁镇山脉、茅山山脉、宜溧山脉、云台山脉,均是绿涛掩映、景深木秀。江苏跨江滨海、湖泊水网众多,全国五大淡水湖得其二,太湖2250平方千米为第三,洪泽湖2069平方千米为第四,此外还有高邮湖、骆马湖、石白湖等大小湖泊290多个。海岸线曲折绵延954千米，长江横穿东西425千米，京杭大运河纵贯南北718千米，淮、沂、沭、泗、秦淮河、苏北灌溉总渠等2900多条大小河流，将散落的湖泊串珠成链。在这片山水之间，万物竞秀，江山如画。长江浩荡东流不息，沿岸厂移人退鱼鸟回归。运河风韵绵长，三湾湿地风景秀丽、引人驻足，淮安"百里画廊"、古今辉映。海风拂面，黄海滩涂候鸟翔集，森林公园层林尽染。太湖波光潋滟，水质达近十年最好水平。无垠的田野、绿树掩映的农房，如诗如画的新农村新风貌和江苏率先碳达峰的愿景让人沉醉。如今，水韵江苏处处呈现山水人城和谐相融的美好景象，绿水青山已经成为江苏人的金山银山。

江苏之美，美在人文昌盛，仿佛一切都被赋予了生命和活力，轻轻一笔一画，便能惊艳时光、顿悟人生。作为自古繁华富庶之地，适宜的气候、便利的交通、发达的经济，为文化繁荣发展提供了有利条件。由于江河区隔和战乱南迁等，江苏形成了吴文化、楚汉文化、淮扬文化、金陵文化、海洋文化，呈现出风格分明又互融共生的文化品格。拥有丰富的文化资源和底蕴，使这片热土涌现出众多文人墨客、才子佳人和仁人志士，为中华文化宝库增添了无数璀璨瑰宝。江苏是文学的殿堂，"四大名著"(《红楼梦》《西游记》《水浒传》《三国演义》)都与江苏有渊源，南京被评为"世界文学之都"。古往今来，顾恺之、刘勰、范仲淹、唐寅、冯梦龙、顾炎武、朱自清、叶圣陶、钱穆、钱锺书等如雷贯耳的文史名家都是江苏人，他们

序　言

深刻的智慧和卓越的成就不断为中华文化注入新的活力。江苏是艺术的宝库，苏州园林、扬州画派、昆曲、锡剧、扬剧、淮海戏、苏绣、云锦、雕版刻印、孟河医派、扬州玉工等，这些非遗传承不仅具有独特的风格和精湛的技艺，还蕴含着极高的审美价值和深厚的文化内涵。江苏是思想萌发践行之地，东林学派、泰州学派、常州学派，一辈辈饱学之士经世事之变、究圣人之道，不辍钻研中国传统文化。更有南通张謇一状元儒生，得时代风气之先，于乱世中洞明世界大势，开中国一城一地近代化之先。江苏是崇文重教之所，历史久远，可上溯到季札观乐知政，着儒学文艺思想先鞭，言偃在吴地传播孔子儒学。经历代贤达兴学，如今江苏教育风气醇厚、成效显著，169所高校遍布全省，全省中等及以下教育毛入学率均超过95%，高等教育毛入学率达65%，高于全国平均水平，也高于世界中高收入国家的平均水平。历代江苏先民取得的巨大文化成就，是今天江苏人民拥有文化自信的精神根脉，创造社会主义新时代文化的动力源泉。

江苏之美，美在宜居宜业，宜居的获得感、幸福感、安全感，宜业的便利度、舒适度、满意度，引得世人纷至沓来、筑梦未来。"上有天堂，下有苏杭"，江苏的经济发展不仅带来了物质的富足，还为人们提供了高质量的生活保障。在这里，现代工业与商贸繁荣，科技创新和人才汇聚，有着现代化城市群和特色田园乡村。在这里，运河悠悠、园林精妙，无论是明丽的玄武湖，还是大气的太湖、云龙湖和婉约的瘦西湖，都让人流连忘返。在这里,淮扬、金陵、徐海、苏锡四大菜系,清鲜微甜、细致精美和咸鲜适度、风格淳朴的各类美食让人垂涎欲滴。五座万亿之城,二十三个百强县,快速发展的经济不仅为城市注入了活力,也给乡村带来了繁华,提供了丰富的就业机会、良好的社会治理和优质的生活资源,绘就了和美乡村"新画卷"。体系完善的制造业,开放的外向型经济,高质量的高等教育资源,高效的公共服务,便利的交通体系,全方位的法治保障让江苏连续多年获得全国"营商环境最佳口碑省份"称号,让"近者悦""远者来"。宜居宜业的背后,是一个宜商、宜游、宜学、宜养等"宜"字开头的大美江苏,这是一个既能够享受现代化便利,又能沉浸于自然与历史的美好家园。

江苏之美,美在开放包容,汇通江淮之气概、畅达黄海之辽阔的胸襟格局,容得下各地文化的共融、共生、共成长。古来这里便是南来北往、移民经行落脚之地,千里赖通波的运河串联了江苏南北,共同滋养了江苏多元并蓄、开放包容的精神风貌。水是江苏的文化符号,江苏民性如水、民智绵长,民风便也如水般善待万物。虽被调侃为"散装江苏",但也是"散作满天星,聚为苏大强"。豪爽耿直的北方文化,温和细致的南方文化,都能在江苏找到共鸣,亦如礼佛者有灵山、栖霞山、牛首山;问道者有茅山;嗜烈酒者有"三沟一河",不善饮者有黄酒米酒;喜穿着打扮者有仙气飘飘的汉服和明代马面裙、俏丽的苏韵旗袍、清秀的吴服、正气的中山装。来到江苏,无论漫步南京夫子庙,还是闲步于苏州平江路、扬州东关街,都会看到一幅文化大熔炉的景象,这里的人们来自五湖四海,甚至肤色各异、国籍不同。无论什么人,都能在江苏找到一片心灵栖居之地。

美哉,江苏!美就美在各地各风、各物各景,实在不能为片语所道。虽然近年来介绍江苏的书籍、纪录片出了不少,但限于篇幅、时长、体例,让人总有意犹未尽之感。有感于此,笔者领衔,汇聚省内文化人才,以《江苏十三美》为题,立足江苏地方优秀传统文化传承弘扬和普及宣传,意在通过优美浅显的文字,提炼、展现江苏传统与现代交融、物质与精神协调、自然与社会和谐的地域与城市文化形象,将知识普及、文化传承、文旅推介相结合,打造新时代江苏社科普及读物的代表。本书结构简洁鲜明,13个设区市各一章节、约2万字,虽篇幅不长、字数不多,但融人、事、物、景、境、情之美于一体,力争"志足而言文,情信而辞巧",以显大美江苏之精华。

"登山则情满于山,观海则意溢于海。"致力于呈现江苏之美,笔者拙笔于扬州、徐州、南通三市篇,南京篇由现代快报白雁撰写,无锡篇由江南大学庄若江撰写,苏州篇由苏州过云楼文化研究会王道撰写,常州篇由晋陵文旅集团苏刚撰写,淮安篇由淮阴师范学院张文华、淮安日报社赵威撰写,连云港篇由连云港市民宗局蔡骥鸣撰写,盐城篇由盐城幼儿师范高等专科学校孙曙撰写,镇江篇由镇江市文艺评论家协会裴伟撰写，泰州篇由省社科院泰州分院张永龙撰写，宿迁篇由宿迁市大运河文化带建设研究会陈法玉、宿迁学院程薇撰写。江苏省社科联党组成员、副主席许益军，江苏省社科联科普部朱建波、路胜利，南京大学出版社蔡文彬、高军为此书编撰出版做了细致的组织工作。

南京大学周群教授等专家为本书提出了修改意见，相关设区市社科联征集并提供了数十幅精美的照片，南京艺术学院周亚轩为内封绘制了素描作品，在此一并表示感谢。

何之谓美，自古便是哲学辩题，客观、主观、逻辑、认知、经验、形式、快乐、色彩、欲望，不一而足。可以确定的是，美是一种终极价值，然而在现实语境中，关于美的评判亦因个人审美偏好而千差万别。此书以文学的笔触、科普的形式、独特的视角展现江苏之美，展示十三地之美，在讲知识、讲文化、讲故事之中勾画十三幅美景，虽已尽全力，但必有缺憾。美芹之献，不足之处敬请读者指正。

江苏社科联党组书记　常务副主席

留德博士　教授　张新科

目　录

风雅南京 ··· 1

一、十朝风华 ··· 3
1. 长干古城还原悠久过往 ································ 4
2. 如梦六朝留存鲜明印记 ································ 5
3. 昔日旧都氤氲大明芳华 ································ 6
4. 旧时楼台映现民国往事 ································ 8

二、金陵雅韵 ·· 10
1. 江左风流，赓续承传 ································· 10
2. 古典园林，与时递变 ································· 12
3. 秦淮河畔，流风余韵 ································· 13
4. 高等学府，春风化雨 ································· 15

三、千年文脉 ·· 16
1. 文学自觉与诗国肇兴 ································· 16
2. 唐音宋调与金陵因缘 ································· 18
3. 明清小说与石城胜景 ································· 21
4. "文学苏军"与中国声音 ······························ 23

四、古刹遗迹 ·· 25

1. 栖霞境界何清壮 ························· 25
　　2. 灵谷慈风生梵境 ························· 26
　　3. 鸡鸣古寺丹碧焕 ························· 27
　　4. 地缘天界倍清凉 ························· 29
　五、风味南京 ································· 30
　　1. 舌尖上的一口草 ························· 31
　　2. 餐桌上的那只鸭 ························· 32
　　3. 食谱里的一本书 ························· 34

水漾无锡 ····································· 36
　一、太湖佳绝处 ······························· 38
　　1. 尽享太湖佳绝美 ························· 38
　　2. 民国园林看无锡 ························· 41
　　3. "太湖明珠"鱼米乡 ······················· 44
　二、运河水弄堂 ······························· 46
　　1. 先有运河后有城 ························· 47
　　2. 千里运河独一环 ························· 49
　　3. 运河水弄绝版地 ························· 50
　　4. 无边风月皆因水 ························· 55
　三、千年古吴都 ······························· 56
　　1. 泰伯南奔立勾吴 ························· 57
　　2. 无锡水系勾吴凿 ························· 59
　　3. 千年运河始伯渎 ························· 60

目 录

  4. 吴古故道水流长 …………………………… 62
四、百年工商城 ………………………………… 63
  1. 敏察善纳得先机 …………………………… 64
  2. 繁华工商兴水岸 …………………………… 65
  3. "四大码头"名遐迩 ………………………… 66
  4. 强劲经济因水兴 …………………………… 68
  5. 舌尖美味源工商 …………………………… 70

清风徐来 ……………………………………… 73

一、清风徐来"景致雅" ………………………… 77
  1. 龙山龙湖 …………………………………… 78
  2. 守静原乡 …………………………………… 80
  3. 归真胜地 …………………………………… 81
  4. 多姿遗珍 …………………………………… 84

二、清风徐来"人文兴" ………………………… 86
  1. 流光溢彩的"汉代三绝" …………………… 87
  2. 光耀史册的古今名人 ……………………… 89
  3. 熠熠生辉的典籍名作 ……………………… 90
  4. 独具特色的非遗文化 ……………………… 91

三、清风徐来"佳肴美" ………………………… 91
  1. 源于"雉羹之道" …………………………… 92
  2. 形于"民间传说" …………………………… 93
  3. 兴于"本土风俗" …………………………… 95

四、清风徐来"工业强" ············ 96
1. 苏轼寻煤 ············ 96
2. 大国重器 ············ 97
3. 百年绚烂 ············ 98
4. 串珠成链 ············ 100

五、清风徐来"战歌响" ············ 101
1. 荡气回肠的英雄战歌 ············ 101
2. 小推车推出来的伟大胜利 ············ 102
3. 不朽的运河支队 ············ 103
4. "一不怕苦、二不怕死"精神 ············ 104
5. 共和国最小烈士"小萝卜头" ············ 105
6. 历史长河中的不灭星光 ············ 106

六、清风徐来"学府盛" ············ 107
1. 大工之所 ············ 107
2. 桃李天下 ············ 108
3. 医者之敬 ············ 109
4. 日出峰峦 ············ 109

中吴风雅颂 ············ 111

一、寻山水 ············ 113
1. 山不在高 ············ 113
2. 江湖汇秀 ············ 115
3. 运河之眼 ············ 117

目录

二、寻品性 ……………………………… 119
   1. 南人北相 …………………………… 119
   2. 勇争一流 …………………………… 121

三、寻风雅 ……………………………… 123
   1. 北孔南季 …………………………… 123
   2. 君子之邦 …………………………… 124
   3. 诗国名士 …………………………… 127

四、寻乡愁 ……………………………… 128
   1. 青果三味 …………………………… 128
   2. 乡愁原点 …………………………… 130
   3. 百园之城 …………………………… 131
   4. 古镇寻访 …………………………… 133

五、寻匠心 ……………………………… 134
   1. 常锡文戏 …………………………… 135
   2. 名士吟诵 …………………………… 136
   3. 四代绣女 …………………………… 137

六、寻美味 ……………………………… 138
   1. 咬春尝鲜 …………………………… 138
   2. 消夏江南 …………………………… 141
   3. 无蟹不秋 …………………………… 142
   4. 猫冬养生 …………………………… 144

流动的江南 …………………………… 146
一、古城大城 …………………………… 147

1. 吴都建古城 ………………………… 147
2. 规划接古今 ………………………… 149

二、干将干匠 ………………………………… 151
1. 苏作精工传天下 …………………… 151
2. 国艺之花誉世界 …………………… 153

三、百园风雅 ………………………………… 155
1. 沧浪之水夺天工 …………………… 155
2. 文人雅园情致高 …………………… 157

四、不时不食 ………………………………… 160
1. 食不厌精评点味蕾春秋 …………… 160
2. 茶点乾坤话说果蔬传奇 …………… 162

五、人文天堂 ………………………………… 164
1. 状元之都美与共 …………………… 164
2. 烟火人间居之美 …………………… 165

六、更新繁华图 ……………………………… 168
1. 藏富于民意境美 …………………… 168
2. 水韵吴都享生活 …………………… 170

七、书香之美 ………………………………… 172
1. 书房繁华刻斯文 …………………… 172
2. 故园新梦聚鸿儒 …………………… 174

八、诗画江南 ………………………………… 175
1. 大写的江南 ………………………… 175
2. 流动的风景 ………………………… 177

目 录

一个人和一座城 ································ 179

一、"世界眼光"之模范县 ···················· 182
1. 三星拱月 ······························ 183
2. 翡翠项链 ······························ 184
3. 凤引九雏 ······························ 187
4. 空谷幽兰 ······························ 188

二、"父教育"之高地 ························ 191
1. 师范启其塞 ···························· 191
2. 小学导其源 ···························· 192
3. 中学正其流 ···························· 193
4. 大学会其归 ···························· 193
5. 专门别其派 ···························· 194

三、"母实业"之重镇 ························ 195
1. 中国近代工业遗存第一镇 ················ 196
2. 新世界的雏形 ·························· 198
3. 世界家纺中心 ·························· 199

四、"善业不朽"之名邑 ······················ 200
1. 以宏慈善 ······························ 201
2. 敬老慈幼 ······························ 201
3. 博施济众 ······························ 202
4. 己达达人 ······························ 204

五、"祈通中西"之名城 ······················ 205
1. 文博创新 ······························ 206

2. 书香迢递 ………………………………… 208
　　3. 戏剧润风 ………………………………… 209
　　4. 刺绣传承 ………………………………… 211
　　5. 新媒传歌 ………………………………… 212
　　6. 非遗结晶 ………………………………… 213

连云连海连天下 ………………………………… 216

一、沧海桑田　山海奇美 ………………………… 218
　　1. 奇峰秀云，飞瀑流泉 …………………… 218
　　2. 人文之山，名人探访 …………………… 220
　　3. 碧海金沙，长虹卧波 …………………… 221
　　4. 海市蜃楼，美轮美奂 …………………… 223

二、古韵流芳　历史风华 ………………………… 225
　　1. 史前风云，灼灼其华 …………………… 225
　　2. 春秋以降，星汉灿烂 …………………… 227

三、千年树木　四季花果 ………………………… 229
　　1. 云台灵植，古树参天 …………………… 230
　　2. 竹风疏影，百草仙药 …………………… 233

四、山珍海味　滋味绵长 ………………………… 234
　　1. 天然珍馐，大海馈赠 …………………… 234
　　2. 云雾茶香，一滴知醋 …………………… 235
　　3. 美食发轫，世代承续 …………………… 236

五、神奇浪漫　文思连云 ………………………… 238

1. 古老神话，不朽传说 ·············· 238
　　2. 文人骚客，情思连云 ·············· 240
　　3. 文学名著，意牵故土 ·············· 242
六、东方大港　海上丝路 ················ 245
　　1. 东古丝路，绵延千年 ·············· 245
　　2. 东方大港，通达四海 ·············· 249

缘念淮安 ································ 252

一、"有水则灵"的运都胜境 ·············· 255
　　1. 三河交汇，根在清口 ·············· 256
　　2. 水韵千年，因运而兴 ·············· 257
　　3. 日出斗金，以湖为美 ·············· 259
　　4. 南船北马，繁华如斯 ·············· 260
二、"浩渺传奇"的文化名城 ·············· 261
　　1. 秘境"家书"，重燃火种 ·············· 262
　　2. "出彩"淮夷，国器青铜 ·············· 263
　　3. 南北"咽喉"，独树一帜 ·············· 264
　　4. "明珠"辉耀，高光时刻 ·············· 265
三、"群贤辈出"的伟人故里 ·············· 266
　　1. 文武全才，智勇兼资 ·············· 267
　　2. 诗文名家，青史流芳 ·············· 268
　　3. 学者巨匠，各领风骚 ·············· 269
　　4. 仁人志士，薪火相传 ·············· 270

四、"诗与远方"的大府名州 ·················· 272
  1. 穿越时空,风景独好 ···················· 272
  2. 古镇悠游,满目诗画 ···················· 273
  3. 请您登岸,共赴春光 ···················· 274
  4. 红色热土,风华正茂 ···················· 275

五、"烟火升腾"的美食之都 ·················· 277
  1. 淮味千年,天下至美 ···················· 278
  2. 食在江淮,味在淮扬 ···················· 279
  3. 寻味淮安,登峰造极 ···················· 280
  4. 半是烟火,半是清欢 ···················· 281

六、"别样风情"的人文高地 ·················· 282
  1. 乡风民俗,源远流长 ···················· 282
  2. 非遗传承,生生不息 ···················· 284
  3. 山阳医派,民族瑰宝 ···················· 285
  4. 崇文尚学,蔚然成风 ···················· 286

盐城四色光影 ·································· 289
一、崛起于海 蓝色澎湃 ···················· 291
  1. 黄海第一潮 ····························· 292
  2. 江淮第一关 ····························· 292
  3. 双塔靖海日 ····························· 294
  4. 洋湾迎海客 ····························· 295
  5. 海天开盛宴 ····························· 296

6. 渔歌海上起…………………………… 297

　　7. 风电新海景…………………………… 298

二、富国以盐　白色史韵…………………………… 299

　　1. 造化所钟,盐立千秋………………… 299

　　2. 范堤烟雨,串场春晓………………… 300

　　3. 盐镇西溪,缘定天仙………………… 301

　　4. 缪杭遗址,制盐聚落………………… 302

　　5. 八卦为名,盐史传奇………………… 302

　　6. 盐人三杰,盐脉雄强………………… 303

三、英雄热土　红色薪传…………………………… 305

　　1. 血铸丰碑英雄地……………………… 306

　　2. 红色印迹"新马泰"…………………… 307

　　3. 弦歌救亡鲁艺红……………………… 308

　　4. 民心长城宋公堤……………………… 309

四、湿地之都　绿色示范…………………………… 311

　　1. 世遗湿地,鸟的王国………………… 311

　　2. 暗夜星空,鹿群移动………………… 313

　　3. 水乡泽国,江淮老家………………… 314

　　4. 滩涂之东,神奇东沙………………… 316

　　5. 黄海翠带,梦幻花海………………… 317

五、江淮乐土　锦绣人文…………………………… 318

　　1. 淮左风雅涌人杰……………………… 319

　　2. 盐之有味夸透鲜……………………… 320

  3. 湖海双姝秀淮杂 ·············· 321

十有扬州 ·············· 324

 一、有江有河 ·············· 327
  1. 水韵扬州 ·············· 327
  2. 大江大河 ·············· 329
  3. 江淮明珠 ·············· 329
  4. 运河湾湾 ·············· 330

 二、有吃有玩 ·············· 332
  1. 早茶"不早" ·············· 333
  2. 大菜"精作" ·············· 336
  3. 老街"新颜" ·············· 338
  4. 轻手"不轻" ·············· 342

 三、有看有听 ·············· 343
  1. 赏心悦目的扬州园林 ·············· 343
  2. "瘦"不虚传的瘦西湖 ·············· 346
  3. 大饱耳福的扬州戏曲 ·············· 348

 四、有寺有学 ·············· 350
  1. 清代七大藏书楼之一文汇阁 ·············· 350
  2. 高僧坐镇的大明寺 ·············· 351
  3. 何惜香火的天宁寺 ·············· 353
  4. 奉旨敕造的重宁寺 ·············· 354
  5. 门风高峻的高旻寺 ·············· 355

  6. 坚苦自立的扬州大学 ………………………… 356
  7. 百花竞放的各式学府 ………………………… 357
 五、有家有派 ……………………………………… 359
  1. 登峰造极的扬州八怪 ………………………… 359
  2. 不胜枚举的历史名人 ………………………… 360
  3. 升堂入室的扬州学派 ………………………… 361

"八风"说镇江 ……………………………………… 364
 一、神州之眼说风光 ……………………………… 365
  1. 沧桑巨变江成湖 ……………………………… 366
  2. 城市山林真性情 ……………………………… 366
  3. 群峰排闼送青来 ……………………………… 368
 二、书声琴韵说风雅 ……………………………… 370
  1. 一城山水一城诗 ……………………………… 370
  2. 丹青翰墨有传灯 ……………………………… 372
  3. 一曲鹍歌戴氏琴 ……………………………… 374
 三、星汉灿烂说风采 ……………………………… 375
  1. 六朝药学两丰碑 ……………………………… 375
  2. 北宋科技"双子星" …………………………… 376
  3. 星汉灿烂何其多 ……………………………… 377
 四、英雄儿女说风骨 ……………………………… 378
  1. 英雄只可推京口 ……………………………… 378
  2. 忠义人间长不灭 ……………………………… 379

五、大爱绵延说风义 ······ 381
1. 善举大爱风尚远 ······ 381
2. 江上救生近千载 ······ 383
3. "三老"高风泽惠多 ······ 383

六、多元并蓄说风汇 ······ 385
1. 风从西面来 ······ 385
2. 昭关石塔佑平安 ······ 387
3. 文化人桥赛珍珠 ······ 388

七、从来风趣果悠然 ······ 390
1. 古邑发祥溯源远 ······ 390
2. 东吴第一铁瓮城 ······ 391
3. "大字之祖"《瘗鹤铭》 ······ 392
4. 城南庙会祭都天 ······ 393

八、南北咸宜说风味 ······ 394
1. 舌尖上的味美极致 ······ 395
2. "三怪"组合的艺术加持 ······ 395
3. 淮扬菜系的江帮名馔 ······ 397

江海水韵竞风流 ······ 398

一、江海底色自然美 ······ 399
1. 自然赋予江海底蕴 ······ 400
2. 美不胜收千垛菜花 ······ 401
3. 梦幻奇特水上森林 ······ 403

4. 祥和安泰水乡韵致 ············ 403
二、崇儒重教人文美 ············ 404
　　1. 经邦济世明体用 ············ 405
　　2. 修身齐家尚文德 ············ 407
　　3. 百姓日用道不离 ············ 407
　　4. 枝叶关情系乡梓 ············ 409
　　5. 艺文并茂名人出 ············ 410
三、红色热土社会美 ············ 411
　　1. 英雄壮美 ············ 412
　　2. 民俗绚美 ············ 414
　　3. 文明淳美 ············ 415
四、尘世幸福生活美 ············ 416
　　1. 早茶中的人间烟火 ············ 417
　　2. 闲适中的尘世幸福 ············ 419
　　3. 奔跑中的精神气质 ············ 419
五、拥江揽海愿景美 ············ 420
　　1. 一座诠释幸福的城市 ············ 420
　　2. 一座成就梦想的城市 ············ 421
　　3. 一座追江赶海的城市 ············ 422

醉美宿迁 ············ 423

一、古宿前事 ············ 426
　　1. 远古留痕溯文脉 ············ 427

2. 古国遗存传经义 ………………………… 428
　　3. 英雄故里有风骨 ………………………… 430
　　4. 龙王庙中驻帝王 ………………………… 432
二、水韵名城寄乡愁 …………………………… 434
　　1. 两河安澜，青绿入怀 …………………… 434
　　2. 徜徉湖畔，花海绵延 …………………… 437
　　3. 小镇古渡，烟火人家 …………………… 439
三、醉美酒都竞风流 …………………………… 442
　　1. 天下好酒出淮泗 ………………………… 442
　　2. 肝胆相照一杯酒 ………………………… 445
　　3. 酒中乾坤岁月长 ………………………… 447
四、人文锦绣正青春 …………………………… 449
　　1. 群贤荟萃 ………………………………… 449
　　2. 绚烂传承 ………………………………… 452
　　3. 特色风味 ………………………………… 453

风雅南京

南京地跨长江南北,自古以来就是人文荟萃之地,有着众多的雅称和名号。六朝古都、十朝都会、江南佳丽地、金陵、秣陵、建业、建邺、建康、蒋州、江宁、白下、升州、天京……每一个名称后面都有着深刻的时代烙印,联系着中国历史大舞台上许许多多不可或缺的重要人物与重大事件。

读懂南京,从这座城市的历史时间和地理空间开始,著名景点,抑或寻常巷陌,都能窥见历史的风云际会。

南京建城史上,有史书记载的历史始自春秋末期,之后其归属便在吴、越、楚三国之间易手。公元前221年,南京被纳入中国第一个统一王朝大秦帝国的版图。

历史发展至此,南京的城市面貌尚处在雏形阶段,城市规模并不大。直至东汉末年,南京迎来第一个快速发展时期——六朝开启建都南京的大幕。211年,孙权由京口(今江苏镇江市)徙治秣陵,翌年改秣陵为建业,并在石头山(今清凉山国防园)依山临江筑城,后世称"石头城"。

自229年至589年,先后有孙吴、东晋、宋、齐、梁、陈六个朝代定都南京,"六朝古都"由此得名。六朝时期的南京,相对于北方而言,社会比较稳定,经济、文学、艺术等方面得到充分发展,呈现出文化繁荣的局面。六朝以前的南京文化,受长江中下游地区吴、越、楚三种文化的影响,又自成一体。隋唐时期属于蛰伏期,南京行政建制相比六朝时期也很低,先后称为丹阳郡、扬州、蒋州、升州等,曾设归化县、金陵县、白下县、江宁县等。

五代十国时期,金陵为南唐国都。975年,南唐归于北宋版图。宋室南渡,先后迁都扬州、建康,最终定都临安(今浙江杭州)。南宋倚靠长江天险与金对峙,南京在当时是战略要地,屡屡成为交战前线,这一时期南京的战争文化占有重要地位。

明代以来，尤其是明成祖朱棣迁都北京之后，南京出现了市民文化与士大夫文化融合发展的倾向，并最终酿成风雅并举、兼收并蓄、多元共生的文化特色。明清两代，由于京杭大运河运输功能的提升，作为江南经济文化中心的南京，再次成为南北文化激烈碰撞、融合的地区。

漫长的建城史，为原本就占尽自然形胜的南京涂抹上了厚重的人文色彩。在六朝之后，又先后有南唐、明、太平天国、中华民国等政权以南京为都城，使得南京成为中国有名的"大古都"之一。

曾长期在南京生活、工作的著名历史学家朱偰，对古都南京情有独钟，在其1934年完成的《金陵古迹图考》一书序言中写道："尝以为中国古都，历史悠久，古迹众多，文物制度，照耀千古者，长安、洛阳而外，厥推金陵。北京虽为辽、金以来帝王之都，然史迹不过千年，非若金陵建都之远在南北朝以前也。"

被称为六朝古都、十朝都会的南京，因具备保存文物特别丰富、具有重大历史文化价值等条件，于1982年被国务院确定并列入首批历史文化名城名录。

南京城历经岁月打磨，在厚重的历史之后，又升腾着浓郁的烟火气，一山一水，一砖一瓦，一餐一饭，尽皆映照着居民的日常生活。无论你是对这座城市了然于胸的本地人，抑或是作短暂停留的他乡客，只要在某个瞬间放慢脚步，就会发现不期而遇的风景，那里有浓墨重彩的过往，更有触手可及的当下。

一、十朝风华

"南京"的字面意思为南方的京城，起初并不是南京这座城市的专用地名,而是古代王朝根据需要设置于不同地区的一个行政地名。如今的南京,特指地处宁镇山脉西部丘陵河谷地带的这座城市,是江苏省省会、副省级市。在南京,漫长建城史的地标印记处处可见,择取其中知名度高的,按照其形成的朝代,可以重点整合出四个规模比较大的历史文化时空区域。

1. 长干古城还原悠久过往

> 郎骑竹马来,绕床弄青梅。同居长干里,两小无嫌猜。——李白《长干行》

南京长干里因大唐诗人的书写而闻名天下。考古发现的长干古城位于秦淮区中华门外、大报恩寺遗址西侧,属于古长干腹地。以南京为代表的江南地区,很早就已经开始融入以华夏王朝为引领的历史大格局中。作为长江下游地区与黄河流域联系的纽带和窗口,南京在这个融入过程中,扮演了重要的角色。

在长干古城发掘之前,史料记载的南京最古老的三处古城分别是:冶城、越城和金陵邑。冶城位于今建邺区朝天宫,相传因春秋时期吴王夫差令人在此冶铸兵器而得名。越城的位置亦在古长干里一带,这里地势较高,北临秦淮河,南倚雨花台,西控长江,历来是军事要地,越城便是越国与西面的楚国进行军事对峙的要冲。在相当长的历史时期内,越城一直被认为是南京建城史的开始。楚灭越后筑城石头山,设金陵邑。

在诸侯纷争、天下未定的年代,南京属于兵家必争之地,吴、越、楚三种文化在此融合,对南京文化后来的发展产生巨大影响。

2. 如梦六朝留存鲜明印记

> 江雨霏霏江草齐,六朝如梦鸟空啼。无情最是台城柳,依旧烟笼十里堤。——韦庄《台城》

台城,是东晋至南朝时期的中央政府和皇宫所在地,"台"指尚书台,因尚书台位于宫城之内,因此宫城又称"台城"。

自东晋至南朝陈代,台城一直是国家政治中心所在。隋开皇九年(589),隋军占据台城,隋文帝杨坚下令将六朝都城夷为平地。台城自此湮没,到了明清时期,其具体位置已无法识别。二十一世纪初,经过考古发掘,台城的位置得以确认,其核心区域位于今大行宫一带及其以北长江路一线。如今,想要寻找台城遗迹,可以去长江路南侧的南京图书馆和北侧的六朝博物馆。前者专门开辟了六朝遗址展示区,钢化玻璃地板下是六朝的御道、排水沟、古井等,步行其上,穿越千年。而在六朝博物馆内,则原址展示着台城夯土城墙、包砖墙、护城壕等遗迹。

玄武湖,古称桑泊,因在钟山之后,又名后湖;因位于城市的北方,又名北湖。玄武,属于四象之中的北方之神,因此玄武湖与北湖,虽然名字不同,但意思一样。孙吴时期,引玄武湖水入宫城做池沼。东晋初年,在湖的南岸新筑一条东起覆舟山北麓的长堤,历史学家蒋赞初先生认为,这大约就是韦庄诗中所说"十里堤"。六朝时期,玄武湖被作为水军操练基地,多位帝王曾在此检阅水军。

由于时代久远,六朝时期的地面建筑几无留存。但在地面之下,保存着珍贵的六朝遗迹。东吴大帝孙权的陵墓就位

六朝博物馆／南京六朝博物馆供图

于南京东郊的梅花山,此地曾名孙陵岗,如今建有东吴大帝孙权纪念馆。数量可观的南朝陵墓石刻,也是南京独特的文化遗产。南京现存南朝陵墓石刻主要分布在江宁区和栖霞区,计有 21 处。

六朝时期的南京,鼎盛时期人口超过 100 万,与海内外有着广泛的交往,是当时世界上最繁华的城市之一。诗人说六朝如梦,但通过留存至今的六朝城市遗迹和气韵生动的陵墓石刻,仍可窥见南京彼时的风采。

3. 昔日旧都氤氲大明芳华

明朝万历年间,意大利传教士利玛窦三次来到南京。在晚年的札记中,他回忆自己当时所见所闻所感:

风雅南京

在中国人看来,论秀丽和雄伟,这座城市超过世上所有其他的城市;而且在这方面,确实或许很少有其他城市可以与它匹敌或胜过它。它真的到处都是殿、庙、塔、桥,欧洲简直没有能超过这些的类似建筑。

在利玛窦的描述中,明代的南京是一座充满韵味的宜居之城。如果有一双天眼带我们回到明代,会看到一座什么样的南京城?城墙轮廓是不规则形。民间传说,南京城的形状,和明朝开国皇帝朱元璋的脸形是一样的。这当然只是传说。实际上,明代南京城的轮廓,与它固有的自然形势高度吻合。

修建于洪武年间的南京明城墙,东抵紫金山,北滨玄武湖,西边和南边,则沿着外秦淮河而筑,整个城市的布局,利用了天然的山川形势,形成一道坚固的山水屏障,易守难攻。城墙上开有十三座城门,分别是:朝阳门、太平门、神策门、金川门、钟阜门、仪凤门、定淮门、清凉门、石城门、三山门、聚宝门、通济门、正阳门。城墙蜿蜒,街巷整齐,整个明代南京城,宛如被两柄南北聚合的斗勺呵护在内。这个巧夺天工的设计,出自精通天文地理与风水学问的刘伯温之手。

直至今天,大明南京城的旧时街巷布局仍旧有鲜明印迹可循,而南京明城墙,则是保存最完整的中国古代城墙之一,已经成为一张亮丽的城市名片。

明城墙之内,地位最为尊贵的皇宫建筑群,就坐落在北斗斗勺内。历经六百年风雨,南京的明故宫由于自然侵蚀、战火损毁等原因,宫殿建筑悉数被毁。不过,一些附属建筑却保存了下来,比如西安门、西华门、东华门、午门、五龙桥等,在午朝门(午门)公园,还保存有金水桥、柱础等文物。另外,与明故宫相关的许多地名都流传使用至今,如御道街、东宫、西宫、北安门、后宰门、御河等。

与明代的皇宫双璧辉映的另一组皇家建筑群,是坐落于钟山独龙阜玩珠峰下的明孝陵。明孝陵是中国现存规模最大的帝王陵寝之一,作为中国明清皇陵之首,明孝陵直接影响明清两代五百余年20多座帝王陵寝的形制,有"明清皇家第一陵"的美誉。陵区内主体建筑有方城、明楼、宝城、宝顶,另有下马坊、大金门、神功圣德碑、神道、石像路石刻等。2003年7月,明孝陵作为明清皇家陵寝扩展项目列入《世界遗产名录》。明孝陵东侧的东陵,是朱元璋长子、懿文太子朱标的陵寝。

钟山西麓和北麓,坐落着数座明代开国功臣墓,环山而建,呈拱卫明孝陵之势。如今,中山王徐达、开平王常遇春、岐阳王李文忠、江国公吴良、海国公吴祯、皖国公仇成墓冢皆有迹可循。此外,在中华门外还有明朝开国功臣卫国公邓愈墓、宣武将军李杰墓等。位于雨花台区安德门外石子岗东的浡泥国王墓,则是南京唯一一座外国国王墓。

明朝为南京留下了丰厚的物质文化遗产,大到整座城市的轮廓,小到街巷里弄,处处都有明朝那些人和那些事的影子。今天的人们只要略略用心,就能一路寻觅到大明的历史深处。

4. 旧时楼台映现民国往事

在今天的南京,有许许多多依然在被活化利用的民国建筑。其中如总统府,现在是南京著名的博物馆,中山陵则是地标建筑与景点。再如一些高校内的民国建筑,仍在发挥着教育建筑的功用。许多旧时的公馆别墅,则顺利变身为餐饮娱乐休闲街区。

总统府即今天的南京中国近代史遗址博物馆,民国时期,这里先后为临时大总统府、江苏都督府、副总统府、国民政府、总统府的办公地。中华人民共和国成立后，这里曾作为政府机关办公场所。

总统府所在旧址的历史，可以追溯至明朝初年的归德侯府和汉王府。清代这里为两江总督署和太平天国天王府，太平天国时期，洪秀全在此兴建规模宏大的天朝宫殿，此后，曾国藩又在此处重建两江总督署，刘坤一、沈葆桢、左宗棠、张之洞、端方等均在此就任过两江总督。

行走总统府内，可以欣赏到保存完好的近代中西建筑遗存，可以走进展厅细细研究珍贵的文物史料。建筑无言，树木有轮，移步换景之间，人仿佛在明、清、民国三个过去的时代自由穿越，沧桑感扑面而来。

中山陵是中国民主主义革命先行者孙中山先生的陵墓所在，位于紫金山南麓钟山风景区内，整个建筑群依山势而建，由南往北沿中轴线逐渐升高，主要建筑有博爱坊、墓道、陵门、石阶、碑亭、祭堂和墓室等。从空中往下看，形似一座平卧在绿绒毯上的"自由钟"。陵寝附近有音乐台、行健亭、光化亭、流徽榭、藏经楼等纪念性建筑。近年来，音乐台常常举办大型音乐会，是南京有名的艺术胜地。

抗战爆发以前，南京已经建成许多高级住宅，即所谓公馆、别墅。如今这些公馆别墅大都保存完好，其中五处相对独立的民国公馆区颇具规模，分别是颐和路公馆区、傅厚岗公馆区、五台山公馆区、梅园新村公馆区、常府街公馆区。颐和路公馆区是当时南京最精致、最高档、最具规模的住宅区，如今，这里被开辟为集餐饮、游玩、艺术等于一体的历史文化街区。步入其中，仿佛置身于一座神奇的万国风情建筑博物馆。飞檐翘角的中国传统民族形式,清水砖墙的美式新花园样式,拱门券廊的地中海造型,窗户阔大的北欧传统风格,孟莎式屋顶的浪漫法国风……往来行人可以站在某户人家的门口遐想历史,也可以走进隔壁的餐厅小酌两杯,或者就什么也不想,任由双脚自由漫步,领略多元的异域建筑风情。

二、金陵雅韵

一座城市的地理印记是有形的,看得清,摸得到。文化的印记,却往往需要"第二眼"才能识别。南京在独特的自然地理与人文区位的共同作用下,形成了以兼收并蓄、多元共生、包容丰富为显著特点的都城文化传统。循着六朝风雅,选择不同时代显著的艺术特色进行梳理,就能清晰看到南京文化生长发展的脉络。

1. 江左风流,赓续承传

六朝文化承上启下、继汉开唐,它留给后世的文化财富,不仅包括音乐、棋类、书法、绘画等门类丰富的艺术形式,还包括与"江左风流"紧密联系着的许多文化人物和文化事件。举"四艺"为例。

琴。《世说新语·任诞》中记载了东晋大将军桓伊为狂士王徽之演奏三调的故事。王徽之来到建康,所乘之船停泊在青溪渚。他曾听闻桓伊擅长吹笛,却素未相识。恰巧桓伊乘车从岸上经过,又刚好船上有人认识他,两般巧合成就了曲坛佳话:王徽之派人传话,请桓伊吹笛。当时已身份显贵的桓伊并未拒绝,当即演奏"三调",奏罢便上车走了。自始至终王、桓二人未说一句话,但笛音至今依旧飘荡在时光里,名士风范在人们的头脑中始终鲜活。后来,"三调"被唐代知名琴家颜师古改编为琴曲,也就是人们所熟知的梅花三弄。

棋。东晋丞相谢安下过历史上最著名的一盘棋。晋太元八年(383),前秦苻坚率百万之众南下攻打东晋,这一战史称"淝水之战"。前秦的兵力是东晋的十倍多,晋军战败几无悬念。然而,将士们前线鏖战之时,坐镇建康遥控晋军的谢安似乎并不担忧,怡然自得地与客人下围棋。棋局进行中,前线的信使到了。谢安看过信,什么话也不说,继续下棋。客人询问谢安,战事究竟如何。谢安平静地回答:"小儿辈大破贼。"淝水之战,晋军在战场上实现大逆转,并乘胜北伐,收回大片故土。棋局虽小,收纳的却是天下大事。

书。六朝时期,在众多文人雅士的推重和赏玩之中,书法日渐成为一门独立的艺术。在众多的书法家中,王羲之、王献之父子最为有名,即书法史上所谓"二王"。南朝羊欣《笔阵图》记载了一个关于王羲之书法的故事:"晋帝时,祭北郊文,更祝板,工人削之,笔入木三分。"唐太宗李世民也极爱王羲之的书法,认为"尽善尽美",他甚至以王羲之所书《兰亭集序》真迹作为自己的陪葬品。女皇武则天也喜欢王羲之的书法作品,她得到王羲之书法真迹后,视为珍宝,常常研习品鉴,并命人根据真迹制成摹本,即有名的《万岁通天帖》。

画。孙吴曹不兴、东晋顾恺之、刘宋陆探微、萧梁张僧繇,号称"六朝四大家",都是当时有名的画家。顾恺之《女史箴图》《洛神赋图》《列女仁智图》《斫琴图》皆为中国美术史上的顶级之作。张僧繇是吴中(今江苏苏州)人,曾在宫廷中掌管画事。唐人《历代名画记》中记载了张僧繇的一个故事,他曾在金陵安乐寺的墙壁上画了四条栩栩如生的龙,却一直没有点睛。别人询问原因,他说点睛之后龙会飞走。别人以为他胡说,坚持要他点睛。张僧繇提笔为两条龙点睛,刹那间电闪雷鸣,两条龙破壁而出,腾云驾雾飞上天去。

自六朝以来南京的书法与绘画艺术发展绵延不辍,既有蔚为大观的宏大流派,亦有自成一家、以一己之力丰富了中国绘画史的大家人物,延至今天,从南京走出去的著名画家、书法家亦不在少数。

2. 古典园林,与时递变

六朝时期,南京作为都城所在地,出现了大量的皇家园林和私人园林,这些园林主要分布在玄武湖、清溪(又称青溪)、秦淮河沿岸,钟山周围以及长江岸边。当时的世家大族亦纷纷仿效皇室,广筑园林,私家园林主要位于清溪、钟山一带。其中著名的如沈约东田小园与王谢乌衣园。

今南京城东有一处地名叫半山园,是北宋宰相、政治家、文学家王安石的故居遗址。1076年,王安石罢相后定居南京。他在南京钟山修建了几间房屋,并取名半山园。半山园位于山野之中,清幽旷远。王安石生命中最后十年时光,就隐居在此。1084年,他曾在这里接待过昔日政敌苏轼,两人相谈甚欢,前嫌尽释。王安石还常常前往不远处的定林寺,曾在寺中"昭文斋"接待过著名书法家米芾。

明代正德年间以后,作为留都的南京,商业经济地位日益凸显,高官巨富士人营建府邸筑造园林的风气越来越盛,从而产生了一批颇有特色的园林,可惜因为岁月流转,其中大部分已经无存。不过,通过目前留存下来的,我们仍能一窥古代南京园林之美。

徐达及其后人在南京城拥有多处园林,如东园,即今白鹭洲公园;西花园,即今瞻园。今总统府西花园时名煦园,此地原属明代汉王朱高煦府邸,清代改为两江总督衙署,园内有思暇堂、不系舟、太平湖等景点。清代文学家袁枚有随园,其《随园记》即写此园,随园旧址即今南京师范大学随园校区。位于今鸣羊街的愚园,原为明代徐达家族私人园林,同治年间由胡煦斋购得并重修、命名。2016年,愚园经重修后开放。位于今秦淮区中山南路南捕厅的甘熙宅邸,始建于清朝嘉庆年间,南京人俗称"九十九间半",是南京面积最大、保存最完整的私人民宅。

民国年间,南京的园林完成了从古典园林向现代城市公园转变的过程。至今犹存且深受市民喜爱的玄武湖公园、莫愁湖公园、鼓楼公园、中山陵园,都规划建设于民国时期。其中,前三者是在旧有基础之上规划翻新,中山陵园系完全新建。

3. 秦淮河畔,流风余韵

秦淮河传为秦始皇所开,其目的在于掘断金陵王气。实际上,现代地质学家的调查勘测表明,秦淮河最初是一条天然的河流。事实虽然如此,秦淮河却因此被赋予颇具神秘色彩的韵味,并在后来成为一条具有南京气质的文化之河。

六朝时期,秦淮河在今水西门附近汇入长江。秦淮河畔的乌衣巷,是贵族士大夫聚集之地,诸如琅琊王氏、陈郡谢氏等世家大族皆在河畔开阔地带开筑府邸。贵族的燕游雅集,为秦淮河涂抹上了旖旎的文化色彩。

五代时期,徐知诰拓建金陵城,将秦淮河纳入城中,并在原先天然水系的基础上开凿新的护城河。自此,秦淮河分为内外两支。城内的一支由东水关入城,向西向南又折向北流,经西水关出城，此即通常所谓"十里秦淮"，流域内是南京城最繁华的地段。

明代是秦淮文化发展的重要时期，在明朝中后期盛行的各个版本的"金陵胜景图"系列中，秦淮河都是重点描绘对象。万历年间的状元朱之蕃与青年画家陆寿柏合作而成的《金陵四十景图咏》是明代"金陵胜景图"的集大成者，其中《天印樵歌》《秦淮渔唱》《乌衣晚照》《长干春游》等图咏直接以秦淮为描绘对象。

明末清初的王朝更迭之际，秦淮文化中又增加了以复社、秦淮歌姬为元素的内容。冒襄《影梅庵忆语》中追忆明末乱世之中秦淮河畔士子佳人最后的风流缱绻。余怀《板桥杂记》则记载明

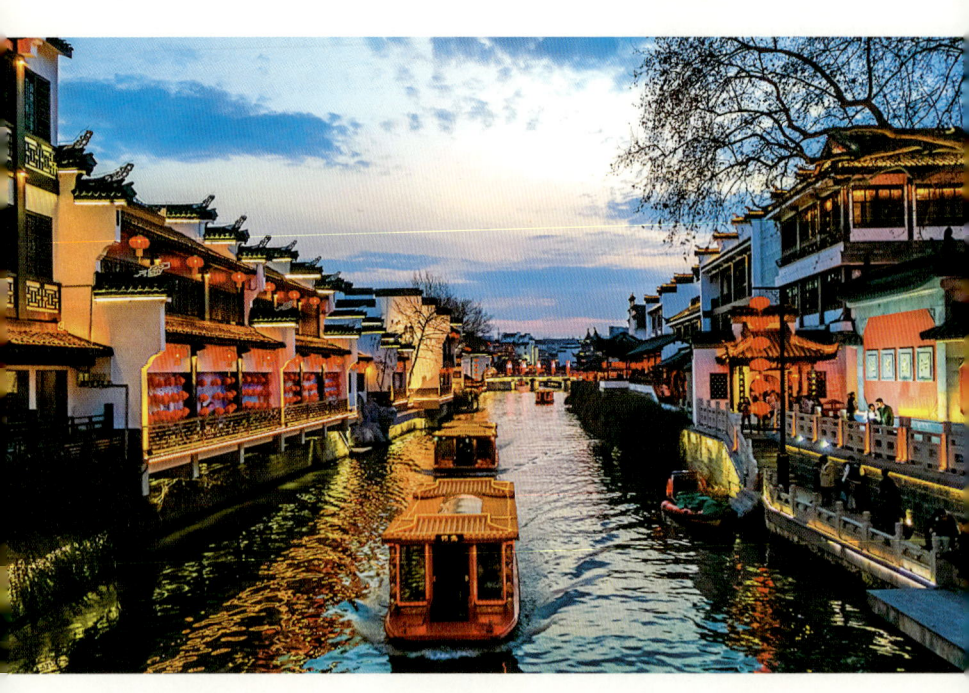

夫子庙秦淮河风光 / 视觉中国供图

末南京秦淮风月人物生平事迹。他们对所谓秦淮艳迹的书写，绝非仅为了留下对昔日狭邪艳冶往事的记载，而是"一代之兴衰、千秋之感慨所系也！"

民国时期，发生在秦淮河畔最著名的文化事件，是1923年8月俞平伯与朱自清同游秦淮河，以《桨声灯影里的秦淮河》为题作文，这是一段值得反复品味的文坛佳话。而在2017年9月，俞平伯与朱自清二人的孙辈，相约会聚秦淮河上，延续了一段近百年的缘分。

4. 高等学府，春风化雨

南京是中国重要的科研教育基地，拥有众多高等院校，"文气"十足。

南京高等院校办学的历史，可以追溯到清末的三江师范学堂。三江，即取上江（安徽）、下江（江苏）、江西三地之名，三省皆沿长江，同属清朝两江总督治下。三江师范学堂是中国最早学习西方而设立的高等院校之一，其办学理念蕴含着张之洞"师夷长技以制夷"的洋务思想，是对传统教育模式的变革。

三江师范学堂后来屡经更名、改办，直至1950年更名为"南京大学"，遂沿用至今。

二十世纪五十年代以后，以南京大学部分院系为主体，在南京逐渐调整形成今南京大学、东南大学、南京师范大学、河海大学、南京农业大学、南京林业大学、南京工业大学等多所高等院校。今天的南京，还拥有南京理工大学、南京航空航天大学、南京信息工程大学、南京邮电大学等众多知名高校。

今天，走进南京的任何一所高校，都能感受到浓厚的"文气"扑面而来。在南京大学鼓楼校区，爬满青藤的北大楼送走一批又一批莘莘学子,又迎来一批又一批青春洋溢的面孔;在东南大学,建筑大师杨廷宝设计的大礼堂静静伫立,礼堂前一汪碧水,映照着风云激荡的中国大学百年发展史;"北有军博,南有兵博",兵器博物馆是南京理工大学一张耀眼的名片,传承着学校的红色基因和军工精神;在南京航空航天大学校园内,你会与一架退役的军用飞机不期而遇,可以摩挲遐想它的光辉历史;在南京体育学院里,与你擦肩而过的,可能就是奥运冠军……

二十世纪末二十一世纪初,南京开始兴建"大学城"。如今,鼓楼区、栖霞区、江宁区、浦口区都拥有各自的"大学城",古老的金陵风雅,又容纳进了新的元素——文化、科技、青春与活力。

三、千年文脉

南京被认为是中国文学开始走向独立和自觉的起步之城,一般认为中国第一部文学理论和批评专著《文心雕龙》、第一部诗歌理论和批评专著《诗品》、现存最早的诗文总集《昭明文选》均诞生在南京。从古至今,诞生于这里的文学作品灿若星辰,与这座城市结缘的文学家不计其数。当文学遇上南京,奇妙的化学反应产生了。

1. 文学自觉与诗国肇兴

鲁迅说,魏晋时期是中国文学的自觉时期,南京文学真正的蓬勃发展,恰好与这一时期重合。著名学者胡小石总结南京文学在六朝时期的成就:"南京在文学史上可谓诗国。尤以在六朝建都之数百年中,国势虽属偏安,而其人士之文学思想,多倾向自由方面,能打破传统之桎梏,而又富于创造能力,足称黄金时代,其影响后世至巨。"他特别指出,中国文学及其有关诸方面真正在南京本地创成的,有四项重要内容:一是山水文学;二是文学教育,即文学之得列入大学分科;三是文学批评之独立;四是声律及宫体文学。

说到山水文学,被称为"二谢"的谢灵运与谢朓是著名的代表人物。其中,谢灵运是东晋至刘宋时期大臣、佛学家、旅行家,山水诗派鼻祖。魏晋以来,谢灵运第一次把山水书写大量引入诗歌,但他的诗歌还残留着玄言的尾巴。谢朓则以诗界先锋的姿态,勇敢抛弃了玄言的尾巴,让山水成为寄寓人的喜怒哀乐的审美对象,并以此为后来的唐诗大爆发奠基。谢朓《入朝曲》中的"江南佳丽地,金陵帝王州"是书写南京的"古今第一佳句",高度凝练地概括了南京的地理形势和城市地位。

以今天的视角来看,南朝时期,文学首次进入国家大学教学体系,成为一门独立的学科。这一创举,始于南朝宋文帝。《宋书》记载,宋文帝元嘉十五年(438)前后在建康北郊鸡笼山等地开四学馆分别教授儒学、玄学、史学、文学。

文学的发展离不开文学批评的理论支持和促进,中国文学批评的历史可以追溯到《论语》,但第一部成体系的文学理论和批评专著,则是南齐刘勰所作《文心雕龙》。《文心雕龙》是刘勰寓居钟山上定林寺期间所作,在中国文艺理论史上具有重大意义,对后世产生了巨大而深远的影响。鲁迅认为它可以和亚里士多德的《诗学》相媲美。另一部重要的文学批评著作,是南梁钟嵘的诗歌评论专著《诗品》,这也是中国古代第一部诗歌理论和批评专著。

南朝时期，文人结合诗歌创作的音韵节奏，发展了诗歌的声律。齐梁时期的诗歌多吟咏宫廷闺阁之作，因此这一时期的诗被称为宫体诗。南陈徐陵选编有诗歌总集《玉台新咏》，其中许多是宫体诗，汉乐府民歌《陌上桑》、中国古代长篇叙事诗《孔雀东南飞》都是经《玉台新咏》收录而得以保存流传。宫体诗的抒情风格和审美情趣也影响了隋唐的文学，是中国文学史上非常重要的一个传统。

2. 唐音宋调与金陵因缘

隋唐时期，南京在地理上虽然远离唐帝国的政治经济文化中心，但在文学上却以惊人的爆发力丰富了唐代文坛，尤其在诗歌这一方领域，唐代的南京诗坛堪称占据全国半壁江山。

唐人杜佑《通典》记载了当时根植于普通民众之间的南京文学盛况："永嘉之后，帝室东迁，衣冠避难，多所萃止，艺文儒术，斯之为盛。今虽闾阎贱品，处力役之际，吟咏不辍，盖因颜、谢、徐、庾之风扇焉。"在杜佑看来，唐代南京文学的盛况，与六朝一脉相承。

贯穿整个唐代，众多流寓南京的文学家创作了数量庞大、品质上乘的诗歌作品。唐人南京题材的创作多以六朝兴废为内容，使得凭吊、追慕六朝成了中国文学史上怀古文学的重要主题。

稍加留意就会发现，几乎所有负有盛名的唐代诗人，都曾踏足南京，留下千古名句。这一份诗人的名单里有王勃、张九龄、崔颢、王昌龄、刘长卿、李白、杜甫、刘禹锡、李绅、罗隐、许浑、杜牧、李商隐、皮日休、陆龟蒙、韦庄……其中尤值得说道的，是李白和刘禹锡。

据统计,李白一生写了 70 多首与南京有关的诗歌,堪称南京的形象代言人。清代的陈文述如此点评李白与南京的关系:"金陵江山之胜,甲于东南,古来诗人游者,太白最著。"

在位于南京长江边的凤凰台,李白发思古之幽情,写下了《登金陵凤凰台》:

> 凤凰台上凤凰游,凤去台空江自流。吴宫花草埋幽径,晋代衣冠成古丘。三山半落青天外,二水中分白鹭洲。总为浮云能蔽日,长安不见使人愁。

凤凰台旧址位于今花露岗一带,如今这里早已是现代化楼宇林立。但站在岗上,李白的情怀与忧伤,似乎仍旧凝结在空气里。

李白当年在南京,行走得恣意放纵。瓦官寺、凤凰台、孙楚酒楼、玄武湖、钟山、长干里……步步留痕,处处歌吹,前呼后拥,人到诗到。在谢朓曾经流连过的南京城西,李白隔空致敬这位文学知己,写下《金陵城西楼月下吟》:

> 金陵夜寂凉风发,独上高楼望吴越。白云映水摇空城,白露垂珠滴秋月。月下沉吟久不归,古来相接眼中稀。解道澄江净如练,令人长忆谢玄晖。

李白在南京遍交好友,当他离开时,朋友涌到酒馆里来为他送行,酒酣耳热之际,李白吟出一首《金陵酒肆留别》:"风吹柳花满店香,吴姬压酒唤客尝。金陵子弟来相送,欲行不行各尽觞。请君试问东流水,别意与之谁短长。"

长庆四年(824),刘禹锡从巴蜀之地的夔州调任长江下游的和州,与南京仅一江之隔。在和州,刘禹锡凭借想象为南京写下一组"情诗",名为《金陵五题》。分别是《石头城》《乌衣巷》《台城》《生公讲堂》《江令宅》。五首诗,写了南京的五处古迹,其中石头城、乌衣巷、台城,至今仍旧是南京城里的地标。

826年,刘禹锡由和州刺史调回洛阳。北上路过金陵,刘禹锡又作诗数首。其中一首《金陵怀古》写道:"潮满冶城渚,日斜征虏亭。蔡洲新草绿,幕府旧烟青。兴废由人事,山川空地形。后庭花一曲,幽怨不堪听。"同样充满了沧桑怀古的感慨之情。

五代十国至宋代,是词的大发展时期,此时的南京又成为词人热衷书写的城市。李煜、王安石、苏轼、贺铸、周邦彦、李清照、辛弃疾……众多词人在南京写下了无数优美的篇章。其中尤值得说道的,是王安石、李清照与辛弃疾。

王安石自二十余岁步入仕途、宦游四方,但南京始终是他生命的支点,数度离开又回来。他一生曾三次担任江宁知府,生命中最后的岁月也是在南京度过的。

王安石创作了许多与南京相关的脍炙人口的诗词。其中最有名的诗当数我们所熟知的《泊船瓜洲》。这是他在离开南京赴朝廷任职途中所写,他依恋故乡、向往归隐,深知此去凶多吉少,但为了国家的前途命运,毅然出山主持大局。

北宋时期南京怀古文学的词作巅峰,当数王安石《桂枝香·金陵怀古》:"登临目送,正故国晚秋,天气初肃。千里澄江似练,翠峰如簇。归帆去棹残阳里,背西风酒旗斜矗。彩舟云淡,星河鹭起,画图难足……"他的《游钟山》则书写出了南京城市气质里恬淡随和的一面:"终日看山不厌山,买山终待老山间。山花落尽山常在,山水空流山自闲。"

北宋末年,中原陷落,宋室被迫南渡,李清照与丈夫赵明诚亦随之南渡。南京是他们南渡旅程中的重要一站。客居南京期间，李清照写有《临江仙》："庭院深深深几许？云窗雾阁常扃。柳梢梅萼渐分明。春归秣陵树，人老建康城。……"

写这首词的时候，正值家国离乱，词人心中复杂的情感交织，满腹幽怨之中蕴含着对个人命运的叹息，更有对时局的无限担忧。

南宋词人辛弃疾，是一代文豪，也是著名的民族英雄。南宋初年，南京是宋金对峙的前沿阵地，金兵屡次南犯至此。辛弃疾往来南京数次，希冀在此抗击金兵，建功立业。他多次登临南京城西长江边的赏心亭，各取《念奴娇》《水龙吟》词牌，写有两首《登建康赏心亭》。在南京，辛弃疾遥想六朝的风流与风云，胸中激情翻涌。联系到眼前时局，念及自己壮志未酬，又生出吊古伤今之情。

3. 明清小说与石城胜景

在异彩纷呈的明清古典白话小说里，南京同样是作家钟爱的对象。许多长期生活在南京的小说家，以南京为背景，写出了荡气回肠的故事，亦描绘出明清时期南京的典雅模样。小说家们孜孜不倦的书写，使得南京成为明清小说集大成的城市，在中国小说发展史上占据独一无二的地位。在此仅择取几位重要的作家和几部重要的作品，做简单说明。

明末凌濛初（1580—1644），字玄房，号初成，别号即空观主人，浙江乌程（今吴兴）人。天启年间，他曾在南京居住，受当时文坛风气影响，开始从事拟话本的创作。后来应商贾要求，将自己创作的作品编辑出版，这就是拟话本小说集《初刻拍案惊奇》与《二刻拍案惊奇》。《初刻拍案惊奇》中有许多南京元素，其中如此描写南京的城市面貌：

金陵建都之地,鱼龙变化之乡。那金陵城傍着石山筑起,故名石头城。城从水门而进,有那秦淮十里楼台之盛。那湖是昔年秦始皇开掘的,故名秦淮湖。水通着扬子江,早晚两潮,那大江中百般物件,每每随潮势流将进来。湖里有画舫名妓,笙歌嘹亮,士女喧哗。两岸柳荫夹道,隔湖画阁争辉。花栏竹架,常凭韵客联吟;绣户珠帘,时露娇娥半面。酒馆十三四处,茶坊十七八家。端的是繁华盛地,富贵名邦。

明末清初荑秋散人所著白话小说《玉娇梨》,是一部才子佳人小说,小说中对金陵景物的描写,令人印象深刻。《玉娇梨》是较早被译介到国外的中国小说作品,在十九世纪已传至西欧,先后出版有法文、英文、俄文、德文译本,成为西方了解中国的一个窗口。

诞生于清代康熙年间的传奇剧本《桃花扇》,是剧作家孔尚任经十余年苦心创作,三易其稿而写成。《桃花扇》的剧情脱胎于明末复社才子侯方域与秦淮歌姬李香君的爱情故事,以南京为空间背景,形象地刻画出南明灭亡前统治阶层腐化堕落的状态,是中国传奇剧的典范。近代戏剧家欧阳予倩对《桃花扇》情有独钟,曾分别在话剧、京剧、电影等领域涉猎过这一题材。而在今天南京城东北的栖霞山上,仍旧保存着李香君墓。深秋季节,栖霞山游人如织、枫叶若醉,登山赏景之余,在李香君墓前合十拜谒,仿佛能感受到那个时代的气息。

《红楼梦》是中国古典白话小说的巅峰之作,又名《金陵十二钗》《石头记》,金陵即南京古称,"石头城"则是南京的另一个雅称。南京是《红楼梦》小说人物活动、故事情节展开的重要地理空间,也是小说作者曹雪芹的成长之地。于曹雪芹而言,《红楼梦》是一部带有浓厚自传色彩的小说。今天的南京，处处可见《红楼梦》的印记。玄武区长江路上的江宁织造博物馆，是在清代江宁织造署遗址上所建，而在康熙、雍正两朝，曹雪芹家族有三代人曾主政江宁织造近60年。南京师范大学随园校区所在的地方，曾经是曹雪芹家族的花园。曹雪芹家族的家庙香林寺旧址位于今太平门内佛心桥，而明孝陵的"治隆唐宋"石碑，则是时任江宁织造的曹雪芹祖父曹寅奉旨而立。

清代长篇章回体小说《儒林外史》，作者吴敬梓有长期的南京生活经验，南京是小说叙事的核心地理空间。作为一部人物众多、线索头绪枝蔓的散点式小说，《儒林外史》成功地塑造了王冕、杜少卿、周进、范进等人物形象，在写作中又时时代入作者生活的清代乾隆时期江宁的社会生活、城市景观、人情风俗，以虚实杂糅、时空交错的笔墨绘出一幅生动的城市生活图景，被形象地比喻为明清时期"南京的风俗画卷"。《儒林外史》最令人印象深刻的描写，是杜慎卿在南京雨花台岗上对南京的一句感慨："真乃菜佣酒保都有六朝烟水气！"

烟水气，正是文学赋予南京的气质。

4."文学苏军"与中国声音

近百年来，南京古老的文学传统得到传承与发扬。名家云集，思潮交汇，流派众多，成就斐然，南京文学蔚为大观。

现代文学史上，包括鲁迅、朱自清、赛珍珠、张恨水、张爱玲等在内的众多文坛巨擘，都与南京有着极其密切的联系。美国作家赛珍珠二十世纪二三十年代曾在南京生活，今南京大学鼓楼校区北园仍旧保留着她的旧居，诺贝尔文学奖作品《大地》即写于这里。张恨水在二十世纪三十年代中后期曾居住在丹凤街,这段生活给他留下了深刻的记忆,1943年他的小说《丹凤街》出版,意在为当时处于社会底层的贩夫走卒作传,在自序里,张恨水言明写作用心:"以地名者,特重其地,盖犹欲能他日回归丹凤街头。"张爱玲在其小说《半生缘》里,塑造了一位来自南京的主人公,并用细腻的笔触将玄武湖、清凉山等南京名胜纳入小说。

当代著名作家高晓声、陆文夫等更是在南京或者以南京为题创作了诸多脍炙人口的作品,筑起了中国当代文坛的高地。老作家继续活跃在创作一线,不断推陈出新,年轻作家和他们的作品持续给文坛带来新的惊喜,南京的新老作家互相辉映,彼此之间又呈现出明显的代际传承,构成了南京当代文学有别于其他城市文学的显著特色,形成了坚实有力的当代"文学苏军"。

自2018年起,南京启动"南京国际文学家驻地计划",已经成功吸引了来自英国、法国、美国等国的作家来宁驻地。他们在南京参观、生活、学习,融入本地的生活,与本地的作家和市民积极互动,使得南京文学具有了更丰富、更开放包容的面貌。

2019年10月31日,联合国教科文组织官宣,批准66座城市加入教科文组织创意城市网络,其中南京成为首个被列入世界"文学之都"的中国城市。将文学的桂冠交予南京,可谓实至名归,南京自此又多了一张世界级文化名片。

自2020年起,"江苏文学名家名作"外译项目启动,将包括南京作家叶兆言、韩东、黄蓓佳、鲁敏等在内的江苏作家的文学作品译介到英语、法语、俄语、西班牙语、越南语等语言国家,再次赋予南京文学以开放、多元的新活力。

当代的"文学苏军"已然走出中国,站在了更广阔的世界舞台上。

四、古刹遗迹

千里莺啼绿映红,水村山郭酒旗风。南朝四百八十寺,多少楼台烟雨中。——杜牧《江南春》

晚唐诗人杜牧一首《江南春》写尽了南京在六朝时期的佛教盛况。四百八十的数字并不夸张,据唐人李延寿《南史》记载,当时的建康城里有五百余所寺庙;而据唐人释道宣《续高僧传》记载,南京"都邑名寺,七百余所"。一千多年过去了,今天的南京仍然是著名的佛学胜地,有着多所享誉国内外的名寺。

1. 栖霞境界何清壮

栖霞寺位于南京栖霞山,其历史可以追溯到南朝。南齐永明年间,隐士、经学家明僧绍隐居此处,据现存于栖霞寺山门外侧的《明征君碑》记载,明僧绍"负杖泉丘,游眄林壑,历观胜境,行次摄山,神谷仙岩,特符心赏。于是披榛薙草,定迹深栖,树槿疏池,有终焉之志"。

明僧绍舍宅为寺,请法度禅师主持,以栖霞精舍为基础,正式创立栖霞寺,日后这里逐渐成为著名的佛教圣地。南梁时期僧朗于此大弘三论教义,栖霞寺于是成为江南三论宗祖庭。

隋文帝于八十三州造舍利塔,诏以栖霞寺为首。唐朝高祖时,寺称功德寺,与山东灵岩寺、湖北玉泉寺、浙江国清寺并称天下四大丛林。唐高宗时期御制明征君碑,因敕改功德寺为隐君栖霞寺。唐人刘长卿曾游览栖霞山,并写下《栖霞寺东峰寻南齐明征君故居》:"山人今不见,山鸟自相从。长啸辞明主,终身卧此峰。泉源通石径,涧户掩尘容。古墓依寒草,前朝寄老松。片云生断壁,万壑遍疏钟。惆怅空归去,犹疑林下逢。"

南唐时栖霞寺改名妙因寺,宋初称普云寺,继而改称虎穴寺。明朝洪武二十五年(1392)重建栖霞寺,并复名。清朝乾隆帝南巡期间,曾数次驻跸栖霞寺。清咸丰年间,栖霞寺在战火中受到毁坏,现存木构建筑大部分为光绪年间和民国初年陆续修建。至今,栖霞寺还保存有南朝千佛岩石窟、隋代舍利塔和唐代《明征君碑》等珍贵文物。

如今的栖霞山,是全国闻名的佛学胜地,亦是风景名胜之地。秋季满山遍野的红枫,是栖霞山的一大特色景观,吸引着来自四面八方的观摩者。

2. 灵谷慈风生梵境

位于紫金山东南麓的灵谷寺,距今已有1500多年历史。明人葛寅亮《金陵梵刹志》记载:"梁天监十三年,武帝为志公建塔于山南玩珠峰前,名开善精舍,更为寺。"从这段记载看,灵谷寺始建于南朝梁天监十三年(514),是梁武帝萧衍为安葬高僧宝志而建,最初名为开善寺,位于紫金山南麓,也就是今天的独龙阜玩珠峰下。

唐代乾符年间,开善寺改名为宝公院。南唐时期,后主李煜将其改为开善道场。北宋时期,这里先后名为太平兴国禅寺、十方禅院等。元朝及明初,则称为蒋山寺。明洪武十四年(1381),明太祖朱元璋定于该寺所在之地建明孝陵,于是将寺院迁至紫金山东南麓,并赐额"第一禅林"。有明一代,帝王多崇信佛教,对灵谷寺礼遇有加。清代康熙、乾隆南巡期间,都曾至灵谷寺,康熙帝还曾为其御书"灵谷禅寺"匾额。

如今,灵谷寺内保存有修建于明代的无梁殿,是我国现存五大无梁殿中历史最悠久、规模最宏大的一座。殿内原供奉无量寿佛,因而曾名无量殿。寺内还保存有建于1934年的志公殿三间,殿内供奉宝志像。

走进幽静的灵谷寺,树木参天,钟声悠扬,既是一场实实在在旅行,也是一次放松身心的休憩与休养。夏秋之际,灵谷寺的桂花盛开,暗香浮动,又别有一番景象。

3. 鸡鸣古寺丹碧焕

位于鸡笼山东麓、玄武湖南侧的鸡鸣寺,其渊源可追溯到梁代的同泰寺。

南朝梁普通八年(527),在鸡笼山创建寺院。寺与台城隔路相对,梁武帝命人在宫后别开一门,直通寺内,并以"同泰"为寺名。梁武帝崇信佛教,曾四次舍身同泰寺,成就了中国佛教发展史上的一段佳话。

《金陵梵刹志》所收明人《重修鸡鸣寺记略》一文记载,同泰寺遗址,自梁以后,"历隋、唐、宋、元,虽钟鼓香灯不乏声焰,而规模卑隘,未入丛林之列"。明洪武二十年(1387),明太祖朱元璋命人在同泰寺故址上重建寺院,占地一百余亩,这座南朝古刹又重现风采。据传明初朱元璋马皇后及各大臣眷属曾来鸡鸣寺敬香,并为此特开凿了一条进香河。如今,随着南京城市建设的发展,进香河已成地下河,但在地面上多了一条进香河路。

光绪二十年(1894),时任两江总督张之洞为了纪念曾与自己交从过密的戊戌六君子之一的杨锐,在鸡鸣寺殿后建楼一座,取名豁蒙楼。豁蒙楼之名出自唐代杜甫诗句:"君臣尚论兵,将帅接燕蓟。朗咏六公篇,忧来豁蒙蔽。"

　　民国时期,在鸡鸣寺豁蒙楼曾发生过一次颇为轰动的文化事件。那是1929年,国学大师黄侃邀约陈伯弢、王伯沆、胡翔冬、胡小石、王晓湘、汪辟疆等南京城里的知名教授,齐聚豁蒙楼,写成豁蒙楼联句。其联句云:"蒙蔽久难豁,风日寒愈美。隔年袖底湖,近人城畔寺。筛廊落山影,压酒潋波理。霜林已齐髡,冰花倏缬绮。旁眺时开屏,烂嚼一伸纸。人间急换世,高遁谢隐几。履屯情则泰,风变乱方始。南鸿飞鸣嗷,汉腊岁月驶。易暴吾安放,乘流今欲止。且尽尊前欢,复探柱下旨。裙屐异少年,楼堞空往纪。浮眉挹晴翠,接叶带霜紫。钟山龙已堕,埭口

远眺鸡鸣寺与玄武湖 / 视觉中国供图

鸡仍起。哀乐亦可齐,联吟动清泚。"

豁蒙楼联句现藏南京大学图书馆,是该馆"镇馆之宝"。

二十世纪八十年代,重修鸡鸣寺,经历数年,依山建成。今天的鸡鸣寺是尼众学修道场,寺内梵音缭绕,环境十分幽雅。游人依山势攀登而上,站在最高处环顾,玄武湖与紫金山的秀色尽收眼底。

鸡鸣寺下的鸡鸣寺路上,每逢春季,一树一树樱花绽放,千朵万朵衬托着庄严的千年古刹,是南京城著名的赏樱地。

4. 地缘天界倍清凉

清凉寺位于鼓楼区清凉山南麓,是中国佛教禅宗五家之一——法眼宗的发源地。法眼宗为南唐高僧文益禅师所创,其禅学思想及理论影响远及日本、韩国及东南亚。

成书于宋代的佛教禅宗史书《五灯会元》记载了文益禅师与南唐中主李璟之间的一则故事:"师一日与李王论道罢,同观牡丹花。王命作偈,师即赋曰:'拥毳对芳丛,由来趣不同。发从今日白,花是去年红。艳冶随朝露,馨香逐晚风。何须待零落,然后始知空。'王顿悟其意。"

顿悟,正是法眼宗的主张。来自南唐皇室的厚爱,使得法眼宗得以迅速传播,成为颇具影响力的禅宗之一支。文益禅师圆寂后,南唐皇帝赐谥号"大法眼禅师",法眼宗之名由此而来。

宋代惠洪《林间集》记载有法眼禅师与其弟子的一段故事:"法灯泰钦禅师少解悟,然未为人知,独法眼禅师深奇之。一日法眼问大众曰:'虎项下金铃,何人解得?'众无以对。泰钦适至,法眼举前语问之。泰钦曰:'大众何不道:系者解得。'由是人人刮目相看。"

这段故事还衍生出一个著名的成语典故——解铃还须系

铃人。

今天的清凉寺,是南京著名的佛教场所。其所在的清凉山,苍松翠柏,绿树成荫,即便在炎炎夏日也清幽可人。山上还复建有明代崇正书院与清人龚贤扫叶楼,携一册书坐在山中长椅上小读,更有一番静谧舒适之意。

五、风味南京

食物是一座城市气质最直接的体现。南京自古以来就有着以融合为特点的饮食文化,北方饮食风格的豪放粗犷与南方饮食的精致细腻和谐并存。南京人的胃,接纳来自天南海北的美

金陵八绝／视觉中国供图

食。粽子是甜的还是咸的,饺子是干吃还是和汤一起吃,吃大餐痛快还是来一碗鸭血粉丝汤爽气,这对南京人来说,从来都不是问题。因为想怎样就怎样,爱怎样就怎样,怎么舒服怎么来。但是有两样东西,南京人吃起来绝对讲究。一是时蔬,二是鸭子。

1. 舌尖上的一口草

"南京人,不识好,一口白饭一口草。"

草指的是野菜,也指南京人喜爱的各类时令蔬菜。南京位于水网与丘陵交叉地带,气候温润、四季分明,野菜品种繁多。南京人吃野菜有"七头一脑"的说法,即马兰头、荠菜头、香椿头、枸杞头、豌豆头、苜蓿头、小蒜头和菊花脑,另外芦蒿、苦菊、马齿苋、蒌蒿、鹅儿肠等也是南京人的爱物。

凉拌、烧汤、做馅料、清炒,野菜大多是这四种吃法。凉拌马兰头、凉拌苦菊、荠菜春卷、荠菜大馄饨、菊花脑蛋汤、香椿头涨蛋、清炒茼蒿、芦蒿炒干子,则都是灵魂自带香气的"野"味。四季轮回,萧瑟的冬天和生机勃勃的春天之间,只需要餐桌上的一份野菜,就可以瞬间无缝衔接。"春风十里不如你",对南京人来说,更像是对野菜的深情告白。

清末民初的南京人龚乃保编撰了一部《冶城蔬谱》,专门介绍包括各种野菜在内的南京四季时蔬。编书时的龚乃保身处他乡,"遥忆金陵蔬菜之美,不觉垂涎"。他一门心思盼望着早日回到故乡,开一块田,种几畦菜。在书中,龚乃保选取印象深刻的南京蔬菜,诸如早韭、枸杞、豌豆叶、油头菜等,结合自己的食用经验,同时引经据典,对每一种蔬菜的名称、由来、食用方法进行较为详细的介绍。龚乃保的学生王孝煃编撰有《续冶城蔬谱》,介绍了芥、雪里蕻、大头菜、豆芽、慈姑等南京人喜爱的21种蔬菜。

《冶城蔬谱》与《续冶城蔬谱》堪称姊妹篇,两本书里介绍的各类时蔬,其中的大部分直到今天还是南京人餐桌上的美味。过去,只有在春天才能吃上心仪的野菜和时蔬。现在,随着科技的发展,即使在冬季,也能吃上这些清香的美味了。

南京人对时蔬的喜爱,浓缩在一道"什锦菜"里。什锦菜,又名十景菜,清末南京人潘宗鼎所辑《金陵岁时记》中记载,这道菜的食材包括酱姜瓜、胡萝卜、金针菜、木耳、冬笋、白芹、酱油干、百页、面筋等十种。事实上,对寻常的南京人家而言,从来不会被"什锦"拘束住想象力,雪里蕻、黄豆芽、香菜、荠菜、菠菜、香菇、藕等各类时蔬,也是"什锦"里的主角。

小小一盘什锦菜,尽显南京美食"融"与"合"的气质。

2. 餐桌上的那只鸭

不知道从什么时候开始,餐饮圈流传起了一句话:"没有一只鸭子能完整地离开南京。"南京吃鸭子,花样很多,有各种以鸭为原料的特色食物。

烤鸭。又叫烧鸭,是南京人餐桌上的必备荤菜。南京烤鸭和北京烤鸭最大的区别在于制作方法,北京烤鸭用的是叉烤,南京烤鸭则是挂在特制的烤炉里烤熟。吃北京烤鸭时,要用面皮卷上京葱、烤鸭片等,蘸甜面酱一起吃。南京烤鸭是直接剁成块蘸卤水吃。卤水,南京话叫卤子,烤鸭子的时候,在鸭腔里灌水一起入炉。鸭肉熟了,卤水也熟了,还需要加上各种佐料继续用慢火熬制。熬好的卤水用碗盛起,油亮的鸭子切块装盘,现吃现蘸。

盐水鸭。盐水鸭是和烤鸭齐名的南京美食。民国人张通之在《白门食谱》里记载："金陵八月时期,盐水鸭最著名,人人以为肉内有桂花香也。"农历八月,桂花盛开,满城暗香,此时的盐水鸭也沾染了桂花的香味,所以又叫桂花鸭。桂花鸭色泽素净,吃一口肉嫩多汁,咸淡适中,香而不膻。

鸭血粉丝汤。南京街头最常见的小吃。弹弹的粉丝,韧韧的鸭血,精致的豆腐果,再加上各种鸭杂,鸭肠卷卷、鸭肝糯糯、鸭肫筋道,还有几片鸭心,一碗鸭血粉丝汤的原料就齐备了。当然,碧绿的香菜、芬芳的葱花、艳艳的辣椒油,还有浓浓的香醋,要根据食客的喜好来放了。

鸭四件。鸭四件的说法由来已久,但具体所指却有好几种。有说是鸭翅、鸭爪、鸭肝、鸭心;有说是鸭肫、鸭肝、鸭心、鸭肠;有说是鸭翅、鸭爪、鸭肫、鸭肝;有说是两只鸭翅和两只鸭爪;也有说是鸭翅、鸭爪、鸭内脏的统称。南京的各路"食神"们对此各持己见,引经据典,互不相让,也算是吃出了境界。不过,要是去鸭子店买"鸭四件",食客们都老老实实遵守共同的规则——鸭四件就是鸭翅和鸭爪,绝不跟老板胡闹。

鸭头、鸭舌。在南京人看来,"无鸭不成宴"。在宴席上,鸭头鸭舌这样的小零碎,常常以卤菜凉菜的形式出现。鸭头一切两半,整齐码放在盘子里,旁边配着一沓一次性手套,有时候还有一小碟蘸酱。往往是鸭头吃完了,蘸酱却还分毫未动。鸭舌是一根挨一根,层层叠放,两根长长的筋像龙虾钳子一样翘起来,第一次吃的人,总是搞不清到底是什么。但吃过一根后,往往就停不下来了。

鸭油烧饼、烤鸭包。南京人对鸭子的爱,还体现在鸭油烧饼和烤鸭包上。烧饼酥脆喷香,分甜咸两种,各有千秋;烤鸭包油润可人,咬一口,汤汁仿佛在口腔里狂欢;再配上一碗清爽的鸭血粉丝汤,足以慰藉肠胃。

3. 食谱里的一本书

清乾隆十四年(1749),文学家袁枚定居在南京小仓山的随园,也就是今天南京师范大学随园校区的位置。随园是袁枚的世外桃源,他不仅在这里进行文学创作和文学批评,还写了一部饮食宝典——《随园食单》。

《随园食单》按照菜肴食材分为14单,分别为:须知单、戒单、海鲜单、江鲜单、特牲单、杂牲单、羽族单、水族有鳞单、水族无鳞单、杂素菜单、小菜单、点心单、饭粥单和茶酒单。在须知单中,袁枚提出了烹饪必须遵守的20个操作要求。在戒单中,提出了14个注意事项,其中有在烹饪中应注意的火候、时间、用油等事项,还包括一整套针对食客和主人的餐桌礼仪。在海鲜单等部分,袁枚详细地介绍了326种南北风味佳肴和特色小吃及其制作方法。书中还介绍了当时的部分名茶和美酒。

《随园食单》在乾隆五十七年(1792)出版后,陆续有多种版本面世。1979年,日本岩波书店将其译成日文出版。如今,已有更多外语版本的《随园食单》被介绍到国外。当代英国美食家扶霞·邓洛普就表示,袁枚的《随园食单》,既是中国烹饪理论的有用资料,也是很好的休闲读物,对她启发很大。

《随园食单》中最吸引人的部分,是袁枚对同时代文人雅士交往的记载,这些记载均与美食有关,读来活色生香。比如,袁枚提到王孟亭太守家的"八宝豆腐"和"炒瓢菜心"两道菜。八宝豆腐是将豆腐嫩片切粉碎,加香蕈屑、蘑菇屑、松子仁屑、瓜子仁屑、鸡屑、火腿屑烹制而成。炒瓢菜心在烹饪时,"不加别物,宜用荤油""以干鲜无汤为贵,雪压后更软"。热爱美食和文学的王孟亭,曾亲自上门拜会袁枚,他得知袁枚轻易不见客,于是带上一把椅子,坐在门外耐心等候,直到主人请他进屋。两人一见如故,相谈甚欢。

一餐食,吃的是滋味,更是趣味与文化。如今,《随园食单》饮食习俗非遗项目已经成为南京市级非物质文化遗产,并被活化利用。南京的美食传统,以无比接地气的方式在延续和生长。而随着美食流传下来的那些趣事,也成为南京饮食文化里的一道独特风景。

水漾无锡

水漾无锡

无锡是一座漾在水上的城市,没有水,就没有无锡;没有水,无锡也就没有了魂。

无锡自古水网密布,河道纵横。域内原有6288条天然河道,至今尚存3301条大小河道,总长达2970.78千米,加上太湖、蠡湖、鹅湖、漕湖等所辖湖域1294平方千米,水域面积占全城总面积(4688平方千米)的30%以上。

无锡自古被水所拥抱。城南,有三万六千顷的浩渺太湖,流光溢彩,物华天宝;城东,有中国开凿最早的人工河——伯渎河,一水通古今,已经汩汩流淌了三千多年;发端于惠山山脉的梁溪河,恰似一条绿色绸带蜿蜒于城内外,被誉为无锡的"母亲河";勾吴时期开凿的古运河,既抱城,又穿城,贯通南北,千百年来为这座小城注入了无尽的活力;已被揽入怀中的蠡湖(五里湖),景色旖旎,风光无限,又因范蠡西施的泛舟传说平添了一缕浪漫与诗意。

古时,形似"龟背壳"的老无锡城,是靠水来规划设计的,环城运河如一张"弯弓",城中直河如一根"弦"贯通南北,九条东西流向的小河,则恰似搭在弓上的九支箭,形成了独特的"一弓一弦九支箭"的城市水网,勾画出一张"水城"图。加上流布各处的塘溪港渎,小城堪比威尼斯。民国时,著名剧作家周贻白曾写下一首《竹枝词》,鲜活地描绘了锡城风情:"九支羽箭一张弓,十道河流八路通。是处楼台皆近水,无边风月橹声中。"

水,就是无锡的一张波光盈盈的名片。旧时,无锡的四座老城门——靖海门、望湖门、试泉门、控江门——无一不浸润着水色;"无锡,充满温情和水",也曾是这座城市最具人情味的旅游宣传广告语。可以说,无锡之美,无锡之强,无锡之特,皆与"水"息息相关。

"太湖佳绝处,运河水弄堂,千年古吴都,百年工商城"——是无锡的四句外宣广告语,也是对无锡这座城市自然风光、悠久史脉和精神文化的经典概括。

一、太湖佳绝处

太湖,是江南最大的一片水域,也是孕育无锡的母亲湖。烟波浩渺波光粼粼的湖面,"三万六千顷,周围八百里",水域面积达2400平方千米,平均水深不足2米,水性温和,物产丰富,自古以来哺育了整个江南。

得太湖滋养,无锡平畴沃土,物华天宝,唐宋以来就是鱼米之乡,史上几无冻馁之虞。太湖的湖岸线,总长约为400千米,沿线滨水的城市有苏州、无锡、常州、湖州等好几座,在几座城市中无锡拥有的湖岸线相对较短。但是,只要一提到太湖,人们首先想到的必是无锡。这是因为,无锡位于太湖的西北岸,得天独厚地享有了环太湖最美的那一段水岸精华,在二十世纪二十年代无锡就被称为"太湖明珠"。

水,成就了无锡的湖山之美。

1. 尽享太湖佳绝美

江南园林,名满天下。

如果说苏州古典园林是以精致典雅、精工细作悦人,那么无锡近代园林则以朴素自然少雕饰而取胜。

早在明代,锡邑状元孙继皋就有"渚势欲吞湖,湖流归旧吴。天浮一鼋出,山挟万龙趋"的诗句,描绘了鼋头渚包孕吴越的宏阔大美气象。二十世纪五十年代末,诗人郭沫若在游览太湖,造访鼋头渚、蠡园等景区后写下一首《蠡园唱答》,最后两句曰:"太湖佳绝处,毕竟在鼋头。"直白地道出了鼋头渚是太湖景色最美之处,"佳绝"之说由此而来。"太湖佳绝处"成了无锡最经典的一句山水广告。

浩渺太湖,在无锡这里形成了多个水湾,曲折有致,绿意掩映,风景独特。郭沫若赞美的鼋头渚,是太湖西北岸的一个半岛,因有巨礁突入水中,状如"浮鼋翘首"而得名。明代文人王永积的《锡山景物略》载:"有一巨石直瞰湖中,如鼋头状,因呼为鼋头渚。"从空中俯瞰,鼋头渚仿佛一只天降神鼋,伏卧水中,桀骜凸起的巨礁探入湖水,舒缓的湖岸线因此陡然有了层次和诗意。

鼋头渚是整个太湖名胜风景区最经典的佳绝之笔,得天地之造化,独占太湖美景之鳌头。江南山水的淡雅清秀与雄奇壮阔,这里兼而有之。温山软水相融一体,碧水辽阔,烟波浩渺,峰峦隐现,气象万千,堪称太湖之精华。

鼋头渚历史久远,早在南朝萧梁时期,便是文人墨客青睐的江南"桃花源"。充山北麓的"广福庵",梵音禅意溶化于烟雨山林,是"南朝四百八十寺"之一。南宋初期,进士钱绅致仕读书于宝界山,"疏岩剔薮,立台亭,莳松竹,为游观之适",乃鼋头渚一带建山庄墅园之始,鼋头渚开始成为读书养生之地。

明代,渚上胜迹,已然遍布,春秋时节游人络绎,"太湖春涨"被奉为"锡山八景"之一。著名旅行家、文学家徐霞客,一生游历无数胜地,曾多次从鼋头渚的古码头启航,开始他探察名山胜水之旅。"吴门四才子"之一的文徵明,也曾至此一览太湖胜景,"岛屿纵横一镜中,湿银盘紫浸芙蓉。谁能胸贮三万顷,我欲身游七十峰。天远洪涛翻日月,春寒泽国隐鱼龙。中流仿佛闻鸡犬,何处堪追范蠡踪"(《太湖》),诗中不乏鼋头渚的曼妙身影。明代隐士王问、王鉴父子曾在此构筑湖山草堂,植花草树木,以诗画自娱。东林领袖高攀龙也常来此踏浪,遗有"高宪公濯足处"和"马鞍山上振衣,鼋头渚下濯足"的镌诗。

岸边的灯塔之下,有巨型刻石,一面镌刻着"鼋头渚"三个大字,为当地清光绪举人秦敦世所书;另一面镌刻的"鼋渚春涛",则是清末状元刘春霖的墨宝。时任无锡知县的廖纶,曾迎风伫立于湖畔巨石,惊叹于万顷湖波之浩渺恢宏,欣然题下"包孕吴越""横云",镌成临湖峭壁的摩崖石刻。清代著名文人陈夔龙,饱览胜景,感慨万千,留下长联赞曰:"山横马迹渚峙鼋头尽纳湖光开绿野,雨卷珠帘云飞画栋此间风景胜洪都。"

在鼋头渚的游轮码头附近,有一处砖石牌坊门,坊上的"太湖佳绝处"五个大字乃郭沫若书写。穿过牌坊大门,一幅巨大的湖山宏图,瞬间便铺展在面前。湖宽天远,烟波无垠,渔帆点点,远山近水,尽收眼底,漾满诗意。牌坊两侧,分别镌有"利涉""问津"字样,精要地点出了鼋头渚的地理位置和风景要义——"利涉",本意是船舶停泊之处,点出这里是古代出行的码头,也是舟船归航的泊地;"问津"的原意是打听渡口何在,这里则引人去叩访心中的"桃花源"。

拱门内,是鼋头渚景区最核心的区域。已有近百年历史的长春桥,卧波于一泓澄碧湖水之上,将烟波浩渺的湖面点缀成一道可亲可近的风景。百年前引种于桥畔的百株樱花,今天在景区内已经繁衍为三万多棵,成就了"中华第一赏樱胜地"。如今,每年初春三、四月间,这里樱花盛绽,云蒸霞蔚,长春桥一带陡然变成了一片缤纷的花海,"长春花漪"名播遐迩。

2. 民国园林看无锡

历史上，无锡也曾有过许多私家名园，如安氏西林苑、华氏嘉遁园、邹氏愚公谷，亦有秦氏寄畅园这样的古典园林留存至今，精致、典雅，跻身"江南四大古典园林"之列。但是，无锡代表性的园林却是建于民国时期的鼋头渚、梅园、蠡园等近代园林。正如中国园林大师陈从周所云："江南园林，明看苏州，清看扬州，民国看无锡。"

这些园林大气、朴拙、自然，去粉饰雕琢，且具有鲜明的近代公共文化性质。旧时，造园者主要是退隐官员或豪绅，而近代无锡园林的打造主体则是工商实业家，他们的造园不仅重视审美意趣，还引入工商手段，借助于公益众筹，社会化共同打造园林。

鼋头渚的正式开发，始于1916年。李鸿章的幕僚、中国民族工业的先驱杨宗濂之子、中国银行无锡分行首任行长杨翰西，买下了太湖边4公顷湖滩湿地，始辟果园，继筑别墅，每年赓续，修造灯塔，建横云山庄、万顷堂等，并通过工商同仁共筹，不断完善丰富景区，"春秋胜日，呼朋引类"，成为锡沪两地实业家"遨游偃息之所"。此后，又有王氏太湖别墅、陈家花园、茹经堂等近代园林建筑先后建成，园林格局逐步完整，至二十世纪三十年代，鼋头渚景区已颇具规模，成为华东地区最吸引人的风景胜地。

1934年，上海联华影片公司《大路》摄制组到无锡取景，时值无锡在修筑宝界桥和环湖公路，影片利用这一背景进行了拍摄。聂耳作为影片作曲，白天和筑路工人一起劳动，体验生活，晚上就住在鼋头渚内的陈园，完成了电影插曲《大路歌》的创作。后人为了纪念聂耳，将他住过的小楼命名为"聂耳亭"。同一年，著名教育家唐文治70寿辰,交通大学校友为其捐建了纪念别墅"茹经堂",这些都使鼋头渚的人文底蕴不断得到丰富。

鼋渚之美,七分自然天成,三分得人机巧。在自然神力和人工雕琢的融合下,鼋头渚逐渐形成了"包孕吴越""鼋渚春涛""长春花漪""湖堤春晓""中犊晨雾""十里芳径""鹿顶迎晖""湖山真意""太湖夕照""藕花深处"等十大景区,108个景观,成为太湖沿岸天人合一的园林经典。四季皆有佳境,令人流连忘返。1986年,日本学者池田大作来此,久久不舍离去,波光柔情,一往情深,写下了脍炙人口的《无锡旅情》,优美旋律,传扬海外,影响深远,成为游客江南之旅的首善目的地。短短数年,就有1200家日本企业落户无锡。"太湖佳绝处"既是城市的一张山水王牌,也成了对外招商的名片。

无锡最富传奇意味的湖是蠡湖,最精巧的近代园林则是蠡园。蠡湖得名于越国大夫范蠡,原指锡东的漕湖,后来移花接木,在民国时变成了五里湖的名字。五里湖,是太湖的一个内湖,二十世纪初这里已有"蠡湖八景"。民国时,工商实业家王禹卿、陈梅芳先后在蠡湖畔购地造园,构筑了蠡园、渔庄两大园林。这里景色旖旎,而美丽的传说更为蠡湖涂上了一抹传奇的色彩。在民间传说中,吴越战争结束后,范蠡曾隐居于此养鱼为生,并写下《养鱼经》,开启了人工养鱼的历史;而范蠡偕西施"泛舟五湖"的传说,更给人无限的遐想。九十年代,无锡在进行蠡湖全面开发时正式确认了"蠡湖"的名号。如今,蠡湖这片只有8平方千米的小湖,已被不断延展的城市揽入了怀中,成为市民最爱的风景。

这些风景"佳绝"的湖,水里沉浮着历史、飘荡着传奇:春秋时期,范蠡西施泛舟五湖、遁迹无踪;汉代时,高士梁鸿携妻子孟

水漾无锡

蠡湖晚霞 / 视觉中国供图

光隐居于鸿山脚下、鹅湖之畔,演绎了"举案齐眉、相敬如宾"佳话;晋代,宜兴有"周处除害"和"梁祝爱情";明代,荡口有"唐伯虎点秋香",这些动人的传奇无一不诞生在碧波粼粼的水边。

荣氏梅园,是太湖畔的一颗明珠,也是一段水岸传奇,更是实业家"为天下布芳馨"的杰作。和鼋头渚一样,建于1912年的梅园,从建设到管理运营,一切费用皆由荣氏承担,但园林却向社会敞开,不设门禁,不取门票。如遇主人有重大活动需要闭园,也会提前公告。1928年,作家郁达夫曾在梅园小住,他在散文《感伤的行旅》中写道："我在此地要感谢荣氏的竟能把我的空想去实现而造成这一个梅园；我更要感谢他既造成之后而能把它开放，并且非但把它开放，而又能在梅园里割出一席地来租给人家，去开设一个接待来游者的公共膳宿之场。"

梅园不仅是一个开放园林，还是开阔视野、增长见识的植物园与博物院。园内广植梅树数千株，每逢冬春之际，暗香浮动，游人络绎。荣氏还引入奇花异木、稀世珍宝，开游人之眼界。为了方便游客，荣德生甚至允许小摊小贩到梅园内摆摊设点，"虽觉不甚雅观，但附近贫民得藉以营生，亦可喜也"。梅园主人虽富甲天下，却一生不改其平民情怀，可贵而可敬。风景美，人品、情怀实更美矣。

3. "太湖明珠"鱼米乡

正是在实业家们的鼎力打造下，太湖畔、蠡湖边，园林景观次第建成，越变越美，游客骤然增多。二十世纪二三十年代的无锡城，不仅是鱼米之乡，且成为有口皆碑的一颗"太湖明珠"。

这颗"太湖明珠"，闪亮的不仅是温山软水营造的美丽景致，还有湖水造就的美好生活。湖中丰富的出产，滋养了百姓的生活，丰富了人们的餐桌，增添了生活的美感和诗意。一首旋律悠扬的《太湖美》，不仅唱出了太湖之美，也道出了太湖丰硕的水产：

> 太湖美呀，太湖美，
> 美就美在太湖水。
> 水上有白帆啊，
> 水下有红菱啊，

水漾无锡

> 水边芦苇青,
> 水底鱼虾肥,
> 湖水织出灌溉网,
> 稻香果香绕湖飞,
> 哎嗨呀……
> 太湖美呀太湖美。
> …………

这首创作于1978年的《太湖美》,是无锡的市歌,不仅唱出了太湖碧波万顷、物华天宝的秀丽风光,也赞美了鱼米之乡的富庶美好,更折射出那个时代人们热烈拥抱生活、乐观积极向上的心态,融写景、咏物、抒怀于一体,糅传统民歌与江南小调于一曲,悠扬婉转,悦耳动听。

江南水乡,气候温润,平畴沃壤,凭借浩渺太湖的滋养、纵横交错的溪河互联互通,山媚水秀,波柔气平,加之民众聪慧而勤劳,可谓文化昌明,人杰地灵。太湖,为无锡提供了得天独厚的地利,不必劈波斩浪,不必翻山越岭,一叶扁舟便可通达四方,一网出水便可尽享美味,貌似平静之下尽可八面玲珑、尽收渔利。

湖泊岸地,既是无锡的米粮仓,也是无锡的花果园。太湖边的林果场,曾培育出最早的无锡水蜜桃,金沙、白沙枇杷和太湖蜜橘。据说这些美味的土特产都是民国时的留日学子,将远方的水果和本土果树进行嫁接的结果。改革开放以后,无锡又从海外引种了巨峰葡萄、夏黑葡萄、久保蜜桃、日本李王等,在水果口味的不断提升中,是否也暗蕴着敏察善纳的性格、开放兼容的文化力量?

还有,名播遐迩的"太湖三白"——白鱼、白虾、银鱼,千百年来一直是无锡百姓餐桌上最常见的湖鲜,"太湖八百里,鱼虾捉不尽"的俚语中咂摸得出满满的富足感;自从三千年前泰伯、仲雍兄弟奔吴,从遥远的西北带来了陕西周原的羊,"鱼"和"羊"就有了历史性的相遇,融合为"鲜"。从此,一个"鲜"字,便成为江南美食最重要的标识,也成为江南民众做出舌尖判断的重要标准。

老子曰"上善若水";孔子曰"智者乐水"。水不仅成就了"水光潋滟晴方好,山色空蒙雨亦奇"的江南美景,也滋养了一方百姓的生活、养育了一地独特的民性。湖水清浅,温和平缓而不失变通灵活,通达四方而又温润柔和。水上的舟楫生活,培养了勇敢探索、机智应对的技能,也孕育了温和通达、善于进退的性格,教会人们如何处世、如何生活,如何让平淡的日子更有滋味、更具诗性。

温润的气候,丰沃的土地,多水的环境,共同成就了无锡人敏察善纳、机智灵活、开放包容的文化秉性,使其在社会转型、发展机遇到来时总能抓住先机,勇立潮头,这绝非历史的偶然,而正来自水的养育和启迪。数千年来,偏安一隅的江南正因为禀赋了江河湖泊的灵性,才走得如此从容淡定,才拥有如此包容的胸襟。

二、运河水弄堂

水,是城市久远历史的见证。

无锡人总爱说"一条古运河,半部锡城史",此话不假。一条运河通古贯今,历尽无锡成长之事。

1. 先有运河后有城

锡邑民间，有句民谚："先有古运河，后有无锡城。"此谚揭示的是无锡与运河历史时空上的继起关系——先有河，后有城。

千里古运河的开凿，始于春秋，成于隋唐，取直于元，存续至今。无锡这座小城从一开始就与古运河相生相依。

西汉高帝五年（前202）无锡置县时，就择址于运河之畔，筑"龟背小城"，开始了"城"的历史。河与城，从此不离不弃，相伴相守。运河忠实地见证了无锡从诞生、崛起、发展，走向繁荣的历史全程。

无锡老城的地貌形如龟背，故被称为"龟背壳"。密集的水网，犹如龟背上的纹理。曾有风水大师称，此地貌暗合了周太王的龟背占卦，说这座龟背形城池暗藏着无限玄机。事实上，旧时水患频仍的江南，先民择高墩而居，凸起的龟背形城垣主要考虑的还是生活便利与安全，度势择址而居乃智慧之选，并非藏着多少心机和深意。

历朝历代，生活于此的无锡先民，根据生产生活需要，不断对河道进行开挖、修整、疏浚、填埋，河道的改造史几乎就是一部城市的建设史。

2500多年前的勾吴后期，吴王阖闾、夫差父子为了征伐齐楚，在伍子胥主持下开挖了很多人工河道，吴古故水道、古江南河，都在那一时期完成。阖闾之前，勾吴的政治中心一直在梅里（今锡东梅村一带）。阖闾即位后，又在城西胥山脚下的闾江口建造了一座吴城，后人称之为"阖闾城"，勾吴的政治中心也迁至此处。阖闾城下，有多条水路通往太湖，也通向四方。夫差时期完成的吴古故水道，北接长江，南连太湖，东通淀山湖，使小小无锡得以通江达湖,尽享交通之利。

隋唐时期,全长 2700 多千米、由 27 条河道勾连而成的隋唐大运河全线贯通,古运河无锡段由此纳入了运河大系统。锡东的望亭(今属苏州、古属无锡)建起了第一座运河堰闸,城里的河道开始出现远方的船只,运河上也架起了多座桥梁。小城无锡,从此成了一座运河城市,由此正式步入了运河时代。

元代,世祖忽必烈对隋唐大运河进行了大刀阔斧的"裁弯取直",形成了南北直达的元运河(京杭大运河前身)。以洛阳为中心的永济渠、通济渠大部河段遭废弃,运河航线从 2700 多千米锐减为 1800 千米。新开的鲁运河,因黄淮入侵而经常淤塞,唯有江南运河通畅无虞。此时,处在江南运河"南北之会冲"的无锡,地位变得日益显要,并成为南漕的储粮基地。运河畔,出现了一座大型官粮仓库——亿丰仓。此后,运河之上,商旅往来,船乘不绝,民间的经商热情也开始被激活。

明清时期,是江南快速发展、走向繁荣的历史时期。穿越南北的大运河,如同一条脐带,不断赋能小城无锡。一方面,江南的粮食、财物源源不断运往京师,另一方面,运河也源源不断为无锡输送着经济文化的动能。受到运河商贸物流的带动,清代,无锡的码头边逐渐出现粮食、布匹、丝茧等货物交易。到清中后期,码头经济已经十分繁荣。水上,船来舟往;岸边,人流攒聚。通达的水路,繁荣的经济,灵活的民性,一起成就了水上经济,由此诞生的"米码头""布码头""丝码头"名播遐迩,因此而引发的金融流,让运河岸边银行、钱庄林立,因而又有了"钱码头"的美誉。

"四大码头"是无锡精彩的历史章回,由水写成。

运河无锡段,是千里运河中的一个"环"。京杭大运河从南到北、绵延 1794 千米,只在无锡这里形成了一个独特的"环"。这个"环",通古达今,写满历史的精彩和城市的记忆。

2. 千里运河独一环

环城运河如同一张"弓",穿城直河恰似一根"弦",交汇于小城南北,既穿城又绕城,以"半月"的形态拥城而过。城中直河曾是穿越小城南北的主干道,环城运河则怀抱护佑着小城,还有部分运河干脆承担起护城河的使命。

历史上,运河无锡段经历了"傍城而过""穿城而过""环城而过"三个阶段。汉初置县时,无锡城区主要位于运河以西,运河在邑东"傍城而过";唐宋以降,运河贯通华夏南北,无锡人口渐多,河东出现大量民居建筑,贯城直河始成为主要交通水道"穿城而过"。明代嘉靖年间,为抵御倭寇侵扰,无锡将外城河和护城河连通后作为运河主航道,城内直河的航道功能日益削弱,南北水关也被关闭。由此,无锡段的运河,成了中国大运河中唯一一个"环城而过"的河段。

运河,如同一支画笔,勾画出无锡的地貌。"一弓一弦九箭"的河道布局,决定了旧时无锡的城市格局。河是水路,岸是陆路。南北城门各有旱门和水关。

1925 年,为了纪念孙中山去世,城中直河更名为"中山河";1958 年,在城市改造建设热潮中,中山河被填埋,变身为今天的中山路。一个环状运河似乎就此消失了。但无锡人又在城西开凿了一条新运河,比填埋的直河更阔、更深,可以通行五千吨级大船。由此,这个运河上的"环"更大,也更圆了。

城里的河,大多窄而浅,却很少淤塞,因为地方官执政的一项重要事务,就是河道疏浚、船行畅通。史籍中,唯一记录的一次老城堵塞河道，是为了抵御倭寇。明嘉靖三十三年(1554)，无锡城遭遇倭寇侵袭，县令王其勤率领全城军民昼夜奋战，加固城防，以砖石重新垒砌城墙、城门。为了安全，还封堵了城中直河两端的南北水关，运河也由此改变了主航道，大船、重船、漕运船一律改从城东的外城河航行，只有官船、轻船、小船允许从内城河来往。小城的交通史因此有了一次刷新。

运河史也是城市建设史。

1958年，在城市的新一轮改造建设中，七箭河填成了人民路。春申君黄歇的花园白水荡一带，成了最繁华的综合性商业街区。东晋时，书法家王羲之曾多年居住于此，王氏搬离时将自家房舍捐给僧人，改作兴宁寺；后来兴宁寺又改名崇安寺，再后来，崇安寺成了锡城最重要的核心区的地名。紧邻崇安寺，还有一座知名道观洞虚宫，玉皇殿、三清殿、雷尊殿、火神殿等建筑恢宏，历经数百年，部分建筑得以保留。民乐家阿炳与父亲华清和早年就住在雷尊殿的偏房，许多二胡琵琶名曲亦创作于此。三清殿旧址上，1914年建起了一座白色的钟楼，建筑面积1300平方米，曾是无锡城中最高的建筑物，楼顶安放了一口大自鸣钟，作为全邑校时标准，故人称"钟楼"。钟楼作为中国最早的县立图书馆之一，1915年元月正式开馆，国学大师钱基博（钱锺书的父亲）出任图书馆馆长。一百多年过去，钟楼仍是无锡的鲜明标识，是无锡人心中的文化地标。

3. 运河水弄绝版地

环城运河流到城南时，成为窄窄长长的水弄，人称"江南水弄堂，运河绝版地"。水弄堂与南长街、南下塘、伯渎港、大窑路、清名桥等一起，构成了一个人文底蕴深厚、风情独特的"清名桥历史街区"。古街区占地约 18.78 公顷，以古运河为轴，串联起寺、塔、河、街、桥、弄、窑、坊、馆等诸多景观，营造出一派韵味独具的江南水弄风光。2014 年 6 月 22 日，中国大运河成功申遗，清名桥历史街区亦成为江南运河中重要的组成部分。

南长老街，也称"南上塘"，是这里最具风情和韵味的一条长街，完好保留了晚清至民初的建筑群，被誉为"最无锡"的地方。南长街地处水陆要津，历史上曾是马蹄"嗒嗒"的一条古驿道。北宋时，在这里与古运河水上驿道并行设了一条陆路驿道，南连苏州、北接常州，是苏常之间的重要通衢。设于此处的锡山驿馆，是传递公文、物资，以及往来官员歇息换马之处，兼具车站、旅馆、物资供应、接待服务等多种功能。来往的车马多了，驿道边的住户、商铺渐多，市面也逐渐热闹起来。

人多了，房舍商铺一间间出现在运河边。人气旺了，桥梁便一座座架在了河上。运河上，最著名的桥要数南长街边的清名桥。清名桥原名清宁桥，初建于明代万历年间，由无锡秦氏望族的秦太清、秦太宁兄弟捐资建造，故称"清宁桥"。清康熙时，无锡县令吴兴祚对其进行了重建，后因讳道光皇帝的名字旻宁，而改名"清名桥"。清名桥一侧的大公桥，乃民国时建造的三跨钢筋混凝土桥，具有鲜明的近代工业时代特征。那时，无锡民族工商企业沿着运河逐渐兴起，南上塘、南下塘一带，仅丝厂就多达 13 家。女工们上下工都必须乘船摆渡过河，交通十分不便，甚至发生过女工摆渡过河时落水身亡的事故。许稻荪、荣德生等实业家便共同出资建造了此桥，取名"大公"。

清名桥、大公桥堍的中国丝业博物馆，前身是民国时的薛氏永泰丝厂。1926 年，著名实业家周舜卿与薛南溟，将在上海经营了 30 年的永泰丝厂迁回了家乡无锡。择址大公桥堍

古运河上清名桥／视觉中国供图

营建厂房，所生产的"金双鹿""银双鹿"牌生丝很受市场欢迎，曾是畅销欧美的名牌。新中国成立后，永泰丝厂改制，成为国营无锡丝织二厂。2009年3月，原厂房被改建为"中国丝业博物馆"。

跨过清名桥，水弄堂的东岸叫南下塘。"上塘十里尽开店，下塘十里兴烧窑"。水弄堂的西岸叫"上塘"，就是开满了店铺的南长街；水弄堂的东岸叫"下塘"，历史上布满了大大小小的砖瓦窑,因此人称"老窑头"或"南门窑上"。这里是运河与伯渎河的交汇处,唐宋以后曾出现过三百多座砖瓦窑,明代达到高峰。明初时烧制的"大窑砖",曾是建造南京明城墙的主要来源,这里的大窑也烧出了半座无锡城。大窑路的窑业,兴于明,盛于清,嘉庆年间还烧制过故宫的金砖。2013年,大窑路的窑群遗址被列为全国重点文物保护单位。

运河蜿蜒处,久远年代的历史遗存随处可见。原称"小河上"的崇宁路,岸边曾是本埠世家望族的聚居地。"小河"也叫"六箭河",河边是秦家、孙家等大户人家的宅邸,前门开在小河边,后门就在小娄巷,前后深达七进。现在,崇宁路唯一留存的是秦邦宪故居,但秦氏楠木厅已不见踪影;修复的小娄巷街区,其实是这些大户人家的后门。孙氏少宰第已被拆除,留下了一座状元孙继皋的藏书楼。孙状元有位后代孙洙,因为编了一本《唐诗三百首》而成为孙家后裔中最知名的人物。

老城区,规制最宏大的老建筑群当属建于清光绪十六年(1890)的薛福成故居,也称"钦使第""薛家花园",现存原建筑130余间,占地21000平方米,被民间称为"江南第一豪宅"。薛氏兄弟的房舍建筑遍布老城区,因此也被呼为"薛半城"。薛福成乃大清出使欧洲四国的第一位大使,是晚清重要的外交家,也是拥有真知灼见的思想家,第一个提出"工商强国""殖财养民""导民生财"的主张。可惜这座豪华宅第建成后,薛福成一天也没入住过。结束任期的他,从香港返途时患病,未及赶到家就病逝在了上海。

位于老城东门的东林书院,是明代最具影响的书院,始建于北宋,重建于明,顾宪成、高攀龙等东林学者,在此讲学议政,声名远播。书院门前流淌的原先是护城运河,在城墙拆除后,河道被填成了路,东林书院却得以完好保存。东林人倡导的实学传统、经世致用的服务社会精神,对无锡的务实进取精神有着重要的启迪作用。

运河边,锡山下,还藏着一座文化富矿。这里是文保建筑最为密集的一块宝地,被称为无锡的"露天历史博物馆"。从良渚文化时期的锡山遗址,到战国时黄歇饮马的春申涧;从唐代留下的石经幢、听松石床、宋代李纲所建的金莲桥,到陆羽认定的"天下第二泉";从尤袤藏书的万卷楼,到明代邵宝的二泉书院;从锡山顶上的龙光塔,到唐宋至民国时期出现的祠堂建筑群,还有南朝初建的惠山寺、明洪武时寺僧种下的古银杏,600多岁依然枝繁叶茂……都是无锡的历史坐标。

唐代"悯农诗人"李绅,曾在惠山寺借读十多年,白发返乡时仍深情地把这里唤作"家山";晚唐文学家皮日休曾下榻惠山听松庵,感受"殿前日暮高风起,松子声声打石床"的清幽;宋代大文豪苏东坡也曾至此,叩访道长,品尝二泉,留下"独携天上小团月,来试天下第二泉"的千古名句。连接运河的惠山浜,不仅来过大批徽商的货船,也来过康熙、乾隆的龙舟……惠山下、运河畔,到处刻满了历史遗痕。

山脚下,始建于明代的寄畅园、愚公谷旧貌犹存;古镇里,建于明代的"千人报德坊""华氏四面牌坊"已经屹立数百年。那些鳞次栉比的祠堂建筑,更是承载了独特的文化与灵魂。这片不过0.3平方千米的土地上,从唐代到民国的千余年里,曾经出现过150多座祠堂,今尚存108座。这些祠堂,数量之多,密度之大,类型之丰富,形态之多样,保存之完好,都堪称"中国之最"。从明代诗人浦长源"出郭楼台三四里,游人不得见山容"的诗句,可以窥见当时惠山脚下祠堂林立的胜景。

4. 无边风月皆因水

以运河为中轴线的城市应该不多,但无锡就是这样的城市。千年流淌的古运河,仿佛系在古城腰间的一条风情妙曼的绿色绸带,营造出锡城无边风情,也记录着城市的历史与文化。

运河北端的黄埠墩,乃战国时春申君治水所遗,因运河由此分流,故被称为"天关"。相传吴王夫差伐齐时,曾在墩上设宴款待将士。明王永积《锡山景物略》载:"墩上有文昌阁、环翠楼、水月轩,垂柳掩映,不接不离。"今黄埠墩上筑有纪念文天祥的正气楼,当年文天祥被元兵押解北上,曾被关押墩上,在这里写下一首《过无锡》。正气楼上还有康熙、乾隆驻跸于此的题诗、题额。运河另一端,有西水墩(太保墩),运河在这里再次分流,此处自古设有水关,故被称为"地轴"。西水墩上住着多家著姓望族,也是荣氏茂新面粉厂的所在地。天关、地轴,都是锡城的风水胜地,也是圣地。

沿着运河的枝枝杈杈,还有建于北宋的妙光塔,建于明代的南水仙庙、西水仙庙等17处文物保护单位。密集的名人故居,则如同镶嵌在绿色腰带上的一颗颗璀璨珠宝。保留下来的薛氏钦使第,七尺场的钱基博、钱锺书故居,文理大师顾毓琇故居,革命家陆定一、秦邦宪故居,还有消失在历史烟尘里的嵇氏和杨氏的大宅、孙氏的少宰第……都离运河不远。

锡城运河是一个巨大的"水环",东有大海,南有太湖,西有二泉,北有长江,所以东南西北四座古城门,分别名为靖海、望湖、试泉和控江。每一座城门都沾染着盈盈的水色,都那么有诗意。

"水环"的内里,也是纵横阡陌、水流潆洄。城中心的白水荡,曾是战国时春申君黄歇的行宫和花园旧址。白水荡通过一条叫"映山河"的小河,勾连起全城的水系,使城东城西、城内城外的大小河流贯通一气。老城内,还有玉带河、束带河、前西溪、后西溪等大河小溇,密集得如同人体的血管,流布于城市的每个角落。长长短短、宽宽窄窄的街巷,就沿着这些河溇,曲曲折折蔓延伸展开去。

  在古代,河就是路,船就是车,人们出行主要靠船。老无锡人,酷爱枕河而居,只要有人居住的地方,就一定有小河在流淌。路路相通,水水相连。旧时,每年秋天,佃户的粮租就通过小船摇进大户人家的围墙;乡下的农民,瓜果蔬菜一律靠船摇进城里的市场;外埠的新嫁娘,也是兜着红盖头,坐着小木船,嫁入城里的夫家……运河里沉淀着悠久的历史,也见证着城市的崛起与民族工商业的发展。

  许多年过去,许多河填了,许多桥拆了,城市旧貌尽改,但古运河两岸依旧是无锡人心中最具根性的故土,保留下来的那些文化地标仍是无锡人魂牵梦萦的地方。

三、千年古吴都

  无锡是太湖流域文明的重要发祥地之一,经历了漫长的旧石器文化、新石器文化的孕育和积淀,一片泽国的锡地开始有了起色。

  "锡"字在古代有"赐福"之意,与金属的"锡"无涉;"无"字则是吴语中的发声词,并无实意。也有人认为,"无锡"是"吴墟"的讹音,在吴语中二者发音确实比较接近。无论如何,无锡与"勾吴"是绝对分不开的。

1. 泰伯南奔立勾吴

吴文化是无锡重要的历史文脉。

司马迁的《史记·吴太伯世家》，以近5000字的篇幅，记述了勾吴古国自公元前十一世纪初发端，至公元前473年灭亡的长达600余年的历史。

言及吴国起源时，史书记载，生活在岐山脚下的周族，其首领周太王育有三子：泰伯、仲雍、季历。按照祖制，泰伯最有资格继位，但"季历贤，而有圣子昌（姬昌，后来的周文王）"，所以"太王欲立季历以及昌"，泰伯、仲雍二人理解父亲的愿望，离开了家乡，跋山涉水，来到荆蛮之地的江南。《史记》载："太伯之奔荆蛮，自号勾吴。荆蛮义之，从而归之千余家，立为吴太伯。"泰伯、仲雍兄弟来到江南之后，"文身断发"，融入当地，受到土著们的拥戴，从而被推举为部落首领，一个名叫"勾吴"的新部落由此诞生了。

"泰伯奔吴"的事件发生在公元前十一世纪初。泰伯兄弟最终定居的"古梅里"，据史学家考证就是今无锡东部的梅村一带。无锡由此成为勾吴古国的发祥地。

勾吴首领传至第五任周章时，恰值武王伐纣灭商，周章由此获封"吴侯"，勾吴亦由此成为东南一隅的诸侯，从一个部落成为一个侯国。

历经六百余年发展，勾吴终于在第二十四任吴王阖闾时期，以强势姿态登上了"霸主"之位，成为"春秋五霸"之一。从勾吴开创者泰伯，到末代君主夫差，一共历经了二十五任君王。可以确认的是，从泰伯到第十九任吴王寿梦，吴国的执政中心始终位于"梅里"而未曾迁都。

寿梦时期，吴国开始称王。寿梦的继任者、其长子诸樊，于是有了打造新都的想法,《史记》载"寿梦卒,诸樊南徙吴",然而,这个"吴"并非今天的苏州城。虽然对此争议颇多,不过,梅里古都并未废弃,仍然是古吴国的都城之一。直至吴王阖闾在闾江口建造新城时,梅里仍然被沿用。伍子胥主持建造的闾江阖闾城,在夫差十四年(前484),被越王勾践所毁,今只存古城遗址。夫差就是在那时,正式徙居姑苏。无论从哪个角度看,二十五任吴王的绝大多数执政时期都是立鼎锡地,故此"千年古吴都"之说是站得住脚的。

泰伯成全父亲心愿,审时度势,南奔吴地,既为周族的权力和平交接创造了条件,也为自己在江南开拓了一片新的空间,可谓明智之选。纵观数千年文明史,武力兴替、手足相残,几乎成为历史上权力更迭的主要方式,而睿智的泰伯却能顺势而退,推动了部族王权的顺利交接,这在历史上实属罕见,因此备受称颂。《史记·吴太伯世家》中,司马迁引用孔子的赞语说:"泰伯可谓至德矣,三以天下让,民无得而称焉!"从此,吴氏宗亲们便自称为"至德宗亲"。

泰伯筑城守民,开荒拓土,理水垦殖,传播礼仪,也成为吴地百姓心中敬仰的历史人物。无锡乡俗中,每年正月初九是新年里的第一个节场(集市、庙会),因为这一天是泰伯的生日,人们用这种方式一直铭记着这位开吴的先贤;每年的清明节,无锡民间都会自发制作一种"清明团子",一青二白,三种馅料,这一习俗也是为纪念泰伯的"三让王位"和清白为人,因为三月初三清明日恰是泰伯的忌日。坊间也有"西有黄帝陵,东有泰伯墓"和"北方第一府,南方第一家"之说,将泰伯与黄帝、孔子相提并论,足见泰伯在人们心中的崇高地位。

自2007年始,无锡每年都要举办祭祀活动,《泰伯祭文》这样赞美道：

> 巍巍泰伯，功德何隆！三让天下，古今传诵。
> 南奔荆蛮，勾吴斯隆。断发文身，大义为重。
> 耕织渔猎，术业事功。开凿伯渎，万水汇通。
> 演乐修礼，尚德启蒙。文脉绵延，俊彦盈充。
> 舒卷华章，融会菁华。泰伯恩泽，浩浩无终。

始于泰伯让王的"吴文化"，从诞生的第一天起就抹上了一笔浓重的道德色彩，太史公司马迁显然也是满怀敬意，将《吴太伯世家》列于《史记》三十篇"世家"的第一篇，所以"吴氏"也被称为"世家第一"，鸿山泰伯陵墓的石牌坊大门上镌刻的正是这四个大字。后人从来没有忘记这位先贤，泰伯去世一千年后，汉桓帝敕令吴地太守糜豹为泰伯建祠立庙，梅村的泰伯庙、鸿山的泰伯陵，都建于那时。清代康熙、乾隆南巡时，曾钦笔为泰伯庙、陵题额"三让高踪""至德无名"。今天泰伯庙、泰伯陵一起被列为国家文物保护单位，正月初九的庙会也升格成了"泰伯文化节"，并成为国家级"非遗"。

泰伯、仲雍兄弟南奔的意义，不仅在于建立了勾吴，开启了江南新的文明，更在于在远古严重闭塞的背景下，打通了周原、江南两个遥远板块的交流互动，开启了吴地打破封闭、接纳异质文化的先河。这种开放、融合与接纳，推动太湖流域进入了一个崭新的历史时代。

2. 无锡水系勾吴凿

泰伯来时，太湖流域水网密布，湖沼遍野，虽为平畴沃壤，但水患频仍，不宜人居。江南地区的经济文化起步，亦晚于中原地区。商周文明成熟之时,吴地尚处蛮荒。泰伯兄弟的到来,使中原文明与江南土著文化有了一次跨时空的历史性邂逅,为吴地带来了新的文明曙光,也为这片温润灵性的土地注入了新的活力。

据东汉《泰伯墓碑记》,泰伯到来后,"筑城郭以为藩卫,穿浍渎以备旱潦",在地势较高的梅里构筑了一座周长"三里又两百步"的夯土城(人称"泰伯城"),以筑城守民,安君护民;以歌为教,传播礼仪;开沟挖渠,教授农耕。

同时,泰伯根据地貌特点,以"梅里"古城为中心,向东西两端延伸开去,开凿了一条83华里长的泰伯渎,疏通水系,汇通百渎,以备旱涝。《无锡县志》曰:"泰伯渎,去州东五里,贯景云、太伯、梅里、垂庆四乡。西枕官河,东通蠡湖,又东达于濠湖,入平江界。"泰伯渎东连漕湖,西至城南运河的清名桥,凿成之后一直是苏锡之间的重要水道,也是吴军征伐出行的水道之一。

隋运河开凿时,隋炀帝对江南河道进行了"去弯取直",伯渎河的运河功能才逐渐弱化。泰伯还在梅里附近地区养鸭牧麋,开启了锡地畜牧饲养之先河。鸭城桥和后宅镇东坊桥一带,"鸭城""麋城"的地名,一直沿用至今。

3. 千年运河始伯渎

伯渎河,是中国历史上有记载的第一条人工河道。

中国运河史专家嵇果煌在《中国三千年运河史》中指出:"根据目前所能查到的文献记载,我国历史上最早开凿的运河是太伯渎。太伯渎亦作泰伯渎……其开凿的时间约在商朝后期,经后世多次重开,至今尚存,已有三千多年的历史。"民国时期,我国著名水利史专家武同举的《江苏水利全书》,在论及"运河起源"时,也说"征诸历史,最古为太伯渎"。可见,中国大运河的

"第一锹",非伯渎河莫属。

伯渎河汩汩流淌,一路蜿蜒分合,沿途串联起"尤渎""东亭河""坊前河""邹庄河"等许多自然河渎,不仅"汇通百渎",且在后世逐渐形成了一个以古梅里伯渎河为中心的通达水系,向西有通往楚国的胥溪,向东有通往东海的胥浦,向南有沟通越国的百尺渎,向北则有通往中原的邗沟(山阳渎),可谓"水水相连,路路相通"。伯渎河及其延伸支脉,还沟通了太湖与运河,连通了长江南北岸。一千多年后,当隋运河全线贯通时,这些古运河顺理成章地被纳入隋运河系统中,成为隋唐运河的重要组成部分。

伯渎河畔 / 视觉江苏供图

在第十九任吴王寿梦时期,吴国开始强大,发出"跻身诸侯,同享尊荣"的强音。寿梦"初通中原"的西北之行,收效重大。在鲁国观赏到的一场华美的宫廷乐舞,激发了寿梦的希冀与梦想;从晋国引进的先进战车、弓弩,更使吴国的军事实力大大增强。这一时期,吴国对运河的依赖程度极大提升,原有河道已无法满足需要,而冶铁技术的发展,让吴人的运河开凿变得简单。

汉代刘向的《说苑》,曾记录了吴王余眛时期(前548—前531),"吴人拭舟以逆之,左五百人,右五百人"绣衣裘服以迎晋使的宏大场面。今天来看,这显然是不足取的"摆阔"和"炫富",但背后凭借的是宽阔而通畅的运河。

在吴国,舟船是一种征战工具,也是荣誉和精神的象征。阖闾时期,吴国曾建造一艘体量巨大的指挥船——"艅艎",三层楼船,长40米,可载员600余人。要将如此巨大的舰船开到长江的裕溪口,沿途所经过的,绝非那些小河浅水。由此可见当时的运河规模。

4. 吴古故道水流长

历史上被记载最多的开河者,是末代吴王夫差。在后人的眼里,夫差是一位不合格的君王。他骄奢淫逸,放虎归山,错杀良臣,穷兵黩武,父亲阖闾交到他手里的是一个强大的吴国,短短23年就灭亡在夫差的手里。然而,夫差却是一位出色的运河开凿者。在其执政期间,为了争战称霸,夫差不仅开凿了邗沟、疏浚了泰伯渎,还打造了一条"吴古故水道",整合出一个江南运河网。据《越绝书·吴地传》,这条吴古故水道始自苏州平门,经护城河后,进入射渎(苏州西北的长荡),出漕湖,至上无锡惠山,过梅亭(梅里,今梅村),进入常州东部的阳湖,再经过渔浦(江阴利港），进入长江，抵达广陵（扬州）。

这条吴古故水道，在今无锡境内长约 75 千米，占总长度的 3/4 以上，是无锡境内河道的重要组成部分。当年的古吴国，正是凭借这些通达四方的水道，西破强楚，北威齐晋，南伐于越，所向披靡。

古吴时代留下的老河道，让后来的无锡受益无穷。不仅满足了溉田沃地，泄水排涝，"不可一日废舟楫"的水上生活，也养育了无锡先民机智灵活的群体禀赋，教会了先民敏于观察、善作判断、懂得进退，顺应外部环境的各种变化，及时抓住机遇，适时调整航向。

可以说，古吴国改造了无锡的地缘，而吴文化留下的精神财富，更为无锡注入了灵魂与神韵。

四、百年工商城

在无锡，水不仅滋养了民生，也催生了繁荣的民族工商业。

无锡是中国民族工商业的重要发祥地，在近代百余年中走出了一条辉煌之路，在历史舞台上绽放出耀目异彩。如果说，三千年前的吴都光环已渐渐黯淡，近代工商业文明的光芒则依旧璀璨夺目。

2012 年，美国《外交政策》在全球两万多座城市中评出 75 座"全球最具活力的城市"，无锡位列其中；2013 年，无锡被福布斯列入"中国创新能力最强的 25 座城市"，位居第二；2015 年无锡获"中国大陆最佳商业城市"地级市第一名；2017 年以来无锡迈入了"万亿 GDP 城市"之列；自 2020 年起，无锡人均 GDP 超过深圳，连续三年排名全国第一……

1. 敏察善纳得先机

经济发展的强势,除了自然环境优越、交通便利通达,还得益于无锡人如水一般灵动通达、包容进取的文化性格。

有人说,无锡十人中就有五个是"老板",这话不无夸张,但无锡人对工商的热衷,确实是不争的事实。几千年来,传统文化一直排斥工商贸易,视工商为不入流的"末技","士农工商"的排序,"工商"总是居于末位。不仅统治阶层排斥工商,民间对工商也颇鄙夷。白居易曾对歌姬"老大嫁作商人妇"大发感慨;冯梦龙笔下杜十娘,对孙富的不屑,也折射出对商人的鄙薄。这种排斥工商的传统观念,严重制约了中国古代的经济发展和科学进步。直至外辱频繁的近代,受到列强深深伤害的国人才逐渐意识到自身的文化缺陷。实业兴邦、工商强国的愿望得到激发,并逐渐成为社会共识。

在新旧思想碰撞和观念转变中,无锡显示出了迥然相异的群体开放性与灵活性,在"工商强国""实业救国"思想影响下,无锡人务实创业,巧做能工,开拓进取,敢为人先,走出了一条不同的实业兴邦的辉煌之路。

春秋时期的越国大夫范蠡,在结束了战争之后曾隐居无锡养鱼、经商,被奉为"财神""商圣",成为无锡人最早的崇拜对象;明代,东林书院的顾宪成、高攀龙等学人不拘泥于传统理学,反对谈空说玄,提出"废浮糜,崇实学""经世致用"的建议,主张"好学问"就应当服务社会;清代,无锡籍思想家薛福成,在《治平六策》《筹洋刍议》中率先提出"以工商为先,耕战植其基,工商扩其用""夺外利以富吾民""导民生财""殖财养民"等富民强国主张。在氤氲着陈腐气息的晚晴朝堂,也是薛福成第一个提出开放国门、免除跪拜的建议。他的儿子薛南溟更是毅然辞官从商,成为近代无锡民族工商业的先驱之一。

在实业救国、实业兴邦思想影响下,一大批有勇有谋的无锡人走上创业之路,成为二十世纪前半叶中国工商舞台上最引人注目的群体,杨宗濂、杨宗瀚、薛南溟、周舜卿、荣瑞馨、匡仲谋、祝大椿、荣德生、荣宗敬、杨翰西、唐保谦、唐君远、王禹卿、薛明剑……在无锡民族工商发展史上留下了一长串星辰般熠熠闪光的名字。

无锡人常说"水是财",一点不错。因为水路交通的便利,无锡的水岸上很早就出现了工商萌芽,纺纱、织布、丝茧、酿酒、冶铸,乃至烧窑、造船……水,为无锡人带来了好运道。

明代时,无锡的民间纺织已形成庞大生产规模。怀仁、宅仁、胶山、上福等乡的土布,数量多,质量好,许家桥的窄幅"高丽布"和丝麻混纺的荡口缣布,最受市场欢迎。民间纺织繁兴,加工、运输、贩售,商铺、作坊和运输商应运而生。北门外运河莲蓉桥塊,明清时就是纺织品交易热地。河上,客商往来,舟楫不绝;岸边,商铺鳞次栉比,交易繁荣,仅与江北淮阴、扬州、高邮、宝应等地的棉布生意"一岁之交易不下数十百万两"。

2. 繁华工商兴水岸

南宋时,惠山蒋氏以糯米、粳米、二泉水为原料,酿制黄酒,口味醇厚、风味浓郁。至明清时,惠泉黄酒已享誉全国,列全国"四大名酒"首位,成为人们走亲访友的伴手礼。清代,惠泉酒更是风靡京城,康熙帝南巡时还为此写下《无锡小民以羔羊惠酒争献御舟笑而遗之》一诗。全盛时,无锡城内酒坊多达200余家,年产酒"数十万斛不止",从诗人杜汉阶"惠山泉酒久驰名,酒店齐开遍四城。最是江尖风景好,红栏绿柳远山横"的诗句,可领略其时盛况。

元代时,无锡升州,并成为漕粮的集散地,运河上漕船往还,舟楫不绝。受到漕运带动,码头经济快速崛起。明清时,无锡百业兴盛,造船业尤具规模。"五姓十三家"因应召为朝廷制造官船立功受奖,获皇帝恩准享有造船特权,不仅所造船只类型多样,还独创了大棚宽舱、雕梁画栋的灯船和舱容大、吃水浅、航速快、易装卸的"西漳船",广受市场欢迎,是清代内河木船的主要船型。

与此同时,花行、布行和丝茧交易与北门外的粮食交易,一起造就了运河沿岸的商贸繁荣。无锡城乡的布行交易量十分可观,棉布年销售量近1000万匹。"唐时长""李茂记""王隆茂""张全泰"等被称为"十大布行"。正是受到民间纺织品产销量的刺激,棉纺业最终成为近代无锡重要的支柱产业之一。

清代无锡,家家养蚕,户户机杼,乡间茧灶、茧行蔚起。十九世纪六七十年代,无锡蚕丝已销往欧洲,是江苏最大的产丝县。十九世纪后期,薛南溟、周舜卿等巨商大贾的加入,推动无锡进入机器缫丝时代。裕昌丝厂、永泰丝厂、鼎昌丝厂……出现于古运河水岸,缫丝厂纷起,绸缎庄遍布,至二十世纪,无锡丝厂总数、蚕丝产量、品质和出口吨位,已高居全国榜首。

3. "四大码头"名遐迩

无锡素享米码头、布码头、丝码头、钱码头的美名,四大码头中,最著名的是米码头,即"无锡米市"。凭借"南北会冲"的漕运优势,清代中后期无锡逐渐成为国内粮食的主要集散地之一,与长沙、芜湖、九江一起成为中国的"四大米市"。

北塘大街紧傍运河,原为芙蓉湖的部分湖面。这里河面宽阔,河底较深,便于商船停泊,米市最盛时可泊船千艘,载粮百万石,宛若一座水上流动的巨型粮库,是南来北往商船的天然良港。元代,官府在此进行漕粮采办,并在岸边建了亿丰仓,北塘一直是水运的重要枢纽。明清时期,漕运鼎盛,无锡每年粮食吞吐量高达800万至1200万石。清光绪时,无锡共有北塘、三里桥、黄泥桥、北栅口和伯渎港、南上塘、黄泥垰、西塘8段米市,其中,北塘米市规模、交易量最大,名列全国"四大米市"之首。

"布码头"的兴起也由来已久。早在明弘治时期,无锡民间的土布织造已十分普遍,四乡八野,家家纺机,户户织布,土布贸易十分活跃,在北门莲蓉桥一带形成了热闹的布市。明代后期,城北的布行巷,是江阴、武进、宜兴、常熟等地土布的贸易集散地。清乾隆年间,这里每年经销的土布多达700万至1000万匹。"坐贾收之,拥载而贸于淮扬高宝等处,一岁所交易不下数十百万",往来于运河的徽商是这里的常客,"布码头"的称呼便是从徽商中传扬开去的。

"丝码头",即丝市。《诗经》有曰:"绿兮丝兮,女所治兮。"早在春秋时期,蚕桑丝织就已是江南百姓的重要营生。至明清时,江南生丝生产链已十分成熟。晚清时,无锡是省内最大产丝县,年生丝交易量更是远超生产量,江阴巷里的丝行家家赚得盆满钵满。

与前面三大码头不同,"钱码头"指的是被贸易活动带动的"金融流"。北塘的竹场巷,早年是锡邑的金融一条街,人称"钱码头"。随着米、布、丝茧贸易的兴盛,由商业资本金拆借、周转衍生的银钱业应运而生。清咸丰、同治年间,无锡已有大小钱庄6家。商人结束交易后,钱票放在钱庄,既安全,也便利。1904年,周舜卿在上海创办"信成银行",乃当时国内唯一允许发行钞票的私人商业银行。次年"信成"便在无锡设立分行,是无锡最早的银行。工商业的迅速发展,促进了银钱业的壮大,至1930年无锡已有钱庄23家,银行6家。运河畔的莲蓉桥堍,一时成为苏南地区的金融中心和著名放款码头。

在无锡,"码头"不仅意味着泊船登岸之处,还指水畔商贸交易之地,生意人往来做买卖,也说成"跑码头"。锡邑水岸,称之为"码头"的还远不止"四大码头"。评书评弹在无锡深受喜爱,最红火时,书场多达上百家,经常座无虚席,闹猛异常,因此无锡也被称为运河"第一书码头"。近代以来,无锡还有"酒酱码头""蔬果码头""茶叶码头""陶器码头""绣品码头""机械码头""香烛码头"……诸多码头名噪一时,共襄一时繁华。

4. 强劲经济因水兴

"码头"经济的形成,首先得益于水上交通的便利,其次缘于"洋务"运动的劲风和大上海的带动,当然,也离不开无锡人立潮头、善观察、抓机遇、懂进退、刚柔兼济的"水"一般的性格。

近代以来诞生的民族工商企业几乎全都分布在水岸,不在运河主航道边,就在运河的支线上。1895年,李鸿章的幕僚杨宗濂、杨宗瀚兄弟,在古运河畔的羊腰湾创立了第一家民营资本企业——业勤纱厂,由此拉开了无锡民族工商业的发展大幕。1902年,荣宗敬、荣德生兄弟在古运河畔的西水墩创办了无锡第一家机器面粉厂——保兴面粉厂(后更名茂新)。

此后十年,无锡又先后诞生了裕昌丝厂、振新纱厂、乾甡丝厂、耀明电灯公司、源康丝厂、乾元丝厂、振艺丝厂、九丰面粉厂、邹成泰碾米厂、锦记丝厂以及润丰、俭丰、恒丰等机器榨油厂……至1912年,无锡已有20余家民办企业,初步奠定了纺织、缫丝、面粉加工三大城市工业主体。由企业主、产业工人以及销售、服务人员构成的工商群体快速庞大。这个群体,在后来的岁月中,成了推动城市飞速发展的重要力量。

那时的无锡,虽然身份仍是一个县,但已是非同一般的县。民国建立之初,撤销了"府"。江苏省除了保留南京市、上海市和徐州市,其他的城市被分解成了60县,无锡就这样在一群"县"中脱颖而出。1927年,无锡一县的经济总量跃居全国第6,排在它前面的分别是上海、天津、武汉、北京、哈尔滨,都是大城市。此后,无锡的工厂数、工业投资总额、固定资产总额、工业总产值、产业工人数等在全国名列前茅。小城无锡,从一个不知名的普通县成为工商经济强市,在中国民族工商业发展史上写下了辉煌的一页。

创造了民国时期工业辉煌的无锡,在二十世纪下半叶,又成为中国乡镇工业的重要发轫地。早在1956年,无锡县东亭乡的农民就成立了队办企业"春雷造船厂",开始了乡镇经济的积极探索,成为那个时代最早的乡镇工业。

改革的春风吹遍华夏,乡镇企业如雨后春笋,无锡的乡企已有实力与国企并驾齐驱,半分天下。红豆、海澜、远东、双良、三房巷……今天无锡的一百多家大型上市企业几乎都是当年的乡镇企业。

无锡中国民族工商业博物馆／无锡中国民族工商业博物馆供图

5. 舌尖美味源工商

  工商业的发展,不仅提升了城市的地位,也极大改善了民生。酱排骨、小笼包、肉酿面筋、三鲜馄饨……无锡的土产、特色小吃,似乎都与"肉"密切相关。在那个一般人家难得吃上肉的年代,无锡百姓的餐桌上却似乎无肉不欢。无锡人特别嗜甜,甜的程度甚至让人难以理解,也难以接受。无论烧鱼还是烹肉,浓油赤酱,一斤肉二两糖,油爆虾、脆鳝、熏鱼一概浸在糖浆里,似乎只有这样吃才过瘾。自古以来,嗜甜的地区大都富裕,因为在古代,"糖"并非常人能够享用,直至清朝仍是"奢侈品",很少有人能够解释无锡人为什么吃得那么甜。连央视《舌尖上的中国》也提出这样的疑问:"无锡并不产糖,却不知为什么吃得那么甜?"

其实,无锡人"嗜甜"并非自古如此,而是始自民国。那时,这座只有区区30多万人的小城,有6.5万人在工厂务工,另有十余万人从事着与"工商"相关的职业,人们每天忙于"谈生意""做生意"。谈生意时少不了抽大烟、抽雪茄,其"后遗症"就是"口苦",于是在菜肴中"加糖"就成为一时风尚。久而久之时尚竟变成了特色、个性,甚至形成了有别于苏常的"锡帮菜"。凡是色菜(红烧类)皆重糖,即所谓"咸出头,甜收口""浓油赤酱",无论酱排骨、肉酿面筋、红焖蹄髈,还是老烧鱼、炒鳝糊,都因糖的加入,口味鲜美、色泽红润而油亮。甚至在炒青菜时,一些无锡人家也会加点糖,让口感更柔和。一代代无锡人就这样将"嗜甜"的传统进行了下去。

不过,"嗜甜"毕竟是表象,工商文明给予无锡人精神的改变才是内在印记。民族工商业的发展,成就了新的工商文明,也成就了无锡人的群体禀赋。这种文明,既传承了吴文化敏察善纳、灵活机智、敢闯敢为的精粹,也吸纳了新时代开放进取、勇于探索的精神。既审时度势,又吐故纳新;既敢于创业,又善于经营;既务本求实,又灵活变通;既追求利益,又义利并举、趋利向善,成功糅合了传统伦理、悠久民性和现代理性,是优秀传统文化与近代工商实践融合与升华的产物。

无锡是一座漾在水上的城市,没有水,就没有无锡。亘古的太湖、千年的运河,锡地的千水万水,流水汩汩,生命不息。波光灵动的水,如同一条条记忆的珠链,串起了久远的历史,见证了锡城的巨变。

无锡是一座"水"滋养的城市,没有水,就没有无锡的灵魂。千百年来,生活在水岸的无锡人,"水"的物理基因早已深入血脉,化为精神,敏察善纳,机智灵活,开放畅达,善于进退,包容万千,刚柔相济……正是"水文化"成就了这座城市的灵魂,养育了市民的群体秉性。汩汩不息的流水,不仅造就了美轮美奂的景致,也激活了城市的内在动能,不仅成为经济振兴的内在支撑,也成为这座城市个性与人文魅力所在。

灵动机智中蕴藏着踏实稳健的气质,温和宽容中充溢着坚忍刚健的精神,务实质朴中寄托着高远的理想,从容端方中涌动着开放吸纳的渴望,追求利益实效又不乏道德的坚守,自足安逸中充溢着变革创新的要求,美美与共、和谐共荣……这样的文化,正如无锡的自然生态一般,既有山一样的稳健沉厚,更有水一般的机智灵动,相得益彰,相辅相成,水乳交融,浑然一体,散发出迷人的魅力。

无锡之美,便是如此,内外兼修,是为大美。

清风徐来

徐州,自古为华夏九州之一,有着6000多年文明史和2600多年建城史。"自古彭城列九州,龙争虎斗几千秋。"彭祖篯铿被尧帝封于此地并建立大彭氏国,故称彭城,是江苏境内最早出现的城邑之一。西周时,彭城为徐偃王故国;春秋时属宋,战国时归楚;秦统一全国后设彭城为县;西汉时设彭城郡,东汉时设彭城国;三国时,曹操迁徐州刺史部于彭城,彭城始称徐州。

徐州和"风"的情结至深。从地理位置和气候环境看,徐州东襟大海,西接中原,北连齐鲁,南屏江淮,属于季风气候区。春天和风拂面,夏天凉风习习,秋天金风送爽,冬天寒风凛冽……这里春华秋实、四季分明,犹如徐州人热情奔放、爱憎分明的性格。无怪乎无数英雄豪杰、人文墨客来到徐州,都要借"风"抒情、感叹古今,为徐州增添不少熠熠生辉的人文之光和民俗民风。

公元前196年,汉高祖刘邦在沛县击筑为歌:"大风起兮云飞扬,威加海内兮归故乡,安得猛士兮守四方!"从此,一首《大风歌》声振林木,响遏行云。相较于"大风起兮"的豪迈,徐州人民似乎更加青睐"清风徐来"的柔情与持久。"清风徐来"源自《前赤壁赋》中的名句"清风徐来,水波不兴",象征着苏轼一生一心为民、乐观豁达、清正廉洁的高贵品质。1077年,苏轼赴任徐州知州,其间率领徐州军民抗洪水、寻煤炭、抓冶铁、治旱灾、防瘟疫……深受百姓爱戴,被尊称为"亲民太守苏徐州"。"回首彭城,清泗与淮通。欲寄相思千点泪,流不到,楚江东。"在苏轼《江神子·恨别》中能体味到苏轼对徐州的留恋与眷念。"古彭州官何其多,千古怀念唯苏公",苏轼在徐州任职两年,徐州人民记了他上千年。如今,苏轼修建的黄楼饱经风霜仍然历久弥坚,黄楼上有诗联曰:"碧水柔波,不尽黎民厚意;黄楼明月,长留太守清风。"常被人们看作"为官一任、造福一方"的警示官箴。"清风徐来"不仅道出了徐州父老乡亲对苏轼的深深怀念与感恩,也将苏轼文化蕴含的思想观念、人文精神、道德规范全面融入彭城儿女的情感血脉,为徐州这座城市提供了厚重的文化根基和强劲的精神动力。

"清风徐来"为徐州提升了汉文化自信。徐州在汉代尽管只是藩国楚国的王都,却创造了许多连皇城长安都不曾有的"全国第一"。比如,徐州地区的大型崖洞墓是我国汉代诸侯王陵中保存最完整的系列,产生的时间也最早;徐州地区的汉代玉器全国数量最多、种类最全,工艺代表汉代最高水平。当下的徐州,正在传承和发扬汉文化的道路上奔跑,以打造世界级汉文化传承和旅游目的地为抓手,推进汉文化的传播和交流对话,将汉文化的多元化、包容性、开放性和创新性推向新的高度。

"清风徐来"为徐州拉开了工业文化序幕。苏轼白土寻煤,不仅使冶铁业完成了从木炭冶炼到煤炭冶炼的华丽转身,也使宋朝冶铁业有了突飞猛进的发展,由此拉开了徐州开采煤炭千年工业史的序幕。今天的徐州以重型机器制造工业著称于世,也得益于千年前发达的冶铁业。如今的徐州早已是全国重要的综合性工业城市,徐矿集团凭借"资源枯竭型矿区转型发展创新技术与模式"这一项目,获得第七届中国工业大奖。徐矿华美热电公司更是通过建设淮海大数据产业园、光伏发电站等,构建出"火电+供热+大数据+光伏"的循环经济模式。徐工集团成为唯一连续三年跻身全球前三名的中国工程机械单位。徐州正在打造一个文化与工业并存的繁荣之城。

"清风徐来"为徐州营造了胜战文化氛围。苏轼认为徐州"楼橹敝恶,又城大而兵少,缓急不可守",特上书皇帝"采石以甃城",加固徐州城垣。徐州作为战略要地,自古就有"守江必守淮,守淮必守徐"的说法。楚汉时期,刘邦见项羽北上平定齐地叛乱,乃趁虚而入,集结五十万大军偷袭彭城;三国时期,曹操打败陶谦,从此一路高歌猛进定鼎中原;南宋时期,岳飞率军与金国在此血战,当胜利的天平向宋朝倾斜时,岳飞被"莫须有"处死。1938 年,中国军队在以徐州为中心的津浦、陇海铁路地区对日本侵略军展开了大规模防御战役,歼灭日军濑谷支队大部、坂本支队一部共万余人,打出了台儿庄大捷,打破了日军不可战胜的神话,史称徐州会战,充分彰显了以徐州人民为代表的中国军民不畏强敌、敢于胜利的决心和勇气。

"清风徐来"为徐州丰富了红色文化基因。法国《世界报》曾评出全球千年英雄 12 位,苏轼是唯一入选的中国人。近代以来,无数英雄人物在徐州演绎了可歌可泣的大剧。抗日战争期间,徐州人民组建了一支独特而伟大的抗日力量——运河支队,活跃在苏鲁边界、运河两岸,多次与铁道游击队并肩作战,罗荣桓元帅称这是一支"能在鬼子头上跳舞的部队",陈毅元帅盛赞"运河支队可以写成一部大书"。七十多年前以徐州为中心的淮海战役,最终在人民群众"小推车"的帮助下取得了伟大胜利,苏联最高领导人斯大林情不自禁地说:"60 万胜 80 万,这不仅是中国革命战争史上的奇迹,也是世界战争史上的奇迹!"时至今日,徐州人民惩恶扬善、精忠报国的英雄气概从未消减,无数优秀徐州儿女投身于中国式现代化徐州新实践热潮,不断创造新的伟大胜利。

"清风徐来"为徐州奠定了生态文化样板。苏轼为了留住绿水青山,在徐州查寻水源、修筑水库,并写下了《徐州祈雨青词》等著名诗文。2015 年,潘安湖湿地公园被评为国家生态旅游示范区,台湾作家张晓风女士来徐州寻根祭祖时感慨道:"一潭碧水,用人工的方法,补救了另外一次人工的失误。"徐州在潘安湖湿地写好了一篇资源枯竭地区转型发展的大文章,将煤矿塌陷地变成了景色旖旎的公园。湿地的"蝶变",让城市"疮疤"悄然变成生态美景,为徐州的绿色发展写下生动注脚,让更多人在家门口尽享人与自然和谐之美的"诗与远方"。

追溯徐州的千年时光,真可谓清风徐来、万物竞盛。数千年来,风的力道和韧劲、风的激情和活力、风的品格和魅力……已深深渗透到徐州人民的骨子里、血液中。"好风频借力,送我上青云。"在"风"的加持下,徐州人民一路欢歌,逐梦向前,续写了不同时期熠熠生辉、美丽多姿的彭城故事。不妨趁着"清风",相约"徐来",去徐州欣赏"一城青山半城湖"山城相依、山水相映的美丽韵致,去徐州触碰"东方雅典"古迹遍布、遗珍遍地的千年文脉,去徐州感受"五省通衢"日新月异、高端雅居的无穷魅力,去徐州体验"美食之都"四季飘香、回味无穷的舌尖激情……

一、清风徐来"景致雅"

徐州历史文化底蕴深厚,名胜古迹浩繁:彭祖故里、徐国遗迹、楚风汉韵、亭台楼阁异彩纷呈。徐州自然风光独特,山城相依、山水相连,美不胜收。徐州现代休闲旅游资源丰富,魅力独特,生态园林、亲子乐园、特色小镇星罗棋布,让人流连忘返。

徐州星级景区的数量和质量均位居淮海经济区首位,在这里,可以品味两汉文化,感受"汉代三绝"的精妙绝伦;可以欣赏山水美景,领略美若西子、秀比江南的云龙山水风光;可以体验休闲之乐,开启"'森'呼吸清肺浪漫之旅";可以享受亲子之情,在互动中体味温馨的天伦之乐。

徐州的景致,安静中蕴含着历史,粗犷中挥洒着诗情,豪放中彰显着画意。古风与今韵的交融,传统与现代的结合,塑造出徐州景致别样的雅韵。

1. 龙山龙湖

徐州被称为"千古龙飞地"。据《史记·高祖本纪》记载:刘邦的母亲刘媪在水边休息时"梦与神遇"。当时电闪雷鸣,天色昏暗,太公前去察看,发现一条蛟龙趴在刘媪身上。不久她就怀有身孕,生下了高祖。

有了如此美丽神奇的传说,被视为最为神秘、最具活力的"龙",必然会加持到徐州的文化风俗上,首先反映在徐州的地名、湖名上。

徐州的第一条龙非"云龙山"莫属。徐州的72座山峦连绵起伏,每座山峰都有一段故事,最让人印象深刻的当数云龙山。被誉为"徐州名胜之冠"的云龙山,既有自然风光,又有悠久的人文景观。其位于徐州市南郊,由九节山峰组成,蜿蜒起伏、巍峨挺立,状似神龙;它昂首东北,曳尾西南,南北蜿蜒、逶迤曲折。云龙山名胜古迹众多,人文景观丰富,有北魏的大石佛、兴化寺,唐代的摩崖石刻,宋代的放鹤亭、饮鹤泉、招鹤亭、张山人旧居,清代的大士岩、山西会馆,新中国成立后修复和新建的云龙书院、杏花村、观景台等众多景点。900多年前,徐州知州苏轼在云龙山之巅的放鹤亭留下了千古美文《放鹤亭记》,赞叹云龙山"春夏之交,草木际天;秋冬雪月,千里一色;风雨晦明之间,俯仰百变"。而今,一年一度的云龙山庙会场面盛大,来自四面八方的虔诚之人在此放飞心愿、祈祷平安。

清风徐来

除了云龙山,徐州还有云龙湖。两条山水之龙共同舞动着徐州的无尽华彩。

云龙湖位于徐州城南部,云龙山西侧,三面环山,一面临城,是国家5A级旅游景区。云龙湖之于徐州就如同西湖之于杭州,是徐州标志性的景点之一,被誉为"国内最美城中湖",是展示徐州城市美丽形象的重要窗口和对外交流的城市名片。云龙湖历经风云,名称多变,在北宋时被称为"尔家川",明代时被称为"苏伯湖""石狗湖",清代被称为"簸箕洼",新中国成立后更名为"云龙湖"。云龙湖水面浩瀚,格局大气,令人震撼,一年四季风景如画、美不胜收。比较著名的景点有杏花春雨、荷风渔歌、苏公塔影、云湖春晓、石瓮倚月、苏公文苑、鹤鸣汀洲、水上世界、徐州音乐厅等。春季来到云龙湖东岸的杏花村,杏树绵延数十里,杏花如雪、蜂蝶飞舞,一片生机盎然,真实再现了苏轼《送蜀人张师厚赴殿试》诗中所写"云龙山下试春衣,放鹤亭前送落晖。一色杏花三十里,新郎君去马如飞"的诗意场景。

有了云龙山和云龙湖作为"榜一"大哥,后面还有新城区地标之一、水脉纵横的大龙湖,市民健身休闲、观光娱乐胜地九龙湖,有国家级水利风景区、全省最美跑步线路之称的金龙湖……这些龙字号"小弟"纷纷跟上步伐,每个湖都有龙的灵气,一湖灵秀,满岸繁华,诉说着徐州的盛世风华,捧出了徐州"一城青山半城湖"这个超级"大网红"。

当然,来到徐州不能仅限于爬龙山、游龙湖,这里青山不老、绿水长存,还有狮子山、泉山、泰山等众多名山,还有潘安湖、督公湖、骆马湖等众多名湖。作为"国家生态园林城市",只需就近登上一座山、走近一面湖,就能领略到风格迥异、人文荟萃的徐州山水之美。

2. 守静原乡

"望得见山,看得见水,记得住乡愁。"生态宜居美丽乡村建设正在徐州大地快速推进,"马庄村香包风情小镇""窑湾生态古镇""睢宁高党人家"等一大批星级美丽乡村应运而生。

2018年10月1日,徐州荣膺联合国人居奖,这是徐州在获得"国家生态园林城市""全国文明城市"等众多桂冠的基础上摘得的又一重量级殊荣。

在高速发展的现代社会里,更多居住在城市的人需要将繁忙的都市生活按下暂停键,走出城市,走向乡村,放慢脚步,放空心灵,感受诗和远方的田园生活。

不妨走进贾汪区马庄村的香包工作室,闻一闻桂花、玫瑰花、薰衣草和各种中草药混合的香包味道,感受植物最纯真的美。马庄村位于贾汪区境内、潘安湖畔,以独具魅力的民俗文化而远近闻名,被称为"香包风情小镇",也是徐州最美乡村建设成果的典型代表,是江苏乡村振兴的一面旗帜,以王秀英为代表的国家级非物质文化遗产"徐州香包"最为出名。

不妨走进大运河畔第一古镇窑湾生态小镇,穿过街巷,逛逛古街,伫立码头,观运河悠悠。节日期间,窑湾古镇还会举办烟花灯光秀,科技应用与古风彩灯完美碰撞,美轮美奂的画面瞬间刷爆朋友圈。窑湾镇始建于唐朝初年,距今已有1300多年的历史,素有"黄金水道金三角""苏北水域胜江南"之美誉,是京杭大运河的主要码头之一。历经千年沧桑,今日仍能从宅院、会馆、作坊、商行、货栈、当铺、码头等古风古貌中感受窑湾昔日的繁华。

不妨走进丰县大沙河镇二坝村,这里天蓝水碧,林茂野绿,鸟语花香。来到这里,站在黄河故道入苏的起点,也是百里大沙河的源头,可以尽情享受自然景观与人文景观融合一体的乡村生活,感受湿地保护、观光游览、科普教育、生态农业为最美乡村带来的活力与魅力,让人不禁赞叹"古黄明珠,梨园逸居"。

来到徐州,不妨丢下心灵的包袱,就近走进美丽乡村,享受青山绿水、蓝天白云、花团锦簇。这里还有以铜山区汉王镇汉王村为主的最美村庄,以沛县湖西特色田园综合体为主的最美农园,以丰县渊子湖农庄为主的最美农庄,以睢宁县高党社区渔人码头为主的最美农家乐,以睢宁县鲤鱼山民宿为主的最美民宿,以贾汪区潘安湖鱼头为主的最美乡土菜,以邳州市金色银杏多彩红枫休闲观光路为主的最美乡村休闲观光路……总有一处风景能够打动你的心,总有一条小路能够带你领略"诗和远方",总有一道土菜能够唤起你无尽的乡愁。

今日的徐州正以"城在林中、路在绿中、房在园中、人在景中"的生态美景,向世人展现她的靓丽风貌和大美之姿,热情迎接八方来客。

3. 归真胜地

徐州游乐之地众多,从传统博物馆到现代景区,从森林公园到水上世界,无论是家庭出游、情侣约会,还是探寻历史文化,都能找到适合自己的所在。

带小朋友的,可选徐州乐园。徐州乐园位于徐州市三环南路西南、玉带河两侧,占地面积 810 亩,是云龙湖景区的一部分。乐园融现代游乐、生态休闲、人文娱乐等于一体,拥有加勒比水世界、糖果世界、欢乐世界三大核心项目,以及瑞士、英国、法兰西等特色主题区域,是淮海经济区深受欢迎的一站式旅游度假胜地,先后被评为"国家4A级景区""中国品牌水上乐园""江苏省科普教育基地"。此外,云龙湖水上世界、徐州博物馆、徐州动物园、徐州植物园等众多乐园,也是小朋友释放童趣和学习知识的好去处。

  陪老人的,可选彭祖园。相传彭祖活了八百八十岁,号称华夏最长寿老人。彭祖园简称彭园,位于云龙山脚下,是为纪念彭城始祖彭祖而建的一个自然景观与人文景观兼备的大型综合性公园。彭祖园内有彭祖像、彭祖祠、大彭阁、大彭氏国青石牌坊、福寿广场、彭祖祭祀广场、寿彭石园等景点,还建有动物园、樱花园、景武湖、游乐区、山林区等,是国家4A级旅游景区。

  会情侣的,可选邳州时光隧道。邳州时光隧道位于邳州市铁富镇的一条特色乡村公路上,因公路两边银杏相互交织自然形成了3000米长的金色"隧道"奇观,而被冠名为"时光隧道"。"世界银杏看中国,中国银杏看江苏,江苏银杏看邳州",特别是秋冬季节,金灿耀眼的时光隧道甚是迷人,和心爱的人漫步在金黄色道路上,瞬间有种牵手幸福的感觉。

  腿脚好的,可选泉山森林公园。徐州泉山森林公园位于徐州市区南部,占地面积3500余亩,是徐州环城国家森林公园的最主要景区。园内自然景观优美,动植物资源丰富,森林覆盖率高达98%,有"天然氧吧"之美誉。园内建有牡丹园、桃花园、木兰园、木桂园、竹园、水杉林等多个植物类专园,有漫山遍野的绵羊石神奇"石观"和张果老修仙之所果老洞等自然景观,还有网球场、旱冰场、射箭场等多个户外运动场所,是人们休闲、娱乐、度假、回归自然的绝佳选择。

精力特别旺盛的,当选吕梁山风景区。区内群峰林立,低山丘陵共173座,山林资源丰富,植被类型多样,森林覆盖率达89.5%,空气清新。区内有丰富的"吕梁奇石"资源,深受奇石收藏者的追捧。区内历史文化悠久,古迹众多,有古庙、遗址、古碑刻等,其中以茫茫林海、古庙遗址、二郎玉山神石、天然溶洞、鳌卧沙丘、峰山观洪、吕梁山烈士亭等景点最为著名。此外,可选大洞山风景区,景区内有海拔361米的徐州第一高峰大洞山,又名茱萸山,是一个集休闲、娱乐度假、养生、悟禅于一体的高品质风景区。

留恋古迹的,徐州的户部山、燕子楼、快哉亭等地非常值得一探。

户部山位于徐州古城之南,原名南山。西楚霸王项羽定都彭城时在山顶建戏马台,南北朝时期刘裕两次北伐时都把军事指挥中心建在此处,这里一度成为官僚、富商、文人的聚集之地,"穷北关,富南关,有钱都住户部山"的民谣正是对这一曾经繁华之地的真实写照。历经2000多年的沧桑巨变,户部山历史文化积淀深厚,景点众多,有戏马台、李蟠状元府、崔焘翰林府和徐州民俗博物馆等,它们是古徐州城历经千年风雨沧桑的见证,也是徐州政治、经济、军事、文化的缩影。

燕子楼始建于唐贞元年间(785—805),是当时朝廷重臣武宁军节度使张愔镇守徐州时,为其爱妾关盼盼所建。关盼盼是一位精通诗词歌赋舞蹈的著名才女,张愔死后,关盼盼心念旧恩,孤独终老。人生如梦,佳人已去。燕子楼因关盼盼对爱情的坚贞不渝而闻名遐迩,徐州也因燕子楼而多了几多温暖和柔情。历代文人墨客因为对关盼盼充满敬意而为燕子楼留下大量传世佳作。

快哉亭原名阳春亭,也称奎楼,位于市中心快哉亭公园内。阳春亭是唐咸通年间徐州感化节度使薛能所建,北宋熙宁十年(1077),徐州京东提刑使持节李邦直在阳春亭的旧址上进行改建,快哉亭易名源于苏轼《快哉此风赋》中"贤者之乐,快哉此风"之句。昔日的快哉亭几经兴废,现在已经在原址上改扩建成一个独立的庭院,院内古式敞廊环绕相连,各色花木、花坛、配房错落有致,院门外台阶下的石板路连着小桥,曲折通向对面的逍遥堂。小桥东西两面有大面积的荷花池,春夏时分,荷花妖娆,清香四溢。

此外,丰县汉皇祖陵、沛县歌风台、邳州铁佛寺、睢宁水月禅寺等众多去处,自然与人文兼有,是人们释放疲惫、瞻仰古迹、修心养性的胜地。

4. 多姿遗珍

徐州的历史遗珍数不胜数,初听其名,就有想到现场走走、看看、听听的冲动。这既是徐州的魅力,更是文化的魅力。徐州,有了名人名典加持的名城,更具独特的魅力。

可到放鹤亭,赏千古美文。放鹤亭始建于宋神宗元丰元年(1078),为"云龙山人"张天骥所建。歇山飞檐,古朴幽雅。相传张山人在山上养了两只仙鹤,每天清晨在此亭放飞,亭因此得名,匾额上"放鹤亭"三字乃苏轼手迹。元丰元年秋,苏轼写下了脍炙人口的千古美文《放鹤亭记》:"山人有二鹤,甚驯而善飞,旦则望西山之缺而放焉。"

可至饮鹤泉,饮"人文之水"。饮鹤泉位于放鹤亭南侧,原名石佛井,为宋代所建,系穿凿岩石而成。这里绿树成荫,小桥流水,古井、石碑、亭台等交相辉映,是一处集自然风光、人

清风徐来

戏马台 / 郑舟 摄

文景观和神奇传说于一身的好地方。宋《太平寰宇记》记载："石佛井，在县南四里石佛山顶，方一丈二尺，深三里，自然液水，虽雨旱无增减。或云饮之愈疾。时有云气出其中，去地七百余丈。"明朝时因石佛井靠近放鹤亭而将其更名为饮鹤泉，以纪念苏轼。

可往果老洞，观五彩祥云。果老洞位于西泉山半山腰。传说张果老为挑一处风水宝地修炼成仙，走遍了徐州72山后来到泉山，见此地山清水秀、鸟语花香，尤其西山有一下陷石洞，好似专门为他修炼准备的，于是落脚于此。张果老在泉山修炼成仙后，驾着五彩祥云离去，留下仙洞，也留下了传奇的故事。

可赴拔剑泉，寻汉王遗迹。拔剑泉位于徐州汉王镇丁塘山下，相传刘邦和项羽征战于此，汉兵非常干渴，刘邦拔剑插地，泉水涌出。流淌四里多，又伏流于地下，雨季不溢流，旱季不干枯，乡人称之为"龙湫"。遇到大旱季节,祷告之后泉水旺盛,故称丁塘异泉。苏轼等众多名人雅士也对这一千古传说予以认同,并感慨赋言。清乾隆年间,徐州知府邵大业专门为拔剑泉赋诗一首:"策马来寻拔剑泉,汉皇遗迹尚森然。一泓暗泻碧峰外,百丈晴拖绿树边。溜响消残龙战气,芒寒微动灞陵烟。鸿沟寂寞乌江冷,不信清流此地偏。"

可寻茱萸寺,念思乡之情。茱萸寺原名圣水寺,位于贾汪区大洞山西南山麓的万亩石榴园中,始建于北魏年间,距今已有1500多年的历史,是徐州标志性佛教建筑之一。该寺在全国14个药师佛道场中规模最大。2011年,星云大师亲自为重建的茱萸寺开光,吸引八方信众焚香礼拜。

可访回龙窝,踏古人遗痕。徐州回龙窝街区始建于清朝,至今已有300多年历史。关于回龙窝名称的来历,据徐州市志记载,回龙窝因地势低洼,雨水倒流,久积难泄,俗称"回流涡","流"与"龙"谐音,故美称曰"回龙窝"。民间传说中乾隆皇帝下江南时在徐州城内微服私访,想从该处小巷穿行而过时,却发现怎么也走不出去,无奈之下只好原路返回,因此得名"回龙窝"。

二、清风徐来"人文兴"

徐州作为一座历史悠久、英雄辈出的文化名城,人杰地灵,钟灵毓秀,在6000多年的历史长河中,无数英雄豪杰、仁人志士在这块古老大地上创造出了灿烂的人文之美。

徐州是汉高祖刘邦的故里和汉文化的发祥地。项羽灭秦后，自封西楚霸王，建都彭城，并封刘邦为汉王，封地为巴、蜀、汉中三郡，"汉"的序幕由此拉开。楚汉之争后，刘邦战胜项羽，由汉王变为汉帝，大汉王朝由此诞生。

在两汉 400 多年间，徐州共产生了 13 位楚王、5 位彭城王和 4 位下邳王，他们死后都葬在徐州周围的群山之中，为徐州留下了举世闻名、辉煌灿烂的汉代文化遗产，故有"秦唐看西安、明清看北京、两汉看徐州"的说法。

1. 流光溢彩的"汉代三绝"

汉朝是中国历史上第一个鼎盛的封建王朝，历经 400 多年，在政治、经济、军事、科技、文化等各个方面都取得了举世瞩目的辉煌成就，至今"汉人""汉服""汉语""汉字""汉族""汉文化"等一系列特定称谓成为中华文明不朽的载体和象征。其中自然也少不了徐州的印痕。

随着考古工作者的不辍努力，徐州目前共发现各类汉墓 8 处 16 座，其中以北洞山楚王陵、龟山汉墓和狮子山楚王陵等汉墓群最为著名。这些尘封徐州地下 2000 多年的汉代文物中，尤属构造各异、巧夺天工的汉墓，栩栩如生、丰富多彩的汉画像石，惟妙惟肖、气势恢宏的汉兵马俑最具艺术欣赏和考古价值，它们并称为"汉代三绝"，是徐州的文化名片，名扬海内外。

这里有谜团重重的地下宫殿。龟山汉墓 1981 年被考古发现，位于徐州市区西北龟山西麓，为西汉第六代楚王刘注及王后合葬陵墓，其中南为楚王刘注墓，北为王后墓。两座墓并列平行向里开凿，南北两条甬道各长 56 米，长度误差仅为 3 毫米；两甬道之间相距 19 米，平行度极高，若将两条甬道向西无限延伸，其将与 1000 千米外的西安相交，甬道开凿的密封度、平整度和精准度之高，令今人叹为观止。龟山汉墓的修建几乎掏空了整个山体，如此浩大、宏伟的工程，在当时的技术条件下如何实现，是古人留给今人的一个待解之谜。

这里有巧夺天工的汉画像石。徐州汉画像石以其独特的艺术风格、珍贵的历史价值与南京的六朝石刻、苏州的明清园林并称为"江苏三宝"，被著名历史学家翦伯赞称为"一部绣像的汉代史"，被誉为汉代社会的百科全书。徐州画像石题材丰富、内容广泛，主要包括现实生活和神话传说两大类内容，其丰富的历史内涵、精湛的雕刻技艺、多彩的风俗民情是整个汉代历史文化的缩影，是研究400多年大汉王朝史弥足珍贵的艺术瑰宝。

汉画像石／徐州汉画像石艺术馆供图

这里有栩栩如生的汉兵马俑。汉兵马俑,位于徐州狮子山西麓,楚王陵西侧 300 米处,距今已有 2100 多年的历史。于 1984 年 12 月被考古发现,是中国目前发现的三处大规模兵马俑(西安秦始皇兵马俑、咸阳杨家湾汉兵马俑、徐州狮子山汉兵马俑)之一。徐州狮子山汉兵马俑目前被挖掘发现的俑坑有 6 条,其中步兵俑坑有 4 条,骑兵俑坑、车马坑各 1 条。徐州狮子山汉兵马俑千姿百态、栩栩如生,有着古朴厚重、雄浑大气、肃穆庄严的力量之美,是研究汉代军队、社会、生活等各方面制度和习俗的重要佐证,也是徐州作为汉代地区政治中心和军事重镇的历史佐证。

2. 光耀史册的古今名人

徐州是著名的"帝王将相之乡",素有"千古龙飞地,一代帝王乡"之美誉。

徐州历史上曾为蚩尤本据、黄帝初都、彭国国都、徐国国都、西楚国国都,这里先后走出了汉高祖刘邦、南朝首帝刘裕、南唐李昪等,九朝帝王徐州籍,绝非浪得虚名。有养生鼻祖彭祖、徐国贤君徐偃王、西楚霸王项羽、南唐后主李煜等帝王将相,这些伟大的人物为中国历史文明的进步作出了不可磨灭的贡献,在中国历史的进程中留下了深刻的印记。

除了帝王将相,徐州独特的地理环境和城市特质,也孕育了一大批历史文化名人,有和亲公主刘解忧、道教祖师张道陵、徐州知州苏轼、遗民诗人万寿祺和阎尔梅、状元李蟠、书法名家张伯英、音乐家马可、投笔从戎郭影秋、国画大师李可染等历史文化名人,他们创造的辉煌伟业、塑造的光辉品格,光耀着华夏史册,永远为世人所敬仰。

3. 熠熠生辉的典籍名作

徐州不仅是兵家必争之地、千古帝王之乡,还是书香鼎盛之城。

西汉淮南王刘安的《淮南子》一书于清代归入"二十二子"之列,与《老子》《庄子》等先秦子书比肩;刘向、刘歆父子的《别录》《七略》两部书目,开创了中国目录学、校勘学之先河。南朝宋刘义庆撰写的《世说新语》是我国最早的一部文言志人小说集。唐朝时期,史学家刘知几撰写的《史通》是我国第一部史学评论专著。北宋时期,"苏门六君子"之一的陈师道撰写的《后山集》对研究宋代诗学具有重要意义。清朝初期,文学评论家张竹坡对《金瓶梅》的评点开创性地指出了《金瓶梅》在文学史上的地位。民国时期,书法家张伯英辑成的《法帖提要》对中国书法历史文化作出了划时代的总结……徐州先贤书写的鸿篇巨制在历史的天空下,形成了一座座令人叹为观止的文学学术高峰。

在先贤巨匠的熏陶、影响和感召下,徐州当代文学英才辈出,不断打造徐州文学的新高地。赵本夫的处女作短篇小说《卖驴》一经发表,便引起文坛关注,1981年获全国优秀短篇小说奖。在徐州煤矿干遍几乎所有井下工种的周梅森,写出了《人间正道》等一系列现实主义题材巨著。张新科创作的我国首部全过程、立体化描写淮海战役的长篇小说《鏖战》和描写徐州会战的《铩羽》,情节跌宕起伏,获江苏省第十一届精神文明建设"五个一工程"奖和其他各类文学大奖多项。

千百年来,众多先哲雄才和文学巨子在徐州这片沃土上留下了无数不朽篇章。几乎每个时代都有影响后世的巅峰之作,它们像颗颗闪亮的星星,在历史的长河里熠熠生辉。

4. 独具特色的非遗文化

有人穿针走线，绣出大好河山；有人飞针雕叶，方寸间刻画万象；有人手上生花，巧剪美好生活……徐州市非物质文化遗产资源丰富，引人入胜。

徐州非物质文化遗产项目中，有独具魅力的徐州剪纸，有收藏价值极高的香包，有体现传统"忠""孝"观念的糖人贡，有地方特色浓郁的江苏柳琴戏、徐州梆子、徐州琴书、徐州鼓吹乐，有趣味横生的邳州跑竹马，有造型夸张的邳州纸塑狮子头等。徐州的非物质文化遗产在传承保护中创新发展，向下扎根，向上开花，打造成了全世界人民共享的"非遗盛宴"，不断绽放时代芳华。

近年来，徐州剪纸、香包等一系列非物质文化遗产多次走出国门，"破圈"传播，成为徐州对外文化交流的"生力军"。在俄罗斯维堡区官方网站、城市网站以及城市中心图书馆、中小学博物馆，以线上＋线下的方式举办的徐州市非遗文化展，生动鲜活地讲述了徐州非遗文化。在巴西包索市展览开幕式上，徐州汉乐宣传片让包索市民近距离感受到了徐州悠久历史和传统文化独特魅力。

目前，徐州正对非遗文化内涵进行深度挖掘，根据海外受众的文化传统、价值取向、思维习惯，多形式满足海外受众对徐州非遗文化需求，讲好中国非遗故事，真正让非遗走出"深闺"、海外"圈粉"。

三、清风徐来"佳肴美"

网友常说，没有 10 个胃，千万别来徐州。

徐州有着五千多年的厚重文化底蕴,悠久历史的传承和诸多文化的交汇使徐州美食口味丰富,品类繁多,既有水饺、面条、烙馍、羊肉汤、丸子汤等北方美食,又有米线、小笼包等南方小吃。各色肴馔汇聚徐州大地,与一方百姓朝夕与共,演绎出异彩纷呈的别样风情。俗话说"一方水土养一方人",在徐州,还得再加上一句"一方美食聚八方客"。

徐州美食像一个窗口,一条纽带,不仅让人领略到食之味,食之美,更让人感受到徐海大地独树一帜的文化,和那一方人耿耿于心、萦绕于怀的情愫。

1. 源于"雉羹之道"

徐州作为中华饮食文化的发祥地之一,不仅最早提出了中国烹饪理论,还在实践中推动了中国烹饪文化的发展。

溯源徐州饮食,谁也绕不开"好和滋味,善斟雉羹,能事帝尧,尧美而飨食之"的彭祖。他开创烹饪先河,"雉羹"是我国典籍中记载最早的名馔。他的"雉羹之道"逐渐发展为"烹饪之道"。之后,楚汉相争给徐州的饮食文化带来了新的变化。楚风汉韵交融之下,不仅诞生了霸王别姬、沛县狗肉等著名菜肴,徐州百姓的饮食结构也更趋合理,烹饪技术逐渐成熟。苏东坡任职徐州,对徐州的饮食文化也产生了深远影响。乾隆皇帝下江南时曾四次驻足徐州,他的到来不仅为徐州美食谱增添了新成员,还留下了许多与饮食相关的传说趣谈。

来到徐州,山美、水美、人美,小吃更美,让人流连忘返,欲罢不能。烧杂拌,徐州特色素炖菜,味道浓重;把子肉,徐州特色小吃,肥而不腻,多滋多味;煎包,馅料精制,香味浓郁;"饣它"(音同"啥")汤,徐州金字招牌,乾隆帝御封的"天下第一羹",浓香绵

徐州美食 / 徐州市老字号协会供图

长,滋补养颜;馓子,徐州特色小吃,苏东坡任职徐州时的最爱,咸淡适中,香脆可口……

每天,品类繁多的市井小吃和特色佳肴,纷纷从街角深巷的厨房中,从街边精致或简约的餐馆里,或者是老家烧着柴火的土灶上盛出,端上徐州人的餐桌,共同勾勒出徐州这座城市的饮食轮廓,传递着乡音和乡情,展现着包容与温情。

2. 形于"民间传说"

来到徐州,光吃菜,不听故事,算是只得其味、不得其珍。

喝完"饣它汤",一定要问问老板饣它汤的来历,故事较多,有彭祖做饣它汤为尧帝治病的典故,也有乾隆不识"饣它"字的典故,你至少要知道其中一个。

品尝完"羊方藏鱼",一定要知道彭祖小儿子夕丁害怕被父亲责怪下河捞鱼的故事,其无意间造就了"鱼羊天下鲜,二者共烹则鲜上加鲜"的名菜。

徐州名菜霸王别姬背后也有一段轶事。当年京剧大师梅兰芳在徐州演出《霸王别姬》,品尝之后大加赞赏。众人皆以名菜烘托霸王别姬这一历史题材,意境甚妙。

陶醉于色如玛瑙、鲜香醇厚的"东坡回赠肉",别忘记这道菜和苏轼修筑"苏堤"有关。据说当年百姓为慰劳苏东坡抗洪,杀猪宰羊,担酒携菜而至,苏东坡推辞不掉,收下后亲自烹调而回赠百姓。后来苏东坡还赋诗说:"父老何自来,花枝袅长红。水来非吾过,去亦非吾功。"

大口撕扯完"烙馍",想想当年楚汉相争时,为了能让行军途中的刘邦军队吃上一顿饱饭,徐州百姓急中生智,发明了一种方便实惠的面食,用未发酵的面在鏊子上烙成,约三至四页叠加的纸张般厚,大小若芭蕉扇,拿在手上大口撕扯,过瘾至极。

三伏天参与徐州的"吃伏羊",冒着热汗也要听听"以热制热,排汗排毒"的食疗理论,再听听"彭祖伏羊节"习俗是如何一代代地传了下来,徐州又如何被称为"中国伏羊美食之乡"。

菜肴数不完,故事道不尽。除了以上美食,徐州还有被评为"中华名小吃"的"八股油条",有被评为"江苏名菜"的"养心鸭子",有西哈努克亲王赞扬的"红烧四孔鲤鱼",有软糯可口的保健佳肴"金银牛蒡菜"和"黑蒜",有甜甜酸酸的"冰镇蛙鱼",有五花八门的"蒸菜",有千丝万缕的"拔丝",以及老少皆宜的"蜜汁地瓜""条酥""芝麻片""江米条""桂花酥糖""金钱饼"等各式点心。另外,彭祖养生宴、三滴宴、八大碗等传统宴席制作工艺规范,菜肴丰盛,也是广大食客喜爱的饕餮大餐。

3. 兴于"本土风俗"

透过徐州美食，可以窥见徐州的风土人情、文化传承和社会发展。如果非要用一句话来形容徐州美食，参考答案是徐州美食兼容并包，自成一格，粗犷中不乏细腻，豪爽中充满温情，平淡中显露智慧。

徐州是道教创始人张道陵的故乡，也是道教饮食文化的发祥地之一。道教的饮食以养生为目的，这样的饮食习惯自然流淌在徐州人的血脉中，渗透到徐州人的生活中。他们遵四季时令而食，春天腌咸蛋，夏天晒面酱与西瓜酱，秋天煮盐豆并拐辣椒酱，冬天腌萝卜干和雪里蕻等。他们也重烹煮方法，做菜时烹、炒、煎、炸、焖、烧等各种方式俱全。做者讲究运刀技巧，吃者重烹调温度、色香味意境。

以徐州为中心的淮海大地与战争有着深厚渊源。楚汉纷争的猎猎风云，传送着刘邦、项羽"大风起兮云风扬""力拔山兮气盖世"的英雄豪气；血战台儿庄的滚滚硝烟，见证了中国军人抵抗侵略、捐躯报国的英雄志气；淮海战役的隆隆炮火铸就了人民军队敢打必胜、一往无前的英雄胆气。与战争文化相随的是英雄人物的层出不穷和豪杰气度的形成。陈胜吴广、项羽刘邦、曹操刘备、李世民、朱元璋、乾隆、李宗仁、粟裕等帝王将相和英雄豪杰都曾在淮海大地上留下了历史印记。

徐州人的性格和核心价值观，伴随着战争文化和英雄文化的发展而完善，这无疑也影响到徐州的饮食文化。譬如，三伏天爱光膀子吃羊肉，伏羊节一天宰羊两万只，一时间徐州羊贵。爱酒，用大碗喝白酒，"头三杯""打一圈"，你敬我，我敬你，端一个三五瓶白酒下去最后再喝"杯中酒"。徐州人爱吃辣，也能吃辣，更会吃辣,辣得四川人、湖南人都自叹不如。山区人吃辣是因为雾气重,而徐州气候干燥而人们喜欢吃辣,恐怕只能从战争文化和英雄情怀来理解了。徐州的汤也是辣的,叫辣汤。徐州人冬天喝辣汤,屋里有桌椅不愿进,偏爱捧着大碗站在外面喝,外冷内热的体感冲击,貌似只有这样才算过瘾。

　　无论是老徐州的特色佳肴,还是传递着乡情、乡音的六县美食,每一道都有一段历史,每一味都是一个故事。所谓味道早已超出了菜品本身的酸、甜、苦、辣、咸、鲜、香,而多了一份时代之感,多了一份文化之韵,多了一层人情之味,它们和徐州各地分布的那些或简约或奢华的餐馆中的别样情调,共同勾勒出徐州这座城市的轮廓,展现着徐州一方水土的温情,在与食客相遇的那一刻便有了独一无二的"味道"。

四、清风徐来"工业强"

　　徐州作为江苏省老工业基地和唯一的煤炭生产基地,在新中国成立初期曾有"百里煤海"之称,为江苏经济社会提供源源不断的能源和原料。

　　如今,徐州的煤炭资源经过100多年开采后已接近枯竭,如何快速摆脱对煤炭资源的严重依赖,彻底改变"半城煤灰一城土"的城市形象,成为突破发展瓶颈的重要课题。针对这个时代课题,徐州在全国率先给出了漂亮的答案。

1. 苏轼寻煤

　　徐州作为全国著名的能源生产基地、老工业基地和中国工程机械生产基地,背后有着悠久绵长的工业脉络。

苏轼任徐州知州时发现百姓深受寒冬之苦,"湿薪半束抱衾裯,日暮敲门无处换",柴薪匮乏促使苏轼下决心寻找新的能源。为此,他写下了著名的诗篇《石炭》,"彭城旧无石炭。元丰元年十二月,始遣人访获于州之西南白土镇之北",苏轼完成了一次漂亮的地质勘查,最终在白土镇寻访到煤。"投泥泼水愈光明,烁玉流金见精悍",苏轼十分认可这里的煤,经过冶炼显出煤质优良精粹;"北山顽矿何劳锻""为君铸作百炼刀",苏轼认为该煤能锻铁,可铸刀。由此拉开了徐州开采和使用煤炭千年工业史的序幕,也奠定了徐州后来作为中国重要煤炭基地的地位。

苏轼白土寻煤,也推动了宋朝冶铁业的发展。苏轼在《徐州上皇帝书》中谈道:"州之东北七十余里,即利国监,自古为铁官、商贾所聚,其民富乐。凡三十六冶,冶户皆大家……地既产精铁,而民皆善锻……数千人之(兵)仗,可以一夕具也。"指出徐州的利国监生产兵器能力非常强,有三十六个冶铁作坊。

今天的徐州以重型机器制造工业著称于世,也得益于千年前发达的冶铁业。

2. 大国重器

徐州工程机械集团有限公司,简称"徐工集团",前身是成立于1943年的华兴铁工厂(八路军鲁南第八兵工厂),1989年,徐工集团正式组建成立。经过近80多年的发展,徐工集团已经从一个市属地方国企,成长为如今中国工程机械行业的排头兵,企业规模位居中国工程机械行业第一位、中国机械工业百强第四位、世界工程机械行业第六位,是中国工程机械行业规模最大、产品品种与系列最齐全、最多元化的公司之一,也是国内机械行业标准的制定者,拥有业内领先的产品创新能力和国内最完善的零部件制造体系。

当"重工"碰撞"文创",会擦出怎样的火花?2023年大年初一,徐工携起重、土方、道路、高空、环卫、安全与应急救援等成套化设备,成为电影《流浪地球2》的特殊演员。中国制造与中国科幻紧密结合,得到了前所未有的高关注度。在随后的第九届中国•徐州文化博览会上,徐工展区人气爆棚,热闹非凡。展区特别设置了电影《流浪地球2》主题展、"钢铁螳螂"步履式挖掘机观赏区、模拟操作体验区及徐工文创展台等四大主题板块,刷新了公众对工程机械的刻板印象,展示了徐工跨界文化创意产业领域的创新实力,以中国"智造"成就了工程机械与硬核科幻的"重工业美学"。

一个品牌影响一座城,徐工是徐州名副其实的城市名片和工业品牌。徐工在打造徐州"中国工程机械之都"的进程中,厥功至伟,"徐工徐工,助您成功"的口号响彻世界。

3. 百年绚烂

徐州矿务集团有限公司,简称"徐矿集团",前身是始建于1882年的徐州利国矿务总局。徐矿集团是中国民族工业的开拓者,是煤炭工业改革的先锋,也是江苏省属唯一国有特大型能源工业企业,位列煤炭企业全球综合竞争力30强和能源企业全球竞争力500强。

转型发展好。秋日的潘安湖波光潋滟,芦苇飘摆,鸥鹭翔集。这里曾经是权台煤矿、旗山煤矿的采煤塌陷地,如今"地球伤疤"变身城市"生态名片",成为4A级景区。近年来,徐矿集团大胆探索与创新,打造出老工业基地转型、关闭矿井重生、衰

清风徐来

潘安湖／陈冰青 摄

老矿区生态修复三大"徐矿样本",蹚出了一条资源枯竭型企业蝶变新生之路。

企业治理好。坚持"五满"治企强引领,通过满怀对党忠诚、满眼都是资源、满眼都是人才、满腔家国情怀、满满的正能量,先后在天山南北、渭河两岸、古彭大地、天边草原、河西走廊、孟加拉湾布局建设"六大能源基地",苏能股份主板成功上市,捧回了中国工业大奖,获评全国管理标杆企业。

社会形象好。徐矿集团具有纯正的红色基因。1928年9月,"徐矿"成立江苏企业第一个党支部"中共贾汪特别支部"。

抗美援朝期间，徐矿职工集资捐献"贾汪矿工号"战斗机。疫情防控期间，徐矿集团累计选派医务人员4.9万人次支援防疫，累计捐款捐物、减免中小企业租金上亿元，徐矿人的家国情怀在大战大考中有力彰显。

新生的徐矿以"绿"为底，全面吹响"一核两极、千亿徐矿，世界一流、业兴家旺"的冲锋号角，转型发展颜色更亮，不愧为中国民族工作的开拓者和工业改革的先锋。

4. 串珠成链

徐州作为世界级先进制造业产业集群重点培育对象，已经建立了相对完善的工程机械产业链，以徐工为代表的工程机械产业集群正剑指工业世界，向着冲顶"珠峰"的目标奋力攀登。

如今，集群经过几十年的发展壮大，上游零部件已实现从液压件、车桥等核心零部件到结构件、轮胎等基础零部件在内的较为完整零部件门类覆盖，中游20个整机细分领域均有覆盖，零部件本地化配套率达到50%。其中，徐工发挥"链主"企业龙头作用，带动了徐州1000多家、全球4000多家产业链、供应链上下游中小企业。

徐州工程机械产业集群内，除了一批工程机械整机及零部件全国领先外，还配备有国家工程机械质检中心、工程机械综合服务中心、国家工程机械智能制造重点实验室等支撑性产业服务平台。

目前，徐州拥有以徐工集团为代表的国企、卡特彼勒为代表的外企，以及海伦哲为代表的民企，建立了三资并进、协同发展的产业发展结构，形成"一超、一大、多强"的企业梯队，带动全市设计、制造、维保、租赁等关联企业，从业人员16万余人。

如今的徐州,全面打响了能源结构调整、产业转型升级的"新淮海战役",成功实现了从"半城煤灰一城土"到"一城青山半城湖",从"老灰穷"到"新绿富"的华丽转身。徐工、徐矿等一批徐州老牌强企,也成为徐州城市工业文明发展的特殊记忆和文化底色。

五、清风徐来"战歌响"

回望徐州千年沧桑巨变,无数民族英雄、革命英烈、豪杰志士,在历史的舞台上演绎了一幕幕壮怀激烈、荡气回肠的英雄大剧。

抗日战争时期的徐州会战,解放战争期间的淮海战役,均是在以徐州为中心的淮海大地上恢宏展开,正面战场、隐蔽战线、支前民众当中涌现出无数英雄,谱写了一曲曲可歌可泣的英雄壮歌。

1. 荡气回肠的英雄战歌

走进位于青山泉的徐州抗日战争纪念馆,参观者瞬间就被带入八十多年前的那场血雨腥风之中。

1937年12月13日,侵华日军攻占南京之后,气焰骄狂,挥舞着战争屠刀在中国的土地上肆意横行。

当时,华北日军在攻克保定之后,经阳泉、蔚县进攻山西,主力则沿津浦线南下进攻山东。一路日军在占领南京之后,沿津浦线北上,南北并进,直指华东重镇徐州,意欲聚歼国民党军队主力于徐州城下。

一时间,处于华东的中国军民到了危亡边缘。1938年1月至5月，中国军队在以徐州为中心的津浦、陇海铁路地区对日本侵略军展开了大规模防御战役。一寸山河一寸血，中国军队以伤亡6.5万余人的代价，击毙、击伤日军2.6万余人，除予日军以巨大打击外，还迟滞了日军进攻速度，为部署武汉会战赢得了时间。此战最重要的影响在于使中国军民相信自己有能力击败侵略者。尤其是徐州会战中的台儿庄大捷，苏、美、英、法、德、意等欧美主要国家都给予了充分报道和评论，扩大了中国反法西斯战争的国际影响。

徐州会战中，中国军队展现出了高超的军事素质和英勇的战斗精神，也加深了国共两党的合作关系，为全面抗日战争的胜利奠定了重要基础。

2. 小推车推出来的伟大胜利

来到徐州，走在淮海战役烈士陵园，青松翠柏，庄严肃穆，仰望高耸入云的淮海战役烈士纪念塔，如同巍巍昆仑一般挺拔耸峙。

1948年冬，以徐州为中心的淮海大地硝烟弥漫。解放军在兵力和装备处于明显劣势的条件下，准确地抓住了一个个稍纵即逝的战机，占据了战略布局的主动性。在后方，人民群众筹集粮食、运送弹药、转送伤员，大大加速了人民解放战争胜利的历史进程。在整个淮海战役中，共调动民工多达500万人，小推车88万辆，无论是粮食弹药，还是医疗救护，徐州人民都为战争的胜利提供了强有力的后勤保障。"最后一碗米送去做军粮，最后一尺布用来做军装，最后一床老棉被盖在担架上，最后的好儿郎含泪送战场。"这首当时流传甚广的歌谣，成了广大百姓倾力支前的真实写照。陈毅同志曾经说道："淮海战役的胜利，是人民群众用小车推出来的。"

淮海战役纪念塔／淮海战役纪念塔管理中心供图

徐州有关淮海战役的纪念馆较多,除了淮海战役纪念馆,还有位于徐州工程学院的淮海地区革命文化博物馆、位于邳州市碾庄镇的淮海战役碾庄圩战斗纪念馆,都是缅怀革命先烈,进行爱国主义教育的重要场所。

3. 不朽的运河支队

走进位于贾汪区卧龙泉生态度假园内的运河支队抗日纪念

馆,在纪念馆的西侧广场上矗立着运河支队四百烈士碑,碑座为红色岩石,寓意着烈士们的鲜血染红了这片土地。

"运河支队"是著名的"铁道游击队"的兄弟部队,抗日战争期间活跃在苏鲁边界、运河两岸,曾与日、伪、顽、特、匪各方势力浴血力战。

抗战时期,运河支队在苏鲁边境几支抗日武装中人数最多,实力最强,是八路军一一五师领导的正规队伍。抗战期间,他们历经大小战斗达900多次,共歼灭日军1000余人、伪军4000余人,牺牲干部战士400余人,为抗日战争胜利建立了不朽功勋,在中国人民抗战史上写下了光辉的一页。

2023年7月3日,张新科携新作《大河》做客第十三届江苏书展,当天云上听众多达550万人。这是国内首部以在抗日战争期间立下不朽功勋的"运河支队"为对象的长篇小说,将运河支队尘封于历史的峥嵘往事呈现在现代读者面前。

4."一不怕苦、二不怕死"精神

来到位于邳州市运河镇的王杰烈士纪念馆,这是为纪念伟大的共产主义战士王杰而建。

1965年,王杰同志被部队选派到邳县张楼,担负训练民兵埋设地雷的任务。7月14日,当王杰与张楼地雷班的12个民兵进行实爆训练时,突然,拉火装置出现意外,炸药即将爆炸,在这千钧一发之际,王杰奋不顾身纵身一跃,扑向炸药包……现场的12名民兵和人武干部得救了,年仅23岁的王杰却献出了宝贵的生命。

王杰牺牲后留下了十万多字的日记,真实记录着王杰在部队成长的心路历程,其中著名的还有三不伸手:"在荣誉上不伸手,在待遇上不伸手,在物质上不伸手。"人生三问:"什么是理想,革命到底就是理想。什么是前途,革命事业就是前途。什么是幸福,为人民服务就是幸福。"一篇篇日记折射出英雄的崇高品质,展现出他的血性胆气,彰显出他对党和人民的无限忠诚。

王杰烈士纪念馆内主要有王杰烈士墓、王杰烈士事迹陈列馆、王杰牺牲地纪念亭等,通过图文、实物、场景再现等多种形式,全方位、多角度、立体化展示了王杰同志"一不怕苦、二不怕死"的崇高革命精神。

5. 共和国最小烈士"小萝卜头"

小萝卜头纪念馆位于徐州市邳州市岠山脚下。

"小萝卜头"原名宋振中(1941—1949),牺牲时年仅8岁,是最年轻的革命烈士。1941年,宋振中和父母一起被国民党特务诱捕入狱。随后,便在阴暗、潮湿的牢房里待了8年。由于长期严重营养不良且晒不到太阳,宋振中头大身小、面黄肌瘦,被难友们疼爱地称为"小萝卜头"。宋振中小小年纪便机敏过人,经常在牢房之间帮助大人传递物品、信息和秘密情报等。宋振中的父亲宋绮云(1904—1949),原名宋元培,江苏邳县人,1926年11月考入黄埔军校武汉分校。1927年加入中国共产党,曾任中共邳县县委书记。1929年在杨虎城军部任第四集团军少将参议,于西安事变前对杨虎城部做了大量统战工作。狱中8年,宋绮云全家遭受着非人折磨,但他们始终保持了共产党员的坚定信念和坚强意志。宋绮云用生命书写了一个共产党人的生命壮歌,他以诗明志:"我决不能弯下腰,只有怕死才求饶;人生百年终一死,留得清白上九霄。"

1949年9月6日,宋绮云夫妇及未满9岁的幼子"小萝卜头",在重庆戴公祠被国民党特务残忍杀害,被称为"一门三烈"。

6. 历史长河中的不灭星光

穿过岁月长河,回望历史硝烟。布衣皇帝刘邦开创了大汉王朝;西汉公主刘解忧远嫁乌孙,赢得了大汉边疆的和平与稳定;东汉彭城高士姜肱,一生淡泊名利,育人授业为后人所敬仰;唐末戍卒起义军领袖庞勋,沉重地动摇了唐朝的统治基础;南宋抗金英雄赵立,于民族危难之际挺身而出,令金军闻风丧胆;元末红巾军领袖芝麻李,率领徐州七义士起兵,上演了一场传奇悲壮的历史剧;明末清初徐州二遗民阎尔梅、万寿祺,矢志抗清,持节不仕。

近代以来,无数徐州英雄儿女,为了国家的独立、民族的解放,用激情、热血和生命,奠定了今日中华民族崛起的基础。刺汪义士孙凤鸣,为了民族大义舍身赴死;湖西专员李贞乾,身先士卒,冲锋在抗战杀敌第一线;抗日将军范子侠,作战勇敢,被称为"模范的布尔什维克,最忠实于中华民族解放事业的战士";抗日战争英雄石西岩,成功打入日伪机关,入选"徐州抗日英雄"50人;徐州革命先驱吴亚鲁,是中共徐州地方组织创建人,在国民党制造的"平江惨案"中英勇牺牲;解放战争英雄侯五嫂,英勇机智地为党运送了大批重要文件和机密情报,被称为"钢铁妈妈";谍战英雄钱树岩,打入徐州剿匪总司令部,向党组织输送了大量关键情报……他们在中国人民解放事业的光荣史册上,写下了不朽的一页。他们是民族的脊梁、徐州人的荣耀。

六、清风徐来"学府盛"

山水是城市的外表，文化是城市的内涵，而大学则是城市文化的重要组成。城市有了大学，便有了灵魂，有了灵动之美。

徐州高等教育资源丰富，具有各类高等院校 21 所，著名的院校有中国矿业大学、江苏师范大学、徐州医科大学、徐州工程学院等，在校大学生 20 余万人，高校数量和规模均居淮海经济区首位。

徐州，这座千年古城，在众多高校的形塑和滋养下，正散发着现代文明城市的熠熠光辉。

1. 大工之所

中国矿业大学是教育部直属的全国重点大学，其前身是由英国福公司创办于 1909 年的焦作路矿学堂。

焦作路矿学堂是晚清时期由外国人开办的三所私立高校之一和唯一的私立工科高校，同时，也是在中国创办最早并一直延续至今的矿业高等学府，跻身中国最早一批近代大学的行列。

1934 年秋，李敏修先生作词、张洪岛先生作曲《焦作工学院校歌》："太行之阳河水东，莘莘学子救国重劳工。源深流自远，物阜民用丰。山葱葱，水溶溶，努力，努力！行健天同功。"这首"史上最短"的校歌，歌词朴实简练，曲词庄重典雅，充分反映了矿大莘莘学子自强不息、努力学习的远大志向和爱国、进步的优良传统。中国矿业大学作为全国首批具有博士和硕士授予权的高校,是徐州唯一的"211工程""985优势学科创新平台项目"和国家"双一流"建设高校。学校几经搬迁,1978年在徐州重建,恢复"中国矿业学院"校名。1988年,学校更名为"中国矿业大学",邓小平同志亲笔题写校名,现有文昌、南湖两个校区。

走进位于该校的中国煤炭科技博物馆,大量新奇的矿物与化石标本吸引人们纷纷驻足观摩。中国矿大因煤而生,因煤而兴,学校以"开发矿业,开采光明,建设祖国,造福人类"为己任,是以工为主,以矿业类专业为特色、多学科协调发展的全国能源类重点大学。建校以来,先后为社会输送了33万余名毕业生,许多已成长为国家现代化建设及行业发展的科技精英、管理骨干和领军人物。

2. 桃李天下

江苏师范大学是江苏省人民政府和教育部共建高校,江苏高水平大学建设高校,现有泉山、云龙、奎园、贾汪4个校区。学校始于1952年创办于江苏无锡的转业干部速成学校。筹建之初,刘先胜将军以苏南军区司令员身份兼任首任校长,力倡艰苦奋斗之精神,开优良风气之先河,由此开启了江苏师范大学70多年创造辉煌的建设发展之路。该校于1958年迁至徐州,1959年与徐州师范专科学校合并,成立徐州师范学院。1996年学校更名为徐州师范大学,2011年更名为江苏师范大学。2014年,成为江苏省和教育部共建高校。一代又一代江苏师范大学师生脚踏实地、真抓实干、与时俱进,在办好人民满意教育的实践中、在教育强国的新征程中,向社会输送了近20万名毕业生,一大批优秀校友活跃在政治、经济、文化、科技和教育等各个领域。

3. 医者之敬

历史学家和社会学家喜欢把西方医学史上的第一次麻醉称为人类文明进步的分水岭，因为这是第一次科学战胜了疼痛，麻醉让人类在疼痛面前找回了自己的尊严。

徐州医科大学被称作"中国麻醉学人才培养的摇篮"，多年来为社会培养了近万名麻醉学专业人才。该校始于1934年的江苏省立医政学院，1958年由南京医学院分迁至徐州成立南京医学院徐州分院，2016年更名为徐州医科大学。

徐州医科大学在全国率先创设麻醉学本科专业，并建设成为全国"高等学校特色专业"，麻醉学教学团队是"国家级优秀教学团队"，入选"全国高校黄大年式教师团队"，麻醉学教学成果荣获国家级教学成果一等奖、二等奖。麻醉学学科先后获评国家级重点学科培育建设点、国家药监局重点实验室、江苏省重点实验室、江苏省临床重点专科、江苏省医学重点学科和江苏省"135工程"重点学科。除了麻醉学，其他学科建设也同频共振，临床医学、药理学与毒理学、神经科学与行为学、分子生物学与遗传学、生物学与生物化学、化学6个学科进入ESI世界排名前1%；药学和生物工程2个学科上榜软科世界一流学科，4个学科进入软科中国最好学科。

4. 日出峰峦

有一所高校，走进图书馆，不仅有丰富的图书资源，而且阅读环境一流，咖啡香气四溢，沁人心脾；来到餐厅，从南到北风味齐全，知名品牌让人眼花缭乱，令学生们大快朵颐、流连忘返；这里还能参观到淮海地区非物质文化遗产博物馆、电动机博物馆、食品文化博物馆、文学博物馆等八大学科博物馆,一件件馆藏实物,让人赞叹不已……

这里人文气息浓厚,处处皆风景,多数人以为来到了一所文科类或艺术类高校,其实不然,这所高校就是秉持"格物致知、敬业乐群"精神的徐州工程学院。

徐州工程学院是教育部"卓越工程师教育培养计划"实施高校,全国新建应用型本科院校常务副理事长单位。学校办学肇始于1959年,2002年经教育部批准为全日制普通本科院校。学校紧密对接徐州市传统优势产业和战略性新兴产业发展需求,打造了"工程机械、食品工程、能源光伏、土木建筑、化工环境、商贸物流"等六大特色专业群,实现专业群与产业群、专业人才培养与地方人才需求的对接融合。学校的食品科学与工程、土木工程、机械工程、汉语言文学等专业特色显著,在苏北和淮海经济区具有较大影响。

60余年来,为社会培养了近20万高素质应用型专门人才。如今的徐州工程学院,正在全力向着全国一流、特色鲜明的区域性应用技术型大学——徐州大学的奋斗目标阔步前行。

伟哉大风,美哉清风!昔日的徐州璀璨夺目,现在的徐州美丽多姿,未来的徐州必将更加繁荣昌盛!

中吴风雅颂

如何在时间中寻觅并抵达一座城市，比如，拥有国家历史文化名城、全国文明城市、长三角文旅中轴等诸多标签的常州？

不妨先从历史的时间轴展开一段城市文明之旅。追寻常州的文明源头，有许多切入的时间点：江苏省发现最早的距今40万至20万年旧石器时代的和尚墩，4500万年的古人类脊椎动物"中华曙猿"溧阳上黄遗址，7000年的马家浜文化神墩遗址，6000年的崧泽文化圩墩遗址，5000年的良渚文化寺墩遗址、2800年的春秋文化淹城遗址，2500年的阖闾城遗址……

一部常州史，孕育于史前，肇始于春秋，融合于齐梁，转承于隋唐，风雅于宋元，兴盛于明清，转型于近代。《史记》记载，殷商末年，泰伯、仲雍为让位于三弟季历而奔荆蛮，自号勾吴，这是常州有文字记载历史的开端。周灵王二十五年（前547），泰伯十九代孙、吴王寿梦第四子季札封邑延陵，这是常州有准确纪年和确切地名的开始。此后的2500年，以"常州"地名出现为节点，可以分成两个阶段，第一段是1100多年的无"常州"的常州史，另一段是1400多年的称"常州"的常州史。

在前1100多年的时间里，延陵、毗陵、晋陵、兰陵等地名先后出现，春秋战国时期，先后属吴、越和楚。秦统一后，置延陵县，属会稽郡。三国时吴大帝嘉禾三年（234），置毗陵典农校尉。西晋太康二年（281）改置毗陵郡。这是设郡的开始，从此常州均为郡、州、望、路、府治的所在地。

从隋代开始，"常州"出现了，不过这个名字在某种意义上是"借"来的。隋开皇九年（589），杨坚废郡设州，以州统县，废晋陵郡，在常熟置州，常州自此得名。唐宋以后，常州成为江南经济、文化最发达的三大行政中心之一和重要的区域中心城市，同时又是长江下游重要的军事要冲和江南地区水陆交通漕运的枢纽。

明朝的常州府是由元朝常州路改变而来。京杭大运河催生了中国古代第一个城市带,全国三十三个商贸手工业城市运河沿岸占十三个,常州跻身其中,并成为全国缴纳税赋最多的地区之一。

常州地处三吴之中,与东吴苏州、西吴湖州并称"三吴"。清雍正四年(1726),常州府辖武进、阳湖、无锡、金匮、宜兴、荆溪、江阴、靖江八县,史称"江左名区、中吴要辅""三吴重镇,八邑名都"。

常州地处江南,是江南文化、吴文化、齐梁文化的重要发源地及传承地,也是近代中国民族工商业的发祥地和"苏南模式"的发源地之一。

一、寻山水

常州地处长江下游平原,兼有高沙平原和山丘湖圩,拥有"一江一河四湖五山"的资源禀赋,是名副其实的"山水之乡"。

1. 山不在高

常州地处平原,低山丘陵地形占总面积的15%,主要是天目山余脉宜溧山脉、茅山山脉和宁镇山脉余脉。南宋四大家之一的杨万里任常州知州时写道:"三山道是远连天,亭上看来只近檐。可惜当初低少许,三山幸有一峰尖。"这诗写的正是他站在州府多稼亭上,远眺城外山脉的秀美景象。常州历史上曾用过的名称或别称多达十几个,但使用比较多的名称往往带一个

"陵"字,从最早名称延陵到毗陵、晋陵、兰陵。"陵,大阜也",与山有关,"延"都有绵延不绝的意思,反映了连绵不断的低山或丘陵的特点。

山不在高,却有着浓郁的"文化味"。比如位于天宁区郑陆镇的舜过山,虽然海拔仅117米,古代却被称为"高山"。相传4000多年前,舜曾东巡至此,垦荒种粮,开河挖井,道德教化,恩泽乡梓,得名"舜过山""舜山"。此地留下了许多关于舜的文化传说与遗迹,如舜溪河、舜庙、舜田、舜井、舜迹桥等古迹。舜过山另一个重要级人物是季札,他封邑延陵后,曾躬耕于舜山。东汉《续汉书·郡国志》记载,季札躬耕处,毗陵芙蓉湖西马鞍山下。《(道光)江阴县志》载:"马鞍山下,今舜过山也。"据史料考证,就是常州市天宁区郑陆镇翟家湾吴下桥(吴下里),目前是吴姓季札后裔集中居住生活的区域。舜山峰顶有观景台。据说南宋名将韩世忠、梁红玉曾驻军舜山,垒石筑台,在此做法观星相,指挥三军,名曰"摘星台"。站在平台,可鸟瞰山下的村庄。远处即是黄天荡村。顾恺之、白居易、刘长卿、李兆洛、是镜等历朝名人贤士,或往来游历,或隐居高山,或筑庐讲学,或安息于斯。

又如位于新北区孟河镇的小黄山,整个山体形似卧龙,山上植被丰茂,山下碧潭清幽。黄山是中国名山,这里名"小黄山",肯定也有来头。据《黄山旃檀禅寺碑记》载,战国时楚国的春申君黄歇在此读书,因此得名。小黄山有九峰,自西向东,蜿蜒起伏,故又名九龙山。在玉皇峰南麓,坐落着始建于南朝梁武帝天监年间的九龙禅寺,香火甚旺。每年清明节,山脚下的村民都有宴请宾客、登山踏青的习俗。小黄山自古以盛产斧劈石、石灰石和中草药而著称,斧劈石集山石的雄、秀、奇、险于一身,鬼斧神工,故名。

再如位于金坛境内的茅山,是著名的道教名山,也是道教上清派的发源地,自唐宋起即享有道教"第一福地、第八洞天"之美誉。境内峡谷、盆地相间,山势秀丽、林木葱郁,山上有着众多的道教建筑和文化遗产,九霄万福宫、乾元观等一直都是游人香客必到之处。茅山乾元观现系江苏省唯一的坤道(女道士)院,其道教音乐历经隋唐之兴盛,在宋元二朝备受宫廷推崇,距今已有1000多年历史,其韵腔既充满全真道的音乐韵味,又含有一定量的茅山正一派道教音乐成分,同时也吸收了江南丝竹的精华和戏剧音乐的元素。2009年,乾元观道教音乐被列入江苏省第一批省级非物质文化遗产名录。茅山养生文化源远流长,从茅山鼻祖三茅真君到陶弘景,将"道法自然"融入美食。以茅山地方特色的原材料和道家养生的哲学思想为基础,运用传统的烹饪工艺,将茅山美味呈上餐桌。在普罗大众的心中,茅山很灵,登山祈愿之余,听听乾元观道教音乐,品尝茅山佳肴美食,才算是深度体验茅山千年的道文化。

2. 江湖汇秀

有山径可寻,有水舟可渡。发掘于春秋淹城有"天下第一舟"之称的独木舟,从一个侧面反映了江南水乡的特性:北携长江,南衔太湖,环抱滆湖,大运河流经全境。"水"是常州的灵魂,河道密织,湖泊众多,同时拥有江、河、湖,水域面积占比超过17%,甚至比以水乡闻名的绍兴还要高。

除了太湖,还有一个西太湖。它是滆湖的别称,是常州最大的湖泊,南接宜兴,北通长江,东濒太湖,西接长荡湖,如同一块碧玉,静静地镶嵌在苏南大地上。西太湖作为苏南地区唯一未开发的天然资源,有着良好宜人的自然环境,烟波浩渺、水光潋滟、渔帆远影、洪波霞光，宛如一枚玉镜，映照着美丽的阳湖大地，带来了无限生机和无尽风光，同时为城市发展带来了无穷活力。由此，常州市武进区设立了西太湖生态休闲区。西太湖揽月湾广场，熠熠湖水，阵阵涟漪，大型喷泉冲天而起，变幻多姿；音乐、喷泉、灯光，在西太湖揽月湾织就了一幅美轮美奂的水景图，打造出优美的"月光水城"。幽静的西太湖沿岸，最惬意的是湖边散步。

还有一个古老的湖泊是长荡湖，又名洮湖，是古太湖分化湖之一。古时水面较大，晋朝时即有长塘之名。现在长荡湖跨金坛区、溧阳市，总面积为13万亩，90%以上在金坛境内。长荡湖风景如绣，皓月如银，湖边芦苇丰茂，岸上芳草萋萋，著名的景观有"洮湖夜月""洮湖品蟹""把酒邀月"，其中华绒螯蟹2008年就入围"中国十大名蟹"，深受广大食客喜爱，长荡湖也因此而闻名。

天目湖是一个人工湖，名气却很大，坐落着沙河、大溪两座国家级大型水库，被誉为"江南明珠""绿色仙境"，是江苏省首批生态旅游示范区。群山环抱，湖水清冽，间有仿若棋盘的田畔，疏密错落的茶园，到处是一幅幅纯自然的田园风光图，湖岸蜿蜒曲折，自然景色与人工点缀相得益彰。

常州亦是中国古代长江下游唯一一个跨江而治、连通长江与太湖的城市。《太平寰宇记》在形容常州战略地理重要性时说："言地，则三吴襟带之邦，百越舟车之会。"清乾隆皇帝评价常州有"舟车引百越，襟带控三吴"之语。"江湖汇秀"原本是常州西郊一景，刻于运河入城风水口——"石龙嘴"石碑上。此处是大运河与南运河（即西蠡河）的交汇之地，大运河从扬州经镇江流入常州，南运河（西蠡河）通滆湖、太湖，接"中江"荆溪——江

天目湖风光／*视觉中国供图*

水、湖水在此交汇，形成独特的水文现象。"江湖汇秀"这一语汇，恰可以借用来表现常州全域的地理大势：常州北接长江，南抵太（湖）滆（湖），因运河而汇聚"江湖之利"。

3. 运河之眼

常州城市形制的形成与变迁深受运河影响，不像北方城市那样呈方正形，也没有中轴线。她因运河而生，因运河而兴，处在典型的江南运河段落。运河是常州的生命之源、活力之泉，更是文化之魂，有着极佳的看点。

常州境内有目前江南最早的运河——胥溪。公元前514年，吴王阖闾与楚争霸，开凿东出太湖胥口，进入溧阳濑水古道，与芜湖水系相通的吴楚运河，又名胥溪，成为东连太湖、西入长江的江南最早人工运河。公元前495年，吴王夫差为北望中原，讨伐齐鲁，开通东自望亭西至奔牛、经由孟渎入长江的水道。这就是世界遗产"中国大运河"的重要组成部分——江南运河的最早段落，也是中国大运河的最早河段（据《江苏通志》记载），而此河段，全部位于这一时期的延陵邑（常州）境内。江南运河连江通湖，成就纵贯南北连通五水的人类工程奇迹。不仅如此，中国大运河常州段还是调节长江和太湖两大水系的唯一河段，从而奠定了古城常州的历史地位。

常州大运河是唯一完整穿城的河段。对比大运河沿线其他城市如天津、济宁、淮安、扬州、镇江、无锡、苏州、嘉兴、杭州等，常州是唯一大运河完整穿城而过的城市，从古城城池选址、变迁及其营建技术等来看，均与运河水系紧密相关，在长江、太湖、大运河三水高地上选址，形成了"三河四城"的历史形态。"城中有河、河抱古城、城河相依、水陆并行"的城河形制和"水陆并行，长街沿河，短巷向水"的街巷肌理，堪称江南太湖流域低洼地势营城技术和古城形制的杰出代表。

常州大运河是运河文化亮点突出的河段。千百年来，作为常州的自然之源、经济之纽和文化之根，古老的运河孕育了丰富的运河文化，人文资源丰富，名胜古迹众多，形成了漕运文化、街巷文化、名士文化、红色文化、实业文化、宗教文化、雅集文化、美食文化等多类型文化体系。以季子、唐荆川为代表的名士文化，以"常州三杰"为代表的红色文化，以天宁禅寺、天宁宝塔为代表的宗教文化和以近代工商巨子盛宣怀、刘国钧为代表的实业文化以及"五派一国"(常州学派、阳湖文派、常州词派、常州画派、孟河医派和毗陵诗国)的人文盛景尤为突出。

常州是隋代以后历朝漕运贡赋重地,至今存有江南运河古纤道、烈帝庙码头、尚书码头、毗陵驿码头、西仓码头等古运河码头群,同时存有石龙嘴、奔牛闸、孟城老闸等大运河水利工程遗址及广济桥、锁桥、中新桥、新坊桥、飞虹桥等古桥梁遗存。

"尽道隋亡为此河,至今千里赖通波。若无水殿龙舟事,共禹论功不较多。"皮日休这首怀古诗,虽在褒贬历史,但也肯定了大运河的重要价值。从空中鸟瞰,春秋运河(东市河、南市河)、明运河、关河三河并流,环抱常州老城厢,如一颗"运河之眼"镶嵌中吴大地,为千里大运河独有景观。以"运河之眼,一望千年"为主题的中吴大运河国家文化建设,彰显了常州运河文化的深厚底蕴和辨识特质,在地理空间的共时性、文化脉络的历时性和传播效能的全时性上达到了高度统一。

二、寻品性

常州地处江南,常州人却有着北方人的性格特征,就是常说的"南人北相"。

1. 南人北相

一说起江南,首先想到小桥流水、吴侬软语,仿佛江南天生就如水一般柔弱。其实,从更长的时间轴看,江南亦即古代的江东或江左,在先秦时期,是一片断发文身、民风彪悍的狂野大地,盛行"一言不合就拔剑"的尚武之风。有专家认为,如果从审美特质上对江左良渚文化进行描述的话,那就是血勇尚武的"外拓气象"与内敛精致的"玉质气象"并存。吴越之地皆好"断发文身",吴越百姓"常在水中,故断其发,文其身,以象龙子,故不见伤害也"。春秋战国称霸争雄的时代,吴越不甘落后,越人以"锐兵任死"著称;吴人则靠"百姓习于战守"名震列国,西破强楚,北威齐晋,南服越人。反映在青铜铸造兵器技术上,古之兵器制造,以吴越为最盛。铁马秋风的霸王项羽能够横扫强秦、成就霸业,就靠着八千江东子弟起家,这是中国古代最强悍的军团之一。尽管从南朝经唐至宋以后,世风移易,在尚武到尚文、崇勇到崇教的文化演变中,江南逐渐被标签化、单面化,但勇武刚烈的血性依然是常州文化的精神底色,须知水"攻坚强者莫之能胜",刚柔兼具,柔中带刚。

《汉书·地理志》记载:"吴、粤之君皆好勇,故其民至今好用剑,轻死易发。"东林学派高攀龙总结道,"天下有事,则毗陵人必有则",尤其是政权易代、外敌入侵之际。南宋末年,伯颜率二十万元军精锐,号称百万,攻打常州城。面对十数倍的精锐元军围攻,两万义军、数千宋兵与城内百姓抗击强敌,力战不屈,誓死守城,城破后遭到元军的屠城。现在常州青果巷有一个地方叫古村,旧称"十八家村",相传为幸存者集中居住之地。就连元军统帅也感叹常州人的壮烈,称之为"纸城铁人"。文天祥被俘后押解从运河北上途经常州,看到战后的惨状,感慨地写下"山河千里在,烟火一家无"的诗句。阳湖拳原名双插子、常州南拳、江苏南拳,是创始于江苏常州、流传到江苏与全国部分地区的一种古典传统拳术,为江苏唯一的地方拳种,二十世纪八十年代经挖掘抢救,为避免与广东、福建的"南拳"混淆,改名"阳湖拳",并定为江苏省地方重点拳种。

2. 勇争一流

"勇争一流,耻为二手",这八个字,是新时期常州精神,源于三位常州名士。

常州画派创始人恽寿平,明末清初书画家,诗、书、画皆造诣深厚,有"南田三绝"之誉。恽寿平与"四王"之一王翚的山水画最初都师从"元四家",笔墨风韵大致相似,两人合作的一些画作,有时简直难以分辨。后来,恽寿平看到王翚的山水画进步很快,声名日起,他对王翚说:"山水画让你一个人独领风骚,我当第二名也感到耻辱(是道让兄独步矣,格妄耻为天下第二手)。"于是,他舍弃山水而转攻花卉,创"没骨"画法,对明末清初的花卉画有"起衰之功",蜚声大江南北。

"阳湖文派"是清代中叶散文流派之一,因其代表人物恽敬、张惠言及后学多为阳湖人而得名。阳湖文派的宗旨是"当事事为第一流"。张惠言在《送恽子居序》中说:"始子居(恽敬)之语余也,曰'当事事为第一流'。"阳湖文派脱胎于桐城文派,打破古文与骈文的分界,从先秦诸子入手,重提文章注重世用说,别立新宗。恽敬倡导"文集之衰当起之以百家",不拘泥宗派门户,给文学的创新带来更大的独立空间。常州词派创始人张惠言,幼年丧父,家中贫困,有时饿得起不了床。很多人对他母亲说:"你们家里这么穷,为什么不叫你的孩子去学一些谋生之术?"他母亲说:"我们家里世代都是读书的,不能从我这里断绝了我们家的读书种子。"晚上只点一盏油灯,母亲跟姐姐做针线,张惠言就带着弟弟读书。三十八岁时,张惠言终于高中二甲进士。

值得一说的是那些"影响中国的常州人",有人为经世济民而不懈求索,有人为内忧外患投袂而起,有人为艺术学术坚持不辍……"南方第一圣人"季札,以萧统、萧纲等为代表的齐梁兰陵萧氏文学集团,担任"万书之书"《永乐大典》都总裁的"两脚书橱"陈济,明代文坛"唐宋派"代表人物、文武全才唐荆川,常州学派的开山鼻祖庄存与,中国现代语言学之父、中国现代音乐先驱赵元任,语言文字学家、汉语拼音主要创制人周有光,中国新美术运动的先锋、艺术大师刘海粟等。

"要从世界看国家,不要从国家看世界。"步入青果巷周有光图书馆的展厅,首先映入眼帘就是周有光这句话。盛宣怀就是这样一位"从世界看国家"的常州人。他堪称近代史上一个传奇人物,作为晚清洋务运动的代表人物,盛宣怀身处"数千年未有之变局",他积极践行常州经世致用的文化传统,走上了实业强国、教育兴国、公益惠国之路,在工商、金融、教育、慈善等诸多领域,开创了近代中国11项第一,被誉为"中国实业之父""中国商父""中国高等教育之父"。成就如此传奇的人,竟然是一个科举考试的"落榜生"。盛宣怀后人盛同颐撰写的《诰授光禄大夫太子少保邮船大臣显考杏荪府君行述》中,记述了这段经历。盛宣怀三次乡试落第,遂绝意科举,走上了另一条人生之路。他自己说"世上有十个盛杏荪,实业便有数十件"。盛宣怀一生经世致用、创新求变、实干躬行,足迹遍布国内16省市130余市县。上海图书馆的"盛宣怀档案",被誉为"中国第一私人档案",翻阅它就如同走进了一个人的近代史。

常州是中国近代工业的发祥地之一。从清末至今,常州近现代工商业经历了三个发展阶段,可概括为:清末民初至新中国成立前——近代民族工商业起源与发展;新中国成立后至改革开放前后——全国工业明星城市;改革开放后——苏南模式。从"中国实业之父"盛宣怀到"纺织巨子"刘国钧,共同的特质就是乾嘉时常州文化的自奋求变和改革创新的精神。常州是中国近代工业的重要发祥地，是"苏南模式"发源地，二十世纪八十年代，常州凭借制造业在市场经济中打下一片天地，创造出"小桌子上唱大戏""双手舞出八条龙"的发展奇迹，"工业明星城市"的金字招牌驰名全国。清代常州籍诗人赵翼有句名言："江山代有才人出，各领风骚数百年。"常州将"创新基因"融入城市发展血脉，以科技创新推动产业高质量发展，2023年迈入GDP万亿城市行列。

三、寻风雅

常州是千载读书地，文风昌盛，唐代白居易咏叹"闻道毗陵诗酒兴"；宋代流行"苏常熟、天下足"的民谚，陆游赞叹常州"儒风蔚然，为东南冠"；清代袁枚称叹"常州星象聚文昌"，龚自珍更称道"天下名士有部落，东南无与常匹俦"。常州古代出过15名状元、11名榜眼、15名探花、2900多名进士，如今有70余位两院院士。从闻名全国的"学习型城市"到"全国文明城市"再到"历史文化名城"，始终有一种文化的内驱力。

1. 北孔南季

常州是名士辈出之地。最有名的是常州人文始祖季札。吴公子季札，春秋时吴王寿梦第四子，是一位被老子、孔子赞誉的高风君子，以"至德"闻名，后世有"南季北孔"之说。

有关他的记述主要集中在《春秋》《左传》《公羊传》《史记》《吴越春秋》等文献中。《史记·吴太伯世家》给予了相当的篇幅,约占三分之一。分别记述了季札"让位""归耕""观乐""使国""挂剑"等事迹。从资料记载看,"让国"不仅是季札个人的行为,也是太伯世家的族风。泰伯和仲雍作为吴国的创建者,"奔荆蛮""号勾吴",也是出于让国的缘由。

翻阅历代诗文,从司马迁开始,赞颂、凭吊季子的诗文大量存留。拜谒季子庙、季子祠以及其他遗存,是历代文人墨客行旅江南的一种"仪式"。在苏州,季札在沧浪亭"五百名贤祠"中排名第一;在常州,季札在淹城博物馆暨武进名人馆排名第一;在江阴,季札无论在古代的乡贤祠,还是名人馆中,都排名第一。

季札是一位从人到神的偶像,历代朝廷也给予高度评价和褒奖。南朝宋武帝刘裕赞扬季子"全义让国,挂剑酬心,怀哉高风,无古无今"。唐大历年间封季札为"延陵侯"。北宋元祐三年(1088),宋哲宗诏赐季札"嘉贤"之号。南宋庆元(1195—1200)中,封为"昭德侯",宋宁宗在《庆元封昭德侯制书》中讲:"朕考于传记,知神为吴公子。当春秋时,尝辞千乘之国而不受,凛然高节,万世如生。"清代康熙皇帝赠匾"让德光前"。

2. 君子之邦

因为一个人,爱上一座城。苏东坡的一句"毗陵我里",表达了他对心中"君子之邦"的热爱。何谓君子?"达则兼济天下,穷则独善其身。"《梁溪漫志》说东坡"出处穷达三十年,未尝一日忘吾州",道尽一代文豪对常州的眷恋与钟爱。吸引东坡单恋常州的原因有很多,比如季札的君子之风。

东坡的灵魂是自由的,尤其是在常州,他找到了家的意义。"十年归梦寄西风,此去真为田舍翁。"常州是东坡人生地图中无

中吴风雅颂

东坡公园半月岛上的苏东坡雕塑 / 视觉中国供图

　　法绕过的打卡地,他先后 14 次来到常州,这段经历告诉我们:探求未知的人和事,暗藏风情,在一个慢城市,在一处山水间。

　　这是何等灿烂的行走,是否因"鸡黍之约"已无从考证,但玉局风流式的"舌尖私奔"却流传至今。集美味与剧毒于一身的河豚,注定了它天生是一个矛盾体,而当天生的矛盾体再与一个天才的舌头相遇,那要迸发出的就不仅仅是传奇了。

　　生活在长江常州段的河豚,被食客公认为最鲜美的,同时也是最毒的。还有一点可以确认，当时还没有人工养殖技术，都是野生的。每个食客吃一次就要经历一次死亡之旅，冒死吃河豚的故事年年有，最著名的故事当然要归于东坡名下。"蒌蒿满地芦芽短，正是河豚欲上时"，东坡永远是那个姿势，等候春江水暖，等待某个吃货，或晁无咎，或梅尧臣。东坡的食色朋友都是"疯子"，梅尧臣对河豚的追逐，让他获得了"梅河豚"的名号。他们怀着天生的欲望，在诱惑与撩拨间，沸点时刻，覆水难收。

苏东坡在笔锋如刀的书法中，开创一招"情人看刀"，这刀，无刃无锋，却秒杀俗世身段。也是在一个春天，清明未至，江边小镇，桃花流水刀鱼肥。一道"清蒸刀鱼"端上来了，狭长扁平形如刀，视觉上的美感扑面而来，鱼鳞在高温下已经溶为薄薄一层油脂，即使是遍布全身的细刺，入口咀嚼也是细密柔软，鳞、肉、刺一起吃，搭着新鲜竹笋丝，味道"很江南"。如果能开启超人类文明的时间机器穿越回大宋，我一样会追随东坡自在与逍遥的脚步，会晤苏门四学士，捎带苏小妹，并约上柔福帝姬，用一罐一罐的才华横溢，重创柴米油盐的庸俗。也许，我还可以看到河豚、情人刀，以及花花绿绿的文字，那必定一半是菜肴，一半是经典。当年乾隆下江南，就萌生过舍江山去私奔的念头，还留下了一条"坡留我则往"的"微博"。

常州是苏东坡心中的"君子国"，也是他的"终老地"，康熙皇帝拜他为"仙"，南巡经临常州时，特赐"坡仙遗范"匾额。常州有一处院落名为藤花旧馆，就是东坡的终老地。每年四月，满院紫藤花开，茂盛繁密、幽雅静谧。这也许是东坡无意种下的沙场琴心，一个独步的灵魂，念兹在兹的心跳。难怪南宋大诗人陆游盛赞常州"儒风蔚然，为东南冠"。

3. 诗国名士

明清时期的常州，文化达到鼎盛，经学、史学、文学、艺术、医学等诸多领域都取得了举世瞩目的成就，孕育出常州学派、东林学派、常州词派、常州画派、阳湖文派、孟河医派等具有重要影响的文化流派。清代诗人查慎行评价道："毗陵诗国千年事。"

放眼中华，一府一城之地，被称为"国"，实为罕见。川地有"天府之国"的美誉，但它是一个大行省的概念。自泰伯开吴、季札封邑始，恰如延陵这个古地名一样，常州的文脉久远且绵延不断，几乎没有出现过断代、断层、断流，上溯延州来季子，下至"天下名士部落"，名士、才媛层出不穷，一门风雅屡见不鲜，一城风流名扬江南。诗国这个称号，不是一个虚名，也不是自诩，而是来自浙江诗人的诚心点赞。

"诗国"这个带点霸气的名号，足以窥见常州地域释放的强大能量，而且支撑起这顶桂冠的，除了"星象聚文昌"的男性诗人，必少不了"女学彬彬之盛"的女性诗人。必须承认一个事实，十八世纪末的中国，虽处于人们乐道的"乾嘉盛世"，但读书这等风雅之事，往往还是男性的特权，"女子无才便是德"的社会旧俗根深蒂固，读书识字的机会于女子来说还是一种奢侈，更遑论吟诗作画。在常州历史上，才媛辈出，著名的女诗人有庄盘珠、王采薇、钱孟钿、吴永和、恽珠、张氏四女（习英、珊英、纨英、纶英）。王采薇曾改写《木兰词》，从中不难发现"新女性"的思想火花："生男勿喜欢，生女勿悲酸。"诗教之习、女学之风，在常州盛行。生在福地常州自不必说，熏于书香之家、享受女学福利也算是前世之修吧。

四、寻乡愁

1. 青果三味

世间百果皆有味,青果是什么味?

一是时间的味道。青果巷,因水而生,因水而兴。一条大水,滥觞于2500年前,穿越春秋战国、汉唐宋明,流漫晋陵、平江、余杭。自此,青果巷有了生命之源、肇基之始。这条河,又称前河、前渠、漕渠,民间俗称大河,每一个名字都带着时间印记,隐藏着云卷云舒的岁月痕迹。河与巷平行,向东西延伸,构成了常州著名的水陆驿道。后来,慢慢演变为水果交易码头和集散市场,青果巷的俗称由此而来。历经沧桑与沉淀,嬗变为一个有文艺范、人格化的符号,历百年而旷古,越千年而弥新,正如一个传奇,在满载期待中归来。

二是瓦甓的味道。逐水而居为人之天性,在河襟南北、街贯西东的布局中,水、街、宅,和谐共生。古村巷、观子巷、正素巷、天井巷、雪洞巷、西庙沟巷、菱蒲巷、马园巷、蛤蜊滩,彼此纵横交错,其间分布着名宅故居、桥梁码头、祠庙殿宇、牌坊古井、林泉轩榭、戏楼剧场、学堂校舍。这些建筑遗存或文化遗迹,从明清到民国,一堂一院,一砖一瓦,宛如一幅粉墙黛瓦的水墨画卷在古城铺展。似乎江南的底色就是粉黛,粉是白,黛即黑。徜徉在巷间,从粉黛的建筑,到黑白的意象,又似乎产生一种审美体验,从"玄对山水"到"计白当黑",渐渐又转向哲学的殿堂;九巷八宅间或"见素抱朴",或"知其白,守其黑,为天下式",老庄意境,道在瓦甓。

　　三是书卷的味道。诗国常州,不二青果。此地是人文渊薮,亦是名士摇篮。自人文始祖季札以降,李贽皇举乡饮酒礼,肇兴一代文风;独孤先生启承唐宋;荆川先生文继欧曾,一代一代慈母贤子,青灯课读,壶阁传芳。从可考"青果巷原住民"陈果仁开始,与贤者居,与读书伴,如入芝兰之室。簪缨比邻而居,群居切磋,朋辈励志,以诗书弦诵立教,以礼义廉耻范行,以孝悌雍睦施家,以坦夷逊让行世,孕育一批文韬武略之才。君子之邦,苕岑

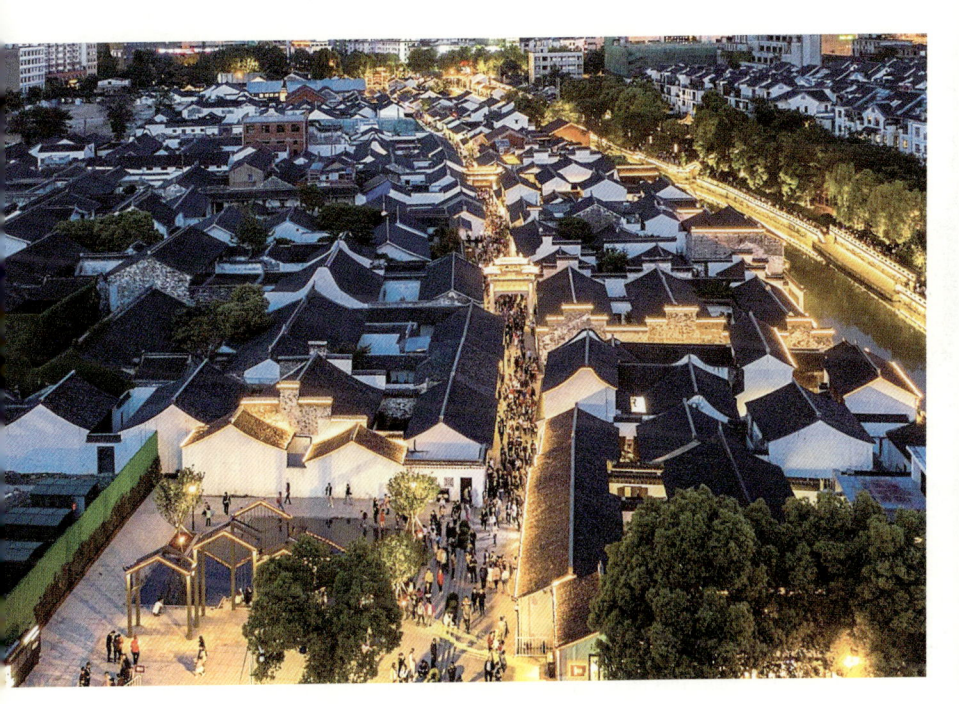

"江南名士第一巷"青果巷夜色 / *视觉江苏供图*

之道，诗社唱和，雅集交游，他们胸怀"诗是吾家事"的自信，秉承"当事事为第一流、耻为天下第二手"的精神旗帜，在"隐"与"显"、"穷"与"达"、"出世"与"入世"中，留存着诗性江南、经世致用、常州文脉的关键词。

青果巷不长，区区近千米；青果巷很长，悠悠越千年。青果巷是一座活态的"江南民居建筑博物馆"，漫步其间，打卡全国首个"1+7+14+N"江南名士博物馆群落，既有青果巷文化记忆馆，又有红色青果馆、唐荆川纪念馆、史良故居、赵元任艺术中心、周有光图书馆、常州盟史馆和盛宣怀故居，更有14个随处博物馆以及遍布街巷的30多处"青果文化遗迹标识牌"，在转角处，你会遇到惊喜，持续不断的惊喜。

2. 乡愁原点

但凡有悠久历史的城市，都有自己的老城区，亦称老城厢。常州老城厢位于中心城区，是城市的摇篮，也曾是城市历史上的政治、经济、文化中心和人口密集的区域，承载着常州人的"集体记忆"和"文化乡愁"，具有"城市原点"的特殊意义。

常州老城厢发端于宋，演变于元，定形于明末清初，它的形成和变迁与运河息息相关，形成了独特的内子城—外子城—新城—罗城演变轨迹，衍生了"水、城、人、文"交互的老城厢内涵。西至中吴大桥、北至关河路、东至丽华北路、南至老运河，与五代时期的罗城大致相当，涵盖当时子城一厢、子城二厢、左厢、东右厢、中右厢、西右厢和河南厢，总面积7.4平方千米。悠悠大运河作为常州的母亲河，塑造了老城厢历史之"根"和文化之"魂"。

回到记忆，回到老城厢，以City Walk慢旅游、微旅游的方式按设定路线和主题，游街区巷弄，感知不被关注的身边风景和城市的B面，通过深度交流更真实地了解常州历史与文化的变迁与创新。

作为常州文脉之地，除了青果巷，这里还有状元之地白云溪、东坡终老地藤花旧馆、常州文庙大成殿、"东南第一丛林"天宁寺、北宋道教南宗始祖张伯端聚徒修炼的红梅阁、苏东坡泊船处舣舟亭……位于百年学府路上的"红盒子"，是常州图书馆旧址，现在已经变身为一处集美育浸润、书香阅读、文明传播、生活雅集于一体的文化艺术新地标，因其建筑外墙的红砖色彩和"文化艺术盲盒"的创意，被命名为"红盒子"。五楼的"秋白书苑"，是全市第四十家也是唯一一家以"东坡文化"为特色的书苑，开辟了"东坡雅集"专区，汇集了近千册东坡文化书籍、东坡系列文化产品和原创茶品牌"学轼茶"，"学轼茶"每一款名称，都和东坡有关。有人说，苏东坡是中国历代吟咏茶诗最多的文人之一，堪称"北宋爱茶第一人"。他写过长诗《寄周安孺茶》，还写过以人拟茶、以茶喻人，通篇不见"茶"的茶文《叶嘉传》。若在老城厢，寻一处有茶有故事的地方，此地不失为读书、品茗佳选。站在"红盒子"楼顶露台，东眺东坡公园，西望藤花旧馆，东坡的"常州故事"和常州的"东坡故事"说了千年，还将继续……

漫步老城厢，打开不同的"文艺盲盒"，解锁常州的文化密码，看看梅花节、听一场青果思享会、体验赵元任艺术节，深度挖掘文化资源、讲好城市故事，遇见"中吴风雅颂"。

3. 百园之城

常州是典型的江南文化古城，也曾是一座江南园林的"百园之城"，有着灿烂的园林建造史和文化史。

现藏于北京故宫博物院的《洛原草堂图卷》，是江南才子文徵明60岁时所作,所描绘的洛原草堂是常州一座私家文人园林。常州古典园林作为常州文化的重要载体,以道家、佛家、儒家及隐逸思想作为哲学根源,融自然山水、建筑、诗词、绘画、书法、叠山技巧及传说故事为一体,具有深厚的文化底蕴,体现了园主的审美与情趣。常州历代均有名园闻世,尤以明清两代为甚。民国时期的常州园林既继承了明清园林之遗留,也更多地承载了时代变迁的特征,从整体形制到内部装饰,从用材到色调,从空间到布局,均体现了中西合璧的特征。

市区现存的仅有近园、未园、约园、意园等,占地面积虽不大,但依旧继承和保留了江南园林独具匠心、以人文意境见长及步移景异的特色。

园林是中吴文脉中一个独特的文化符号,是地域文化的精华性浓缩。江南园林看常州,常州园林看雅集,雅集背后有故事。

明清以降,江南经济繁荣、文化发达,毗邑名士素有"以文会友"的传统,或十日一会,或月一寻盟,知音益友,同道故交,纵情林泉,游心翰墨,修禊煮茗,诗酒唱和,诗是吾家事,人为世间仙,遂成江南人文渊薮的独特景观。常州历史上,代表性园林雅集有青果巷五老会、南华九老会、半园雅集、浣花会、寿苏会、苔岑吟社、兰社、三唐斋雅集等,文人们通过这种方式达到隐于野、隐于市、隐于诗词的状态,延续了千百年来的文人传统,推动了雅集生活化。时至今日,在传承旧时雅集形式的基础上,类似于"青果·白云诗歌雅集"比古典意义上的雅集更宽泛,涵盖诸如琴、棋、书、画、茶、酒、香、花等传统雅文化内容,春天花集,夏天茶集,秋天果集,冬天膳集。长恨营营忘本真,雅集可以洗心尘。

4. 古镇寻访

比起周庄、同里,常州的古镇属于深闺中的碧玉,人未识,却别有景致。比如,常州唯一的国家级历史文化名镇孟河。孟河位于常州西北部,地处宁镇山脉末梢、长江之畔,吴王夫差开凿的江南运河,流经于此。唐宪宗时期,常州刺史孟简受命扩展河道,后人为纪念孟简特取名为"孟渎",镇因河而名,"孟河"便出现在中国的历史上。南北朝时期,齐、梁两朝从这里走出了15位皇帝。清朝中后期以费伯雄、马培之、巢崇山、丁甘仁为代表的孟河医派,崛起于常州,影响全国,已有300多年历史,创造了"吴中名医甲天下,孟河名医冠吴中"的辉煌,孙中山先生以大总统名义赐以"博施济众"的金匾。近代,更是走出了以恽代英为杰出代表的大批恽姓名人志士。孟河遗存丰富,文化多元,至今还保留着一大批物质与非物质文化遗存。今隶属孟河的万绥,古代一度叫"万岁镇",是古武进县县城,为南兰陵郡、县的政治文化中心,有梁武帝为纪念郗皇后敕命国师志公建造的九龙禅寺,寺中至今仍保存着清末历史学家屠寄所撰的九龙旃檀禅寺巨碑;有梁武帝天监七年(508)舍宅为寺的智宝禅寺,也就是万岁东岳行宫,又称东岳庙;有兰陵河、兰陵桥、齐梁皇坟遗址和四桥八池等。万绥东岳庙戏楼,距东岳庙大殿约三十米,是东岳庙的附属建筑,始建于唐贞观五年(631)。孟河集齐梁文化、医派文化、商埠文化、美食文化等多种历史文化资源于一体,而今的孟河,更是驶上了发展快车道,头冠全国重点镇、全国特色小镇、国家卫生镇等八个国字号荣誉。

出现在陆游诗中的奔牛,一只狂奔的牛,是人们对奔牛古镇的通俗解释。汉朝时得名,距今已有2100余年历史,誉称"邑西巨镇",自宋起一直是武进县经济重镇。奔牛历史悠久,文化积淀深厚,许多历史遗迹依然保存。"奔牛"古镇之名,出自一则神话故事。据《舆地记》载:"汉时,有金牛出山东石池,到曲河,入栅断其道,牛因骤奔,故名。"如今,奔牛老街仍保留有青砖黛瓦吊脚楼,古井古桥木牌门,是典型的江南小桥流水人家的格局。奔牛历代为水路要冲、漕运枢纽,地理位置十分重要,早在1000多年前就建有堰闸,称为奔牛堰、奔牛闸。因人们怀念金牛,于是在镇西运河南筑台纪念,故奔牛镇又有别号"金牛""金牛台""金牛里"。苏东坡、陆游等历朝名人都有咏叹奔牛的诗和文章。如今的古镇,打造了"江南运河第一河口公园",整个古运河奔牛段生态廊道风景秀美,值得游览。

每年正月初八,溧阳社渚镇的傩舞文化艺术节,都会吸引苏皖两省的村民和民俗爱好者。傩舞是汉族最古老的一种祭祀、祈福的舞蹈,是中国舞蹈艺术的活化石,流传于中江区域,包括跳幡神、跳祠山、跳五猖、冻煞窠等表演形式。唐朝溧阳县尉孟郊有诗云"驱傩击鼓吹长笛,瘦鬼染面惟齿白"。社渚镇是"中国民间文化艺术(傩文化)之乡"。

武进的杨桥、天宁的焦溪、新北的魏村等,都有属于自己的故事。

五、寻匠心

非物质文化遗产是文化瑰宝,而江南地区是中国非遗文化荟萃之地。常州拥有联合国教科文组织"人类非物质文化遗产代表作"1项、国家级非物质文化遗产13项、省级53项、市级

128项、县级342项。每一项非物质文化遗产,都是解锁"中吴风雅颂"城市文化特质的密钥。

1. 常锡文戏

吴侬软语,不仅形容说话,更体现在戏曲演唱上,被称为"太湖一枝梅"的常锡文戏,则是其典型的艺术表现。常锡文戏流行于沪宁沿线以及杭、嘉、湖地区和皖南城乡,是国家级非物质文化遗产之一。说到锡剧,不熟悉的人自然会联想到无锡,其实它和常州渊源深厚。发源于常州,却以无锡命名,真挺让常州人纠结的。

锡剧旧称滩簧,起源于清乾隆、嘉庆年间无锡、常州一带的叙事山歌"东乡调"。清乾隆三十七年,探花及第的赵翼回阳湖县戴溪桥探亲,写就《阳湖观灯有感》一诗,诗序里说:"里俗戏剧,余多不知。问之僮仆,转有熟悉者,书以一笑。""里俗戏剧",应该就是当时民间的地方曲艺滩簧,这可能是锡剧最初的形态。

常锡文戏的名称变更有几个重要的时间节点。1921年,常州人王嘉大在上海沪西曹家渡常锡人聚居的地方建造了上海第一家专门演滩簧的"三民戏院",广告上正式启用"常锡文戏"剧种名。1950年,中共苏南行政公署举办民间艺人讲习班,将苏南各地的"常锡文戏"统一改称"常锡剧",并成立了苏南文联、常州、无锡三个实验常锡剧团。1954年9月,在上海举行华东区戏曲观摩演出大会,因为"常锡文戏"的名称比较复杂,与其他兄弟剧种如越剧、沪剧等并称时不方便,大会组委会便将其简称为"锡剧"。1955年,江苏省文化局发文,将"常锡剧"正式更名为"锡剧",沿用至今。

"我有嘉宾,鼓瑟吹笙。"把戏曲唱在园林里,是常州市锡剧团又一种尝试。2022年,常州首个沉浸式园林演艺剧目——实景版锡剧《珍珠塔》在江南古典园林近园精彩上演。以一步、一景、一幕为演出形式,将园中景、景中戏、戏中人巧妙融合,观众随着演员穿行在庭院间,移步换景,边看边听,品味近园"淡语皆有味"的意境,欣赏锡剧唯美委婉的曲调。2023年,沉浸式园林版喜剧《半园·珍珠塔》在青果巷内的古典园林半园开演,在传统锡剧基础上杂糅喜剧、滑稽戏等的表演风格,强化了互动性、体验性、趣味性,将园中景、景中戏、戏中人巧妙融合,让锡剧与园林浪漫邂逅,充分展现自然、建筑、人文之美。上线之初,一票难求,倍受年轻人喜爱,许多年轻人都选择二刷三刷。

历经百年的华丽蜕变,常锡文戏(锡剧)已经是国家级非物质文化遗产代表性项目,与越剧、黄梅戏并称为华东地区三大剧种。常州也在积极打造"常州有戏"的城市文化新名片,系统建设"白天观景、晚上看戏"演艺空间,让锡剧、评弹、评话重获新生,让江南民乐、交响乐、话剧精彩绽放,为居民休闲、游客体验提供独特审美载体,向世人展示何为"最江南""最常州"。

2. 名士吟诵

如果你来到常州,在青果巷赵元任艺术中心,听听赵先生在半个世纪前用常州方言录制的《静夜思》《枫桥夜泊》等,瞬间就会穿越时空,这种艺术形式叫常州吟诵。吟诵是我国古代的一种读书方式,集文学、语言、音乐于一体,具有极高的文化价值,是祖国宝贵的文化财富。常州吟诵是以常州方言为诵读语言,介于唱和读之间的吟唱古典诗词文章的艺术形式。常州吟诵传人众多,吟诵文体全面,吟诵风格纷呈,是中国古代诗歌吟唱形式流传于今的重要见证,2008年被列入国家级非物质文化遗产名录。

常州吟诵三位代表性传人,分别是赵元任、周有光和屠岸,三个人都是文人名士。赵元任从小用常州话念书,赵元任祖父为让子孙保存乡音,特地从常州请先生到保定教书,教孩子们用常州话念书,所以,赵元任的念书语言是常州话。赵元任的常州吟诵是目前搜集到的最早的常州吟诵资料遗存。周有光,从青果巷走出的另一位语言学家,常州吟诵传人。周有光10岁随家人迁居苏州,但仍在常州读书,1923年毕业于江苏省立第五中学(今常州高级中学),其常州吟诵既源于家学,也深受中学国文老师的影响。周有光的吟诵乐调与赵元任相似。屠岸1923年生于常州官保巷舅家,后居大庙弄庙西巷,著名诗人、文学翻译家、文艺评论家、人民文学出版社前总编。其母屠时为前清进士、著名史学家屠寄之侄女,常州女子师范学校第一届毕业生,琴棋书画样样精通,屠岸从小坐在母亲的膝头学会了吟诵。屠岸的吟诵具有浓郁的诗人气质,感情充沛,情感真挚,耐人寻味。

另外,章人英、羊淇、邹醒国、钱璱之、恽正平、羊汉、徐强、秦德祥都是常州吟诵传人,他们多为儒学名门之后或国学大师的弟子。

3. 四代绣女

有一位女子,是刘海粟的表妹,终生未嫁,创立了一种新型刺绣方式——乱针绣,被誉为"中国第五大名绣",入选国家级非物质文化遗产名录。

此女姓杨名银,字瘦玉,后改名守玉。先后担任国立艺专绘绣科主任和教授,正则艺专绘画刺绣科主任、副教授,苏州刺绣学校教师,常州工艺美术研究所顾问。

"针乱则正,正则传承。"1915年,杨守玉被著名国画大师、教育家吕凤子先生聘为正则女子职业学校教师。杨守玉在吸收、延续李仁的针画像真绣精华的基础上,把传统刺绣"排比其针,密接其线"的方法与西画笔触、透视等原理结合,创造出以长短参差的直斜、横斜线条交叉、分层搀色的技艺,在错综复杂的乱中跳跃出动感,即"乱针绣",又称"正则绣"。乱针绣与中国传统刺绣迥别,是对我国几千年传统刺绣的重大突破,是将西洋画与中国刺绣融为一体的创举。杨守玉一生致力于刺绣教育事业,参与创办中国第一所刺绣学校(今苏州刺绣研究所前身)。1940年,杨守玉乱针绣作品《罗斯福像》参加全国工艺美术展,轰动美术界,并作为国礼赠送美国总统罗斯福,现藏于罗斯福总统纪念馆。从杨守玉到陈亚先、孙燕云、吴澄,乱针绣不断地传承与发展,被刘海粟大师誉为"夺苏绣、湘绣之先声,登刺绣艺术之高峰"。

六、寻美味

食物是一种乡愁,也是一种文化记忆。常州自古是"鱼米之乡",作为江南美食之都,一方水土一方饮食,既有本地传统特色,也有江浙、淮扬菜系风味,讲究"不时不食"。打开常州美食地图,二十四节气美食清单扑面而来,在春夏秋冬四季演绎不同的滋味。

1. 咬春尝鲜

春天,草木萌发,你若问我春光几何,田间地头的野菜告诉你。

常州传统的"七头一脑"指的是枸杞头、马兰头、荠菜头（常州人讲谢菜）、香椿头、苜蓿头（常州人讲金花菜）、豌豆头（常州人讲寒豆）、小蒜头，而蕨菜头也成为新兴的野菜；"脑"则是菊花脑。一切都在春风中苏醒，包括我们的味蕾，人间至味是清欢，只向田间地头寻，"吃草"的撒野时节，是常州人的心头好。

春在溪头荠菜花。春天第一鲜，不用争，当属荠菜。一冬的风霜雨雪，愈发鲜美，立春常州人有"咬春"习俗，用荠菜和猪肉做馅，包成春卷、馄饨或饺子，甚至最家常的荠菜汤团、荠菜豆腐羹、荠菜泡饭都是常州人忘不掉的味道。到了三月三，吃荠菜花煮鸡蛋。荠菜进入开花期，叶茎已经不能食用，可以整株摘下，和鸡蛋一起煮，比五香蛋要香上十倍百倍。

春天踏青挖野菜，此时的马兰头最是沁人心脾，微微苦涩是它特有的味道。酒香马兰、马兰拌香干是家常的吃法，焯熟后切碎，和香干碎、松子一起，用酱油、糖、麻油拌匀。让人又爱又恨的香椿头，被称为"树上蔬菜"，绿叶红边的绯色，有一种特殊的香气，比其他的野菜更野。而且刚上市的香椿价格不菲，所以每年"实现香椿自由"都是朋友圈的一个有趣的话题。加入鸡蛋，烹饪后，一道家常小炒就出锅了。香椿炒鸡蛋是常州人餐桌上最常见的家常菜之一，曾流传"香椿芽炒鸡蛋，肉鱼都不换"的俗语，这就足以说明有多好吃了吧。香椿豆腐"一箸入口，三春不忘"，满满一盘一口气能风卷残云吃个精光。

春笋对于江浙沪的人来说，几乎等于"腌笃鲜"这道菜。它是笋和肉的天作之合，腌肉和鲜肉搭配得恰到好处，加上春笋的左右逢源，汤的鲜美曲线立刻直直上升。经典的家常菜还有油焖笋，猛火翻炒，镬气十足，浓油赤酱对比细嫩口感，令人难忘。

一整个春天，没有一株野菜，逃得过常州的餐桌。

江浙沪一带烹饪江鲜、水产时也常以苜蓿头（金花菜、草头）辅之,更有腌渍作为咸菜下粥。

清明时节常州人有吃青团的风俗习惯。如果说有一种食物能把江南绿透,想必非青团莫属。对食客来说,清明节气有个别名叫"青团季",艾草、青蒿、麦青、苎麻都是揉入米粉团子里的天然上色原料。往年常州糕团店门口都是扎堆买青团的人,圆滚滚,软糯糯,绿油油。还有咸蛋黄、肉松、豆沙馅……

江鲜、河鲜同样不可少,鲥鱼虽因刺多为历代食客（苏东坡、张爱玲）所心烦,但丝毫不影响它"南国西施"的美名。吃鲥鱼与吃其他鱼最大的不同就是不刮鳞,清蒸鲥鱼是传统的吃法,最鲜美的油脂就在鳞与皮之间的夹层中,王安石说"鲥鱼出网蔽洲渚,荻笋肥甘胜牛乳"。"白圭夫子"刀鱼,因其身形似刀而得名,三月小阳春刀鱼开始上市,清明前是最佳食用时间,清蒸也是首选吃法,剩下的汤汁可以做刀鱼汤汁面。

河豚是美食的矛盾体,鲜美味与毒素集于一身,最毒的部分又是最鲜美的,让每个食客吃一次就经历一次"死亡之旅",冒死吃河豚是著名食客苏东坡留下的佳话。随着养殖技术的发展,河豚已经从一款"江鲜",变成了常见的水产,经过无毒加工处理,吃河豚不再需要"拼死",只剩美味——红烧的河豚肉肥而不腻,河豚炖汤鲜嫩香醇,滋味不分伯仲。

白鱼肉质洁白细嫩、味道鲜美,与银鱼、白虾并称"太湖三白"。每年的春季和夏季是吃白鱼的最好时节,此时的白鱼更能补肝明目,调理五脏六腑。

"春天喝碗河蚌汤,不生痱子不生疮。"这时的河蚌干净,且肉质肥厚、味道鲜美。一道河蚌笃豆腐,是常州人餐桌上的经典菜,也是寻常菜。将新鲜的蚌肉、咸肉、豆腐,佐以葱姜下锅,"噗嘟噗嘟"花功夫熬成奶白色的浓汤,尝一口,简直"鲜掉眉毛"。河蚌金花菜,也是不少常州人的"心头爱"。河蚌与时令菜的碰撞,做法不难,主要看火候,金花菜要绿油油的才好吃,放上些许白酒,既提升了金花菜的鲜味,也去除了蚌肉的腥味。一盘春色,绿意盎然又带着一丝青涩的美味。

2. 消夏江南

立夏后气候温暖趋热,万物进入生长的旺季,绿肥红瘦,新鲜果蔬纷纷上市。常州民间节俗以"尝鲜"为主,谚曰:"立夏尝三鲜。"常武地区的老百姓习惯将三鲜分为地三鲜、树三鲜、水三鲜,地三鲜指的是蚕豆、苋菜、蒜苗,树三鲜指的是枇杷、青梅、樱桃,水三鲜指的是鲥鱼、白虾、螺蛳。

值得一提的是芙蓉鲜螺,它以壳薄、肉厚、鲜嫩而远近闻名。在螺蛳最为肥美的季节里,与三五个好友相约寻常巷陌,一张小桌一盘螺蛳,筷起唇嘬。横山桥镇芙蓉村是典型的江南水乡,河多鱼多。渔民们以鲜豆浆饲养鱼苗,鱼池中自然生长的螺蛳沾了鱼苗的光,同样以豆浆为食,久而久之便长得壳薄、肉厚。在常州,螺蛳的做法有很多种,红烧螺蛳、爆炒螺蛳、韭菜炒螺蛳……唇齿之间,轻轻一嘬,螺肉应声入口。满口螺肉韧劲肥美,鲜香汤汁回味无穷。

有一道长江边的"奢侈品"茭笋,与莼菜、鲈鱼并称为"江南三大名菜",被誉为"水中参",别称茭笋、水笋、茭白笋、高瓜等。常州北部长江边上生长着纯天然的野茭白,嫩嫩的,带着鹅黄色的绿,筷子般粗细。每年大约初夏上市,引得无数外地食客不惜驱车数小时赴此一尝其鲜。茭笋炒蛋、蛋茭笋炒虾和红汤茭笋是最平常的做法。

在大闸蟹上市之前,刚刚经过第三次脱壳的"童子蟹",常州人叫它六月黄。主要是吃公蟹,以壳薄、肉嫩、黄多著称。

"元麦糊粥豁咯咯,清凉爽口阴笃笃,吃仄糊粥困一豁,神清气爽精神足!"每到炎热的夏天,总是想着那一口凉凉的元麦糊粥,解暑又解渴。有的人家喜欢搅薄一点,有的人家喜欢搅厚一点,"哧溜"吸上一口,看着碗边凹下去一小坑,别提多惬意,再来块大麻糕,就是绝佳的早餐搭配。绿豆汤"小暑大暑,上蒸下煮",一年中最热的季节,一碗绿豆汤才是最消暑的甜品,煮到开花,往冰箱一放,想吃的时候就端出来舀两勺放进另一个小碗,加点糖,用凉白开一冲,汤水清透,糯米 Q 弹,一碗冰冰凉凉的绿豆汤就做成了,再加点冰块,入口甜丝丝,清香和沙沙的绿豆成了夏季最美的回忆。

面对三伏来袭,老常州们有自己的秘诀,"小暑三宝"是常州人关于夏天的一段美食记忆。常州有"小暑黄鳝赛人参"的说法,这个时候,黄鳝最肥美,也最滋补。孟河鳝丝面,是康熙年间传下来的,用鳝鱼骨头、猪骨等去腥熬汤,还要加入十多种食材和佐料,通常要花三个小时才能熬成。鳝丝面汤乳白、鲜香醇厚。面是用上等的银丝面,虽细但很筋道;鳝丝可口香酥,都是用野生小黄鳝划成鳝丝后油炸烹制的。"八斤鳝丝面""谢公阳鳝丝面""老孟城鳝丝面"等早已声名在外。常州独创的加蟹小笼馒头,源于道光年间弋桥堍"万华茶楼",蟹油金亮,皮子薄透,汁水鲜美,佐以姜丝香醋,肥而不腻,并衍生出"轻轻提,慢慢移,先开'窗',后喝汤"的口诀。

3. 无蟹不秋

有人说,无蟹不成秋。秋天第一鲜,当属大闸蟹,秋风起,蟹脚痒，食客们的心也痒了。说起大闸蟹，人们首先想到昆山阳澄湖，其实常州的大闸蟹同样值得"蟹"逅。每年进入 11 月，黄天荡、长荡湖的大闸蟹已经膏满黄肥，开始走上餐桌，迎来最佳赏味期。

在天宁区郑陆镇有一片百余公顷的芦苇荡低洼水域，名为黄天荡，这里出产的"黄天荡清水蟹"自古就备受世人关注，远近闻名。相传乾隆皇帝六下江南，三次驻足黄天荡，食用清水大闸蟹后龙颜大悦，对其鲜美肉质大加赞赏，御赐其"金爪玉脐"美称，并定其为宫廷贡品。"金爪玉脐"是黄天荡清水蟹的显著特点：爪金黄，腹如玉。不是所有的蟹都能有如此美称。当地村民道出了秘密，"黄天荡螃蟹离不开黄天荡的土啊！"黄天荡水域底面泥土质地坚硬光滑，给螃蟹提供了良好的运动场地，使得该水

常州出产的清水大闸蟹 / 视觉江苏供图

域生长的黄天荡清水蟹蟹腿健壮有力,肉质紧密更具弹性。

金坛长荡湖是全国优势河蟹产地,这里是浅水型、水草型淡水湖泊,水质清澈,养分丰富,生态环境良好,专业人士说,它属"客水"型湖泊,也就是俗称的"活水",活水滋养人更滋养蟹。长荡湖大闸蟹位列"中国十大名蟹",青壳白肚,金毛金爪,蟹肉鲜美,蟹膏丰富。秋意正浓,必须实现螃蟹自由。

4. 猫冬养生

冬天是进补的季节,羊肉是绝对的主角,门外寒风呼啸,店内热气腾腾,一碗羊汤足以抵御寒冬。常州有冬日食羊之风,近年尤盛,而且花样繁多。从城区到乡村,从一碗汤到全羊宴,吸引吃货的集中区域有西夏墅、郑陆、周城、上黄、埭头等乡镇。西夏墅是全省首个"羊肉美食文化之乡",每年10月中旬至12月的羊肉美食文化节,是吃货们的盛会。来西夏墅,张万成羊庄的全羊宴不可错过,选用老常州的小耳朵羊,一只羊除羊牙齿,其他都能入菜。经过蒸烤煎炸等多种烹羊方式,包含手抓羊排、丹凤朝羊等在内的席面,脂膏如玉,香味扑鼻,一定能让你食指大动。在天宁区东北部,有镇名郑陆。镇上知名的炮仗羊肉馆生意火爆。白切羊肉是炮仗羊肉馆的"镇馆之宝",外形如脂似玉,色泽白润,肉质鲜嫩,咬一口劲道十足,结实紧密,肉香不膻。溧阳市社渚镇,地处苏皖溧阳、高淳、郎溪三地交界,古称"社川",是苏皖重要的商品集散地,历来商贾云集市场繁荣。在食客扫店榜单上,少不了焦溪年洪羊汤饭店、孟河冬韵羊肉馆、上黄六指羊羔、埭头后六饭店。

岁末,接近年关,美食不能错过。常州民间有句老话:"冬至隔夜吃胡葱笃豆腐,有吃吃一夜,无吃冻一夜,吃了热一冬,不吃冻一冬。"据说是全国唯一在冬至前一天晚上才吃的胡葱笃豆腐。

逢七月半、小暑、冬至，世界中餐业联合会授予"江南美食之都"的常州，既有传统长荡湖船宴和东坡宴、荆川菜、盛宣怀家宴等名士主题，又有融合和创新的特质，孵化培育二十四节气宴、宋风美学宴、江南茶宴等网红宴席，超越南甜北咸之争，"食美常州"！

2023年，常州高质量迈入万亿之城。甲辰春节前夕，《常州，教我如何不想她》城市形象片正式发布，城市读本、城市歌曲、海媒矩阵、城市画册等系列产品同步推出。寻"常"，不"寻常"。常州，一个既有产业高原，又有创新高峰；既有青山绿水，又有净美人居；既有现代都市，又有田园诗意；既有乡愁古韵，又有文明新风的城市，连续上榜"中国最具幸福感城市"榜单。

一个字，一首歌，一座城，教我如何不想她！

流动的江南

在中国,似乎没有哪座城市与水如此亲密,更没有因为水而走红世界。水是它的血脉,也是它的筋骨。既是它的文脉,更是它的精神。

如果没有了水,这里的古老稻香如何丰收?如果没有了水,这里坚固的城池谁来拱卫?如果没有了水,这里的人们拿什么来滋养身心?

水,奠定了这座城市的基础,也构成了这座古城的灵魂。它见证了千古兴亡,也见证了园林兴废。人们倚水而居,处处是枕河人家。水,已经渗透到人们内心深处的血脉和基因,成就了人们崇尚水文化的性格。

这里,正在发生着悄然变化,古城的棋盘式格局依旧,密集的水网纵横交错,逼仄的巷弄古色古香。但现代的发展动力和生活节奏,已经流入城市、乡村,还有人们的日常生活。

一条以古代铸剑人命名的干将路横贯东西,西部连接太湖山水和国家高新区,东部则对接现代化的工业园区和金鸡湖、阳澄湖、独墅湖的自然风光。

水,承载着这座城市的繁华和玄妙,也带动着它从洪荒时期,向着更新的时代出发,或是缓缓流淌,或是澎湃奔腾,水花接踵,浪花翻滚。

一个立体的江南,正向着我们扬帆而来……

一、古城大城

1. 吴都建古城

苏州常常被冠以"东方水城""东方威尼斯"的美誉,但作为国内原有格局保存完好的一座水城,苏州是自有其特别规划和原创魅力的。

追溯苏州的历史,也常常要从"泰伯奔吴"开始。苏州古城历史发轫于春秋时期,吴王阖闾命伍子胥"相土尝水,象天法地",时为公元前514年。

春秋时期,诸侯争霸。吴国,励精图治,富国强兵,到了吴王寿梦一代已经变得强大。在他去世后,有四个王子可以选择继位,分别为诸樊、余祭、余眜、季札。前三个公子渐次继位,可是轮到第四个王子季札时,却一改旧规,远远地躲起来了。为此吴王馀眜去世前就把王位传给了自己的儿子僚。这个反常规的操作,激怒了诸樊之子阖闾。

吴王僚在位时,阖闾多次率兵参加对楚国的战斗并凯旋。阖闾从早期即显现出超人的治国能力,其对于权力的野心暴露是迟早的事情。当时机成熟时,阖闾使猛士专诸刺杀了吴王僚,从而取得了王位。阖闾以楚国旧臣伍子胥为相,筑大城,广积粮,又拜齐人孙武为将,训练精兵,强大武装。从而开始谋划伐楚攻越。在连续夺取了楚国大片国土之后,阖闾又趁势派重兵征越,结果中箭不治,临死前嘱其子夫差毋忘雪耻。夫差继位后,更是加强练兵,全力以赴,为父报仇。越王勾践求胜心切,贸然迎战,最终大败被俘。

但吴王夫差并未听从伍子胥的劝说——立即把勾践杀了,甚至还允许越国成为吴国的附属之地。夫差为自己的悲剧埋下了惨痛的伏笔。后来的故事引出了很多的典故,如"卧薪尝胆""沉鱼落雁",前者说的是勾践励精图治;后者则说的是美人计,越国向夫差献上了美女西施,至今在苏州还有大量与之相关的遗迹和地名,如灵岩山上的馆娃宫,就是吴王夫差专为西施所建造的居所。

在灵岩山上，还留有"响屧廊"遗迹，说是吴王夫差为西施修建的特殊步道。唐皮日休作诗曰："响屧廊中金玉步，采蘋山上绮罗身。"

在苏州西部香山不远处还有"采香泾"地名，说是吴王夫差为了取悦西施，以便西施泛舟前往香山采集香草，特别开挖一条河道。只是，地名尚在，却已不见了美人香草。

吴王夫差在征战各国之后，最终在与越国勾践对战时，惨败于阵前，勾践本想将他流放僻地，但他在婉拒后自刎而亡。

2. 规划接古今

应该说吴国的结果带着凄美的伤感，但凄美也是一种美。历史兴衰本是常态。只是伍子胥却给苏州留下了一座沿用至今的城池。或许，当初的吴国都城并非伍子胥一人设计，而是一个智囊团。他最早在苏州北部勘测，后放弃，却无意中留下一个地名"相城"。今天的苏州古城，则是经过系统勘探、规划并构造而成的。据《越绝书》记载，大城面积为四十七里。有陆门八座，水门八座。

虽然苏州的城门名称曾有过各种变化，但是其中一个"胥门"却一直都在。这里立起了伍子胥雕塑，成为一处开放的码头公园。每逢端午节，人们就会公祭伍子胥，包粽子、赛龙舟、朗诵诗词，可见苏州人对这位古城规划师的热爱。

苏州古城水陆并行、河街相邻的双棋盘格局至今仍在，而且"三纵三横一环"的河道水系也保持至今。古老的盘门、胥门、阊门等遗迹还在，后来又陆续重建了金门、平门、相门等城门。昔日拱卫都城的护城河，如今成为人们泛舟出游、皮划艇训练的休闲河道。城内纵横交错的河流则与古老的平江路、山塘街、十全

苏州阊门城楼及邻近北寺塔／马耀明 摄

街等平行共存,相辅相成。水城的名副其实,也使之物产丰富。城内水系发达,向着太湖、长江、海洋继续延伸对接,形成了这座古城的发展动力,以及勇立潮头的精神魅力。

现有古城区的建筑最高不能超过 24 米,位于姑苏北首 76 米的北寺塔始终代表着苏州古城的高度。这一限制明眼看是局限了古城的建筑高度,却保住了 2500 多年东方古城的原貌。粉墙黛瓦、小桥流水,而且古城的建筑只有黑、白、灰三色作为主基调,拒绝任何有违原则性的大红大紫突兀色调,对古城风貌构成冲击和威胁。

唐诗人杜荀鹤在《送人游吴》中写道:"君到姑苏见,人家尽枕河。"

1986 年,中国古城规划保护学者阮仪三主持制定苏州古城保护规划。他根据古城格局的特点,把古城划分成 54 个街坊,制定相应的保护措施。如今,这 54 个街坊的分类仍在沿用,其中就包括平江路、山塘街、十全街等"生活着的街巷"。

　　古城的限高,并未影响苏州向天空发展的热情。在古城的东西两头已经建造起了无数的高楼大厦,从北寺塔的 76 米到 301.8 米的东方之门,再到金鸡湖东 450 米的苏州国际金融中心大厦,可以说苏州天际线的变迁,也显示出这座城市古今交融的和谐局面。苏州国际金融中心大厦的设计以"水"为主要元素,显示的是传统的"鲤鱼跃龙门"。主塔似一条玉带朝向金鸡湖,玉带顶端则如一座空中园林,在此可俯瞰苏州城,即使是远在数十里外的虎丘塔也似乎是尽在视线之中。这种绝妙设计可谓是古代造园的"借景"之法。

二、干将干匠

1. 苏作精工传天下

　　提起中国的兵器,相信很多人都会想到越王勾践剑。这件"冷兵器之王",真实地见证了一代霸主越王的战绩和辉煌。但同时,吴国也有自己利器——吴王夫差剑,其中有一件就藏在苏州博物馆。

　　这件吴王夫差剑剑格部分深铸兽面纹,再镶嵌以绿松石,无论是剑柄部位还是剑体之韧性,都有着极其高超的技术水准,代表了青铜铸造技术在苏州发展的一个高度。在剑身之上还有铭文两行十字:"攻敔(吴)王夫差,自乍(作)其元用。"据说夫差剑内含有多种金属,如铜、锡、铁、镍等,且配比严格,更可知当时吴国铸造技术之高超。

出身于"江南第一读书人家"的历史学者顾颉刚先生,曾专门实地考察干将坊所在。他认为,干将是吴国时期的兵器铸造专家,所铸的刀剑戈矛之类,极为锋利,因此当时各地皆称赞"吴刀""吴戈"。有关干将、莫邪铸剑的神话传说很多,虽然说真真假假,但是苏州人却以两条纵横经纬的道路来纪念两位先贤,甚至把朝东的城门称为"匠门",而干将墓就在附近。由此可知,苏州人对于匠人也是极其尊重的。吴国曾经凭借强悍和超前的兵器装备,称霸一时,也为苏州留下了尊重能工巧匠的优良传统。

所谓"苏工天下"指的就是苏作之美。苏州的织锦、缂丝、玉雕、砖雕、髹漆、金银器、木雕、木版年画、古建、园林营造等,无不是精巧之至。遥远的姑苏台已经不复可见,但是现存的故宫建筑则为苏州香山匠人始祖蒯祥设计。他还带去了苏州的金砖工艺、彩画艺术。金砖以苏州陆墓特有的澄泥为原料烧制,工艺繁复,形制典雅,质地紧密,每一块砖的制作都像是一部古籍那般斯文。自明永乐时被皇家御用后,产于苏州御窑的金砖便传承至今。现位于苏州市相城区阳澄湖西路95号的苏州御窑金砖博物馆,内置丰富的金砖实物,涵盖明清及民国各个时期。今天的游人不但可以亲身体验制作一块金砖的过程,甚至还可以购买一块金砖回去当作茶台使用。

可以带回家的苏州工艺品还不止此,苏州织造府遗址尚在苏州十中校园,清代时连皇帝都来驻跸督工。苏州织造专供皇家内府之用,龙袍、衮服、后宫吉服等,都出自织造府的大批画师以及刺绣、缂丝等工匠之手。苏州织造,衣被天下,其繁荣的蚕桑业,以及成为规模产业而孕育出的大批高明匠人,使得苏州丝

流动的江南

苏绣工艺品 / 视觉中国供图

绸格外受宠,宋锦、苏绣、漳缎等,都纷纷从皇宫走向了民间,也走向了世界的舞台。

2. 国艺之花誉世界

二十世纪七十年代,苏州工业园区唯亭镇草鞋山遗址出土了六千年前的纺织品实物残片,而在吴江梅堰又出土了四千年前的大批纺轮和骨针,以及带有丝绞纹和蚕纹的陶,可知苏州是丝绸的故乡。苏州丝绸界出了"现代黄道婆"费达生,她把一生都献给了丝绸事业,与现代蚕桑专家郑辟疆志同道合、情投意合,创造了江南丝绸业的辉煌成就。她把植桑、制种、育蚕、烘茧、缫丝、织绸、印染、剪裁、缝纫等生产活动融为一体,从而影响了弟弟费孝通写作世界名著《江村经济》。

相传三国时期术士赵达的妹妹曾手绣《列国图》,将五岳河海、城邑行阵都绣在丝帛上,到了清代,苏绣更是名列全国四大刺绣。《红楼梦》中塑造的叫"慧娘"的姑苏女子,出生书香门第,精通书画和刺绣,仿佛就是苏州绣神沈寿的前身。

晚清时,慈禧太后70岁大寿,各地争相敬献贺礼,苏州则献上了沈寿所绣《八仙上寿图》《无量寿佛图》等作品。慈禧看后大赞其工艺精细绝美,授予沈寿四等商部宝星勋章,还亲笔书写"福""寿"二字,分赠余觉、沈寿夫妇。沈寿后被公派出国留学,归来后发明了形态逼真的"仿真绣"。1911年,沈寿绣成《意大利皇后爱丽娜像》,作为国礼赠送意大利,意大利皇帝赠沈寿金表一块表示感谢。沈寿自此名闻世界艺坛。后状元实业家张謇为其开办刺绣学校,并联合撰写出版《雪宧绣谱》一书。

苏绣工艺代代有传人,刺绣名家顾文霞的作品多次被作为外交国礼使用。她承接过明十三陵万历帝十二章铺金织翠缂丝龙袍和皇后衣物的复制任务,并负责孝靖皇后"百子衣"的研制,挖掘重现了失传四百余年的古技——孔雀羽绣。很多人见到顾文霞绣的小猫,都惊呼"简直是活的"。顾文霞可以把一根丝线拆解成24丝镶色、衬光,研究小猫瞳孔受光部位的不同色彩,选用20多种颜色的丝线,用集套针,换针换线向圆心套绣藏针,纤纤线绒,丝丝相嵌,呈现出水晶体眼球的质感。1962年1月,著名教育家叶圣陶回乡参观苏州刺绣研究所,为之题词"国艺之花"。

2008年，新版《红楼梦》剧组特邀顾文霞工作室为他们赶制苏绣剧装，贾母、王夫人、王熙凤等人的服饰可谓华丽至极，为剧组的顺利拍摄锦上添花。"八七版《红楼梦》"剧组的 2700 多件戏服也都出自苏州。而《红楼梦》作者曹雪芹的祖父曹寅就曾在江南一带担任织造之职，与苏州织造有着极其密切的关系。苏州工艺制作的乐器、戏装、刺绣、泥人、文房四宝等更成为书中各种角色的喜爱之物。

苏州工艺除了手工精巧外，还含有较为超前的科技产物，如苏州人孙云球发明的眼镜。孙云球生于明末、卒于清初，著有专著《镜史》，制造的各类光学仪器达七十余种。他在观看了西方的制镜产品后，结合苏州本土精湛的玉石雕刻技术，将水晶镜片进行打磨，变成有弧度的凹透镜和凸透镜，也就是制作眼镜的材料。英国剑桥大学教授李约瑟于 1964 年参观苏州博物馆时把有关孙云球的记载全部抄入笔记本，并写成题为《江苏的光学艺师》的长篇文章，使得世界科技界都知道了孙云球这位光学先贤。在孙云球的影响下，苏州眼镜制造业得到飞速发展，也把苏州工艺带向一个新的高度。

三、百园风雅

1. 沧浪之水夺天工

苏州园林，不只是一个名词，更代表着一个审美的高度。苏州园林不只分布在姑苏城内，常熟、昆山、吴江、太仓、张家港等地也分布着大小不一的古典园林。如吴江同里镇的退思园，同样是"世界文化遗产"家庭成员。园主人为晚清官员任兰生,革职返乡,建造园林隐居,园名"退思"引自《左传》。园子由画家袁龙设计。是园一改传统的纵深的宅院式结构,大胆采取横向布局,园中宅、庭、园分布有序,和谐地融为一体。此园被园林学家陈从周誉为江南园林中"贴水园之特例"。

退思园的建成,使人一下子想到附近的园林名家计成,字无否。这位明代造园大师,著有《园冶》传世,这本书在日本名为《夺天工》,可谓形象之至。计成的造园理念为"虽由人作,宛自天开"。这个著名的理念深深影响了苏州以及周边城市的几代造园人。

园林文化早在晋代就在苏州有了根基,东晋时期的顾氏辟疆园,在唐代还有遗存,富修竹,多怪石。南朝刘义庆的《世说新语》中还有王献之游辟疆园的记载。六朝之后,豪族南渡,很多贵族落户在苏州,园林建筑也随之增加。唐宋时期,宅居、祠堂、书院、会馆、寺庵、道观皆有林泉意蕴。苏东坡说,到苏州,不游虎丘乃憾事也!南朝文人顾野王撰写的《虎丘山序》成为开山的园林文赋,"抑巨丽之名山,信大吴之胜壤"。

与此相对应的还有一座园林式山林胜地,即范家祖茔所在地天平山,与北宋政治家、文学家范仲淹密切相关,范文正公三世之上墓葬在此。北宋时期,宋仁宗将天平山赐给了范仲淹,如今的天平山中处处有范家遗迹。

红枫、奇石、清泉、万笏朝天、高义叠翠、万丈红霞、玉泉轻吟等胜景皆在天平山范氏林泉,历代文人咏叹不止。其中有一位北宋时期的苏舜钦,这位天才型官员因为私德不检受到重创,从京城贬到地方。当他就任时路过苏州,却为一座废园动了诗心,这就是著名的沧浪亭。与之一路之隔的是范仲淹所创立的苏州府学与文庙所在。

沧浪亭本为五代时期吴越国钱氏贵族之林苑，吴越国归属北宋后，钱家园林成为废地。苏舜钦路过苏州歇息时，在此乘凉，洒然而忘归。遂以四万钱购得，在园中山丘建筑方亭，名曰"沧浪"。先秦有佚名歌谣："沧浪之水清兮，可以濯我缨；沧浪之水浊兮，可以濯我足。"苏舜钦隐逸之心可见一斑。欧阳修为沧浪亭赋句："清风明月本无价，可惜只卖四万钱。"北宋少了一位杰出的政治官员，却多了一位诗词才子，并为苏州增添了一座"安于冲旷"的古典园林。从此这座园子传承有序，一直到近代美术家颜文樑与吴子深创立苏州美专，借用园林为写生与教学之地，不但斥资修复了园内看山楼、面水轩、明道堂、闻香妙室、见心书屋等景观，还培养了一大批美术人才，使得苏州园林成为美育基地的典范之一。

2. 文人雅园情致高

苏州园林与皇家园林、扬州园林、杭州园林乃至粤地园林有所不同，它更多的是文人参与设计。如拙政园主人为明代退隐官员王献臣，他邀请画家文徵明操刀设计园景，因此留下《拙政园三十一景图册》，可供今人追溯。又如狮子林，则有元代画家倪云林参与，本为寺院部分，后单独成为园林，被乾隆皇帝看中后，在圆明园之长春园和承德避暑山庄两次复制。

当狮子林传至望族贝家后，颜料大王贝润生又邀请画家刘临川主持重修狮子林，刘临川为怡园画社成员之一，虽属海上画派，但亦有传统功底，因此狮子林的修复可谓复古又从容，增设湖心亭、九曲桥、石舫、荷花厅、见山楼等景观，其中石舫使用了现代技术制造的彩色玻璃、水磨石、水泥、花阶砖等。至于说从狮子林里走出来一位世界建筑大师贝聿铭也是佳话，他也为苏州留下了一座令人称赞的作品——苏州博物馆。

苏州怡园,出自晚清过云楼顾氏之家,本为官宦藏书家,营造园林,以为颐养,当时即请画家任阜长、顾若波、程庭鹭等人设计图纸,并多次到苏州各大名园参照景观,甚至从一些旧有废园拣选上等太湖石,以叠山垒境,从而成为集各家闲趣于一体的晚期园林。园中不只是私家雅集之地,还有琴社、画社相继成立,从而集结了全国各地的琴人、画家,雅集演出、画社展览、出版专刊,一时间,雅士云集,园主顾麟士诗曰:"山馆更藏坡仙琴,相对亦足涤烦襟。月明夜静倘无事,来听玉涧流泉音。"

可以说,苏州很多园林都是以活着的形态展现在江南烟云之中。网师园的清旷隐逸之风,源于寄居苏州的观察使李鸿裔的营造;留园的阔家雅韵,是名臣盛宣怀家族的书香之气;耦园的仙侣之美,是苏松太道沈秉成与妻子严永华的爱情见证;环秀山庄出自叠山名家戈裕良的精巧重构,假山胜景可谓独步江南,这里也一度成为苏州刺绣研究所的工作场所;曲园的古典和渊博则是国学大师俞樾修养的体现,这位浙江人因为喜欢苏州而定居在此,更是影响了后世多代人,如其曾孙、著名红学家俞平伯对苏州文化的热爱和贡献。

沉浸于水文化的苏州人始终是开放包容的,欢迎任何地区的朋友前来定居。如俞樾的弟子章太炎就在苏州办学、养老,时至今日还有章园修复开放。苏州也有大大小小的会馆,如山西会馆、安徽会馆、嘉应会馆、岭南会馆等既见证了苏州商业的繁华,也是一处处保存完好的园林式建筑。不少园林更是成为人们读书研学的场所,如沧浪亭对门的可园,曾是正谊书院。昔日的紫阳书院直接成为苏州中学的校园。苏州大公园建筑规划中西合璧,曾是苏州图书馆的旧址所在。位于苏州南显子巷的惠

流动的江南

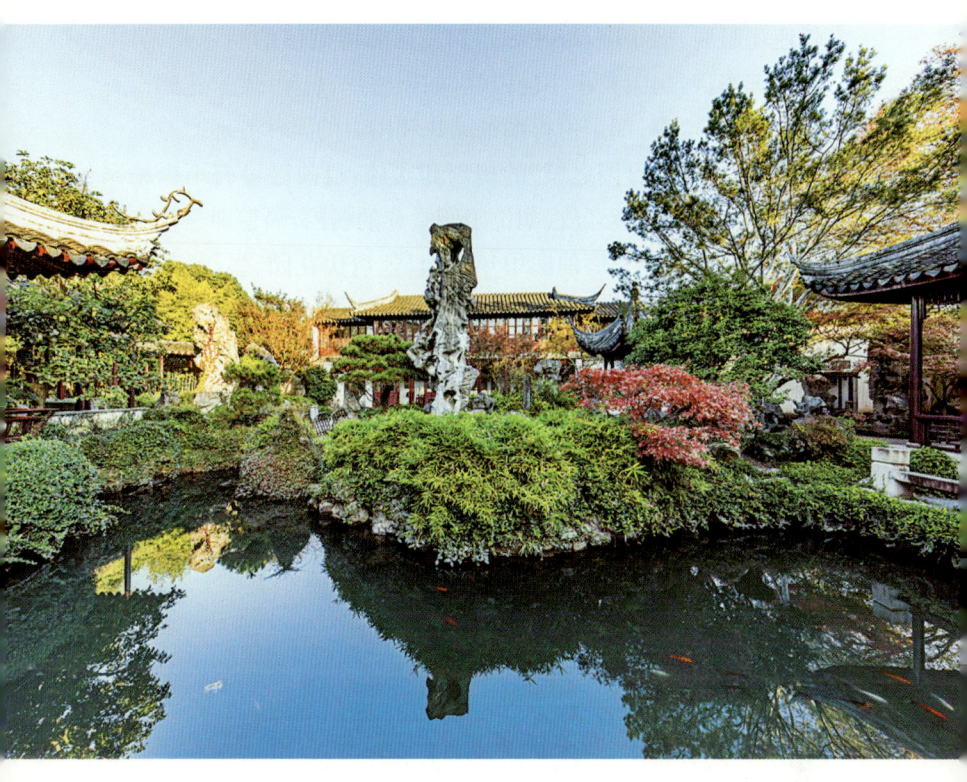

留园秋景 / 视觉中国供图

　　荫园本是明中期的园林建筑,名"洽隐山房",现为苏州第一初级中学的校园。据此地不远处的悬桥巷宝树园,则是被皇家赐匾"江南第一读书人家"顾氏之后的顾颉刚故居。这个大家族滋养了一代代为国为民的读书人,如原上海图书馆馆长顾廷龙先生、"歼八之父"顾诵芬先生。

　　常熟的燕园、赵园、翁同龢故居;太仓的南园、弇山园;昆山的亭林园、玉山草堂;吴江的端本园、静思园、师俭堂;张家港的恬庄榜眼府、枫华园,以及苏州相城区阳澄湖镇的后乐园;吴中区太湖东、西山大大小小的园林,如嘉树堂、启园(席家花园)、芥舟园、雕花楼等,都是值得细细品味和闲游的园林胜地。

随着苏州"百园之城"的规划和实施,目前已经有不少私家小园林陆续向社会开放,如位于庙堂巷的畅园,隔壁即是作家杨绛早年旧居。还有唐伯虎中年后旧居、詹氏花园、墨园、苏州织造署旧址、遂园、石湖梅圃、怀古堂等。根据《苏州园林名录》,目前园林总数已达到108座,苏州由"园林之城"正式成为"百园之城"。在苏州生活、旅游,可以充分感受到夏季的"雨打芭蕉",以及凉秋之"秋枫残荷"的诗意。一座古城,就是一座园林的集中呈现;一座大城,则是无数园林元素的有序铺展和陈设。

四、不时不食

1. 食不厌精评点味蕾春秋

作家陆文夫先生在《姑苏菜艺》中写道:"苏州菜有三大特点:精细、新鲜、品种随着节令的变化而改变。这三大特点是由苏州的天、地、人决定的。苏州人的性格温和,办事精细,所以其菜也就精致,清淡中偏甜,没有强烈的刺激。"

其实里面提到了一个古老而"新鲜"的话题,"不时不食"。

"不时不食"出自《论语·乡党第十》。

苏州人不大吃反季节的食物,而是让味蕾随着时令的转变而精准定位。江南有谚语,"杭州一年不断笋,苏州四季不断菜"。从春季开始,苏州人吃"七头",即枸杞头、马兰头、荠菜头、香椿头、苜蓿头（金花菜）、豌豆头、小蒜头。

到了夏季，苏州人餐桌上则有蚕豆、红绿苋菜、黄瓜、豇豆、茄子、夏青菜、鸡毛菜等。此外，还要吃糟类荤菜，如糟鹅、糟鸭、糟鱼等，甚至在一碗枫镇大面的面汤中加上淡淡的酒糟，谓之白汤。糟类开胃解腻，而且富有营养，能为食者在盛夏及时补充能量。

秋季则有"水八仙"的元素陆续登场，如莲藕、茭白、鸡头米、茨菰、菱角等。水八仙是苏州的特产，一般产于苏州东南沼泽和水域，八种水生植物，一直兴盛不衰，其中以鸡头米为最著。这种生物生于水中，整体大如鸡头，采摘非常棘手，而且还要趁鲜剥出，一粒粒洁白如玉的鸡头米全靠手工剥出为佳。鸡头米一定要在当季食用，至好是现剥现吃，冰冻后口味就失真了。这种食物烹饪极简，开水滚烫一轮即可出锅，汤中有晶莹剔透的冰糖、金黄色的桂花，鸡头米粒粒似透明圆形晶体，弹韧的口感，软糯的溏心，扑鼻的鲜味，使人一下子沉浸到整个江南的烟雨之中。当然，鸡头米还可以炒着吃，配上小块菱角、藕片、荸荠、扁豆等清炒，清火养颜，赏心悦目。

进入冬季，苏州人开始变化食谱，太湖萝卜、苏州青、水腌菜、各式腊肉灌肠，以及藏书羊肉等，可谓琳琅满目。清代文人袁景澜在《吴郡岁华纪丽》中写道："旨蓄商量可御冬，吴侬比屋腌藏菜。菜心松美菜叶甜，满盘白雪堆吴盐。溪流新汲器新涤，殷勤十指搓掺掺。烹羊炰羔记时节，拍手乌乌双耳热。"

苏州人腌菜除了补充冬季蔬菜不足外，还为了开胃佐酒或者配合烹制荤菜食用。如烧制黄鱼、塘鳢鱼（虎头鲨），一定要配上雪里蕻腌菜，至于说烧豆腐、"腌笃鲜"更是少不了腌制咸肉或者腌菜。苏州人还有腌菜醒酒的说法,说是喝酒时如果多吃一点腌菜或是咸菜汤的话,可以"醒酒爽口"。

寒冬时节,大闸蟹是苏州人的一道大菜。俗语虽说"秋风起,蟹脚痒",其实阳澄湖大闸蟹最肥美的季节是入冬以后。无论是蟹膏、蟹黄还是蟹钳都已经到了成熟的时节。随丈夫章太炎寓居苏州的汤国梨赋诗:"不是阳澄湖蟹好,人生何必住苏州。"这成为苏州大闸蟹最好的广告词。

"冬至大如年",恐怕没有哪个地方如苏州一般如此重视"冬至"这个节气,苏州人要在冬至前一晚,阖家团聚,祭祀先祖,吃团圆饭。团圆饭中要有几样吉祥菜肴,冷盘十道菜,寓意"十全十美"。如蛋饺,象征着金灿灿的元宝;又如寓意团圆的"肉圆";还有叫"如意菜"的黄豆芽,叫"金链条"的粉条,叫"吃有余"的各种鱼类,叫"红红火火"的火锅等,还有一碗馄饨,"冬至馄饨夏至面",苏州人冬至吃馄饨寓意吃掉"混沌世界",让新年的世界变得美好阳光。至于说老字号"陆稿荐""杜三珍"的卤菜更是必不可少,甚至还要赶早去排队抢购酸甜可口的冬酿酒,冬酿酒又称"冬阳酒",是指过了冬至节后阳气生发。

苏州人说,"有得吃,吃一夜;呒不(没得)吃,冻一夜"。总之,冬至节一定要去围炉聚餐,好好地吃一顿大餐,为即将来临的新年蕴蓄力量。

2. 茶点乾坤话说果蔬传奇

除了菜肴外,苏州人的点心也是江南一绝,水上游玩,特别适合食用"船点",船点咸甜皆有,造型细致可人,动物如金鸡报晓、月宫玉兔、金玉(鱼)满堂等,栩栩如生。以面点制作的牡丹花、紫色菱角、粉红寿桃、金黄佛手、大红柿子等,也都十分形象可口,馅料主要有各种鲜果泥、玫瑰花瓣、豆沙泥、核桃仁、虾仁、松子仁等。船点不只是佐酒或品茗食用,也是赏心悦目的一种烹饪艺术,使人在乘坐画舫游览美景时,聆听着评弹、昆曲食用,真是美上加美。

饮食之余,当然少不了茶饮、果品。苏州人爱喝碧螺春茶,而且一定要在清明前后,这种被清代皇帝称为"吓煞人香"的茶种,以鲜嫩芽茶为上品,因此保鲜时间极短,一定要赶在采摘后及时炒制。碧螺春茶汤清明,闻之沁人心脾,仿佛整个人都进入洞庭山水的春天之中。

除了绿茶外,苏州花茶也曾经名极一时,茉莉花茶、白兰花茶、玳玳花茶、珠兰花茶等,到了清末仅在虎丘一带就达到一万五千担的巨大产量,由广东商人驻地生产、销售,远销全国,乃至东南亚一带。

苏州因地理和气候优势,一年四季有果子,春季出产草莓、圣女果;夏季有枇杷、杨梅、西瓜,尤其以东山白玉枇杷、白沙枇杷为著名,而杨梅则分布在东山、西山,有白杨梅、红杨梅、紫杨梅、乌杨梅等。还有盛产于树山的翠冠梨,被称为"六月雪",甘甜多汁、皮薄核小、肉质细腻白嫩,水分充足,个大的能有两斤半。

还有葡萄、桃子,太湖一带横泾、临湖、旺山等葡萄园品种丰富,以及张家港凤凰水蜜桃、苏州高新区镇湖黄桃等,都是值得品尝的美味。

秋季的橘子、柚子、无花果等,也都是极好的时令食物。同时,果园还成为一道道景观,吸引很多剧组前来拍摄影视剧,如《橘子红了》《摇啊摇,摇到外婆桥》《画魂》等。

五、人文天堂

1. 状元之都美与共

"上有天堂,下有苏杭",这个名句据说源于唐代,也有人说是宋代,但至少可以说苏杭是并列媲美的。作为一座古城,苏州历代文人辈出,三国时期名相顾雍,被人称为"宰相肚里能撑船";南朝才子顾野王,其著作《玉篇》成为中国第一部楷书字典;唐代书法家、"草圣"张旭;晚唐才子、亦读亦耕真隐士陆龟蒙;北宋政治家、文学家范仲淹;南宋"中兴四大诗人"、田园派诗人范成大;元末高士、玉山草堂主人顾瑛;明初诗人高启,明中期山中宰相王鏊,"唐宋派"代表文人归有光,才子唐寅、文徵明、沈周、祝枝山、仇英等,涵盖诗文书画多个领域。直到清代,顾炎武、金圣叹、钱谦益、柳如是、沈德潜、尤侗、潘祖荫、冯桂芬、吴大澂、顾文彬、沈复等,可谓灿若星河。

"状元"更是成为苏州一种"特产",史料显示,自隋朝到清朝光绪三十一年,有据可查的状元为671名,苏州就有60名之多,约占全国百分之十。清代文人钱泳在《履园丛话》中言及:"(清代)鼎甲之盛,莫盛于苏州一府,而状元尤多于榜、探。"现在苏州钮家巷的状元博物馆所在地就是状元潘世恩的故居。苏州也出现过帝师,如潘世恩、翁同龢、陆润庠,他们诗书俱佳,百年流芳。苏州吴门医派亦是一绝,叶天士、曹沧州、陆懋修、徐大椿、钱伯煊等,他们有的是宫廷御医,有的则留下大量医书,供后人参考学习。

近代以来出现的人才就更多了,科学家吴健雄、何泽慧、王淦昌、陆士嘉、顾诵芬等,历史学家顾颉刚、柴德赓,社会学家费孝通,教育家叶圣陶、王谢长达、王季玉、朱德熙、汪懋祖、张冀牖等,哲学家胡绳,建筑学家贝聿铭,诗人柳亚子,词人汪东,戏曲学家吴梅。至于说昆曲、评弹艺人,以及各种工艺名家更是不胜枚举。及至苏州戏衣业、制扇业、民族乐器业、叠石堆山、姑苏核雕、桃花坞木版年画、红木家具等,都已经走出苏州,传承有序。

近现代以来,苏州的文学也是可圈可点的,如沈复的《浮生六记》、金松岑和曾朴合著的《孽海花》、叶圣陶的《稻草人》《倪焕之》,以及文学家周瘦鹃、程小青、范烟桥等,再到文学家路翎、陆文夫、苏童、叶弥等,也都有代表作流传文坛。就连非苏州籍的作家,如郁达夫、郑振铎、施蛰存、苏青、钱锺书、杨绛、沈从文、苏雪林等也都曾在苏州留有佳作。

生于苏州太湖之畔的费孝通,在英国留学时,用英文写成的博士论文《中国农民的生活》,是以人类学的方法对家乡吴江一个村庄——开弦弓村调查研究的成果。此书后更名为《江村经济》,出版发行后影响至今。该书是中国甚至世界上最经典的人类学著作之一,被著名人类学家马林诺夫斯基誉为"人类学实地调查和理论工作发展中的一个里程碑"。

2. 烟火人间居之美

当然,苏州人在发言时也有自己的语言——吴语。作家陆文夫撰文说:"苏州人之所以被女性化,我认为其诱因是语言,是那要命的吴侬软语。吴侬软语出自文静、高雅的女士之口,确实是优美柔和,婉转动听。我曾陪一位美国作家参观苏州刺绣厂,由刺绣名家朱凤女士讲解。朱凤女士生得优美高雅,讲一口地道的吴侬软语,那位美国作家不要翻译了,专门听她讲话。我有点奇怪,问道,你听得懂?他笑了,说他不是在听介绍,而是在听音乐,说朱凤女士的讲话 like music,像美妙的乐章。"

学者胡适、作家张爱玲都曾经说过,吴语特别适合文学创作,因为其形象且富有韵律。因此这种语言特别适合作为戏曲演出,与苏州密切相关的昆曲项目已经进入世界非物质遗产,苏州评弹也进入了国家级非遗名录。有人分析,吴语有完整的语音系统,声母分清浊,音素有50多个,声调在7个以上。

苏州人说:"园林是可以看的昆曲,昆曲是可以听的园林。"高雅艺术从来不遵循时间的逻辑,超然于节序的更易,跳脱出盛衰的两极。600多年的光阴揩不去昆曲光鲜的油彩。今天,昆曲作为"人类口头和非物质遗产代表作"又添新韵。"不到园林,怎知春色如许?"如同不到园林将与春光失之交臂一般,不欣赏昆曲,怎么邂逅雅乐所承载的格调与浪漫?

苏州人文环境优美,特别有生活气息。茶馆多、酒店多、园林多、庙会多、书馆多、书店多,泡泡茶馆、听听评弹、逛逛书店、看看园子,不知不觉日子就闲适地过去了。这得益于苏州对于民俗的坚持,苏州人顾禄名著《清嘉录》就记录了苏州的各种节庆民俗,如:"腊后春前,吴趋坊、申衙里、皋桥、中市一带,货郎出售各色花灯,精奇百出。如人物则有老跎少、月明度妓、西施采莲、张生跳墙、刘海戏蟾、招财进宝之属;花果则有荷花、栀子、葡萄、瓜、藕之属;百族则有鹤凤雉雀、猴鹿马兔、鱼虾螃蟹之属;其奇巧则有琉璃球、万眼罗、走马灯、梅里灯、夹纱灯、画舫、龙舟,品目殊难枚举。至十八日始歇,谓之'灯市'。"

此书为清代道光间出版的专门记录苏州日常习俗的著作。从中可见,进入传统腊月之后,苏州的灯市就开始在城区陆续开张了,各种精巧别致的花灯在灯市销售,可谓琳琅满目,目不暇接。

苏州的夜生活更是热闹非凡,尤其是与水有关的项目。《清嘉录》中记载了"乘风凉":"纳凉,谓之'乘风凉'。或泊舟胥门万年桥洞,或舣棹虎阜十字洋边,或分集琳宫、梵宇、水窗、冰榭,随意留连。作牙牌、叶格、马吊诸戏,以为酒食东道,谓之'斗牌'。习清唱为避暑计者,白堤青舫,争相斗典,夜以继日,谓之'曲局'。"

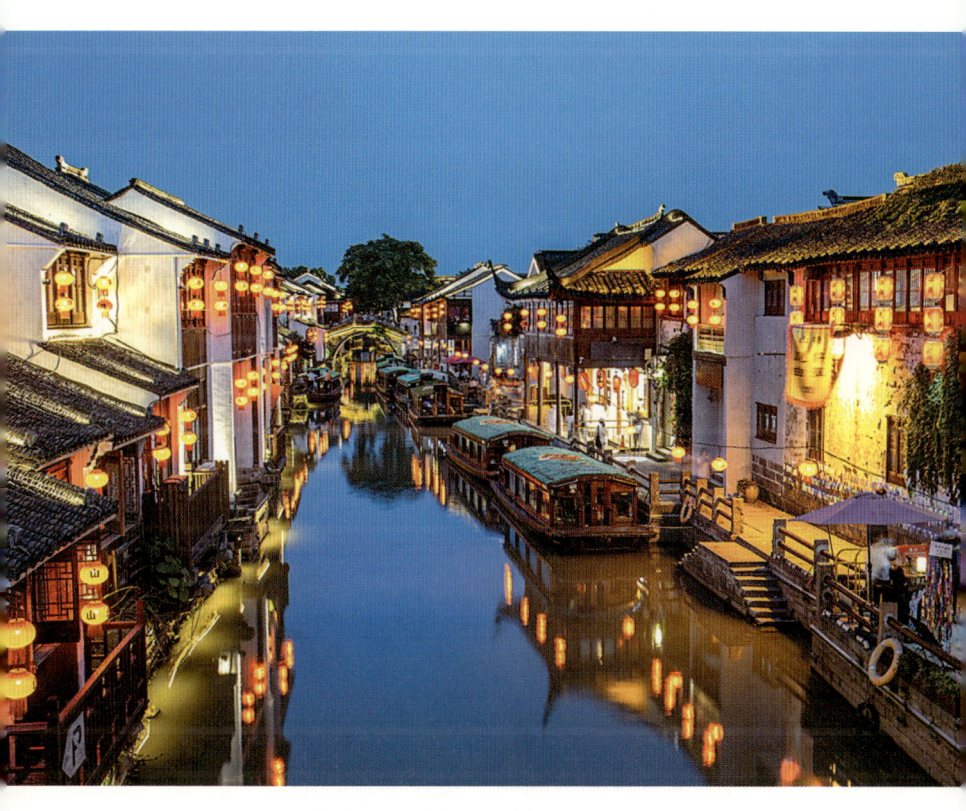

灯火阑珊山塘街 / 视觉中国供图

炎炎夏日，苏州人枕水而居，自然会倚水纳凉。当时各种灯船画舫"四窗八拓，放乎中流，往而复回，篙橹相应，谓之'水签头'。日哺，络绎于冶芳浜中……迫暮施烛，焜煌照彻，月辉与波光相激射。舟中酒炙纷陈，管弦竞奏，往往通夕而罢"。有诗赞曰："灯船入夜尽张灯，五色玻璃列上层。赢得火光人面映，夜凉犹着薄吴绫。"

唐宋以来，历代文人都喜欢寄居苏州，并留下了大量作品，如白居易写过："何事出长洲，连宵饮不休。醒应难作别，欢渐少于愁。灯火穿村市，笙歌上驿楼。何言五十里，已不属苏州。"

韦应物在苏州为刺史，辞官后依旧居住在苏州，被人称为"韦苏州"。还有刘禹锡、韩世忠、苏舜钦、郑思肖、倪云林、董其昌、姜垓、俞樾等，直到近代的章太炎、李根源、俞粟庐、俞振飞、钱穆、庞莱臣、何亚农、张冀牖、张大千、施剑翘等，都在苏州居住，或者留下宅院和作品。

六、更新繁华图

1. 藏富于民意境美

仓廪足而知荣辱，衣食足而知礼节。身处江南腹地的苏州也不例外，经济才是一个地方人民生活的主要衡量标准。

早在二十世纪六十年代，苏州的乡村就已经有了工业的动静，蚕桑业、纺织业、渔网农具加工、石料板材加工、草席编制、化纤面料、珍珠养殖加工、各种刺绣作坊等纷纷应运而生。八十年代苏州乡镇企业形成规模。

这是苏州在江南的第一次自我超越和腾飞。

流动的江南

第二次是二十世纪九十年代中后期,即对于外资的利用和合作。苏州人的包容和融合能力再一次得到神奇体现。

在苏州东部,即今天东环路以东,毗邻下辖市昆山的地块,规划出一片崭新的开发区。它有个响亮的名称——苏州工业园区。面对各地伸出的橄榄枝,苏州人把新加坡合作方请到了小巧典雅的网师园里,让他们夜游园林,品尝苏州茶点,观赏昆曲演出,从而赢得为苏州发展"锦上添花"的工业园项目。

中新合作从1994年5月12日正式启动,原来的沼泽地、拓荒地、芦苇荡子等,渐渐吸引了一批国际知名企业。很多苏州人发现,他们家中使用的世界知名手机、冰箱、化妆品、洗衣机、照相机、自行车等就是产自苏州本土。苏州总被人称为"上海的后花园",有了工业园后,苏州第一次敢于和上海争夺资本市场了。

苏州工业园区经济的腾飞使得苏州整个东部环境都发生了翻天覆地的变化。在工业区外,该地还按照实际需求规划了住宅区、商业区、休闲区,以及新鲜名称的民用商业综合体"邻里中心"。崭新的园区里住宅陆续而起,树木成荫,鸟语花香。每几个小区之间就有一座邻里中心,该中心有医疗、菜场、餐饮、金融、修理、培训、花卉店、宠物店等,可以满足周围居民的基本生活需要。

人们发现,小区的样式多了,如坡景洋房、湖景房、恒温恒湿小区等;周围的小园林式的公共绿地也多了起来,无论是老人休闲,还是孩子们游戏、绿化、水景、假山、自行车道、湖畔漫道等,经济崛起的力量,是人们生活质量的逐渐提高。

渐渐地,金鸡湖畔一座鸟巢式建筑——苏州文化艺术中心建成,内置大型影院、剧场、音乐厅、国家一级美术馆和文化馆等,吸引来了世界顶级的交响乐、芭蕾舞和世界名剧的演出,并带动了本土相关艺术门类的组建和演出能力。

如今，在固有的评弹、昆曲、苏剧剧团的基础上，苏州芭蕾舞团、苏州民族管弦乐团、苏州交响乐团"新三朵金花"陆续完成筹建，并且日臻成熟，甚至实现了多次跨国巡演，引起了各国的专业好评。古老的苏州，开始弹奏出现代的旋律，并演绎出时尚的世界节奏。苏州还把全国性的文化奖项引来了，如电影界的金鸡奖，在古老的金鸡湖畔举行颁奖典礼，并设计了湖畔中国电影档案一览，使得人们在游览金鸡湖时能够看到中国电影的发展历程。

发源于晚清时期的李公堤，成为金鸡湖中一道亮丽的风景。在此区域已经新添了一座座小型美术馆和艺术馆，还有刺绣艺术馆、缂丝艺术馆、金融博物馆等，当代艺术展、新锐作品展以及雕塑、街画、摄影等艺术在街区流动性展览的举行，使得园区的艺术氛围渐趋浓郁。

文化艺术中心对面就是一座大型国际展览中心——苏州国际博览中心。中心展览面积10万平方米，拥有展厅9个；无论是国际的展览会还是各种著名的论坛，甚至是普通居民家的婚宴都可以承办。

园区上市公司林立，大学城也渐成规模，在园区独墅湖大学城，除苏州大学分部外，中国人民大学、中国科技大学、香港大学、西交利物浦大学、武汉大学、四川大学、山东大学、南京大学、东南大学等纷纷在此布点，而且不少还是研究生院。有人戏说，苏州人"足不出市"，可以从幼儿园读到博士学位了。更有不少北上广的人跑到苏州来读高等院校，因为这里的创业环境更值得期待。

2. 水韵吴都享生活

从工业园区往西，无论是走苏州大道还是金鸡湖隧道，都可以直达古城区，轨道交通一号线更是便捷抵达。

流动的江南

古城区因为建筑、道路、街巷、河流等格局无法大规模改动，无法实现工业经济发展，但其拥有无数的名人故居、不可复制的古街巷、可以看见的历史，使得古城的发展有了另外一种可能。文旅经济给古城注入了活力。酒店、民宿、餐饮、园林、博物馆、书店、咖啡馆、剧院、非遗文化等，从古巷游到水上游，从民俗游到沉浸式体验游。苏州古城有着数不清的活着的文化元素，足可以使你真正体验一回成为"苏州人"的奇妙感觉。

漫步临河街巷、品尝苏州糖粥、穿着水乡服饰、欣赏苏州评弹、闲逛皮市街花鸟市场……苏州的外向型经济，使得古城文旅迎来了大批的海外游客，更把苏州的传统文化带向了海外。

作为苏州人，可以见到不同的文化在门前相互交融，可以品尝地产碧螺春，也可以喝星巴克咖啡；可以品尝港式茶餐厅，也可以感受越南、泰国的美食；可以去文庙祭祀孔子，也可以去国际建筑大师贝聿铭设计的苏州博物馆感受各国的艺术盛宴。

与此同时，苏州西部高新区也在渐渐崛起。这里坐拥太湖和西部山区资源，有被誉为世外桃源的漫山岛，有童话般的电车交通，有浪漫的苏州乐园，有镇湖刺绣经济群体，有大运河古镇浒墅关，有大阳山森林公园，有成规模的环保产业集群，以及正在不断丰富和成长的工业经济。其主打的生态农业产业，又是一个正在茁壮成长的经济体，杨梅、黄桃、乌枣等，还有树山村里的千亩梨园，一颗颗饱满圆润的翠冠梨，吸引了很多游客和投资的客商。

高新区的生态带动了农业经济，更带动了人们创业的热情。这里的教育资源更是不断丰富起来，公立学校、外国语学校、南京大学苏州校区、南京大学苏州附属小学等，为在这里生活的居民提供了更多的选择。

苏州园区与相城区的合作项目，位于苏州主城区北部，紧邻

苏州

苏州高铁北站国家级枢纽,距苏南硕放国际机场仅半小时车程,拥有漕湖17千米黄金湖岸线。漕湖,在历史上因越国大夫范蠡曾在此开漕运粮而得名,如今以水城著称的苏州经济体,依旧是沿着水路蜿蜒融合。水,成为贯穿古城区、吴中区、吴江区、高新区、相城区的经济纽带,正在显现着它强大的融合能力。

七、书香之美

1. 书房繁华刻斯文

靠近繁华的苏州观前街有个钮家巷,巷子深处有一家名为"文学山房"的旧书店。说是旧书店,但其实新书旧书都有,旧的可以说有上百年历史,新的也可能是新出版的书籍。店主江先生不但可以和人谈天说地,讲述有关苏州的书业历史,还可以在读者的书上签名留念。这家书店已经走过125年的岁月,江先生接手祖父留下的"老字号",继续着修书、理书、卖书的事业,从而使得这家书店成为全国有名的"网红书店"。

实际上,文学山房也担得起老字号之名,回望文学山房的往昔,很多大名鼎鼎的人物都曾是店里的熟客,如章太炎、李一氓、黄裳、顾颉刚、阿英、郑振铎等。南来北往的多少学者、专家在此购书受益更不用说了,甚至还有不少外国读者前来淘书、订书。

江先生曾有一句话,书店就是一个城市的眉毛,没有的话也没什么,但是有了之后气质却不一样了。

苏州自古以藏书、刻书著名,这里诞生过很多名著,同时也出了很多的藏书家和知名书店。如今,这里的藏书文化仍在延续,书香之城的美誉始终在巩固之中。

早在宋代,一部有关古典建筑的大书《营造法式》就与苏州有关,这是北宋官方颁布的一部建筑设计、施工的规范书。南宋绍兴十五年(1145)刻李诫《营造法式》三十四卷,其中第三部分为苏州所刻。北宋苏州郡守王琪所刻《杜工部集》,乃是杜甫诗集最早的刻本。

目前已知最早的苏州雕版印刷物,乃是北宋咸平四年(1001)苏州郡刊印的《大隋求陀罗尼经咒》,1978年发现于瑞光塔内。经咒藏在真珠舍利宝幢经幢内,为一长方形皮纸,四角有四天王像,中心为释迦牟尼像,环以汉文经文。目前在苏州博物馆可以看到这件国宝级珍品。

苏州人朱长文的《吴郡图经续记》、范成大的《吴郡志》、南宋平江府碛砂延圣院所刻的《碛砂藏》更是世代闻名。苏州碑刻博物馆所藏的四大宋碑,即《天文图》《地理图》《帝王绍运图》和《平江图》,又简称为"天、地、人、城"四大宋碑,是我国科技史,乃至世界科技史上的杰作。

元代以降,苏州刻书业开始逐渐繁盛起来,到了明中后期苏州已经发展成为全国举足轻重的书籍出版中心之一,明代文学家陆深曾有论述:"福建本几遍天下,然则建本之滥恶,盖自宋已然矣!今杭绝无刻,国初蜀尚有板,差胜建刻。今建益下,去永乐、宣德间又不逮矣!唯近日苏州工匠稍追古作可观。"

至晚明和清代,苏州刻书业已经与徽派刻书、武林刻书、金陵刻书等形成门派之势。同时苏州的书店业也开始渐渐繁荣起来,明代仅仅在苏州阊门外一带就有书坊三十七家,如"东吴书林""金阊书林叶显吾""金阊书林振邱堂"等,很多老字号到了近代还存在,如"扫叶山房""汲古阁""玛瑙经房""来青阁""文学山房"等。曾经的护龙街（今人民路）就是苏州书市一条街，编书、刻书、卖书、订书、寄书等成为一个产业，并且辐射到观前街玄妙观、景德路、阊门内外、临顿路等。曾在近现代开设"琴川书店"的夏淡人在《姑苏书肆忆旧》中记载，当时苏州城内书店叫得上名号的有近五十家，临时书摊更是数不胜数。

2. 故园新梦聚鸿儒

苏州贩书业的繁荣，也带动了苏州的藏书文化。曾任江苏省立苏州图书馆馆长的蒋镜寰在《吴中先哲藏书考略》中统计过苏州藏书家，共有150余人，这些藏书家藏书规模巨大，未及统计、深藏不露的藏家更是为数众多。

苏州藏书文化多有显赫之家，位于今天干将路与人民路交界处的顾氏过云楼，曾是著名的藏书楼，被誉为"小天一阁"，目前仍在对外开放，宣传藏书文化。潘祖荫的藏书楼滂喜斋现在已经开了一家名为探花书房的书店，读者在书楼内读书、购书、品茶、喝咖啡，还可以参观古建筑和藏书楼结构。

位于苏州悬桥巷的"百宋一廛"之主人为黄丕烈，是苏州著名的版本学家和藏书家，不但藏书、校书、刻书，后来还在观前街设摊卖书，他对藏书文化的贡献颇为显著，被誉为"五百年来藏书第一人"。如今他的故居也已经成为营业场所，并有一家"苏派书房"向社会开放。

位于锦帆路上的著名国学大师章太炎的故居，曾经是学者云集之地，来往皆鸿儒。后来成为办公地，如今经过系统整修之后，成为一家书店，全面向社会展示苏州的出版和藏书文化，可以休闲品茗，也可以阅读书籍，欣赏文创，并体验古籍印刷过程。

位于苏州市醋库巷的教育博物馆原为"柴园",化私园为全面展示吴地教育历程的公共场所,更添斯文。昔日煊赫一时的潘世恩故居,在经过全面规划、修理、布置之后成为苏州状元博物馆。

位于常熟古里镇的铁琴铜剑楼,也是清代著名的藏书楼,当年商务印书馆、中华书局不少影印文本出自这座私人藏书楼。现在这处藏书楼经修建后对外开放,附近有书店、民宿,还经常举行晒书节和二手书交易活动。

诞生于苏州的名著还有冯梦龙的"三言"(《喻世明言》《警世通言》和《醒世恒言》)、文震亨的《长物志》、顾炎武的《日知录》、袁黄的《了凡四训》、沈复的《浮生六记》、顾颉刚的《古史辨》、陆文夫的《美食家》等。

陆文夫在有关于苏州文化实力的文章中写道:"一个国家的强大与否,要看它的综合国力,一个地区的文化是否昌盛,也要看它的综合实力。苏州文化的优势在于它的综合实力强大,文化门类比较齐全,从古到今一脉相承,只有发展,没有中断,使得每一个文化的门类都有一定的成就。"

八、诗画江南

1. 大写的江南

要说苏州哪里最美,一定会有人说,水乡古镇。

著名画家陈逸飞,在好友画家杨明义的带领下偶然接触了周庄古镇,那时还是乘船进入如岛屿一般的小镇。陈逸飞从此便与周庄结下了不解之缘。他创作的油画《故乡的回忆》,曾在国内外引起较大反响。顿时,这处静谧的古镇,朴素的双桥,潺潺无言的流水,吸引了世界的目光。古镇的乌篷船、明清古石桥、水乡建筑、水乡服饰、阿婆菜、奶奶茶、白蚬子、银鱼、豆腐作坊等都给游客留下了深刻的印象。

著名画家吴冠中先生携夫人来到周庄写生,他一进古镇就被周庄的风景迷住了,称誉其"集中国水乡之美"。

作家三毛来到这里后深为姑苏水韵所吸引,不禁留下了这样的文字:"古镇的早晨,炊烟在小河的上空也开始弥漫起来了,一些居住在古镇里的家庭开始用木柴生火做饭。袅袅的炊烟给静寂的古镇增添了几分诗一般的意境。"

同里古镇/徐志强 摄

除了周庄之外，苏州还有很多类似的古镇。甪直古镇，有起源于唐代的保圣寺的罗汉雕塑群、近代文人王韬的故居、叶圣陶纪念馆、著名演员萧芳芳的演艺馆，还有江南服饰展示馆、陆龟蒙遗址、甪直萝卜干等。

同里古镇，被称为"梦里水乡"，有走三桥的习俗，有戏曲《珍珠塔》的原型人物府邸，有鸬鹚捕鱼场景展示，有退思园、丽则女校遗址、造园名家计成纪念地等，还有《包氏父子》《戏说乾隆》《红楼梦》《林冲》《家》《春》《秋》《风月》等数不清的影视作品实景地，有众多著名导演和演员来到这里拍摄影视的故事。

常熟沙家浜、芦苇荡、绿色迷宫、鸭血糯、大闸蟹等，同时也留下了太多红色记忆，可以追溯回味革命年代的青春激荡。虞山镇，从元代画家黄公望，到清初画派的开创者王石谷；从才子钱谦益与柳如是的传奇，到兴福古寺的一碗蕈油面，都是值得坐下来慢慢品味的。

张家港恬庄镇，《（乾隆）江南通志》记载："田庄镇……有桥跨奚浦塘，居民千家，明末始盛。"如今这里仍保持着古镇风貌，打铁匠、裁缝铺、豆腐花、拖炉饼等，到了时令季节，凤凰的水蜜桃就可以品尝新鲜了。

2. 流动的风景

常常有人弄不清楚苏州在哪里。是啊，苏州的风景太含蓄了，也太微妙了。它不像诸多古都那样深沉和规矩，也不像上海那样"海派十足"，更不像特区那样充满着节奏感。

它始终有着属于自己的形状，看得见，摸得着，尝得到，只是无法复制，也无法被替代。从长江出发，顺流而下，到中下游一个古代名为"沙洲"的地方，现在那里已经成为全国闻名的文明城市张家港。那里曾有吴王饲养宠物的"鹿苑"古遗址,也有唐代知名的黄泗浦。黄泗浦是鉴真大师东渡的出发地,可以说见证了中国文化向外传播的历程。

当你到达常熟望虞河长江堤岸边,可以漫步在螺蛳湾休闲文化园外的亲水步道上,这里河流纵横,绿荫环绕,四周临江赏景,可谓快哉。长江常熟段,扼长江黄金水道咽喉,坐拥40多千米长江岸线。这里还是太湖流域与长江的交汇节点,一旦太湖水源告急,"引江济太"工程即启动,以中国母亲河的水,滋养一座城市的"母亲湖"。太湖之上,曾经千帆竞发,如今也是渔业丰富,远望湖山风景,近享生态之美。可以乘船游览太湖岛屿,也可以观赏洞庭山域胜景。湖风荡漾,古刹安谧,茶香、花香、果香、菜香,水文化总是慷慨地给予人们无尽的享受。

最早给予苏州交通便利的要数大运河了。从燕赵之地,到达临安古城。从相城之北,抵达吴中之城。运河文化贯穿整个苏州,垂虹桥、宝带桥、越溪、石湖、上方山、行春桥、枫桥、寒山寺、虎丘、横塘驿站、浒墅关、望亭等,可以说,运河的苏州沿线,就是一首首古诗做的珠玉一般的镶嵌,慢慢走啊,慢慢欣赏。南宋田园诗人范成大在《横塘》诗中写道:"南浦春来绿一川,石桥朱塔两依然。年年送客横塘路,细雨垂杨系画船。"

长江、大运河、太湖、尚湖、淀山湖、澄湖、独墅湖、暨阳湖、吴淞江、娄江、护城河、平江河、临顿河、十全河、桃花坞河、干江河、齐门河、柳枝河等,数不尽的水源四通八达,成就了一个水做的姑苏。

水上江南的人家,始终像是一道流动的风景,如梦,如幻。

一个人和一座城

人因城而生而长，城因人而盛而贵。

马克思与特里尔、贝多芬与波恩、肖邦与华沙、孔子与曲阜、鲁迅与绍兴、莫言与高密，古往今来，名人和名城之间总是既相得益彰，又交相辉映。

一个人和一座城的故事总是让人津津乐道，张謇和南通亦是如此。

大江东流不息，逶迤万里入海，南通就是长江入海北岸的最后一片神奇土地，古称静海、通州，一度又名崇川、崇州。南通地处长江三角洲东北部，东濒黄海，南临长江，有江海门户之称；往南，与上海、苏州隔江相望；往西，则与泰州毗连；往北，又与盐城接壤。南通气候温和，四季分明，是物产丰富、人文荟萃、景色宜人的鱼米之乡，也是苏中、苏北交通的重要枢纽城市。

由于南通地处江海一隅，历来战乱较少，社会安定，民风淳朴，素有"崇川福地"之称。南通灿烂的江海文明可追溯到五千年前的海安青墩新石器时代遗址，南北朝时期已逐渐成陆，时称"胡逗洲"。五代后周显德五年（958）建城，始称通州，明清时期的通州已成为"江海门户"的中心。岁月流逝，沧海桑田，从四面八方汇集而来的勤劳智慧的南通人民，用自己的双手建设了一个据江海之会、扼南北之喉的美丽城市。千百年来，无数人在这片神奇的土地上追江赶海、生生不息。但不无遗憾的是，始终未能成就名人与名城珠辉玉映的故事。

1853年7月1日，张謇出生在一个农商兼作的小户人家，"生于海门常乐镇今敦裕堂前进之西屋"，一个人与一座城的故事就此拉开了帷幕。张謇在南通办实业、兴教育，开风气之先，不仅打开了世人"中国近代第一城"的眼界，更实现了南通在中国近代史上的一次惊世崛起。正如王安石在《白狼观海》诗中所描述的那样:"遨游半是江湖里,始觉今朝眼界开。"

"万里昆仑谁凿破,无边波浪拍天来。"在张謇的影响下,南通从一隅走向世界,于是便有了近代中国第一所师范学校、第一座博物馆、第一所纺织学校、第一所刺绣学校、第一所戏剧学校、第一所特殊学校和第一个气象站……诸多的第一,让南通在世界的舞台上尽显光彩。

1949年后,南通更是发生了翻天覆地的变化。1984年,南通被国务院列入全国第一批沿海开放城市。改革开放的步伐让南通到处生机盎然,朝气蓬勃,在多个领域中享有美誉。进入二十一世纪,南通先后荣膺"国家环保模范城市""全国卫生城市""国家园林城市""国家历史文化名城""全国文明城市"等称号。

然而,在众多称誉之中,南通人民最骄傲的还是几个"乡"字头衔。

纺织之乡。"桂布白似雪,吴绵软如云。"南通纺织工业起源于1895年张謇创建的大生纱厂,被誉为中国近代工业的发祥地。一个多世纪以来,南通已形成以纺织工业为主体、多种行业竞相发展的工业格局。

建筑之乡。南通的建筑工人以其精湛的技术和吃苦耐劳的精神闻名,"建筑铁军"的称号蜚声海内外,足迹遍及全国乃至世界各地。

教育之乡。二十世纪初,爱国实业家、教育家张謇先生在南通创办了我国第一所师范学校。如今,"全国教育看江苏,江苏基础教育看南通"。全社会尊师重教蔚然成风,教学质量名扬全国。

体育之乡。南通人民酷爱体育运动,为国家培养和输送了多名世界冠军和大批优秀运动员,被国家体委誉为"世界冠军的摇篮"。

长寿之乡。南通的长寿之名享誉中外,全市拥有的百岁以上寿星数量居江苏省首位,所辖如皋、如东、启东三地先后获得"中国长寿之乡"称号,如皋还荣获"世界长寿乡"称号。

文博之乡。1905年,张謇先生在南通创办中国第一座公共博物馆——南通博物苑,因此,南通成为中国博物馆事业的发祥地。改革开放以来,南通的文博事业蓬勃发展,已经形成一个体现南通特色的环濠河博物馆群,被评为"国家公共文化服务体系示范项目"。

"惟有门前镜湖水,春风不改旧时波。"勤劳善良的中国人民自古就有难以割舍的故乡情和"乡愁",南通人民无论走得多远、飞得多高,"露从今夜白,月是故乡明",骨子里总会惦记着家乡那口甘甜的井水。更何况,南通作为"中国近代第一城",在张謇的带领和影响下,早已是远近闻名的工业重镇、教育高地、慈善之邑、文化名县、模范之城。在每个南通人的心里,水是家乡甜,山是家乡美,人是家乡亲。

一、"世界眼光"之模范县

"办一国事,要有世界的眼光。"

世界,成为张謇观察和改造中国社会的参照。张謇站在世界发展的时代前列,洞察着世界大势,在中国闭关自守的环境下,旗帜鲜明地跳出"保守"的窠臼,提出开放发展的思想。

从1894年张謇弃官从商起,经过30多年的苦心经营,到二十世纪二十年代中期,南通从一个封闭落后、默默无闻的城镇,逐步发展成为驰名中外的近代工商业城市、长江下游的重要商埠和苏北经济、文化和政治中心,以全新的都市姿态展现在世人眼前,被誉为"中国最进步的城市""部省调查之员、中外考察之士,目为模范县"。

"模范县"从此成为南通的品牌,成为宣传南通、推广南通的亮丽名片。

1. 三星拱月

南通是第一座由中国人自己用先进规划理念设计并建设的具有现代意蕴的城市,"一城三镇"布局独具一格。

两院院士吴良镛先生提出"南通是中国早期现代化的产物,它不同于租界、商埠或列强占领下发展起来的城市,是中国人基于中国理念,比较自觉地、有一定创造性地、通过较为全面的规划、建设、经营的第一个有代表性的城市",认为堪称"中国近代第一城"。周干峙、阮仪三等国内历史文化规划方面的专家都表示赞同。

百年前,张謇秉承以经济建设推动城镇发展、以城镇建设服务经济发展的理念,选择唐闸作为工厂、天生港作为交通运输枢纽、五山作为风景名胜,进而逐步形成"一城三镇"格局。

唐闸以通扬运河为天然分界,河西分布着工厂、工人居住的工房和工人消费的商店,河东则分布着学校、公园和慈善机构,空间布局合理,功能分区科学。天生港的建设以交通为主,工业和农业稀少,主要是作为江、海、河三者之间的交通转换枢纽,基本上是为唐闸的工业服务的。五山是指包括狼山、军山、剑山、马鞍山和黄泥山在内的自然风光带,略呈弧形排列,是广大市民休闲娱乐的好去处。

至改革开放前,南通的城市空间结构还是按照"一城三镇"规划布局。城区是政治、经济、文化和居住中心,面积占市区的64.3%,人口约占50%;唐闸还是工业中心,规模有所扩大,面积约占市区的17%,人口约占15%;天生港仍是南通江、海、河航运的重要口岸,并新建了天生港电厂作为南通的电力基地;五山依然保持着原有规模,仍是风景优美的旅游区,与过去相比变化不大。改革开放以后,在城市空间形态上,南通保持了原有城镇布局的特色,城市近期主要向唐闸和经济技术开发区"两翼"发展,远期主要沿长江岸线向下游发展,并逐步形成以城区为中心、一城一区多镇的沿江组团式城镇群体。

随着二十世纪八十年代经济技术开发区和九十年代狼山港、江海港口工业区的开发建设,南通的城市经济有了飞跃发展。1995年,南通市人民政府制定的规划将城市性质确定为"上海北翼现代化的港口、工业、贸易城市",以"一城三镇"这一独特的城市形态格局为基础,形成港闸区、主城区、开发区、江海港区等四个各具特色、职能各有侧重的综合功能区作为城市组团,中间以自然地形地物或大片生态绿地相隔离,并以现代化快速干道交通紧密相连,进而使之成为带状组团式的规划结构形态。城市空间的向外拓展,使得城区与三镇之间的距离大幅度缩短,但整体形态上依然保持着"三星拱月"的格局。

2. 翡翠项链

人类由水而生,依水而居,因水而兴。

清嘉庆八年(1803),濠河曾干涸见底、鱼虾绝迹。1914年,张謇分别聘请荷兰、瑞典、英国、美国等国的水利专家前来勘测,各自形成勘测江岸之报告或江岸保坍之计划书,并在南通召开了一次国际性的水利学术研讨会。1915年，张謇对濠河开展了全面测量，为他日后治理濠河提供了比较科学和准确的数据。1925年，张謇分别整治西南濠河、西濠河和东濠河，形成网路分明的濠河水系。同年又建西被闸，修盐仓坝闸，建姚港涵，濠河水可直通长江，旱时可纳潮引水，涝时可开闸排涝，平时则定期开闸排污，有效地保障了城区的供水、排水和排污。

如今的濠河是汇自然景观与人文景观于一身的环城敞开式国家5A级旅游景区。濠河两岸有天宁寺、文峰塔、博物苑、五公园等名胜古迹，有李方膺、张謇、赵丹等名人故居，还有环西文化广场、濠西书苑、濠东绿苑、文化宫等新兴的文化娱乐场所和旅游景点，以及28座桥和各种名木古树。丰富厚重的人文景观和秀丽典雅的自然风光交相辉映，显得格外妩媚多姿，沿岸美景让人目不暇接。

濠河夜景 / 单志浩 摄

"濠河十景"引人忘怀,人们或慢跑,或步行,或驻足,每到一处都能感受到新与旧的融合、未来与过去的相遇。

五亭邀月。五亭是濠西书苑的标志性建筑。五座亭子分别被命名为"长虹""观月""鱼乐""濠濮""薰风",绿色琉璃瓦的屋面嵌着金色琉璃瓦的剪边,犹如五颗绿宝石嵌于碧玉之中。每当皓月东升,五亭翘首相邀,玉轮亭影映入水中,天上月、水中月齐邀五亭共舞,如同人间仙境。

绿苑深幽。步入濠东绿苑,亭、台、楼、阁交相辉映,满目苍翠,梅庵书苑、蓝印花布艺术馆等穿梭隐匿其中,曲径通幽,琴音渺渺,行走其中,在树木掩映下,景入眼、人入景,人移一步,景换一色。

仙桥绿堤。风景如画的西南濠河东角,花木扶疏,碧水畅流。此地是古代南门外望仙桥下濠水流经之处,南濠河之水在此一分为二,外支流向东濠,内支进入公园,三座不同风格和材质的小桥将自然弯曲延伸的堤坝贯通相连,形成了人们慢跑、步行和自由活动的绿径小道,又称"仙桥云影"。

北阁波光。北极阁为南通城墙遗址,古代曾驻军,曾为真武大帝庙,今遗有古城墙、古井口等。初登北阁观北濠,极目远眺,近处北濠河微波荡漾、浮光耀金;远处架有北濠一桥,长虹卧波,在万点霞光的辉映中绽放着夺目华彩。

文峰晨霭。文峰塔始建于明代,青瓦白墙红柱,雍容大度,是南通三塔之冠。当年建造文峰塔既为补山水之胜,更欲助本地文风之兴。文峰塔六角五层、飞檐翘角的宝塔昂然仁立,平添几分轩昂古意。晨雾里,旭日初升,天际灿红云霞,古塔静谧而庄重。

天宁闻钟。"万籁此都寂,但余钟磬音。"天宁寺是南通最古老的建筑,始建于唐代,初名报恩光孝禅寺,寺内光孝塔,有"未有城,先有塔,前人就塔建城"之说。晨光中,千年古寺慢慢苏醒,钟声响起,浑厚悠扬。

五园揽翠。濠河曲折处,沿河两岸,分东、西、南、北、中建有五园,即今南公园、少年之家、总工会、西公园及文化宫一片。昔日幽静的"五园"地带,在城市的发展和变迁中,已经成为车水马龙的闹市区,但"五园"原址的自然风韵犹存,园内树木繁盛,花木品种繁多,一年四季苍翠艳丽,为濠河景区增光添色。

别业双辉。站在公园桥上西眺,一南一北两座红色近代建筑,呈现在人们的眼前,这是当年张謇与其兄张詧在濠河南北两岸建起的家园——濠南别业和城南别业。隔河相望的两座红楼,点缀了南通博物苑、城市博物馆、南通图书馆等人文景观,也展示了濠河的古往今来。

启秀风荷。"接天莲叶无穷碧,映日荷花别样红。"启秀园内水面开阔,莲叶田田。荷花池畔,临水一楼,亦因满池荷花而得名"映红楼"。夏日午后,端坐于映红楼上,倚窗凭栏,满眼碧绿,红荷点点,凉风吹过,飘来阵阵荷香,顿觉神清气爽。

怡园泊舟。"船荡烟波摇万象,荫垂柳岸拂千丝。"怡园紧靠码头,游船经常泊于怡园附近。画舫雍容、小舟轻逸。轻风吹过,船舶随波起伏,岸柳随风摆动。

"时有落花至,远随流水香。"如今的濠河曲曲折折,迂回激荡,呈倒置的葫芦形状环抱老城区,造就了一道清秀明丽的风景,形成了"水抱城、城拥水,城水一体"的独特风格,也获得了"江城翡翠项链"之美誉。

3. 凤引九雏

面朝大海、背靠大陆,港口作为经济发展的大动脉,一直是开放与希望的象征,是城市乃至区域发展的重要推动力量。纵观国内外港口城市发展的历史,城以港兴、港以城旺是一般规律。

长江和黄海为南通造就了黄金水道与黄金海岸,南通的港口作为长江下游河口港,又发挥着海港作用,成为江、海、河三者之间直达或中转的咽喉。

十九世纪九十年代末,张謇为了便于大生纱厂货物进出,选择在天生港开辟港口,建设通源和通靖两座码头,随后又疏浚港闸河和修筑港闸路,并建立仓库等配套设施以及为旅客服务的饭店、客栈等。于是,天生港也形成了市镇,轮船到港前后十余分钟,俱有公共汽车、汽车与之衔接。

天生港的建设为南通港口的发展拉开了帷幕。如今,南通港已由地方性内河港发展成为长江下游的一个江海联运港口群,沿长江岸线自上而下开发建设了如皋港、天生港、南通港、任港、狼山港、富民港、江海港和通海港等八个港区。进入二十一世纪,南通市依托得天独厚的岸线资源,大力实施"以港兴城、沿海开发、江海联动"的战略,港口开发与临港工业得到了较好发展,成为服务长江流域、辐射内地、接轨上海、连接世界的多功能、综合性水运枢纽。

此外,港口工业还形成了以中远川崎为骨干的船舶生产基地,以东丽化纤、帝人化纤为重点的现代纺织基地,以江山农化、先正达化学为龙头的精细化工基地等。其中,中远川崎是中国远洋运输(集团)总公司与日本川崎重工业株式会社合资兴建的大型造船企业,如今已成为国内外造船业公认的标杆。

4. 空谷幽兰

自古以来,以狼山为代表的五山历史悠久,景色秀丽,山水相映，松柏苍翠，犹如五颗晶莹的玉石镶嵌在一马平川的江海大地，仿佛一盆天然的"水石盆景"。

早在一百多年前，张謇就高度重视生态环境保护，并大力践行以山养山、以林育林的理念。1917年4月22日，《通海新报》报道："五山山陂遍植树苗，如松、柏、杉、柳之属，约有六万株，远望之树荫成行，成一我国造林之模范区也。"在生态建设方面，张謇除了培育五山森林外，还先后兴建了唐闸公园和东、西、南、北、中五公园，既恢复了众多的自然生态系统，又包含着丰厚的人文底蕴，为人们创造了一个享受自然、与自然亲近融合的机会。"每当春秋佳日，夕阳西下，红男绿女，联翩结队，步柳荫、听流水，人山人海，车马如织，极其乐也。"

1949年后，北公园改建为文化宫，中公园改建为少年宫，东公园改建为总工会，西公园改辟为濠滨绿地，只有南公园仿照民国建筑风格修葺一新，仍作为市民休闲娱乐的场所。张謇兴建公园以改善生态、美化城市和愉悦市民的做法，得到了继承和发展。

狼山距离通州城约7千米，是南通最大的名山。2001年，南通市人民政府为加快狼山旅游资源开发利用，将狼山镇15个村全部纳入狼山风景名胜区规划范围，后又陆续新建滨江公园和南通园艺博览会博览园，五山周边的环境更加优美。走进五山森林，只见山上奇峰怪石伫立，古木参天，塔殿亭台鳞次栉比；山下竹林房舍交错，花木繁盛，溪流环伺，曲径通幽。

狼山为佛教中大势至菩萨道场，列全国佛教八小名山之首。狼山山麓有小街，"店十之九为卖香纸者。每当三月，香客甚多，红男绿女，有如山阴道上。烧香之盛，不下西湖之天竺也"。军山与狼山相对峙，"古为长江之要隘地，筑有炮台，驻扎重兵，故

狼山风光／许丛军 摄

名军山"。剑山,以其形似宝剑得名,位于军山和狼山之间,无论是高度还是规模,都比不上军山和狼山。不过,它因东麓有仙人洞出名,相传该洞可通长江对岸的常熟福山。马鞍山,在狼山的西侧,规模最小,但由怪石叠成。黄泥山,位于五山的最西边。论奇伟,它虽然比不上狼山、军山和剑山,但是"泉石幽远,蹊径曲折,小桥流水,山花满路,故又是一番风味"。

位于狼山风景区的啬园,是张謇的长眠之地。这里环境雅静、景色宜人。园内古木参天,有珙桐、台湾杉等珍稀树种200多种,总数万余株,为南通规模最大的植物观赏园,是空气质量最好、负离子含量最高的生态园林,素有"城市氧吧"之称。

如今,南通各式各样、大大小小的公园星罗棋布,如唐闸公园、滨江公园、紫琅公园、能达中央公园、文峰公园、通州区南山湖公园、海门区东布洲长滩公园、启东市蝶湖公园、海安市七星湖生态园、如皋市龙游河生态公园、如东县青年公园,等等。这些公园生态良好、风景优美,能够满足市民亲近自然、休闲游憩、运动健身等各种需求。同时,五山森林和众多公园又构成了南通的自然生态系统,不仅对于涵养水源、保持水土、防风固沙和调节气候起着极其重要的作用,而且能够有效控制或缓解城市的大气污染、粉末污染和热岛效应,改善城市生态环境,有效推动了南通的生态文明建设。

二、"父教育"之高地

1903年4月26日晚,一位五十多岁的老人,一手托着油灯,一手拿着锤子,走在通州师范学校的校舍之间,仔细地检查每一间教室、每一个宿舍的门牌是否牢固,并亲手将其补牢,一直忙到后半夜……这是当年通州师范学校正式开学的前一晚,而这位老人就是张謇。

张謇在开纱厂以兴办实业之时,就提出了"父教育,母实业"的主张,认为"实业与教育迭相为用""以实业辅助教育,以教育改良实业,实业之所至,即教育之所至",以教育人才推动实业发展。张謇发展教育事业以师范教育为始,再循序渐进在南通建立起从小学到大学,从普通教育到职业教育,再到社会教育和特殊教育的综合教育体系。这对今天南通各级各类学校的布局、规划和发展产生了深远的影响。

1. 师范启其塞

张謇认为,师范是教育之母,师范教育是教师的摇篮,是提升教育质量的源头。

位于城山路的南通师范高等专科学校已有一百多年的办学历史,先后合并了民立通州师范学校(中国第一所独立设置的师范学校)和通州女子师范学校(中国第一所本科女子师范学校)。

百余年间,学校共培养了8万多名毕业生,享有"红色师范""教师摇篮"的美誉。曾经汇聚了王国维、陈师曾、朱东润、刘延陵等一代名师,涌现出以刘瑞龙、吴亚鲁、刘季平为代表的革命志士,以袁翰青、严志达、韩德馨、魏建功、吴俊升为代表的诸多知名专家学者,以李吉林为代表的一大批教育专家和教学能手。

改革开放以来,学校秉承"开风气之先"的传统,创造了诸多"全国第一",为我国师范教育的发展作出了原创性贡献。尤其是1984年在全国率先施行五年制师范教育模式,2007年在全国地级市中率先开展师范生免费定向培养,在我国小学和学前教师教育领域独树一帜,形成了祈通中西、沉毅勇为、砥砺自新的文化特质,凝聚着智民兴国、坚苦自立、强学力行的师范精神。

2. 小学导其源

张謇认为,小学教育是整个教育事业的基础,要提高整个教育事业的质量,"以强毅之力行其志",必须从小学教育做起。

位于崇川区桃园路的南通师范学校第一附属小学,是张謇先生创立的全国第一所师范附属小学校——通州民立师范学校附属小学。百年来,秉承张謇"爱日、爱群、爱亲、爱己"的校训,从南通师范学校第一附属小学里走出了数学家杨乐、电影表演艺术家赵丹、画家赵无极、经济学家邢鉴生,以及世界体育冠军李菊、陈玘、陆斌等高精尖人才。

3. 中学正其流

张謇认为,中学教育是学生求学生涯中一个重要的承上启下阶段,对一个人的发展起着非常重要的塑造作用。

在南通钟楼的北侧,静静地坐落着一所百年名校——南通中学。在南通中学校史馆前的旧门上方赫然写着"公立中学校"几个大字,这里是张謇创办的"通海五属公立中学"的旧址。一百多年来,南通中学始终秉持张謇先生首倡的"诚恒"校训,努力践行"人品与学问同步卓越"的育人理念,形成了"正道直行、积健为雄"的学校传统,"难忘教育"的学校特色,"崇活"校风、"善导"教风和"贵思"学风。学校历届校友中有 20 多位两院院士、32 位革命烈士、10 余位享誉海内外的艺术大师、8 位世界体育冠军,以及一大批党政军领导人和实业家。

近年来,南通始终致力于促进县域高中与城区普通高中整体协调发展,加强政策设计,优化教育治理,推动特色发展,让每一个县(市、区)都有不止一所人民满意的"好高中",海安中学、启东中学、如皋中学、海门中学、如东中学等形成了"各美其美,美美与共"的良好生态,堪称"双一流"大学的后援团。

4. 大学会其归

张謇认为,大学如百川汇归,是各种知识总汇之处,是培养高级专门人才和职业人员的主要场所。在濠河风景区内,与南通师范高等专科学校毗邻的是南通大学,它发端于南通医学专门学校和南通纺织专门学校。1912 年,张謇着手创办了这两所学校,并将其定位为综合性大学,按照综合性大学的标准进行建设,只是当时并未正式冠名。从 1920 年开始,张謇将他创办的几所专门学校统称为南通大学。

如今,历经一个多世纪的风风雨雨,具有深厚历史文化底蕴的南通大学承载着先贤张謇的希冀,肩负着时代的使命,在继承先贤精神和传统的同时,将"祈通中西,力求精进"作为学校校训。这八个字分别取自张謇先生为原南通学院医科、纺织科所题训词"祈通中西,以宏慈善""忠实不欺,力求精进"。"祈通中西"就是要求在继承民族传统文化的基础上,开阔眼界,善于学习、吸收和运用全人类的先进文化成果,古为今用,洋为中用。"力求精进"就是要求时刻保持积极进取的精神状态,做到与时俱进,追求卓越,勇攀高峰。植根于这片丰厚的沃土,学校走出了梅自强、保铮、姚穆、段树民、陈义汉、樊嘉等一批优秀人才。2015年,顾晓松当选中国工程院院士,成为南通本土培养的第一位院士。"祈通中西,力求精进"已成为南通大学薪火相传的价值力量。

与当年相比,今天的南通大学不仅具有综合性,而且具有现代性。它从当初仅有纺、农、医三科,到今日拥有20多个系、科,已建设成为一所规模结构合理、学科门类齐全、教学质量优秀、办学效益明显的地方综合性大学。

5. 专门别其派

张謇认为,各专科学校是分别其派,专科教育是一种针对特定职业领域的教育,主要培养学生掌握特定技能和知识,以满足特定行业或领域的用人。

江苏工程职业技术学院坐落在繁华的南通市青年中路,已有百余年办学历史,具有深厚的文化底蕴。学校前身可追溯到1912年张謇创办的南通纺织染传习所(中国第一所纺织专门学校）。南通纺织专门学校是培养中国纺织专业人才的摇篮，是中国近代纺织高等教育的开端。

发展特殊教育是推进教育公平、实现教育现代化的重要内容。位于城山路的南通特殊教育中心，是由张謇在1916年创办的南通狼山盲哑学校演变而来。学校秉承张謇先生"为造就盲哑具有普通之学识，俾能自立谋生"的教育宗旨，以办人民满意特殊教育为目标，坚持"尊重差异、培养特长、健全人格、和谐发展"的理念，努力为每个学生的终身幸福奠基。至今，该中心已有几百名盲聋学生考取心仪的大学。

"全国教育看江苏，江苏教育看南通"不仅是一句响亮的口号，更是南通人民引以为荣的城市品牌，也是南通教育走向世界的一张耀眼的名片。如今的南通教育体系完备，涵盖了从小学到大学，以及职业学校、特殊学校等众多类型的学校。未来，南通将立足于办好人民满意的优质教育，建设好现代化教育高地、新时代教育之乡。

三、"母实业"之重镇

1899年5月23日，位于通州城北唐家闸的大生纱厂门前，47岁的张謇整肃衣冠，神情庄重。他冲着电火灯光，三叩其首。随后，全厂机器启动，发出一片隆隆声。老师翁同龢欣喜万分，亲自题写了一副楹联作为祝贺："枢机之发动乎天地，衣被所及遍我东南。"

事情的缘由，要追溯到1895年4月17日。当时，腐败无能的清政府与日本签订了"几罄中国之膏血"的《马关条约》，消息传开，国人无比激愤，张謇的心情也十分沉重和悲愤，并产生自强图存的强烈愿望，在替张之洞撰写的《条陈立国自强疏》中，他提出加强军队和国防建设、兴办新学、发展商务、提振工艺等主张。1895年，张謇以两江总督张之洞委派"总理通海一带商务"名义，开始筹划在南通创设纱厂，集股过程颇费周折。这便是历史上广为流传的"状元办厂"的故事。

1. 中国近代工业遗存第一镇

今天，当我们走进唐闸古镇，旧日浓浓的工业气息扑面而来，恍惚间仿佛回到了百年前的工厂。大生纱厂、复新面粉厂、资生铁冶厂、广生油厂、大生织物公司、大达内河轮船公司、泽生水利船闸公司、大达公碾米公司、通成纸厂等一系列近代工业遗存保存完好，张謇的旧踪依稀可觅，同时又新颜渐展。

张謇创办大生纱厂取得极大成功后，兴建了气派的大生码头牌坊。这个牌坊，是三门四柱式的。牌坊朝向运河一边的题字是"大生码头"，朝向纱厂正门的题字是"利用厚生"，来源于《尚书》，意为开发大自然的物产让民众过上富裕的生活，这与大生纱厂的厂旨"大生"——"天地之大德曰生"是一脉相承的，即一切的政治学问，最低的要求就是让大多数的老百姓能够生活下去。这也是张謇创办系列实业的缘由，他认为搞实业才是真真正正创造价值的，实业是物质财富的源泉。与大生码头牌坊遥相呼应的是大生纱厂的钟楼。始建于1915年，坐西朝东，为中西合璧式建筑，第五层钟室装有罗马数字12小时钟面，该钟为英国曼彻斯顿纺机公司所送，与英国大本钟为同一企业所产。

登上钟楼楼顶，唐闸全貌尽在眼中，通扬河水流悠悠，岸边人家岁月静好。

一个人和一座城

大生集团 / 张启祥 摄

"千古文化留遗韵,一代文明展新风。"近年来,南通市政府启动唐闸工业遗产保护利用工程,以唐闸油脂厂等张謇创办的早期工业企业旧址为主体创建了"南通·1895文化创意产业园",在保持当年工业生产、社会生活等风貌的基础上,加强了博览、旅游、休闲等公共服务功能的建设,历史空间推陈出新,工业老镇焕发全新活力。

为纪念张謇先生而建的张謇广场,位于唐闸古镇杨家湾,落成于2011年,广场上张謇雕塑面朝东南,高7.3米,寓意先生73年人生经历。唐家闸北川桥畔的大达内河轮船公司原址在坐西朝东的两层楼房内,西洋风格的办公楼保存完好,陈列的史料完整,是中国近代内河交通的重要遗存,现为南通市市级文物保护单位。

如今的唐闸古镇已成为年轻人流连忘返、拍照打卡之地,有众多非遗文化的展厅、时尚创意的网红小店,还有各种口味的小吃餐厅、各种风格的精品民宿。而最具代表性的唐闸大生纱厂、大生码头、钟楼、公示厅、专家楼等原址建筑,更是成为专家学者研究中国近代民族工业发展史的活标本。吴良镛院士称唐闸是"中国近代工业遗存第一镇"。

2. 新世界的雏形

甲午战争后,中国承受巨额赔款,财政几近枯竭。面对捉襟见肘的局面,张謇主张"行西农学所行之新法","或集成公司"开垦荒地,"用机器垦种",改良和发展农业,保障生活资源供给,增加国家财政收入。

1901年5月,张謇克服土地所有权争议等纷扰和阻力,正式成立通海垦牧公司。通海垦牧公司又名垦牧乡,被张謇誉为"新世界的雏形"。张謇在沿海大范围开垦荒地,不仅给大生提供了优质的棉花,为大生资本集团的发展壮大提供了前提和基础,而且把沿海纳入大生系统土产土销的纺织生产体系中,使当时南通县镇与周边区域紧密结成一体,形成以大工业带动区域经济发展的模式。

进入二十一世纪后,南通的沿海开发进入加速发展时期。2013年12月,获得省级层面支持的《南通陆海统筹发展综合配套改革试验区总体方案》将张謇先生沿海内陆协调发展的理念向纵深推进,海洋铁路、临海高等级公路建成,平海公路、221省道、334省道等一批从中心城市、县城通向沿海前沿的高标准干线公路陆续建成。随着通州湾新出海口影响力的不断扩大,项目集聚效应加速释放。当前,南通发展突出通州湾核心地位,以建设南通"城市副中心"为目标,做强洋口、吕四两大组团配套服务功能;组建市县两级沿海特色风貌管理委员会,以打造圆陀角—吕四渔港缤纷百里最美海岸线,形成江海文化景观大道、黄金海岸风光带、海上城市客厅等沿海特色名片。

但凡来到万里长江之尾、东黄海之端的启东圆陀角,晨登江海大堤或寅阳楼,面对长江黄海东海三水相激、咸淡分潮的壮观之景,无不对"新世界"已然成形而感慨万千。

3. 世界家纺中心

大生纱厂虽然在1910年4月创办机器织布厂,但是机器纺纱始终是大生纱厂的主营业务,也终究未对家庭土布生产构成威胁。张謇推动大生纱厂与家庭织户相辅相成,形成工厂小车间、农村大工厂紧密联系、互利共赢的共同体。这不仅体现了张謇"织藏于民"的思想,以企业发展壮大带领老百姓共同富裕,更在相当程度上推动了南通地区棉纺织业整体的大发展。

当前,南通已经成为国内纺织业集聚度最高、门类最齐全的地区之一,形成了独特的公司加农户的生产经营体系,并形成了与之相匹配的纺纱、织布、印染、成品制造、整理、包装、研发等较为完整的生产分工协作体系。罗莱、水晶家纺、紫罗兰、富安娜等一大批头部企业、领军企业,形成了以上市公司为核心、行业领军企业为支撑、中小企业为基础的高端纺织产业集群。纺织业产值位居全国前列,纺织品出口额全省第一。

南通海门叠石桥被人们誉为"小温州",近年因家纺产业集群的快速发展而享有越来越高的知名度。这里有世界知名的中国叠石桥国际家纺城,总建筑面积50万平方米,日均人流量3万人次以上。这是一个数字化的家纺城,中国家纺一线品牌强势入驻,由叠石桥家纺城、绣品城、三星工贸园区、物流中心、商贸城五大部分组成,拥有8000多个营业门面及摊位。目前,叠石桥家纺产业已占据全国家纺行业的半壁江山,与德国法兰克福、美国纽约第五大道并称"世界三大家纺中心"。

置身于叠石桥产业历程馆,在声光电相结合的现代技术渲染下,感受30多年间叠石桥家纺人依托传统家纺产业艰苦创业、敢为人先的一个个历史时刻,情不自禁地发出"枢机之发动乎天地,衣被所及遍我东南"的感慨,百年前的梦想早已变成现实,南通"好通",今后的路会越来越宽广。

四、"善业不朽"之名邑

回到百年前那个国势衰弱、民不聊生的近代中国,南通县的街道却是一片祥和繁华,路上很难看到乞丐、醉鬼、流浪汉。正可谓:"应兴储祥和,不复布戾悍。"

张謇在南通兴办的慈善事业直接造福了乱世中的南通社会底层百姓。他一生创办30余家企业、400余所学校,以及养老院、育婴堂、盲哑学校等一系列社会机构,建立起幼有所抚、老有所养、贫有所济、病有所医、残有所助的社会保障体系,是中国近代慈善体系的探索者。

张謇的慈善事业标志着中国近代慈善思想和实践发展的一个新高度。当时南通能被评为"模范县",慈善事业发挥了重要支撑作用。今天的南通,慈善事业薪火相传、蓬勃发展。

1. 以宏慈善

2016年9月1日，中国第一部慈善专门法《慈善法》正式实施。同日，中华慈善博物馆于大生纱厂旧址建成开馆，这是中国首个国家级慈善专题博物馆。

中华慈善博物馆建筑面积约16000平方米，在厂房原址上运用当代的设计和建造技术进行了改造和扩建，焕发了新的活力。慈善博物馆以"祈通古今，以宏慈善"为使命，建成中华慈善文化的展示窗口、教育课堂、交流平台和研究基地，成为南通城市慈善事业健康发展的强大助力。

中华慈善博物馆思想厅内，陈列着一部素有"佛教熊猫"之称的贝叶经，创作年代为明代，这部经书一共13册，是博物馆的"镇馆之宝"。为了这部经书，建馆征集组成员三次赶赴云南，最终在云南省民政、民族宗教部门协调下，找到这部描绘世尊佛祖前世——傣族王子维先达腊乐善好施故事的贝叶经真品。在博物馆一楼和二楼展厅之间，一尊"鬻字筹款"的雕像卓然而立，张謇手握毛笔，仿佛正在为筹集更多善款而奋笔疾书。

2. 敬老慈幼

"老吾老以及人之老，幼吾幼以及人之幼。"张謇作为慈善人士，对悲惨无助的弃婴、无依无靠的孤寡老人特别关注。1906年秋，南通的新育婴堂在距离城区十余里的唐家闸鱼池巷口建成开堂。1912年，第一养老院在南通城白衣庵旁落成；1920年，第二养老院在海门常乐镇南顺利开办；1923年，南通的第三所养老院在第一养老院对面顺利建成。

新育婴堂和养老院的种种做法早就超越了旧时功效，新育婴堂开办的第一年收养了305名婴儿,两年后就收养了近1500名婴儿,开办的前八年,先后收养了近万名婴儿,数量之多,超出想象。据资料统计,1915年5月男院老人69人,女院老人18人。残废者入院后衣食完全由养老院负担,养老院还负责治疗疾病和处理身后事,在乱世中辟出一方净土。

1949年后,新育婴堂和养老院均由政府接管改为公办,后几经合并,于1963年更名为南通市社会福利院,2012年福利院由崇川区养老院巷5号迁至工农南路185号。1952年以来,福利院已先后收养"三无"老人、孤残儿童16000余名,为发展社会慈善事业、保持社会稳定、促进社会和谐作出了巨大的贡献。

经过多年的发展,南通市社会福利院已成为集收养、功能训练、康复治疗于一体的全市最大的综合性社会福利机构,先后被评为省级行风建设示范单位、省级涉外收养工作先进单位、民政系统先进单位。

3. 博施济众

"但愿苍生俱饱暖,不辞辛苦出山林。"随着经济实力的不断增强、社会经验的逐渐丰富、思想观念的不断提升,张謇进一步创新与发展南通的慈善事业,盲哑学校、残废院、济良所、贫民工场、栖流所等一系列慈善机构分类明晰、功能明确。在对其中的人群进行自强帮扶时,张謇强调教育赋能,用"教养结合"的方式安置这些"失教"和"失养"的贫弱人群,使之将来能自食其力。南通的慈善事业超越了一般意义上的救助,更加注重能力提升和技能培养,这也使得南通的民风有所改善。

残废院。在与盲哑学校毗连的位置,有座南通残废院。南通残废院其实是在盲哑学校之前由张謇于1916年创办,占地约

6亩。张謇不希望看到残废乞讨者越来越多,志愿创建残废院,"为善有期而种德至广"。

南通贫民工场。1914年,南通的贫民工场在南通县西门外开办。对于贫寒之人,张謇亦厚待之,创办贫民工场主要是基于贫困盐民的生计问题而进行的长远考虑。

济良所。1914年,在张謇兄弟的支持下,南通警察事务所所长杨懋荣发起筹办南通济良所,共建成房屋25间,专门收容娼妓、被虐待的婢女,以及无依无靠的妇女。

栖流所。1916年,经过张謇与他的三哥张詧对前清的养济院进行改造,南通栖流所在南通城西门外落成,占地约2亩,建有房屋数十间,专门收养无依无靠、无家可归的流浪乞讨者,甚至精神病患者,为他们提供庇护。

千秋伟业,百年风华。如今的南通一片祥和,人民安居乐业,社会安定有序,当年的残废院、贫民工场、济良所、栖流所早已不复存在,有的仅剩遗址,有的已并入南通市社会福利院。值得一提的是,针对盲哑特殊人群的狼山盲哑学校仍然保存了下来。

张謇为了改变盲哑儿童"贫者乞食、富者逸居"的状态,立志创办盲哑学校。1916年11月,私立南通狼山盲哑学校在狼山东北麓建成开学,张謇亲自担任学校的首任校长。虽然这是一所学校,但亦具备慈善性质,正如张謇自己所说:"故斯校始在教育之效,而终在收慈善之效。"

狼山盲哑学校可谓中国人自己独立创办设置的第一所盲哑学校,学校简章也是我国第一部盲哑学校章程。学校几经变迁,现已联合组建为南通特殊教育中心,形成了完整的特殊教育体系。

学校秉承张謇先生"为造就盲哑具有普通之学识,俾能自立谋生"的教育宗旨,培养对社会有用之才。学生美术作品多次参加国内竞赛,并在瑞典、丹麦、比利时等国展出;学生运动员在江苏省和全国残运会上获几十枚奖牌,学校盲人足球队代表江苏省获得全国盲人足球锦标赛两连冠。学校先后被评为全国文教卫先进集体、省残疾人事业先进单位等。1991年,南通市政府、中残联和国家教委联合在北京人民大会堂为学校举行建校75周年纪念会,收到的贺电中,有"历史悠久、成绩显著、难能可贵、值得发扬"的赞誉。

4. 己达达人

作为一个慈善公益的先行者,张謇心有大世界,胸怀大格局,不断学习世界范围内的先进慈善理念和实践,在南通倾力兴办、发展、创新公益慈善事业,将南通打造成近代有名的慈善之邑。

如今,江海大地涌现出一批道德楷模、慈善典范。南通大学退休教师汤淳渊化名"莫文隋"(莫问谁)匿名资助贫困学子24年;"磨刀老人"吴锦泉用走街串巷挣来的一枚枚硬币做慈善,累计捐款超20万元;从1988年开始,200余名"海安舅舅"接续为偏远山区宁蒗彝族自治县培养初、高中毕业生2万多名,输送中专生、大学生1万多名,为实现宁蒗地区各族人民整体脱贫作出了重要贡献。还有"江海志愿者""爱心邮路""鸿雁志愿服务队""爱心妈妈""莫文隋志愿队"等一批服务南通百姓的慈善团体,弘扬慈善精神,传达着当代南通的城市善意。

南通市在全省范围内率先将"慈善之城"建设工作纳入城市整体发展战略,南通市慈善总会还设立了张謇慈善基金,形成以

"张謇慈善精神"为核心的南通慈善文化。

向爱向暖,向上向善。包容汇通的江海文化,滋养了南通生生不息的慈善基因。正是一大批见贤思齐者的存在,擦亮了"中国近代第一城"的文明底色。

五、"祈通中西"之名城

"大风泱泱,大潮滂滂。"近代南通能够成为祈通中西的文化之城,与张謇积极开展文化事业有很大关系。

张謇文德双修的人格魅力深深感召了南通人民,其兴办各种文教事业也极大地开启了民智,使得南通地区崇文重教的社会风气日益昌盛。他在南通兴办实业,开创了南通工业化的先河,给人们带来了科学精神和工商意识。他以科学的理念规划经营了"中国近代第一城",使南通人早早享受到电灯、电话、影院、邮政、公园、公交、气象台等近代社会文明的产物。他邀请国内外名家大师如章太炎、黄炎培、梁启超、陶行知、梅兰芳、欧阳予倩以及杜威、特来克、木村忠治郎来通交流,使南通较早受到新文化的熏陶。他主动与上海、苏南沟通,促进地域融合与交流,还对外投放广告,宣传城市形象,不仅有中文的,还有英文的,并且创办报纸、印书局、电影公司等机构,推动图书出版、影视媒体发展,探索了一条文化兴城的发展道路,增强了南通的世界影响力。

张謇在南通的早期现代化探索为之后南通的社会主义现代化建设奠定了雄厚的基础,其对南通地方文化的影响延续至今。

1. 文博创新

辛亥前夜的南京，百业竞兴，盛况空前。这是近代中国首次举办的世界博览会——南洋劝业会。

在张謇的努力下，数以万计跨行业、跨时空、跨国别的展品汇聚于南京。对于近代战乱频仍的中国而言，何曾有过这样的荣耀啊！29岁的浙江绍兴中学学堂学监兼博物教员鲁迅率全校200多名师生专程赶赴南京观摩。14岁的茅盾和16岁的叶圣陶作为进步中学生，流连劝业会，被惊得目瞪口呆，恍如梦境。徐悲鸿、刘海粟、骆憬甫、史量才、郑逸梅、颜文梁等中国近代史上熠熠生辉的人物也悉数登场，感叹"一日观会，胜于十年就学"。

"博物多闻，一眼千年。"作为近代中国博览事业的先驱，早在劝业会举办的五年前，张謇就在南通新建了南通博物苑。1905年，南通博物苑在南通老城区的东南濠河之滨建成，占地约48亩，张謇亲任博物苑总理，曾留学日本的通州师范学校学生孙钺为主任。南通博物苑是集动物园、植物园、博物馆和园林景区于一体的场所，藏品丰富，景色宜人，对于增长人们的知识、开阔人们的眼界起到了实际作用。张謇创办的南通博物苑不仅是南通的第一个公共博物馆，也是我国第一座公共博物馆。南通博物苑颁布的《博物苑观览简章》也被视为中国近代博物馆最早的管理章程。南通的文化事业经由南通博物苑的创办得以起步，社会风气也因此得到改善。

1938年南通博物苑惨遭日军毁坏。新中国成立后，南通博物苑终于得以重建，经过全面规划与建设，具有百年历史的南通博物苑已成为全国重点文物保护单位、首批国家一级博物馆、国

一个人和一座城

南通博物苑／视觉江苏供图

家 5A 级风景旅游区等。如今，以南通博物苑为龙头的综合博物馆，加之一批专题性、行业性博物馆所构成的环濠河博物馆群，将南通城市特色更多、更深刻地凸显出来。

南通博物苑现存的早期主要建筑有南馆、中馆、北馆，由南向北构成博物苑的主轴线，分别陈列天文、历史、美术、教育四部标本、文物。中馆建成最早，为三开间砖木结构，中间一间上加二层气楼。北馆为歇山顶五开间砖木结构二层楼房。南馆是当时最大的陈列室,为二层楼房,造型别致、中西合璧,楼上北向月台,上悬张謇于创苑时手书的板刻对联"设为庠序学校以教,多识鸟兽草木之名",说明了创苑的宗旨。中轴东西两侧分布着国秀坛、荷花池、藤东水榭、谦亭、相禽阁、国秀亭、水禽舍等园林建筑设施,广植名木花草,饲养少量动物,并用标牌说明,使文物标本陈列与生物活体展示相配合,知识传播和性情陶冶融合一体,达到良好的教育效果。南通博物苑融民族特色与科学文化于一体,实现了现代博物馆与传统园林苑囿的完美结合。位于博物苑西侧、建于1914年的近代优秀建筑张謇故居——濠南别业,位于博物苑南部、张謇创办的南通农校旧址,原南通图书馆旧址也归入博物苑的范围。经多年发展,南通博物苑现占地总面积7万多平方米,藏品总数达4万余件。

作为文博之乡,南通的博物馆量质并举、活力四射。南通中国珠算博物馆、中国审计博物馆、中华慈善博物馆、南通纺织博物馆、南通城市博物馆、南通濠河博物馆、南通个簃艺术馆、南通中医药文化博物馆、南通风筝博物馆、南通蓝印花布博物馆、南通沈寿艺术馆等引人瞩目,群星闪耀。

2. 书香迢递

图书馆是城市文明的支点。

张謇认为,自己的藏书与其传给自家后辈独自欣赏,不如让更多的人共享。1912年,张謇在南通博物苑附近的东岳庙创建了南通图书馆,并将自己珍藏的图书8万卷及收集来的图书共计13万卷,捐献出来,供市民阅读。张謇还聘请数十名专家翻译了大量外国名著。随着藏书数量的不断增加,至1924年,图书已达23万卷,为当时全国县级图书馆之最,亦为私立公共图书馆之最。

1929年南通图书馆并入南通学院,1938年为防止战乱破坏,南通图书馆的8万多卷古籍转移至城内天宁寺光孝塔北侧藏经楼保存,1952年南通市政府重建南通图书馆,1953年定名为"南通市人民图书馆",1957年更名为"南通市图书馆"。

改革开放后,南通市图书馆进入了新的发展时期。1979年,图书馆综合大楼建成。1982年,图书馆古籍藏书楼"静海楼"竣工,这是1949年后,全国公共图书馆系统建成的第一座专用古籍藏书楼。国务院古籍整理规划领导小组组长李一氓题写了楼名。综合楼和"静海楼"的落成给图书馆的发展创造了良好的条件。二十世纪八十年代初,南通市图书馆年购文献已达数万件,报刊近千种,持证读者过万。

南通市图书馆将继续为南通文化事业的发展贡献力量,在开化风气、广开民智、提高市民阅读水平、引领图书馆事业发展、传承历史文化等方面继续发挥重要作用。

3. 戏剧润风

"念白抑扬含顿挫,唱腔委婉透激昂。"

张謇认为,"要改良社会,文字不及戏曲之捷,提倡美术工艺不及戏曲之便",因此,他特别看重戏剧这类大众文化形式对普通民众的教化作用。

"更俗剧场"是南通的一张亮丽名片。"更俗"即移风易俗,张謇建造更俗剧场主要是为了改变旧的风俗习惯,树立良好的社会风气,使之成为革新戏剧表演、改革管理制度的有效载体。剧场建成后,曾出现京、昆、话三个剧种同台争艳的格局,在当时独树一帜,充分反映了南通在我国近代戏剧史上的地位。全国知名演员如梅兰芳、余叔岩、王凤卿、程砚秋、谭富英、杨小楼等相继而来,特别是梅兰芳三次来更俗剧场演出,盛况空前,影响深远。

二十一世纪初,南通重建剧场,2002年9月正式开业,名为"更俗剧院"。院内设有梅欧阁纪念馆,可以看到张謇、梅兰芳、欧阳予倩三人的仿真蜡像,栩栩如生,令人肃然起敬。

更俗剧院是一座融新技术、新工艺、新材料于一体的艺术殿堂,它是南通作为文化大市的文化标志性建筑,为南通增添了一道亮丽的文化风景线。

为了利用戏剧改良社会风气,培养新一代演员,张謇还创办了中国近代第一所戏曲专科职业学校——伶工学社。学社有古剧和新剧两班,开设了京剧、昆曲等戏剧专业课,也注重伦理、国文、英语、算数等文化课程的教授,学校还开设音乐课,讲授西洋音乐,并建立了乐队,能演奏交响乐。伶工学社存续时间并不是很长,大生资本集团陷入困境后,学社走向下坡路,1926年张謇去世后,伶工学社停办。2004年,伶工学社旧址被列为南通市文物保护单位。2010年伶工学社保护利用工程全面启动,2013年修葺一新的伶工学社正式对外开放。

如今,百姓戏台"周周演"活动常年在伶工学社上演。《状元媒》《沙家浜》《太真外传》《四郎探母》等经典京剧选段精彩纷呈,还有来自苏州、泰州、盐城,以及上海、浙江等地的戏曲团队,带来的越剧、沪剧、淮剧、黄梅戏等戏曲,让南通戏迷过足了戏瘾,有的老戏迷更是每周准时到伶工学社报到,不肯错过一场演出。

"看似寻常最奇崛,成如容易却艰辛。"更俗剧院、伶工学社拉开了中国戏剧和戏剧教育改革的帷幕,百年来的悠悠戏曲声、累累银杏果,见证了南通人对戏剧的热忱,彰显了南通人对戏剧传承发展的执着追求和对移风易俗的新型教育的前瞻力。

4. 刺绣传承

十指春风,妙手偶得。

1914年8月,南通女工传习所在通州女子师范学校附设手工传习所的基础上成立,创办人是张謇、张詧,近代著名刺绣艺术家沈寿担任所长兼教习。

南通女工传习所是专门培养女子刺绣工艺人才的学校,是我国较早创办的刺绣学校,虽然不是全国第一,但在近代工艺美术教育史上有着特殊的地位和贡献,尤其是使"沈绣"得以发扬光大、传承后世。其旧址现为南通市文物保护单位。1992年,沈寿艺术馆建立在女工传习所旧址之上。女工传习所分类分层次办学,循序渐进、学用结合的教学,培养了一批高素质刺绣人才,推进了南通乃至全国工艺美术的发展,为我国刺绣工艺的发展作出了重要贡献。

2008年,苏绣(南通仿真绣)被列入第一批国家级非物质文化遗产。南通仿真绣也称"沈绣",这得名于它的创始人——清末民初的刺绣艺术家沈寿。沈寿仿真绣的传神、写实、逼真是其他刺绣不能相比的。它融汇西洋油画、摄影等美术中之光影技法,革新刺绣针法与技艺而创制。仿真绣首创旋针、虚实针表现物体的肌理,用丰富多彩的丝线调和色彩,使作品的色调柔和自然,故而又有"美术绣"之称。仿真绣一般取材于西洋油画的人物肖像、风景等,特别擅长人物绣,其针法变化多端,五官刺绣传神,最能体现其风格特征和高超技艺,是中国特色礼品、高端外事礼品。

"仿真绣"的出现,是经历了近千年以中国书画为绣稿设计的传统刺绣在形式上的创新,其刺绣技艺和艺术思想为中国传统刺绣的发展和创新开辟了一条新路。

5. 新媒传歌

"设一印书局,冀于兴学有益,亦可传习印刷之工艺""新闻,若云所闻所传闻,日新而又新也""天地无已时,消息亦无已时",张謇从南通经济社会发展的内在需要出发,自己创办报纸、印书局等,传递消息、启迪民智、投放广告、宣传城市,推动了南通图书出版、新闻传媒的发展,改变了南通传媒的旧貌,增强了南通传媒事业的影响力,使得南通传媒事业日益成熟。

翰墨林印书局。1903年,翰墨林印书局在城南西园内成立,次年获得正式出版权。它是由张謇、张詧等人合资的兼具文化、教育、宣传、编辑、印刷、出版、发行等功能的机构,为中国最早创办的具有现代意义的出版机构之一。

南通报纸。《星报》是当时南通最早刊行的报纸,于1907年9月创刊,由张謇旗下的翰墨林印书局编印发行,后改组为《通报》《新通报》。除此之外,张謇参与创办的报纸还有《通海新报》《南通新报》《公园日报》《通通日报》等。《南通新报》后改组为《南通报》,历时18年,是民国时期南通发行时间最长的报纸。

南通电影。1919年,由张謇等人创办的中国影片制造有限公司在南通成立。拍摄的首部电影京剧武打艺术片《四杰村》一举成功,还在美国纽约放映。纪录片《南通杂志》在中国科学社第七次年会时放映。纪录片《新南京》反映了上海各界抗议日本拒绝废除"二十一条"密约的示威游行现场,其进步思想达到改良社会的功效。

新媒体,新机遇。如今,除了传统的报纸外,以网络电视、公众号、短视频等为主的新媒体在南通生机勃勃,各种类型的文化传媒公司也竞相发展,在江海热土上百舸争流。

6. 非遗结晶

先辈遗留下来的美好,历经岁月的冲蚀,有些仍日渐昌盛,其中,非遗显得尤为珍贵。

在张謇的布局和规划下,南通由落后封闭的小县城发展成为祈通中西的文化之城。吴越文化、荆楚文化、齐鲁文化在此交融,名噪四方的各类文化应运而生,异彩纷呈,引得中外人士纷至沓来。

节假日,走进南通非物质文化遗产馆,欣赏《江海遗韵——南通非物质文化遗产陈列》,近距离感受传统文化的魅力,体验历史文化的全面熏陶,见人见物见生活,会由衷感慨南通非遗的非凡之美。

梅庵派古琴艺术。梅庵琴派形成于二十世纪初。1916年,南通籍学子徐立孙师从古琴演奏家王燕卿,其成就最高。1921年以后,梅庵琴派的活动中心转移到了南通。几年后,梅庵琴社在南通成立。由于梅庵琴派人数众多,声势浩大,在琴坛迅速崛起,奠定了南方琴坛盟主的地位。1931年编印出版的《梅庵琴谱》是我国最早译成外文的琴谱。

南通蓝印花布印染技艺。明清以来,南通是中国棉纺织基地,有蓝印花布"衣被天下"之美誉。南通蓝印花布印染技艺延续至今,基本上保持了几百年来的传统工艺,它以耐脏、结实、耐用、图案吉祥等特点深受广大群众喜爱,以自然、清新、充满浓郁乡土气息的蓝白之美闻名于世。2013年,南通蓝印花布入选"江苏符号"。

南通板鹞风筝制作技艺。此技艺起源于北宋年间,其制品融扎裱造型、配色绘画、音律设计、"哨口"雕刻等工艺于一体,具有用料考究、工艺精准、整体协调性能和驭风性能优越等特点,其独具魅力之处是在风筝上安装了大小不等的"哨口",一旦放飞蓝天,"得风则鸣,其声随风抑扬",有"空中交响乐"之美誉。

通派盆景技艺。如皋盆景起源于北宋,发展于明清。现存如皋人民公园内的一盆"蛟龙穿云"是北宋著名教育家胡安定先生故里古柏园中的遗物,树龄已达900多年。如皋盆景的造型讲究云头、雨脚、美人腰,刘海顶、鸡爪根,风、雨、雪、露四体意境皆备,常见的有松、柏、榆、梅、榉、朴,以及六月雪、小叶黄杨、雀舌、虎刺等。

季德胜蛇药制药技艺。享誉中外的"季氏蛇药秘方"发明人季德胜,原是一个在江湖上行走流浪了半个世纪的"蛇花子"。1949年后,党和政府对他关怀备至,季德胜将传之六世、秘不外泄的药方献给了国家。经专家反复研究和1700多例临床验证,用"季氏蛇药秘方"治疗蛇伤,治愈率达99.57%。

海门山歌。主要流传于海门地区以及启东和通州部分地区,与江南吴歌一脉相承,是吴歌伸向苏北的一个分支。海门山歌分即兴山歌和叙事山歌两大类。在音乐上,以山歌调和对花调为主,也包括大量的民间小调。在演唱方法上,主要是独唱和对唱。语言纯朴自然,故事生动形象;音乐清纯甜美、悠扬婉转。

民间舞蹈《跳马夫》。《跳马夫》是迎神赛会中的祭神舞,至今已有四百多年的历史,主要流传于南通市如东地区。在纪念"都天王爷"等菩萨的"行会"中,少则三五百人,多至三千余人的"烧马夫香"者,身着马夫服装,脚蹬草鞋,腰系铜铃,在庄严而神秘的祭祀氛围中,跳着刚健简朴的舞步,显示出剽悍粗犷的气势和勇往直前的精神，寄托着百姓消灾降福的愿望。

南通色织土布技艺。此工艺已有600多年历史，史有"木棉花布之产甲诸郡"之称。南通土布采用单锭手摇纺车纺纱，古式脚踏手投梭木机织造，染色、摇筒、牵经、络纬、穿综、插筘等工序都保留较原始的方法，传承了中国古代宝贵的手工棉纺织技艺。民间流传的花式品种多达六大类数百种，代表了南通土布的精华与最高成就。

童子戏。南通童子戏是流传在江苏通州中西部及周边县市部分地区的传统戏剧，传承至今已有千年以上历史，是华夏巫文化的一支。童子技艺主要可以概括为"表"和"圣"两大部分。童子戏全部使用南通的方言俚语，且配乐均为打击乐，具有强烈的视觉、听觉冲击力，戏剧、舞蹈、杂技与宗教内涵互为表里的特殊表现形式，吸引了相当一批受众。

"天之生人也，与草木无异。若遗留一二事业与草木同生，即不与草木同腐。"张謇的这句话，是他一生的写照，也是南通这座城市永恒的精神财富。世事变迁，精神不灭。一百多年来，张謇精神始终在南通这座城市生长。

张謇是南通文化从传统走向现代的引路人，带领近代南通人民冲破封建传统文化的束缚，重塑了人们的文化观和价值观，也必将陪伴这座城和这座城的人们奔赴更美好的未来。

一个人和一座城的故事将绵延不绝。

连云连海连天下

连云连海连天下

这是一个美得让人有点惊心的城市。

看山。她有江苏最高的山，屹立在太平洋的西岸，黄海岸边。这座山是《西游记》中的花果山，常年仙气飘荡，群猴嬉戏，花果飘香。

看海。她是江苏最靠近海边的城市，每天你能看到太阳从东方的云海之上磅礴升起，染红了整个海洋，一片波光粼粼应和着潮涨潮落。

看云。连云港的山古代叫苍梧山、云台山，自然是少不了云的。你走在连云港的街巷，抬眼一看，总能看到一朵白云悠闲地挂在半山腰，或者是整座山被云衬托着，虚幻得像一座海上仙山。

看港。这是孙中山先生谋划的东方大港，也是连接亚欧大陆和太平洋、海上丝绸之路和陆上丝绸之路枢纽的亿吨大港。港口背依群山，面朝大海。

看岛。这里有江苏最大的岛屿——连岛，有金黄的沙滩，雪白的浪花，你可以踏浪而歌，随潮而动。你也可以登船远航，到远离海岸线的海岛上看海鸥翻飞，鱼翔海底。

看城。城在山中，海与城连。连云港的城市在山海之间疏落有致。寒来暑往的四季，城市像调色盘一样绚丽多彩。

看古。10000年前的将军崖岩画，5000年前的藤花落遗址，2000年前的孔子望海、徐福东渡，1000年前的海清寺阿育王塔，500年前的晒海盐池，都让人难以忘怀。

那我们就走进连云港，去感受她美的景、美的历史、美的情怀吧。

一、沧海桑田　山海奇美

有一个成语叫"沧海桑田",用来形容世事变迁。但很少有人知道,这个成语竟然来源于连云港。

"沧海桑田"这个成语最早出现在晋代葛洪的《神仙传·王远》中"麻姑自说云:'接待以来,已见东海三为桑田。'"古代的东海,按照历史上的地理方位,就是指连云港东边这片大海。连云港所在的地方在汉代就被称为"东海郡"。

连云港地区是沧海桑田的典型写照。在距今一二十亿年间发生过十几次沧海桑田的地质运动。

由于地处太平洋板块和亚欧大陆的结合部,又与地质学上的郯庐断裂带交织,因此经常会发生大规模的地质变动。在距今一万年间,连云港所在的区域发生过十几次地质运动和海陆变迁,海岸线不断变化,海与陆地此消彼长。这就是《山海经》中记载的"东海之外,大壑"的"桑墟"。连云港的苍梧山,后来改名为云台山,至少在明代吴承恩写《西游记》的时候,还是海上仙山。苏轼就曾经写过"郁郁苍梧海上山,蓬莱方丈有无间"的诗句。翻开《西游记》第一回,看看花果山的场景是怎么描述的:"海外有一国土,名曰傲来国。国近大海,海中有一座名山,唤为花果山。此山乃十洲之祖脉,三岛之来龙,自开清浊而立,鸿蒙判后而成。真个好山!"

1. 奇峰秀云,飞瀑流泉

绵延贯穿于海岸和田园之间的云台山脉有数百个奇峰秀

峦,数不清的飞瀑流泉、形态各异的巉岩怪石、随处可见的奇花异木。曲折多姿的海岸线上不仅有沙质细柔、阳光明媚、空气清新、青山环绕、绿树掩映的多个天然海滨浴场,还有许多若隐若现的海上岛屿。

连云港最著名的景点要数花果山了。花果山以古典文学名著《西游记》所描述的"孙悟空老家"和美猴王的神话故事而家喻户晓,名闻海内外。自古就有"东海第一胜境"和"海内四大灵山之一"美誉的花果山,集山石、海景、古迹、神话于一身。山里古树参天、溪水潺潺、花果飘香、猕猴嬉闹、奇峰异洞、怪石云海、景色神奇秀丽。孙悟空玩耍嬉戏的水帘洞,江苏第一高峰玉女峰,怪石园、七十二洞、大圣湖、三元宫等,都是游客流连之地。

与花果山毗邻的,还有几个著名的景点,渔湾、东磊、孔雀沟和云龙涧。

渔湾风景区在山水的自然风韵、环境的清幽秀丽、民风的古老纯朴、文化的深厚积淀等诸多方面,都与九寨沟有异曲同工之处,尤以水景为特色,一年四季流水不断,春夏秋冬瀑布垂挂,涧内潭、洞、汪、瀑、林,景景相连,闹中有静、静中有动,赏心悦目,被誉为江苏的"九寨沟"、苏北的"张家界"。

东磊风景区向以崎岖著称。山上巨石滚滚,宛如波涛起伏。块块山石错落叠压,前推后拥,素有石海之称。奇石或屹立,或倾倚,或腾跃,千姿百态。有如出海渔船,在波涛中摇晃;有如伸长鼻子的巨象,正一路奔走;有如回首的雄狮,鬃毛抖起;有如盛开的莲花,凌波玉立;有如浅翔的锦鲤,摇曳于清波……在嶙峋石海之中,有三块巨石交错垒叠,形成一个高耸而壮伟的"磊"字。正如它上面的题刻一样"磊磊落落",大有倾斜欲倒之势,使人望而生畏。"东磊"因此而得名。

孔雀沟风景区属山中湖泊类自然风光区,湖泊周围是人迹罕至的原生态森林。它与花果山景区通过一个幽深曲折的溪涧栈道相连,景区内山势跌宕,壑谷纵横,泉瀑溪流弯曲回环,时聚时散,踪影多变。景区内有高山中最深、最长的山谷,谷底弯曲幽深。夏天飞瀑湍急,白龙戏水。冬天雪景迷人,冰溜垂挂。

看云龙涧,便似乎到了"万古长空,一朝风月"的神奇境地,这里有"四多",即水多、云多、怪石多、奇景多。每看一处都是精品,都有深刻的文化内涵,每走一步都可以感觉到这里太神奇、太神秘,山间怪石似人似物、似鸟似兽,神态各异、形象逼真,尽显云龙涧的美丽和奇妙,它将神秘原生态自然景观与博大精深历史文化完美融合,又有古典名著《西游记》中鹰愁涧故事和小白龙神秘故事衬托,构成一幅天然山水与历史和神话相和谐统一的壮美画卷,令游客流连忘返。

2. 人文之山,名人探访

在老海州的城边,还有孔望山、石棚山和锦屏山的桃花涧,则以厚重历史和人文气息而得名。孔望山因两千多年前孔子在此登山望海而得名,景区里古树参天,配以中国最古老的佛教摩崖造像、中国最大的圆雕石象、千年古刹龙洞庵等,让人赞叹历史之悠久和文化之灿烂。

石棚山的得名是因为山上有一处天然石棚,据清《(嘉庆)海州直隶州志》记载:"山有巨石,复压岩上如棚因名,一名万花岩,又名锦岩山。"每次走到"棚"下,危危压顶,却是经久无恙。山上满布奇石,佛手岩、天蟾独跃、犀牛斗象等,形态逼真,栩栩如生。

景区内有汉麋竺墓、宋石曼卿读书处等名胜古迹。

锦屏山的桃花涧自然景色优美，是云台山脉第一大涧，三十六景遍布其间，云雾缭绕、流泉飞瀑、石壁陡峭、茂林修竹、沿涧吐翠，特别是每年的三四月间，满山遍野的桃花盛开，将整个桃花涧点缀得宛如画中仙境。桃花涧景区内将军崖岩画被称为"东方天书"，是上古勾芒氏部落的历史遗存，是一万年前东夷先民原始崇拜、观天测象的原始实录。

3. 碧海金沙，长虹卧波

来到海边，回首一望，便是海上云台山。登临海上云台山景区主峰二桅尖观景台凭栏远眺，碧海蓝天、海鸥翱翔，巨轮入港，连岛矗立在海中央，海港风光尽收眼底，"连云港"因此得名。海上云台山以雄、古、秀、险为特色，可同时观赏山、海、港、岛、城五位一体的华美景象。万寿谷古老奇特的海蚀地貌，珍贵的稀有野生动植物资源，多姿多彩的黄海景观，奇异多变的海市蜃楼景观，灿烂悠久的文化遗产等诸多景观交织辉映，这里的自然景观加上闻名于世的"世外桃源"美誉，构成了连云港乃至江苏省自然生态景观和休闲度假资源的精华，使其成为华东地区观山看海的最佳去处。春赏花、夏观海、秋品叶、冬看雪，四季风光美轮美奂。海上云台山周边还有翠竹幽篁掩径、黄花红叶争辉的枫树湾，玲珑青翠、孤峰独秀的保驾山，石壁悬泉、一泻千里、响若惊雷的船山飞瀑，都会让人感受到当年陶渊明在这儿流连醉心的情景。

连云港具备了内陆城市甚至是沿海城市都无可匹敌的独特优势，境内标准海岸线长176.5千米，浅海辽阔，是全国八大渔场之一。海岸类型齐全，既有砂质后退型海岸、淤泥质后退型海

远眺连云港/胡卫星 摄

岸,更有具备旅游要素的江苏省唯一基岩海岸,连云港港口就坐落在云台山与东西连岛之间的基岩海岸上,滨海沿岸面积72万亩。云台山里,藏尽天下春色,大平原上,生长着茂密的庄稼,地层中则有着丰富的矿产。从山上到山下,从河里到海里,从地上到地底,奇珍异物,真是数不胜数。

在连云港连云区的海边,神州第一大堤——拦海大堤挡住了外侧的风浪,使内侧形成了一个30平方千米的平静港湾,湾内有一个海鸥聚集的小岛,名叫鸽岛,宛如盆景,玲珑剔透。

大堤尽头是江苏省最大的海岛——东西连岛。岛上渔民清晨舟楫齐发,傍晚渔歌互答,满载而归。依坡而建的渔家屋舍,透出质朴的渔家风韵。

连岛多湾,位于进岛公路路口北侧的后海湾依山傍海,融海、山、林、石、沙滩于一体,是一处绝美的海岸风景带。此处海岸长近2千米,沙滩面积达8万多平方米,最大宽度为220米,沙质均匀,松软舒适,海面空旷,水质优良。苏马湾则山势陡峭,壁立万仞,海浪拍岸,飞雪千堆。天然的海滨浴场平展舒阔,沙细滩缓,潮汐平稳。

在连云港的黄金海岸线上,沙滩最长的是赣榆境内的海州湾旅游度假区。这条沙滩沿着长达11.6千米的海岸线绵延而去,仿佛海州湾上的一条金腰带,以其独特的优越条件和丰厚的旅游资源,被誉为"江苏的北戴河"。这里沙滩金黄,海水碧蓝,空气清新,阳光明澈,挡浪堤边的800亩槐林蔚为壮观,让人流连忘返。

在这儿还会出现"火星潮"。夜潮初上,浪峰上一片片耀眼的荧光,随着起伏的波浪而跳跃。一排排浪花,便是一排排绿色的火焰,明明灭灭,由远而近,愈是靠近岸边愈显清晰,如果赤足下海,脚下便是一朵朵盛开荧光的浪花,亮晶晶,炫人眼目。

连云港港口吊臂林立,连绵数里,气势非凡。防波堤如巨人伸出铁臂,挡波御浪;码头宛如盘龙,静卧海中;巨轮鸣笛,徐徐进港。好一派繁荣景象!入夜,西大堤华灯齐放,就像一条缀满珍珠的入海长龙,港池里灯火游弋,宛如仙境。1992年12月1日,新亚欧大陆桥正式开通运营,港口承担着国际海陆联运的重要使命,这里又成了新亚欧大陆桥东方桥头堡。港口背后,一座座高楼依山而建,栉比鳞次。从港口到半山,高低错落,宛如重庆山城的景致。马路用大石块铺成,很宽绰,行人自然从容不迫。石阶盘山而上,像从云中悬下的天梯。绿树丛中的街道,不啻是天上的街市。

4. 海市蜃楼,美轮美奂

自古及今,站在连云港的岸线上,一直有海市蜃楼的仙境不时出现在世人的面前。除了是自然奇观之外,连云港海域深处的岛屿也像海市蜃楼在吸引着人们去探索。

距港口稍远处的深水海域,是著名的前三岛风景区。前三岛由车牛山岛、达埝山岛、平山岛组成。前三岛是候鸟南北迁徙的中间站,被列为江苏省鸟类自然保护区,有135种鸟类在此栖息繁衍。登临岛上,但见巨浪拍岩,鸟声喧嚣。岛上树木不多,但花草茂盛,葱茏一片。前三岛周围是海底动物产卵觅食最佳场所,已被定为江苏省唯一的海珍品基地。前三岛还是垂钓者的天堂,这里水温适中,鱼类众多,垂钓者甚至无须鱼竿,只将诱饵系在鱼线上放入海中,就能得到收获。

位于烟波浩渺的海州湾中部的秦山岛,与东西连岛遥遥相对。这座岛充满帝王之气,传说和风物,赋予其无穷的神秘。秦山岛因为秦始皇驾临并勒石纪事而名。岛上有一条中国唯一的海上神路,潮起潮落,似是通向无边无尽的大海深处。

神路全长约20千米,是独步华夏、绝无仅有的海蚀奇观。神路系环秦山岛的潮流将砾石质岛岸侵蚀剥离后,经海水作用聚于神路;原面积十倍于今的秦山岛,经千万年的海蚀,仅余0.2平方千米的残岛;日复一日的海水冲刷、磨砺,使七彩缤纷的秦山砾石堆蚀成一条蜿蜒绵长的海水潜径;洁白的莹石、染红的鸡血石、青艳的石英绿,还有橙黄、黑灰、紫蓝等,组成了一条彩色神路。游人赏路、赏海、赏石、玩石、拣石,往往流连忘返。

在秦山岛东峰悬崖下,耸立约20米的两尊威如"将军"的海蚀岩柱,当地渔民称之为"大将军""二将军"。这些将军石柱,不仅是连云港乃至江苏省海洋风光一绝,在全国沿海风光带中,这种海蚀型将军柱也是为数不多的奇特景观。

自古至今,秦山岛海域的海市蜃楼就在民间广为传颂。海市像一幅横展的巨大画轴,青白底色,背景广阔。画卷上巨石嶙峋,变幻莫测。山村古刹,绝妙逼真,皆成黛色,与背景形成鲜明对比，立体感极强……当太阳从海市北端主峰背后喷薄而出，霞光万道，给画卷上的巨石峰峦、山村亭塔染上了红霞，蔚为壮观。直到太阳升高，才逐渐消失。登临秦山岛东、西、中三座峰顶，只见海天烟岚四起、雾雨蒙蒙，有缘者可亲睹秦山海市蜃楼的奇幻景观。

二、古韵流芳　历史风华

在中国东部的沿海城市中，还没有一个城市能像连云港的历史如此悠久。到连云港来，你光看山，看海，那是没有意思的。只有在山水之间寻幽访古，追源索根，才能更深刻地体悟到古人的智慧如何随着岁月的流逝而经久不衰。

1. 史前风云，灼灼其华

最早在连云港发现的桃花涧旧石器时代遗址是中国东部沿海地区唯一的有明确层位关系的，反映了二三万年前古人类生活情况的遗址。而东海县大贤庄遗址反映出从旧石器时代向新石器时代过渡的特征，距今约1.6万年至1万年。该遗址不仅揭开了苏北鲁南近海地区旧石器文化考古的序幕，也填补了江苏省旧石器文化考古空白。

紧随其后的是位于连云港锦屏山的将军崖岩画，不仅是中国最早的东夷先民的祭坛，也是目前发现的距今10000年前环太平洋地区第一个观天测象台，被著名考古学家苏秉琦称为"东方天书"。将军崖岩画是一块硕大无比的巨石，刻有众多的岩画，全部由坚硬的石器磨制而成。岩画中有谷神、人面像，还有禾苗，反映了古代先民对土地的崇拜和依赖。岩画上端刻有太阳、星星和古

将军崖岩画 / 视觉江苏供图

老的银河系和子午线(一条正南正北定方向的直线)。

不仅如此,随着野外考古工作的进一步深入,云台山诸峰40多处星象刻石被陆续发现。连云港,不仅成为古老的东方最早观测天象、记录天象的地方,也是世界古天文史上最值得研究的区域之一。

反映东夷民族生活习俗的还有几乎同时代的灌云大伊山石棺墓葬群。新石器时代石棺葬群,坐落于灌云大伊山北麓一片较为平坦的台地上,埋有古墓葬60余处。墓葬均用当地的天然片石砌成石棺,有些棺内骨骸尚且完整,墓主人的头部向东,伸肢仰卧,面部盖有陶罐,陶罐上面都开着小洞,据说是便于死者的灵魂自由出入。这种特殊葬俗,引起考古界的普遍关注。

大伊山石棺墓葬反映出的文化,既有北方鸟夷或岛夷文化的类型特征，又含有淮河流域到鲁南一带青莲岗文化的某些遗风，凸显了这块南北文化交汇处的久远历史。

2000年，藤花落古城遗址的发现，为了解远古时期东夷民族的部落群居生活提供了最丰富、生动的展示。藤花落古城遗址是目前发现的中国第一座历史最为久远的内外双城结构的早期城市遗址，距今4000—5000年，被著名考古学家俞伟超称为"黄海之滨发现的'庞贝城'"。该遗址被列为中国当年度十大考古发现。藤花落古城比较充分反映了史前当地社会组织结构、人的精神信仰、社会生产方式与日常生活等诸多方面丰富的内容。

在随后有记载的两千多年的历史中，东夷民族的后代子孙们在这片土地上创造了灿烂的历史文化。

2. 春秋以降，星汉灿烂

2500多年前，这儿留下了孔子望海的动人传说。而赣榆县夹谷山会盟又是春秋时代重大的历史事件。秦始皇三次东巡至此，并最终把秦朝的东大门"秦东门阙"立在了孔望山下的古城，秦代的驰道也因此一直通到了大海边。田横五百壮士在云台山蹈海自杀，留下了气壮山河的英雄故事。

1993年在东海县尹湾村发现的尹湾汉墓惊现二千年前的文书档案，为国内外史学界、考古界、古籍研究界所瞩目。墓内出土的简牍以东海郡行政文书档案所占比例最大，它是迄今为止我国发现的时代最早、最完整的一部郡级行政文书档案。这批简牍为秦汉史、中国政治制度史、档案史、军事史、术数史、文学史、书法史、简帛史的研究，提供了全方位的，有着确切纪年的第一手资料。

2002年7月发掘的海州双龙汉墓女尸凌惠平则再一次震

惊世人。这是目前我国继马王堆汉墓出土湿尸后的第二具千年不腐的女尸。对此，人们有许多疑问，诸如女尸不腐的原因、她的身世之谜、死亡缘由、身体健康状况等，以及双龙汉墓所反映的西汉家庭结构和不同人的身份地位，这些悬案将随着研究的深入逐渐解开。

中国最早的海权石刻，也发现于连云港市。1987年，在东连岛灯塔山羊窝头北侧海边发现的西汉东海郡与琅琊郡的界域刻石，为隶书字体。1998年，在东连岛苏马湾发现另一块分界刻石，属同一时期隶书遗存。这是全国遗存的唯一有关西汉时期郡级划界及海权所属的界域刻石。

苏马湾和羊窝头界域刻石，不仅是我国碑刻考古上的重要发现，在中国书法史上的价值也不容忽视。西汉时期，是中国书法由篆书向隶书、草书转化的关键时期，也是承秦而开两汉书法艺术的关键时期。连云港市两件书法作品可作为这方面的代表而写入中国书法史：一件是西汉成帝元延三年（前10）东海尹湾汉墓中出土的简册草书《神乌傅》，另一件就是连岛两块界域刻石。一简一石，互为印证，全面反映了两汉时期中国书法艺术的演变。界域刻石的书风正显示了古拙的隶书中仍带有古隶书的风韵。它的发现，进一步丰富了我国两汉隶书石刻资料，为中国书法史的研究，提供了一件不可多得的实物。

二十世纪八十年代发现的震惊中外的孔望山佛教摩崖造像，给连云港厚重的历史文化又留下了浓墨重彩的一笔。孔望山佛教摩崖造像是我国迄今发现最早的一处佛教摩崖造像，经国内权威人士鉴定，确认这是东汉时期佛教内容的造像，它比敦煌莫高窟还要早。过去一直认为佛教是自西向东传播，孔望山摩崖造像的发现，无疑对传统的定论提出了挑战。它是我国佛教史和美术史上的瑰宝,也是连云港最珍贵的古迹之一。

连云港佛道教的历史遗存不但多,而且影响极大。除孔望山佛教摩崖造像外,还有东汉年间,在古朐县的东海边建造的被称为"东土海上第一寺"的法起寺。法起寺历经近二千年的风雨,几度损毁,数次重建,其规模和在海内外的影响堪与法门寺、白马寺相提并论,被称为"淮海第一丛林"。

大约初建于唐,复建于宋代天圣元年(1023)的海清寺阿育王塔,有"大唐第二之尊"美誉,已有千年历史,是中国境内目前历史最古远的阿育王塔,也是苏北最早最高的一座佛塔,故而称"东海第一胜境"。阿育王塔地宫里藏有佛祖的真身舍利。千年以来,阿育王塔历经数次地震,尤其是经历了康熙年间的 8.5 级地震后,仍安然无恙,现被列为国家一级文物,是目前国内最古老的原始佛教古塔之一。

明清之际,连云港地区盐业发达。盐商、盐民、盐池,伴随着盐业而兴起的板浦古镇,以及民国时期的新浦老街、连云老街,都有着非同一般的繁华。与此同时,国家非物质文化遗产"海州五大宫调"应运而生,咿咿呀呀、婉转低回的唱腔让这座海州古城更是别有一番滋味。

连云港地区历代经济繁盛,文化氛围浓郁,中国夏商周断代工程首席科学家李伯谦认为,连云港历史不断代,历史遗存弥足珍贵。

三、千年树木　四季花果

《西游记》里描绘的"瑶草奇花不谢,青松翠柏长春。仙桃常结果,修竹每留云"的仙境花果山,就是以连云港云台山为背景的。

中国早期的一部自然地理书《禹贡》特别称颂云台山有肥沃的土壤、沟渠纵横的水系以及繁茂"草木"的自然植被。东晋郭璞注《山海经》,更以一种惊奇的目光审视这座海上仙山,称"此山自苍梧从南徙来,上皆有南方物",这给云台山涂抹上一层不同寻常的神奇色彩。

1. 云台灵植,古树参天

云台山不仅有许多南方草木,典型的北方植物也陆续发现,使一些植物学家为之咋舌。如冰凉花,过去只见于大兴安岭,早春冒着严寒在雪地里绽开美丽的黄色花朵,故有东北雪莲之称。一位专家看到云台山发现野生冰凉花的消息后,连连摇头说:"不可能,这是搞错了。"等他亲眼见了标本,这才赞叹不已。

在菌类植物方面,云台山也体现了南北共荣的特点。迄今,云台山里遗存的灵植仍不胜枚举,像千年神树银杏、南方嘉木红楠、旷世奇竹金镶玉竹、孔望山的唐圆柏、花果山的拐杖柏、玉兰花王、夏庄红枫等,构成了这里多层次、多色彩的乡土植物生态奇观。

云台林海,苍茫蓊郁,水碧泉馨,鸟语啁啾。在这片富有灵气、幽渺的山野林间,隐藏着缤纷多姿的植物,二十世纪八十年代资源普查,云台山各类野生植物达 1200 余种,另有尚未统计在内的菌类植物、苔藓植物和地衣植物。令人欣慰的是,有 130 株古树名木入选《江苏省城市古树名木汇编》,达到千年以上的有 13 株,树种主要为银杏和圆柏,分布在花果山景区、宿城、孔望山等处。

孔望山有一座建于唐代的龙洞庵,在大殿西侧,有株树龄达 1200 年的圆柏,主干通直,高 10 余米。枝干虬曲,宛若蛟龙。更有趣的是,树干正南长着一个奇形怪状的大木瘤,专家估测,树瘤长成这么大至少经历 500 年岁月。

云台山的古树名木还有侧柏、黄连木、红楠、紫藤、黄杨、桂花、楸、榆等树种，各具风姿，点缀山中，每逢风清气朗，林涛鼓簌，听之有绝尘之想。三元宫的古柏，虬枝盘绕，酷似龙头拐杖，故名拐杖柏。传说太白金星来花果山招安齐天大圣时，被群猴扯胡子、拉衣裳，弃杖而逃。这拐杖便化作这株古柏，被世人传诵。古树名木，高林云外，碧障蔽天，为山中第一胜境。

连云港特别有名的植物有千年银杏、千年玉兰、千年流苏和云台山独有的金镶玉竹。其中银杏被定为连云港的市树，玉兰被定为连云港的市花。

云台山现有古银杏 44 株，八百年树龄以上的有 25 株，树龄超千年的有 10 株。株林枝叶繁茂，冠若华盖，盘根错节，丛生萌枝，蔚为壮观。称得上云台树王的便是中云林场院内的崇善寺遗址上的一株雌性银杏，树龄为 1280 多年，相传为唐代名将尉迟恭亲手所植，被乡人视为通灵神树，每受香火，敬奉为"祇林银杏"。祇，一般指地神。早在 200 年前，"祇林银杏"就被列为云台二十四景之一。

在花果山海宁禅寺，有两棵参天银杏，它们用几围粗的老干和覆盖了整个庭院的绿荫，铭记着庙宇的悠悠岁月，这两株古银杏的神奇之处就在于它们是雌雄对植。宛如一对恩爱夫妻风雨厮守一千多个春秋。

位于连云港云台山东磊风景区的延福观内有四棵古玉兰花树，是中国最大的古玉兰群落，其中最大的一株玉兰树龄已达千年，高达 20 米，树围需双人合抱，号称"玉兰花王"，又被誉为"玉兰仙人"。每年三月，春风和煦，阳光明媚之时，正是玉兰花绽放时节。山脚下即能闻到玉兰沁人肺腑的清雅香气。待到半山，更能看到盛开的白玉兰,像瑞雪一样堆满枝头。

　　位于连云港云台山孔雀沟景区的一株八百余年的糯米茶树,花瓣细长,微微下垂,如流苏一般,因此又称"流苏树"。当流苏盛开之时,满树洁白、如雪似梦,花浓如云,馨香扑鼻,清新怡人。有趣的是,孔雀沟的这株流苏,三分之二花团锦簇,三分之一疏朗透风。这种疏密搭配的情形也是一种奇观。究其原因,这株千年流苏竟然是雌雄同体,国内仅此一株,十分罕见。

孔望山景区 800 余岁糯米茶古树盛开 / 视觉江苏供图

连云港孔望山景区龙洞庵内也有一棵800多年历史的糯米茶古树,种植于南宋时期。这棵流苏古树在庵内大殿正门东侧,与正门西侧的那棵树龄在1200年以上、被尊称为"连云港市圆柏老寿星"的古柏相映成趣。这棵糯米花古树被列为江苏最美古树。

2. 竹风疏影,百草仙药

云台山"幽深秀特,常冠云气",1993年就被林业部公布为国家森林公园。

云台山修竹周环,风动成韵,有淡竹、刚竹、篌竹、京竹、毛竹、金条竹、龟甲竹、黄槽竹、短穗竹、乌哺鸡竹、阔叶竹数十种,但最特别的还是金镶玉竹。金镶玉竹,又称青竹,竹竿高拔金黄,节间纵沟碧绿,金碧交辉,秀丽可爱。其实云台山金镶玉竹最早的描述人应该是吴承恩,《西游记》第一回称"万节修篁,含烟一壑色苍苍",词句中的"含烟一壑",就是对金镶玉竹的真实写照。

云台山又是一座"百里青山聚灵气,千种仙草藏奇峰"的天然药园。九百多年前,苏东坡在游历云台山时,曾留下"郁郁苍梧海上山,蓬莱方丈有无间。旧闻草木皆仙药,欲弃妻孥守市寰"的著名诗句。"旧闻草木皆仙药"今日证实并非溢美之词。在全国中药资源普查的360个重点品种中,云台山区共查出168种,全国及省定的395个重点品种中,云台山区有194种。这些仙草中不乏灵芝、茯苓、黄精、何首乌、太子参、枸杞子等药中上品。云台山是茯苓的故乡。明代大药物家李时珍《本草纲目》里就有茯苓"今出郁州"的记载。云台仙山藏有千年紫草,百年黄芩,二十世纪八十年代被列入国家重点保护的野生药材物种。

云台山每年春天,漫山遍野的樱桃、桃花将整个山海之城打扮得红艳明亮。而每逢秋季,层林尽染,宿城的枫叶又红遍山谷,真是一方让人心驰神迷的自然美景。

四、山珍海味　滋味绵长

连云港北接齐鲁,南连淮扬,东临大海,西接陇疆。所以在饮食特色上,有一种南北东西交汇的特点。临海而居的人与择山而居的人无不是靠海吃海、靠山吃山。因此,才有了连云港地区对于海鲜的千般吃法,对于山珍的百种食料。

1. 天然珍馐,大海馈赠

连云港是一个靠海的城市,海鲜肯定是主打食材。连云港人做海鲜很佛性。很多海产品直接扔到锅里,用清水一煮就吃,尤其是那些贝类,例如海螺、花蚬、海蛏之类。

连云港有一种沙光鱼,就很特别,也很有代表性。这种鱼是一年生的鱼类,一年生,一年死。传说中它很骄傲,说自己一年一尺长,三年能赛过老龙王。沙光鱼还真是嫩,基本上入嘴即化的那种。说它的汤赛羊汤,主要是它的很多脂肪在炖煮的时候化在汤里了,所以汤浓得像乳白色的牛奶。

连云港的海域还生产一种梭子蟹,个头大的能有一斤重。不怕不识货,就怕货比货。《红楼梦》里林黛玉写的"螯封嫩玉双双满,壳凸红脂块块香",才是梭子蟹的最好写照。春天是梭子蟹最好的繁殖季节,也是它最肉肥体壮的时候。这时,它的"油"

最多,"黄"最满。

紫菜是海洋赋予人类最具价值的天然营养食品,素有"长寿菜""神仙菜"之美誉。古代海州劳动人民还将紫菜作为医治疾病的药物。唐玄宗开元年间,连云港的紫菜即被列为贡品。连岛海域的野生紫菜,是纯自然的一种海洋野生藻类。每年的二三月份,在连云港西连岛崖头上向大海中远眺,仍可见大片野生紫菜。二十世纪中期,连云港沿海人工养殖紫菜成功后,迅速成为以江苏条斑紫菜为代表的"中国紫菜"两大主要产地之一。

2. 云雾茶香,一滴知醋

云台山、花果山上有你吃不尽的山珍。猴子爱吃的桃子、樱桃、板栗,漫山遍野都是。但花果山最值得称道的还是葛藤粉和云雾茶。

《镜花缘》写众才女放浪狂饮时说:"葛根最解酒毒,葛粉尤妙。据妹子所见,惟有海州云台山所产最佳。"

花果山最值得我们品味的东西,就属云雾茶了。因为靠近海边,山上常年云雾缭绕,所以花果山上的茶树在云蒸霞蔚中浸润了许多自然之气。同时云台山还是南北气候的过渡地带,这也让花果山云雾茶兼具南北之气韵。

连云港是中国四大著名海盐之一的"淮盐"主产地。

明清之际,连云港的盐业非常发达,海州下面的板浦镇成了东海边最重要的海盐集散地之一,富商巨贾云集于此,形成经济一时繁盛的奇观。仅仅一个小小的板浦镇,在明清两代就聚集了5万人口,可见其繁荣程度。正因为如此,《镜花缘》的作者李汝珍从北京大兴来到连云港后就再也没有回去。而曹雪芹的祖父曹寅,更是直接管辖两淮盐务,表明曹家的兴衰和淮盐有相当大的关系。

因为盐业发达,古海州城商业空前繁荣。北宋时期因为城市经济繁荣,直接催生出大量的茶楼酒肆,秦楼楚馆,词这种艺术形式因之而繁盛。海州城因为盐业发达带来的城市经济繁荣,催生出另外一种艺术形式,那就是海州五大宫调。有人说海州五大宫调是从皇宫中传出来的,但其实是盐商们带来的。五大宫调中有一种乐器是用筷子敲打碗碟伴唱,很明显是茶楼酒肆的即兴伴奏。

因盐而兴起的板浦镇同时又生产出另外一种对味觉产生强烈冲击的东西。康熙年间,徽州人汪懿余来到了板浦,创制了"滴醋"。

我们很多人都知道镇江的香醋、山西的老陈醋。但是清代著名文学家、美食家袁枚的《随园食单》却这样写道:"镇江醋颜色虽佳,味不甚酸,失醋之本旨矣。以板浦醋为第一,浦口醋次之。"

"滴醋",取"一滴知醋"之意,就比如我们常说"一叶知秋",异曲同工。尝过的人都知道,真正好吃的,一定是滴醋。

3. 美食发轫,世代承续

从板浦镇往南走不足二十千米有座山,叫伊山。其实是云台山的一个余脉罢了。为什么叫伊山呢?相传商汤时有个人叫伊尹,担任过相当于后来的宰相的职务,避乱到此,后来就叫了伊山。

更让人称奇的是,这个伊尹还是中华美食的鼻祖呢。

据专家考证,伊尹是目前所发现的第一个见之于甲骨文记载的老师。伊尹的父亲是个既能屠宰又善烹调的家用奴隶厨师,使得他从小得以学习烹饪之术,长大以后成为精通烹饪的大师,并由烹饪而通治国之道。

据说老子《道德经》所谓"治大国若烹小鲜",说的就是伊尹。我们现在搞烹调的讲究"调和五味",更是来源于伊尹。数千年过去了,伊尹的那些手艺也许早就失传了。但大伊山所处的灌云县却诞生了一种奇怪的美食。喜欢吃的人简直是喜欢得不得了,即使离开了这个地方,还总是念念不忘;不喜欢吃的人,端到面前,难免心生恐惧之感。

央视有一个节目,叫《正大综艺》,里面有很多稀奇古怪的问题,曾把灌云的这道美食端出来,让人猜。后来,中央电视台风靡一时的《舌尖上的中国》节目,再次把它端出来,呈现在全国人民的面前。

这个菜就是"豆丹"。说白了,就是豆叶上的大青虫。小时候人们看到豆虫都怕得要命,今天却成了连云港人的一道美味佳肴。很多人都很迷恋吃它的。

袁枚钟情于"醋",清代有一个著名的文人洪昇,却钟情于"酒"。

洪昇写过一部戏剧《长生殿》,以唐明皇和杨贵妃为主人公。这个剧是中国十大悲剧之一。不知道他什么时候也来过海州,然后就喝醉了,信笔写下了"南国汤沟酒,开坛十里香"的名句。同时代的另一位戏剧家,写作《桃花扇》的孔尚任,更是赞叹:"汤沟传奇水土,美酒绝世风华。"还真应了那句老话:酒香不怕巷子深呢。

赣榆的煎饼特别筋道,是连云港必不可少的美食。

灌河四腮鲈是江苏省有名的特产之一,以肉质鲜美细嫩而驰名中外。灌河四腮鲈发现虽历经700余年,但由于出产地僻远,历史上名人墨客涉足甚少,故而名不见经传,鲜为人知。灌河四鳃鲈全身裸露无鳞,侧线伸直,外表呈青灰色,两侧和背鳍有黑褐色的斑点,其腮盖膜上各有两条橙红色斜条纹,恰如四片外露的鳃叶。

石梁河鳙鱼成功入选中国饭店协会发布的《地标美食名录》。鳙鱼因库区河床为沙质土而毫无土腥味,具有肉质肥美、口感细腻有弹性、营养丰富等特性,长期吸引着市民和省内外游客慕名前来品尝。

五、神奇浪漫　文思连云

连云港,是一个神奇浪漫的城市,这既来源于古代的神话,也来源于文人墨客对连云港不倦的抒情与赞叹。

1. 古老神话,不朽传说

连云港是孕育和流传中国古老神话的地方。《山海经》是我国古代保存神话最早、最多的一部经典著作。人们耳熟能详的鲧殛羽渊、舜葬苍梧、十巫采药、羲和浴日、精卫填海、后羿射日等原生神话都诞生在连云港这块有山有海的土地上。

鲧大约是父系氏族社会的一个部落首领,他生活在一个洪水滔天的时代。洪水泛滥,尧派鲧治水。鲧为了能够让老百姓安宁,便想尽一切办法到天帝那儿去偷得了能堵塞洪水的息壤。但是偷息壤的事情还是被天帝知道了,就派人把鲧杀死在羽山上。据专家考证,神话中的羽山就是今天连云港市东海县温泉镇的羽山。东海先民为纪念壮心未已的鲧王,在羽山建有"鲧王庙",常年香火不断。羽山脚下有温泉,传说鲧虽死但治水的一颗热心未泯,化作一股热泉,源源不绝地往外流淌。此泉原名"羽山温泉",现改名"东海温泉"。

"舜葬苍梧"神话,是殛鲧羽渊传说的续篇。《史记》说,舜是中华传统道德文明的鼻祖。苍梧是连云港云台山在战国中期的古称,这里至今仍保存许多与帝舜相关的地名、传说和遗迹。到了舜帝东巡病重的时候,他已不能回到都城,他的随从提出北上山东诸城老家,但舜帝拒绝了,于是他死后就葬在这巍峨峻逸、依山傍海、仙气冉冉的苍梧山上了。

我国古代神话传说中,有一位女神叫女娲。据说女娲补天后还剩下一块石头没有用完,于是这块石头就被抛到了云台山的花果山上。这块石头夹在大石缝中,上不靠天,下不着地,最后受日月精华,孕育了一个神奇的猴子,这就是后来被吴承恩先生写进小说《西游记》中的孙悟空。这块石头也就成为神话的源泉。

精卫原是上古时代炎帝的一个女儿,传说她住在现在山西长子县的发鸠山上。她不远千里来到东海游玩。古代东海就是今天的黄海。她不小心淹死在东海里了。淹死的精卫化作一只精卫鸟。它衔来一粒粒小石子,一根根小树枝,不断地抛进东海,要填平大海。连云港是古代东夷民族聚居的地方,东夷民族是一个以鸟为图腾崇拜的民族。精卫填海的神话故事反映了早期东夷民族奋斗不息、与大海进行抗争的精神。

《山海经·大荒西经》讲述了"十巫采药"的神话故事。故事说在远古的大荒之中,有一座山被称为"丰沮玉门",是太阳和月亮落下的地方。那里住着巫咸、巫即、巫盼、巫彭、巫姑、巫真、巫礼、巫抵、巫谢、巫罗十个仙人,他们在那儿采药炼丹,服食升仙的"十巫"传说,出现在连云港市东海县温泉镇伊湾汉墓出土的缯绣上,寄托着人类对生命永存的神往与追求。

《淮南子》曾说:"日出于旸谷,浴于咸池,拂于扶桑。"说的是太阳最早升起的地方在旸谷和扶桑。据专家考证,远古的少昊之国就是旸谷和扶桑,少昊部落的东夷民族就是一个崇鸟敬日的民族。现在连云港市的东磊风景区还留有太阳石和关于太阳石的传说,正是当年后羿射日传说的反映。

2. 文人骚客,情思连云

孔子是文圣人,他曾经到过一个靠近东海的山。因为他去了,那座山从此改名为孔望山。

后来的文人接踵而至。接下来就应该是陶渊明了。连云港海上云台山及万寿谷所在的那个地方叫宿城。宿城和陶渊明有关系。有人传说,那个地方就是陶渊明梦想中的"桃花源"情境。陶渊明曾任东晋名将刘牢之的参军,那时候就住在宿城。他在《饮酒》诗里也写得明明白白:"在昔曾远游,直至东海隅。"

清朝嘉庆时期两江总督陶澍,四次来到宿城。他自称是陶公的后代,认为这就是陶渊明笔下的"桃花源"。还是他出资,在宿城修建了"陶公祠"。再接下来就是南朝的鲍照了。当然他们两个,一个是在这儿工作过,一个是家就在旁边。

到了唐宋时期,诗人们大放光彩,简直是要跑遍天下的样子。于是李白、刘长卿、钱起、王禹偁、苏轼、张耒、石曼卿等人都要借海州、借连云港的云台山来发他们的诗兴骚情。最让我心动的还是李商隐的那首《海上》:

> 石桥东望海连天,徐福空来不得仙。
> 直遣麻姑与搔背,可能留命待桑田。

李商隐的诗中有种禅意,但无非是羡慕和向往那些成仙得道的神仙生活。东海边的云台山和那片大海永远是诗人心中的一个梦罢了。

苏轼也写过:"我昔登朐山,出日观沧凉。欲济东海县,恨无石桥梁。"宋代的张耒甚至还写过这样的诗句:"试问故人思我否?梦魂还在海边州。"

文人钟情这个地方,我觉得是应该的,因为文人骨子里都喜欢清幽而浪漫的地方。所以宋代有个大诗人石曼卿就跑到海州的石棚山来读书。

跟石曼卿同时代的苏东坡那首关于海州的诗写了这两句:"旧闻草木皆仙药,欲弃妻孥守市闤。"什么意思呢?就是说,听说云台山上的草木都是仙药,所以想把自己的妻妾都不要了,也想来这个地方居住。

诗人们是连云港的粉丝,我们是诗人们的粉丝。

忽然想到林则徐《登东海云台山》那首诗的两句:"登临本是瀛洲客,沧海横流倒一尊。"真的是一声念天地之悠悠,独怆然而涕下的长吁慨叹。

民国时期的大文学家朱自清,出生在当时是东海县的小城之中,度过童年的懵懂时光。后来的朱自清不吃美国的救济粮,饿死家中。一代文豪如此壮怀,丝毫不让那些梁山好汉的勇武果决。

若干年后,当代著名诗人舒婷来到花果山,她与吴承恩也是心有灵犀,出现了跨越时空的心灵感应:

夜里辗转不能入梦,起身打开窗帘,见明月端肃无声,流星曳地,危崖糙石影影绰绰,林涛却低吟不止。想那吴承恩,必是在这样的天地精华积熠满盈之际,戳笔为刃,剖开自己,迸出一只惊世骇俗的石猴子来。

二十世纪的最后十年,著名作家赵本夫有一年也来到连云港,他说:

> 城市是有气质的。
>
> 如果把城市也分成现实主义和浪漫主义的话,连云港无疑属于后者,这在中国的城市中并不多见。
>
> 连云港是另一种人间,弥漫在这片土地上的文化很少有烟火气,更多的是野气、神气、仙气。

我觉得这才是文人对连云港最好的阐释。

3. 文学名著,意牵故土

如果说中国古典文学名著和连云港的渊源,我觉得要首先从关汉卿这位老爷子说起。

元代的大剧作家关汉卿,写作了一部举世闻名的悲剧《感天动地窦娥冤》,窦娥的形象并不是作家凭空捏造出来的。窦娥的形象来源于东海孝妇的故事。据说,汉代东海郡有个女子周青被控告毒死婆婆,屈打成招,临刑前发出六月飞雪等三桩誓愿。后来这三个誓愿都一一应验。从此,在东海郡周青的家乡建立了一个孝妇祠。最迟在宋代就有了每年对于孝妇的祭奠活动。

接下来一位是吴敬梓,《儒林外史》作者,安徽全椒人。可他和李汝珍一样,都是从外地跑到连云港来的。不同的是,李汝珍是入赘来了,吴敬梓是过继来的。吴敬梓从小就过继给他的叔父吴霖起了。然后吴霖起就被朝廷选派到连云港的赣榆当起了教谕,吴敬梓就跟着他的这个父亲来到了赣榆,并在此生活了八年,于是就能够天天看着父亲如何训诫儒生们,他也由此接触到形形色色的儒生,直接促成他完成了中国最具讽刺意味的小说《儒林外史》。那个中举的范进是古代儒生的生动写照,虽然他的行动让人喷饭,却也有一把酸楚的泪水。

都知道写《西游记》的吴承恩是淮安府人,怎么会把海州的云台山写到他的小说中,让齐天大圣落户在花果山呢?

且不说淮安府本来就离海州府很近,更关键的是这位恃才傲物的淮海浪士也和古代的那些文人一样,喜欢游山玩水。吴承恩的很多亲戚也都住在海州,所以吴承恩就经常忘情于这片山海奇景之中。当他攀越花果山,穿越水帘洞,看满山遍野的猴子在树丛间跳荡嬉戏,品尝着山果野味的时候,一个大胆的念头窜上他的大脑。

神猴是吴承恩的心魔,也是他的志向。"一部西游未出此山半步,三藏东传并非小说所言。"若干年后,当一位熟读《西游记》的长老来到花果山,欣然提笔写下这副对联的时候,我知道,他其实是最理解吴承恩的。

其实,中国还有一部浪漫主义小说《镜花缘》,同样很厉害,同样诞生在连云港。《镜花缘》这部书写百花仙子被人间皇帝误令下凡的故事,也写了一帮人海外探险的故事。在中国古代的文学作品中,都把女性贬得很低,包括《三国演义》《水浒传》《西游记》。《红楼梦》虽然是写女性的,但写了女性的悲剧,仍然不是历史舞台的主角。但《镜花缘》不一样,李汝珍写了百花仙子,写了女人参加科举,还写了一个国家里面,让男人扮演了女性的角色。说到底,李汝珍是为女性撑腰打气的文人。在封建时代,能有这种想法,你不得不佩服。

《镜花缘》还有一个让人刮目相看的地方,是小说的主人公林之洋到海外各国探险的故事。中国古代的小说、散文,从来没有写过这个的。所以李汝珍这个人的开放思维,尤其是向大海探索的思维,那真是前无古人。

连云港注定是中国文学界玩得最嗨的一个大舞台,它要让那些传颂至今的文学形象逐一闪亮登场。

窦娥先出来唱一段感天动地,接着是顽劣的猴子战天斗地,接着是范进疯癫痴迷,接着是百花仙子争奇斗艳。还有呢?还有三国大将军横马立刀,水浒中的绿林好汉战死沙场。

看过《三国演义》的人都知道,刘备三分天下靠的是桃园结义,靠的是诸葛亮的神机妙算。真正强有力支持他的是麋竺。中国古代的大富商,挂头牌的是陶朱公,成了商界崇拜的祖师爷。那排在第二的是谁呢?当之无愧的是麋竺。麋竺生在海州云台山南的一个村子,大概是经营渔盐挣的第一桶金。然后往来于徐州与海州之间经商。后来积攒亿万家资,家里面养了万把人。这在二十五史里面为数不多,连明朝的沈万三都很难有这个派头。麋竺不仅把妹妹嫁给了刘备,还把自己的亿万家产悉数捐给了刘备,转行去做了刘备的大舅子和安汉大将军。有了粮草后盾,才有了刘备的功成名就,才有了三分天下的格局。

另一部古典文学名著《水浒传》,给我们印象最深的是那些该出手时就出手的绿林好汉。终于有一天,宋江义军失败,梁山散伙。那些好汉走投无路,被官军逼到海边,最终全军覆没。好心人在海州城边把好汉的尸体收拢起来,埋葬在海州城西的白虎山下。那个"好汉茔"给人们留下的是一股浩荡的气韵。

六、东方大港　海上丝路

连云港这个地方,被称为海上丝绸之路和陆上丝绸之路的交汇点。两千多年前,徐福东渡拉开了中华文明与海外交流交往的序幕,进入二十一世纪后,连云港再次成为陆上丝绸之路的东方桥头堡,海上丝绸之路的新征程也再次开启。

1. 东古丝路,绵延千年

赵朴初曾说过:"海上丝绸路早开。""海上丝路",有学者称其为"东古丝路",包括自渭水流域东向的路线,即沿黄河,经中原,直至沿海,到达朝鲜、日本以至通向东南亚的路线。

在海上丝绸之路开通之初,朐县(连云港秦代的名称)古港就是西行起点和东进枢纽。有人考证,春秋齐国的丝绸即由此南下西运。秦皇东巡,表明在秦代从咸阳至海州之东的丝路已经形成。

徐福东渡的起航点,是在海州湾一带沿海,从古朐港起航后,沿着黄海,顺着海流,驶向日本本州。东渡成功,客观上传播了中日的经济和文化,沟通了中日的最初交往。

秦皇东巡与徐福东渡是在秦统一中国后出现的,秦朝的疆域扩展与向海外的开拓,这就必然形成一条东向的丝路。从历史上来看,东古丝路的形成分明早于陆上丝路。

秦代形成的东丝路,延至两汉,随着经济、政治、文化的发展,国力的强盛,与海外的经济、文化交往增多,国内各民族的沟通与联系频繁,东丝路遂有了发展。

在《三国志·孙权传》里记载有海中夷洲、亶洲与沿海的交往与贸易关系。由洛阳向南向东的陆上路线已出现,由陆路再接通海路;由咸阳经彭城(徐州)至朐县的驰道而通至沿海;再由朐港起航,把丝绸等货物流向海外。从东海县出土石碑上的巴形铜器图案与日本弥生式巴形铜器的相同,从锦屏山桃花涧出土的瓮棺与日本福冈县太宰府町吉尔浦出土的瓮棺相同,可见汉代连云港与日本早有文化交往。

两汉时期,在海州一带地区虽尚未发现生产丝织品的织机等遗物,可是在这一带发掘出的百余座汉墓中,都有丝绸织品残片的发现。这些丝绸织品已证实多数是从齐、楚、鲁等地转运来的,并可推断有大宗丝绸通过此地运到海内外。那时的朐港,已可以直接与越南、缅甸、印度、斯里兰卡交通。

连云港宿城有寺曰"法起",康居国和尚曾在这里活动过并灭度逝世于云台山区。这表明于汉代很早就有佛教徒与佛图通过西域、中原一带线路东传至海州沿海地区。现为世界所瞩目的海州孔望山摩崖造像群,不但有佛教、道教与世俗生活的三种画面,且有西域胡人纵马弹筘的形象,经专家学者考察鉴定,确认这是东汉末年(即桓灵之际)的艺术珍品,可以说这是从西域一带传来,再按洛阳—彭城(徐州)—东海(海州)这条线路传播到海滨,这里当然已存在着一条从中原通达沿海的陆道。

东晋时,生活在郁州岛的居民曾将红花、海货、海盐作为一种远销的商品,进行边境贸易。农学史上认为红花源自阿拉伯地区。《南史·王洪范传》载,齐明帝建武初,王洪范被派往郁州为青、冀二州刺史……有人强借百姓麦地以种红花,多与部下交易。这段文字明确记载,海州地区种植红花始于南北朝,即是说在1500年前此地与西域经济、文化交往频繁。

海州的优越地理位置以及唐代对新罗的开放政策，决定了它在唐代与新罗、日本海上交往中的地位。唐时日本遣唐使与学问僧经此来华，也可见东丝路之发达。从唐贞观五年（631）起，日本派出了由留学生和学问僧组成的第一次"遣唐使"，以后接连不断地派来，先后有12批，最多的一次达550人，他们分别通过渤海、黄海、东海进出，礼尚往来，常常带回丝织品、瓷器、乐器、文化典籍，等等。其中有一条路线是经由淮河入海口进出，经海州港口起航转道通行。

有名的"圆仁求法"，可见东丝路之发达。唐文宗开成三年（838），日本政府组织一次以藤原常嗣为首的遣唐使团出使中国，圆仁以"请益僧"身份随船来唐，经过一段艰苦的海上航行抵达扬州，他要求去五台山巡礼和到长安学法，于839年3月从扬州出发，经过了海州；六年后，圆仁从长安出发回国，亦经海州。第四次遣唐使藤原常嗣从海州东海山始发回国。

日本遣唐使往返都经海州，揭示了海州是接通内地与海外的一个中转站，在海州沿岸有许多港汊都可停泊避风，供给粮饷，便于航行。唐朝时海州是中日交往的一个转运站与通道。

自魏晋至南北朝始，海州沿海的郁州港成了中国经由朝鲜半岛和日本交往的一个重要的停泊、避风的中继站。据记载，自晋安帝时倭王赞遣使朝贡，到齐高帝建元六年（479）之间，日本朝贡来往达十次之多，都是经此中转的。那个时期可以证实有一条由建康（南京）经朐县北上山东半岛、朝鲜半岛再到日本的沿海岸航行的路线，中国的经济文化，包括农耕、蚕桑、丝织、稻作、房屋建设、漆器、玉器的制作等向日本传播，不少纺织工、养蚕缫丝能手及缝纫工东渡移居日本,都是把"东海路线"作为一条重要的通道。

公元四五世纪的南北大分裂,是中国封建史上最长的乱世。古海州港是被割裂的南北大地间一大海上通道,却在这旷日持久的铁血狼烟中获得僻处一隅的繁荣。《魏书》和《南史》以及《读史方舆纪要》都赞叹过这种地方的富庶和贸易的频繁,在地方官的默许下,海州人可以随意与南北双方"交市"。侨居东海的政治家封延伯世在这里经营货殖,财货奇居,《南齐书》热情地叹羡了封家的"三世同财"。

盛唐之际,海州海路北通山东半岛,南有运盐河(唐代称官河)连接楚州、扬州。东临黄海(古称东海),与位于朝鲜半岛的新罗,隔海相望,一衣带水,一苇可航。海州港一次可停泊十数艘远洋弘舸。日本入唐的船队也常常在这里靠岸,拥有 20000 多户人口的海州港城"千舳万艘,交贸往返"。其中,钱起、刘长卿、独孤及、崔国辅乃至李白等文人骚客的身影,以及他们咏叹的诗行正像古港货场中的唐三彩、凤鸾镜一样,精美佳绝,令人倾倒。

公元七世纪末至九世纪中叶,新罗人张宝皋的私人船队,来往于中韩航线上。这一时期新罗国入唐的航线主要从西海岸穴口镇(汉江口)唐城浦(南阳湾)出发到山东半岛,然后沿海岸南行到达海州的苍梧山田湾浦,进入运盐河到达楚州,或从淮河口去楚州。当时宿城就建有新罗所,聚集了大批的舵师、水手和翻译,为来往船只办理签证、负责给养,并介绍舵师、水手、翻译上船工作。有的则在此做官供职,经营水运,习禅敬佛,甚至定居农作,于是宿城就有了"新罗村"和"新罗宅"。

北宋时期,海州与胶州成了对外开放的港口,主要与高丽贸易,且沟通南北贸易与民间商业交往。为便于接待高丽商旅,在海州设"新罗坊",建"高丽亭馆","高丽亭馆"在原"景疏楼"基础上建起来,堂皇别致。

苏东坡曾三次来海州,写下了十四首诗和两首词,其中《送赵寺丞寄陈海州》诗,回忆了他在"景疏楼"饮酒的情景:"景疏楼上唤蛾眉,君到应先诵此诗。若见孟公投辖饮,莫忘冲雪送君时。"苏东坡于元丰八年(1085)再来海州见到蔚为壮观的"高丽亭馆",写诗抒怀。这个时期,海州一方面作为中转港口可供商船停泊,另一方面海州地区的丝、棉、盐、茶及药材等是发往板桥,和高丽商人进行贸易的主要商品,而高丽商旅也泛海至海州进行商业贸易。

2. 东方大港,通达四海

如今的连云港港口,旧称"老窑",七十多年前是个只有几座破窑的荒凉渔村。传说在很早时,有苏州朱姓兄弟三人来此烧木炭,后来经营不断扩大,这个小小渔村终日烈焰腾腾,烟雾弥漫,"老窑"因此而得名。后来,陇海铁路修筑到海边,港口建于连岛与云台山之间,加之此港紧连着直冲云霄的云台山,故名"连云港"。

伟大的民主革命先驱孙中山先生,以非凡的气魄和远见卓识,拟定了中国的建设蓝图《实业计划》,他提出要把连云港建成为"可以容航洋巨舶"的二等海港。

连云港港口始建于1933年,由原来陇海铁路局筹资、荷兰筑港公司承建海港码头。

30多年前,连云港人用八年的时间在陆岛之间填出6.7千米的神州第一长堤,从而造就了中国沿海独一无二的 30 多平方千米的宁静港湾。历经近 80 年的建设,连云港迈入亿吨大港的行列,连云港的航线已通达世界 150 多个国家和地区。浩瀚海洋,连云大港,天下货物,集散一方。

2013 年,国家又提出建设中国和中亚与欧洲的"新丝绸之路"的设想,连云港再次成为新丝绸之路的东方起点。

新连云港 / 任汉诗 摄

连云连海连天下

在中国 18000 千米的海岸线上，连云港占据了一段别样的风景。山海相拥、云港相连，擎天火树一样的龙门吊车屹立在海岸边，与巍峨的群山争雄，与碧海蓝天争秀。

连云连海连天下的大港，对于这个国际性海滨城市来说，既是一颗激情澎湃的心脏，又融入了这个城市的诚信和善良。

连云港，一个让人流连忘返而不忍离开的城市，处处给你惊喜和赞叹。登山观海之余，你还可以到东海温泉去体验"温泉水滑洗凝脂"的美妙，到世界水晶之都"东海水晶城"去欣赏世界珠宝奇石的巧夺天工。你也可以去看看江苏第一人工水库石梁河的阔大气象，两县夹一河——灌河的四季如画。当然，更少不了民主路再现民国时期的岁月流淌，盐河巷那古城街巷的烟火气息。如果再配上在海州朐阳城楼下听着淮海戏和海州五大宫调，那有滋有味的海港古城才会真正让你沉醉其中呢。

缘念淮安

在丰富多元的江苏文化体系中,淮安地域文化生生不息,自成特色。

淮安,古称淮阴,与天下"四渎"——江、河、淮、济之一的"淮"字息息相关,又因地处淮水南岸,故以古语"水之南为阴"名之。其秦时置县,迄今已有2200多年建城史。历史上,淮安几经兴废、几度繁华,嘉信县、寿张县、楚州、山阳县、淮安县、淮安军、淮安州、淮安路、淮安府、清江市、淮城市、两淮市、淮阴市、淮安市,这些令人眼花缭乱的城市名称,犹如一串串底蕴深厚、气质独特的文化符号,在岁月长河中璀璨绽放,见证并记录了淮安在不同历史时期的沧桑巨变,亦给后世留下了无限遐想和探索空间。

淮安位于古淮河与大运河交汇处,地处我国南北地理分界线秦岭、淮河一线,地理位置独特,区位优势显著。自古以来,这一区域就是中国自然地理和人文地理的南北分界线,是南北人群迁徙和集聚的过渡地带,也是历代郡县州府的驻地和江淮区域的重要中心城市。

时光流转中,各方文化在此被接受吸纳,孕育出淮安"俭省质朴、勤于创造""兼容南北、独立发展""淳实尚义、刚柔相济""爱乡报国、勇于抗争"的基本文化内涵,并形成了驰誉四方的名人和名著文化、"扶弱济困、感恩励志"的爱心文化、底蕴深厚的小说和戏曲文化、影响全国的漕运与水利文化、勇于抗争的红色文化等淮安特色传统文化。

仰望星空,穿越时空。这些文化内涵丰富、历久弥新,如烟花一般绚烂,亦如一条贯穿古今、鲜活灵动的历史线路,将千百年来积淀于淮安的自然之美、历史之美、名人之美、风景之美、饮食之美、人文之美等融为一体,绘就一幅大气磅礴、雄壮瑰丽的城市画卷,在世人面前徐徐铺展……

在这里,你可以放眼于一城一水。在三河(黄河、淮河、运河)交汇的清口枢纽遗址,见证古人匠心独运、技艺高超的治水智慧;在四水(盐河、古淮河、里运河、大运河)穿城的运河之都,梦回古时四方辐辏、舳舻相继的繁华盛世;在雄伟壮丽的洪泽湖大堤,远眺今昔烟波浩渺、日出斗金的大湖风光;在如诗如画的百里画廊,打卡今朝灯火璀璨、游人如织的人间仙境。

在这里,你可以沉醉于一器一物。那一个个远古遗物、一尊尊青铜瑰宝,承载了筚路蓝缕、砥砺奋进的淮安文化创造之旅;那一件件金石玉器、一块块古城墙砖,蕴含了激流勇进、时光深藏的淮安文化复兴之梦;那一部部古典名著、一方方石刻御碑,镌刻了融通南北、兼容并蓄的淮安文化繁荣之途;那一枚枚清江铜圆、一组组红色文物,照亮了波澜壮阔、辉煌卓绝的淮安文化近代转型之路。

在这里,你可以倾心于一人一事。淮阴侯庙里,立下赫赫战功的"兵仙"韩信,英魂今安在?古银杏树下,开汉赋之先河的"鼻祖"枚乘,风骨何时归?巾帼英雄梁红玉擂鼓退敌,留下一段铁血抗金的不朽传奇;文学巨匠吴承恩心怀大梦,以一部《西游记》名满海内外。大河悠悠,数风流人物,还看淮安。沈坤、丁士美、吴鞠通、刘鹗、罗振玉……多少人杰话古今,诉说千年水城的前世今生。

在这里,你可以悠游于一街一景。时光回转千年,河下古镇一如当初模样,漫步其中,步步皆景,处处如画。行走于里运河畔,风景名胜皆入怀,在清江浦楼、国师塔、慈云寺、清江文庙、清晏园的斑驳时光中,发思古之幽情;在花街、越河街、都天庙街的人声鼎沸中,沉醉不知归路。这般邂逅,岂非人生快事一桩?

在这里，你可以钟情于一饭一菜。来到世界美食之都淮安，注定要开启一段淮扬美食之旅。在中国淮扬菜文化博物馆，在位于河下老街的百年"文楼"饭店，在始于清道光年间的浦楼酱醋厂，通过一个个美食故事、一道道淮扬美食，去寻味淮扬菜的千年历史、淮扬菜的独特滋味、淮扬菜的好吃秘诀。

在这里，你可以专注于一方一俗。淮安自古"重礼教、崇信义"，每至"岁时节令"，民间官方皆有"说法"。作为南北文化交融之地，淮安为"山阳医派"的厚积成势和传统戏剧、民间曲艺的蓬勃发展提供了肥沃"土壤"。作为历史文化名城，淮安崇文尚学之风由来已久，这里儒风蔚然，学派林立，人才辈出，名作迭起。其文脉之盛，生动丰富，蔚为大观；风俗之美，自成特色，叹为观止。

一眼千年，淮安等你。不管何时何地，当你走进书海，闻见墨香，属于淮安的历史变迁、岁月传奇、才子佳人、名胜古迹、淮扬美食、民俗风情，甚至是一砖一瓦、一草一木、一缕暖阳，都将与你产生共鸣，彼此情意相通。因为一本书，爱上一座城。愿更多人在情深意浓的讲述里与淮安就此结缘，于"诗与远方"的惬意追寻中了解淮安、熟知淮安、爱上淮安……

一、"有水则灵"的运都胜境

古往今来，大川大河奔流不息，滋养了众生，孕育出文明。淮安，由水得名、以水为美、因水而兴，是一座"漂"在水上的城市。其属于黄淮和江淮冲积平原，地势低平，水网纵横，境内三河（黄河、淮河、运河）交汇，四水（里运河、京杭大运河、盐河、古黄河)穿城,五湖(洪泽湖、白马湖、高邮湖、宝应湖、天泉湖)镶嵌。这些河流湖泊,泽被千秋,在淮安氤氲起南北交融的灵秀之气,赋予了这方土地厚重的人文底蕴,讲述着"水韵淮安"的前世今生。

1. 三河交汇,根在清口

参天之木,必有其根;怀山之水,必有其源。淮安地域文化是淮河文明、黄河文明和长江文明数千年融合的结晶。水,既为淮安的灵魂所系,也是淮安的命脉所在。想要读懂这座千年古城,先得从了解淮安水系的历史变迁开始。

《尚书·禹贡》分天下为九州,淮安以古淮水为界,是天下九州向京都进贡的水陆交通要冲。据《淮阴市志》记载:"古淮河为'四渎'之一,发源于桐柏山区,经古泗州城南稍东,过龟山麓,折向东北,至清口会泗水,向东经淮安城北至涟水云梯关入海。"由此可知,淮河自西向东而来,由今盱眙县流入淮安市境内,折向东北,在淮阴区马头镇清口与古泗水汇合,经清江浦、淮安区继续向东,从涟水县以东不远处的云梯关汇入大海。其时,地处淮河中下游的淮安,河湖交错,沃野千里,物产富饶,民间盛传"走千走万,不如淮河两岸"。

这种盛况一直持续至十二世纪的南宋时期。建炎二年(1128)和绍熙五年(1194),黄河两次南徙夺淮,淮安清口以下的淮河入海水道为黄、淮所公用。此后数百年间,"无家可归"的淮河和泥沙肆虐的黄河,在淮安以西潴留,将原有大小湖沼连成一片,逐渐形成了当今中国第四大淡水湖——洪泽湖。

与此同时,另一条千里长河的命运也在发生巨变。隋炀帝开通的大运河,在宋金对峙后逐渐淤废,直至元朝将其升级为南北走向的大运河。淮安作为大运河重要节点城市,自此形成了淮、黄、运三河交汇的罕见局面。

为治理淮安"三河交汇"的异常复杂水情,"一号水利工程"清口枢纽横空出世。清口枢纽(今淮阴区马头镇境内)位于黄河、淮河与淮扬运河北段、中运河交汇处,是明清两代为解决运河汇淮穿黄难题而建设的大型综合性水利水运枢纽,体现了"筑堤束水、以水攻沙、蓄清刷黄、济运保漕"的工程意图,反映了人类农业文明时期东方水利水运工程技术的最高水平,持续维护运行了4个多世纪。2014年,中国大运河成功"申遗",清口枢纽遗址如一颗闪耀的明珠,成为85个遗产要素中唯一一处综合性遗存。

在水运为王的中国古代,淮安拥此"黄淮运"奇妙组合和凝聚古人治水智慧结晶的清口枢纽,仿佛置身于过山车上一般,在速度与激情的加持下,时而高光,时而低落,让人回味无穷。历史之魅力就在于此,淮安之独特亦在于此。

2. 水韵千年,因运而兴

淮安以"运河之都"而著称,自然与大运河密不可分。自古以来,淮安的命运与大运河的兴衰息息相关。接下来,就让我们一起穿越历史长河,去邂逅淮安与大运河(邗沟、隋唐大运河、京杭大运河)的千载不解之缘。

历史回溯至公元前486年。吴王夫差为北上伐齐争霸,令人开凿邗沟,打通长江与淮河,以此运兵送粮。邗沟凿通以后,淮安迅速成为南北运输的咽喉和兵家必争之地,并以南北舟车的"桥梁者"身份,极大地推动了中国东部各地区间政治、经济、文化等方面的交流。而位于邗沟最北端的古末口(今淮安市淮

淮安里运河文化长廊景区 / 贺敬华 摄

安区),更是集南北水运之势,聚市井人烟之盛,孕育出繁盛千年的北辰镇(今淮安区河下古镇),继而成为今日淮安文化之重要起源。

岁月停止于七世纪初。隋炀帝为贯通南北漕运,开凿了一条自东都洛阳至余杭的东西走向的大运河。其中,大运河邗沟(淮扬)段在淮安市境总长近150千米,连接淮河与长江,是通往余杭的必经水路。淮安扼守江淮水运要道,成为南北水陆交通的枢纽和对外经济文化交流的重要港口,政治经济文化地位飙升。在大运河的浸润下,淮安"风华正茂,风物正宜",招来中外客商使团在此驻留忘返,引得文人雅士在此题咏流连……

时光定格在十三世纪末。元朝定都北京后,为使南北漕运相连,不再绕道洛阳,对大运河进行"截弯取直"。在京杭大运河最为繁盛的明清时期,处于黄、淮、运交汇的淮安,是江淮一带和运河沿线的政治要地、经济高地、文化胜地和军事重地,其以漕运之利而一跃成为天下交通的枢纽、京师以外的关键,迎来了"古典式高峰"。

日月运转不止,运河奔流不息。从邗沟,到隋唐大运河,再到京杭大运河……千年运河波澜壮阔的历史,在淮安化作一首首古今交织的岁月长歌,绘成一幅幅南北辉映的壮丽画卷。这是中国大运河文化的独特魅力,更是"运河之都"淮安的人文底色。

3. 日出斗金,以湖为美

"排名第四""最年轻""自然和人工的产物""水上长城""日出斗金""高家堰"等一个个关键词闪过淮安人的脑海,"洪泽湖"随即脱颖而出。打开淮安地图,洪泽湖恰似纵横于万里长空之巅的上古神兽朱雀,守护着万家灯火,温暖着一方百姓。

千里长淮,汇于洪泽。洪泽湖,位于淮河中下游结合部、苏北平原中部,地处淮安市洪泽区西侧。其原为浅水小湖群,古称富陵湖,两汉时期称破釜塘,隋朝称洪泽浦,唐代始名洪泽湖。南宋黄河夺淮后,黄河淮河合流入海,盱眙以东潴水,原有大小湖塘,连成一片,汇聚成湖。明万历年间,在水利名家潘季驯的治黄治运方略下,洪泽湖大堤高家堰得以大修,淮河来水被拦蓄,承担起刷黄使命。洪泽湖自此初步形成。

历史上,"蓄清刷黄"并非易事,泥沙倒灌时有发生。于是,"救命稻草"高家堰被历朝河官水工不断加固加高,洪泽湖湖底及其水位也随之日日淤高,终成压在千万百姓头上的"悬水"。如今,洪泽湖平均水位依然高出东部苏北平原4—6米,洪水期则高出6—8米,是名副其实的"悬湖"。幸好,有着"水上长城"美誉的高家堰,经反复修筑而固若金汤,默默扮演好苏北人民守护者的角色。

古往今来,洪泽湖一直是国运所系。明清时期,洪泽湖是京杭大运河至关重要的一环,维持着运河与漕运的畅通,关系着京师的粮食安全与社稷安稳。新中国成立以来,尤其是近二三十年来,洪泽湖得到了进一步的开发和利用,成为"南水北调"东线工程最大、最重要的过水通道,保障着长江之水顺利北输,关乎着北方地区的国计民生。不仅如此,如今的洪泽湖已然是"日出斗金"的宝湖,这里的鱼虾蟹贝远近驰名,这里的莲藕、芡实、菱角久负盛名,这里的万顷碧波、百里长堤、明陵石刻亦赫赫有名……

水韵洪泽,大美湖光。洪泽湖,有着源远流长的厚重历史,有着惊艳流年的旖旎湖光,有着温暖岁月的诗画田园,有着抚慰身心的人间烟火。倘若你想暂别喧嚣的都市和忙碌的生活,这里时光清浅,许你流年不负。

4. 南船北马,繁华如斯

里运河畔,清江闸旁,一块镌刻"南船北马,舍舟登陆"的石碑,铭记着淮安的历史与繁华。"南船北马,舍舟登陆",其意一目了然:南方江河纵横,便于行船;北方平川辽阔,多乘车马。

明清时期,淮安为南北交通枢纽、水陆襟喉要地。由于清口难渡,江南之商旅、货物经船只运抵淮安后,由清江浦舍舟登陆,北渡黄河,在王家营改换车马北上;而由北向南者,则在王家营弃车马渡黄河,至清江浦乘船南下。

如果这段历史可以立体投影,呈现在我们眼前的淮安,当是如下一派繁荣景象:

在清江浦，在御码头附近，骡马车行、饭馆客栈，密集如云，为大量在此生活的漕军运兵、仓场夫役、商贩、工匠和无数南来北往的商人旅客、赶考士子提供服务。若此时立于清江大闸远眺，繁华喧嚣的运河两岸，处处洋溢欢歌笑语声，满满都是人间烟火气。

在王家营，在土圩城之中，商号、旅店、驿馆、马号、酒栈、寺庙、教堂、戏楼、豪宅、园林等建筑错落有致，众多江南客商经此停歇，换乘北上。城外，亦如城内一般，处处舟车麇集、百货山积，贩夫走卒蚁聚……

岁月从未止步，时光不曾停歇。伴随着"百里画廊"项目的持续推进，"南船北马"的淮安繁华更甚昨日。夜幕降临，里运河两岸灯火璀璨，人流如织。登临清江浦楼，"红灯十里帆樯满，风送前舟奏乐声"的盛世之景、繁华之所和绚丽之美，美美尽善，盈盈在目。

运河三千里，醉美是淮安。瞧，那灯火璀璨处，有古色古香的画舫，在流水汤汤的千年长河中桨声摇曳；有摩肩接踵的人流，在琳琅满目的老街夜市里悠然自得；有令人沉醉的乐声，在流光溢彩的高楼华屋间余音绕梁……此情此景，如梦如幻，让人不禁想起一句意境唯美的诗文："你站在桥上看风景，看风景的人在楼上看你。"

二、"浩渺传奇"的文化名城

淮安，一座历史悠久的文化名城。这里所在的江淮地区是人类起源的重要地区之一。从旧石器时代开始,淮安先民就在这片热土上繁衍生息,创造并留下了足以载入史册的淮安地域文化。

悠悠岁月中,淮安地域文化的源头在哪里?其经历了怎样的曲折坎坷?又留下过哪些精彩瞬间?随着一处处重要遗址、一件件珍贵文物的相继面世,尘封在历史长河中的淮安"文化密码",正在璀璨再现,激励着生活在淮安、热爱着淮安的人们去探索、去发现、去思考……

1. 秘境"家书",重燃火种

1951年,华东文物工作队在对淮安北隅宋集乡的一处黑土塘进行考古调查时,意外开启了"淮安秘境"的时空之轮。

经过多次考古发掘和比较研究后,专家学者们认为这是一处年代早于龙山文化,与北辛文化和河姆渡文化同时并存、地方特点很强的文化遗址,并将其正式命名为"青莲岗文化"。自此,淮安文化的最初源头,可以追溯至新石器时期的"青莲岗文化"。2018年,淮安黄岗遗址的破土而出,亦为全面认识"青莲岗文化"提供了重要的考古依据。

迈入"文明曙光——青莲岗文化淮安黄岗遗址考古成果展"展厅,来自远古的神秘气息迎面而来。透过陶罐、石斧、陶纺锤、角质鱼鳔、骨针、骨镞等一大批种类繁多、造型古朴的展陈文物,淮安先民的生活场景犹在眼前,令人久久回味。

这些远古器具形制对称、质地坚硬、造型唯美、色彩艳丽,是"青莲岗文化"无数瑰宝中的传世之作。它们就像淮安先民留给后人的一封封"家书",不断传递来自远古的历史信息。

当时,淮安先民凭借勤劳与智慧,已然摆脱刀耕火种的原始生活。狩猎、捕鱼,成为主要生活来源;家畜饲养业得到了一定的发展;纺织业较为普遍;饮食生活日趋丰富。生活稳定了,先民们对"美"有了更高的追求。于是,陶珠、陶管、石珠、玉环、骨珠等一批远古"美物"开始出现。

这些"美物"源于生活而胜于生活,它们体现了淮安先民的俭省质朴、勤于创造以及对美好生活的憧憬,同时也向世人展现了淮安人古来有之的一颗"爱美之心"。

2."出彩"淮夷,国器青铜

历史的车轮滚滚向前,岁月的长河静静流淌。进入夏商周时期,作为东夷古族重要分支的淮夷部落,成为淮安文化创造的主体。

虽然文献史料中有关"淮夷"的记录要么是和"以仁治国"的西邻古徐国一起征战,要么是一起被攻伐,但考古学中的"淮夷文化"却是高水平的、绚丽多彩而又极富个性的。其在文化、经济等方面的发展水平足可与中原地区并驾齐驱;在制陶、建筑、骨雕等技术以及玉器和青铜文化领域,甚至处于领先地位。

自西周至秦朝统一六国的 800 多年间,淮夷部落逐渐融入华夏民族。淮夷先民接纳了中原"礼乐文化",并将其与行于本土的"徐文化"相融,最终形成了质朴厚重、淳实尚义的"淮式"地域民风。

这一时期,淮安及周边地区是部族交融与列国纷争之地。文化遗存丰富,现已发现近百处遗址和墓葬;文化面貌多样,青铜文化尤为突出。

新中国成立以来,淮安陆续出土了数百件商、西周、春秋和战国等历史时期的青铜器。其中以 1978 年淮阴高庄战国墓出土的青铜器群数量和影响最大。

从出土的青铜器来看,既有吴国青铜器和本地青铜器,也有来自齐、燕、越、楚、蔡等多个国家的青铜器;器型种类齐全,囊括了礼器、乐器、容器、兵器和生产生活用具;铸造技艺多样,装饰花样繁多,在一件青铜器上往往可见多种铸造技法和独具一格的装饰艺术。从文化角度而言,这些青铜器既体现了鲜明的本土文化,也包含了北方中原文化和南方楚文化、吴越文化。

现藏于淮安市博物馆的刻纹铜箅形器,是目前国内刻纹内容最丰富的箅形器物。出土于淮安盱眙,现藏于南京博物院的陈璋圆壶,是目前国内唯一一件集先秦工艺之大成,既能反映齐国伐燕的重大历史事件,也能体现泥范铸造工艺最高水平的青铜器,堪称中国古代青铜器中的"王者荣耀"。

千年古器,必有与之相随的千古吟咏。可以说,淮安地区的先民们是在一次次征战和会盟中,造就了淮安青铜器的"一枝独秀"。历经千年,这些大放异彩的青铜瑰宝,已然成为淮安区域文化中的一道亮丽"风景"。

3. 南北"咽喉",独树一帜

历史的画风似乎刚从分分合合的青铜时代转向大一统的秦朝,便又转向了风云变幻、群雄并起的秦末乱世。"南北通衢之咽喉,兵家必争之要地。"仅此两点,便注定了淮安传奇跌宕的命运。

随着陈胜、吴广在大泽乡起义,反秦的烽火迅速燎原。当时,淮安及周边地区是故楚遗民聚集地,本着"楚虽三户,亡秦必楚"的民众愿景,正在山里放羊的楚怀王之孙熊心一夜称王。王有了,国都定在哪儿呢?各路首领一致推选盱台(今盱眙县)。盱眙楚政权虽然昙花一现,但其核心人物之一项羽及其臣属刘邦、韩信,在未来的楚汉风云中皆成主角。

两汉时期,淮安有"鱼米之乡"的景象。西汉初期,吴王刘濞在此大力发展灌溉农业;东汉末年,广陵太守陈登回到家乡淮安推行屯田制,修捍淮堰以保田,筑破釜塘以溉田,使得当地"粳稻丰饶"。

三国时期,淮安地区经常处于战时前沿,作战双方又多被这片"鱼米水乡"吸引,常年在此驻兵屯垦。曹魏名将邓艾曾领数万将士在此兴修白水塘,开垦出大片肥沃良田,开创了名传千古的石鳖城。

进入魏晋南北朝,淮安成为南北争战的前沿区域。在此期间,这一区域的行政建置紊乱,隶属多变,南腔北调各地人等在此匆匆聚散。

当大运河在完成南北大一统的隋朝诞生,扼守江淮水运要道的淮安,迎来了前所未有的发展机遇。从隋唐至北宋,淮安文化发展欣欣向荣。这一时期,随着隋唐大运河和淮北运盐河的开通,泗州、楚州、淮阴、盱眙、山阳、涟水等运河沿线州县,成为区域经济、文化的中心,其中楚州和泗州还成为全国知名的重镇。

自宋室南迁,淮河一线先后成为南宋与金、元交兵对峙的前沿阵地。兵火的长期荼毒,加之人为决河,造成黄河南徙夺淮入海,使得黄、淮、运交汇的淮安,从此进入了衰变无常的历史时期。与敌抗争与与水抗争,由此成为淮安文化的重要内容。

4."明珠"辉耀,高光时刻

走进淮安市博物馆、漕运总督部院、清宴园、板闸遗址公园,在一件件珍贵文物、一段段生动影像、一个个逼真场景前,一幅淮安繁华运景图,正立体生动地呈现在世人面前……

明清时期,京杭大运河是漕运的"大动脉",直接影响京师乃至王朝命运。因此,位于黄淮运交汇处的淮安,无疑是统治者心中"济运护漕"的关键所在。

为此,淮安驻有朝廷一、二品级别的派出机构——总督漕运部院衙门和河道总督衙门。淮安府也是江苏长江以北仅有的两个府之一,是当时江苏省辖地面积最大的府,辖区范围覆盖苏北大部。同时,在掌管两淮盐政的两淮都转运盐使司下设的三个盐运分司和两处盐引批验所中,淮安各占一席。此外,在全国大大小小的税关中,"居天下之中、扼漕运之冲"的淮安钞关,曾长期占据"C位"。

随着总漕、总河的驻节及"五大中心"的确立和清江浦等城镇的兴起,淮安与扬州、苏州、杭州并称运河沿线的"四大都市",有"南船北马、九省通衢""天下粮仓"等美誉。

在时刻牵动国家经济命脉的同时,淮安亦空前繁荣,可谓"夹岸数十里,街市栉比"。彼时,从末口至清口的数十里间,分别有淮安府城、河下、河北、板闸、钵池、清江浦、王家营、西坝、韩城、杨庄、马头、清口等十多个城镇。这些运河城镇,商贾云集、店铺林立、灯光璀璨、夜不罢市。每当红日西沉,烟笼清淮,水波之上"帆樯如林、百货山积、渔火万盏、歌声十里",极为壮观。

三、"群贤辈出"的伟人故里

在浩渺、延续的历史长河中,有这么一群熠熠生辉的人物,他们运筹帷幄、豪情满腹;他们跃然纸上、青史留名;他们创造了淮安的历史,淮安铭记了他们的名字……穿越历史云烟,遇见淮安群贤。在一次次跨时空的对话中,唤醒属于淮安的文化与记忆。

1. 文武全才,智勇兼资

淮安地理环境独特,自古就是南北文化交融之地。其融南汇北、刚柔相济的"中和"之风,有别于其他区域。千百年来,在这片传奇的土地上,频出"具南北之美,柔亦不茹,刚亦不吐,上马可以杀贼,下马可以草檄"的文武全才。

西汉时期,司马迁南下漫游时,造访过淮安,他在《史记》中描述了这方土地的风物人情面貌。诸如:淮阴人韩信在未发迹时,寄食垂钓,受辱于市,不作不善为之事,不逞匹夫之勇,一副大志在胸、隐忍待发的"奇丈夫"性格。登坛拜将后,他则一展指挥若定、用兵如神、以贤为师、善创战例的灵动机智和知恩图报、善恶分明的尚义之风,并写有兵学著作《韩信兵法》三篇。淮阴漂母则具念慈推食、不图回报的仁爱之心。东阳人陈婴拒绝称王,诚信谨慎,终成一方诸侯;其母敏感质朴,善权利弊,被《列女传》奉为"贤明"之典范。盱眙人武涉则见多识广、巧言善辩。

此外,西汉名士陆贾"居马上得之,宁可以马上治之乎"的名言,是汉王朝治国方略转向的重要标志,其在《新语》中所提诸多主张,亦对儒学在汉初的发展贡献巨大。同时,他还被称为"马背上的思想家",先后为两朝汉帝收服南越,并说服陈平、周勃等合力诛吕。

三国时期,以陈球、陈登为代表的淮浦陈氏,族中多出"文能治国、武能安邦"的人才。而东吴重臣淮阴人步骘功成名就后,依然"恭而安,威而不猛"。

宋金对峙期间,奇女子梁红玉义无反顾地投入保家卫国的抗金斗争中,并凭借过人的胆识和勇气屡立奇功,成为令后世敬仰的"巾帼英雄"。

明朝嘉靖年间,淮安状元第一人沈坤"倚马成文,上马杀贼",他在返乡为母守孝时,散尽家财,组建"状元兵"抗倭,以卫家乡。名将王鸣鹤一生南征北战,历大小数十战,战功显赫,并留下古代军事巨著《登坛必究》。

星光熠熠,其华灼灼。历史上,这些文武兼备的英雄豪杰一飞冲天、一鸣惊人,将淮安人正直、智慧、忠义和有谋略、有胆识的传统美德体现得淋漓尽致。

2. 诗文名家,青史流芳

淮安是人文荟萃之地,历代均有驰誉文坛的名家,或开一代文体先河,或为一代文风的重要代表,或以名篇警句流芳百世,或以文学社团引领一代风气。

生当西汉文景之际的淮阴人枚乘,一身正气,两谏吴王,所著《七发》奠基汉代散体大赋,文中诸多精美言辞堪为醒世箴言、人间药石,历来为人们争相传诵。

三国时期,名列"建安七子"的古射阳人陈琳,博学能文,敏于世事,有"草檄魏祖读以愈风"之才华,其料事之明,亦与魏武帝曹操不谋而合。

唐代是诗歌的盛世,当时淮安名家纷呈。唐代宗年间的吉中孚,名列"大历十才子"之一。晚唐时期的诗人赵嘏,凭《长安秋望》中"残星数点雁横塞,长笛一声人倚楼"妙句,获杜牧赞誉而有"赵倚楼"之称。此外,著名女伶刘采春,名列"唐代四大女诗人"之一,《全唐诗》中《啰唝曲》六首,均归其名下。

"苏门四学士"之一的张耒,在北宋诗坛占据一席之地。这一时期,还有刘承规这样典领《太宗实录》《册府元龟》编修的名臣,也有以徐积为代表的以节孝闻名的文士。

至元代,闻名一时的《北村诗集》作者汤炳龙,也是一位学问赅博的学者型诗文作家。

明清时期,淮安文化蓬勃发展,出现了文学著作和文学名人涌现的局面。其中,知名度最高、作品传播范围最广的当数明代文学大师吴承恩,他的《西游记》家喻户晓、经典流传,是中国古典四大名著之一。其次,当属"通才"刘鹗,他的小说《老残游记》是西方人最早触摸的近代中国小说,被鲁迅先生誉为晚清"谴责小说"的代表。

此外,淮安的市民文学也是人才济济,有创作弹词巨著《笔生花》的邱心如和《子虚记》的汪藕裳,有写下著名笔记小说《茶余客话》的阮葵生和《金壶七墨》的黄钧宰等。

这一时期,淮安诗人亦众多,有以阎修龄、靳应升、张养重为代表的"望社"诗人,有"曲江十子"之一周振采这样的园林文学诗人,也有高士魁、鲁一同、吴昆田、王锡祺等"山阳诗群"。

斗转星移,万物乾坤。在群星璀璨的文学长河中,淮安代有名家名作,彰显了淮上风雅之盛,体现了淮安传统文化之美,在中国文学发展史上占有重要地位。

3. 学者巨匠,各领风骚

淮安历史文化悠久,名人辈出。在学术、艺术、中医学、历法等诸多文化领域,百花齐放,群星闪耀。

就淮安学术文化而言,在中国历史上影响比较大的主要有两位:一位是清初考据学家阎若璩,他的《尚书古文疏证》被誉为开出一代"学者疑经之风",大儒黄宗羲读罢,感叹:"一生疑团,见此尽破矣!"梁启超先生称其为"三百年来,学术解放第一功臣"。另一位是近代国学大师罗振玉,他是著名的甲骨学奠基者,首创甲骨文书法,对甲骨后学的培养亦不遗余力,与王国维、郭沫若、董作宾并称"甲骨四堂",亦为中国敦煌学和古明器研究的开拓者。此外,潘德舆的诗学理论、丁晏的经学研究和王锡祺的舆地著作汇编在学术史上也都有一定影响。

在绘画艺术、医学、科学等方面,淮安也是人才辈出。较早出现的著名画家是在宋徽宗时期崭露头角的文人画师廉布。宋末元初,擅画马,喜作墨鬼,尤以善画钟馗闻名的龚开,更是一个引人瞩目的画家。元代,著有《画鉴》的汤垕,又从理论上将中国传统绘画推向了新的高度。

北宋传奇名医杨介撰成中国最早的人体解剖图谱《存真环中图》。盲人历算家卫朴耗时3年完成《奉元历》,好友沈括在《梦溪笔谈》中多次记录其卓越成就。

穿越历史云烟,人物栩栩如生,丁士美、王鸣鹤、边寿民、汪廷珍、吴鞠通、王瑶卿、左宝贵、郎静山、周信芳、滑田友、李公朴、陈白尘……这些淮安文化名人,历经百年而不朽于人世间。

人文鼎盛,源远流长。古往今来,无数淮安文化巨匠以他们的才华和智慧,为当时的文化繁荣作出了杰出贡献。他们为人为师为学的崇高精神,亦对后世产生了深远的影响。

4. 仁人志士,薪火相传

淮安是一代伟人周恩来总理的故乡,亦是一座英雄的城市。周恩来曾深有感触地述及淮安文化对他的影响:"生于斯,长于斯,渐习为淮人;耳所闻,目所见,亦无非淮事。"淮安文化在他身上最突出的体现,就是儒雅机智、俭约精细、忍而有为。

周恩来纪念馆/孙淮清 摄

回望淮安千年历史变迁,"淳实尚义"之风一以贯之。延及近代,淮安亦是老区。自鸦片战争以来,当地先后涌现出众多的仁人志士和英雄豪杰。

清代广东水师提督、力助林则徐虎门销烟的抗英民族英雄关天培血洒疆场、魂归故里。辛亥烈士周实和阮式为推翻清王朝的统治,以"琨逖相期",在淮组织学生队武装,振臂响应武昌起义,志在光复,未及而立,不惜殒命。抗日烽火燃起后,著名的"淮河大队""涟水抗日义勇队"等抗日民众武装,以及传颂于淮阴百姓之口的"周家三只虎""苏家两条龙"和"独角牛"等民兵英雄,坚持在敌后抗日,保卫家乡。

随着新四军的东进北上和八路军黄克诚部的南下,淮安又成为华中和苏皖抗日根据地的核心地区,英雄的"刘老庄连"就涌现在这片热土上。解放战争时期,淮安是中共苏皖边区政府和中共华中分局、华中军区的所在地,也是人民子弟兵的兵员输送地和百万支前大军的基地。众多的淮安子弟兵随黄克诚将军转战东北、南下湖广,又随陈(毅)粟(裕)大军保涟水、战宿北;到山东,战沂蒙;打淮海,下江南,扫东南,其英勇事迹可歌可泣。

万花种就江山阔,志士生成肝胆多。这些民族英雄、革命烈士,用鲜血和生命,谱写了一曲曲可歌可泣的英雄赞歌。他们的英雄事迹和伟大精神,激励着一代代淮安人不忘初心,脚踏实地,奋勇前行……

四、"诗与远方"的大府名州

有人终其一生寻"美"。然而,美的定义却不是恒定的,山川湖泊、古堤春晓、亭台楼阁、名寺铜钟、城墙砖瓦……在风光旖旎的淮安,一步、两步、三步,脚步叩击地面,聆听城市心跳。眼中美不胜收,心也澄澈空灵,如梦如幻!

1. 穿越时空,风景独好

喜欢淮安,不只为了一句"襟吴带楚客多游,壮丽东南第一州",更是因为这里有着与其他运河名城截然不同的城市气质。相比杭州的文艺浪漫、苏州的江南风韵和扬州的古风柔情,傍水而生的淮安,更加秀美舒缓!

这种独具特色的水乡秀美以及充满生活气息的舒缓之感,是淮安人千万年来与自然不断交融的结果。你瞧!活在史前的"青莲岗"人,多么自由洒脱,他们在山林中狩猎,在溪河边捕鱼,在篝火旁跳舞,在围屋前织造,在农田里耕作……

历史从未停止过向前的脚步,却也在被时光禁锢的"青莲岗"中留下人类最初的相遇。想从"青莲岗"出发,走遍故事里的每个淮安角落,去邂逅更多有趣的人,收获更多的美景、好物及感动!

来到淮安,有着"最美淮上第一村"之称的龟山古村不可不游。龟山村位于洪泽区老子山镇西南,紧邻淮河,因形似巨龟浮于水面而名。这里历史悠久,遗存遍布,据说彭祖曾在此养生、老子曾在此悟道……不仅如此,这里还是淮河地区佛教的发源地之一,是吴承恩笔下许多奇幻传说的故事原型。

这里青山绿水,景色宜人。宋塔地宫、石工墙、圣旨碑、阅淮亭、御码头、龟山草市核心文化片区和游船码头等古迹景观时刻在向人们讲述着当地昔日之辉煌。

除了广为人知的传说和古色古香的美景之外,这个仍以渔业为主的传统渔村,如今还是一处人气火爆的网红美食打卡地。那一字排开的柴火老灶,那水中刚捞的鱼虾,那现烧现尝的特色渔家菜,足以唤起藏在心中的"乡愁"来。

2. 古镇悠游,满目诗画

见多了古城,逛遍了老街,眼中的淮安,写满了故事。如果你喜欢"进士之乡"的千年古韵,如果你喜欢小桥流水背后的盐商趣闻,如果你喜欢探寻古巷深处的神秘角落,那你一定要来河下……在这个"不知云深处"的水乡古镇里,总有一次邂逅是你从未有过的。

漫步在一块块石板铺就的绵长小道上,身边是三五成群的过客行人,两旁是画风古朴的旧铺老宅。而最不惹人注目却又最引人叫绝的,往往正是藏在街头巷尾的"人间烟火"和"历史瞬间"。茶馓子、大头菜、水面条、灌汤包、长鱼宴;湖嘴大街、花巷、石工头、估衣街;吴承恩故居、吴鞠通中医馆、状元楼、闻思寺……这些散落在人间的"碎时光",无不散发着地道的"老淮安"魅力,也彰显着淮安人的勤劳与智慧,更铭刻着遥远时代的历史与记忆。

  凝视眼前这些"原生态"之景,你能想象,千百年前的河下,也曾是堪比苏杭的"人间天堂"吗?

  古城淮安的风情万种,尽在里运河,也尽在清江浦。如果说流淌千年之久的里运河是古城淮安的绝对"硬核",那么朴拙的清江大闸就是里运河上的一个绝版"地标"。站在遍布岁月磨痕的大闸之上,古老的历史气息扑面而来。唯美传奇的水乡画卷自此徐徐展开,有风景也有故事。

  夜幕下的里运河星光璀璨,处处人间烟火。北岸的越河街美食飘香,南岸的花街古朴典雅。清江文庙游客络绎不绝;清江浦楼、国师塔美轮美奂正当时;"寸土寸光阴"的都天庙街里,一步一回眸、一步一历史……这流淌了千年的运河水,赋予了淮安如诗如画的美。

3. 请您登岸,共赴春光

  淮安,北带黄河,南络长江,中贯淮河,因运河的串联而蔚成大府名州。这里有看不够的运河风光,道不尽的古城风韵。烟花时节,自御码头登岸,赴一场"百里画廊"的春光之约。

  历史风云变幻,位于河南西路的古清江浦楼一如当初模样。跨越300年时光,这里的一砖一瓦、一草一木,都承载着岁月的变迁和淮安的过往。而今,它既隐藏在千里长河的古老记忆里,也鲜活于淮安儿女的日常生活中。

斗转星移，万象更新，坐落于中洲岛的新清江浦楼拔地而起。登楼远眺，运河风景如画，如梦如幻，让人犹如在历史与现实中自由穿行。清风朗日照绮窗，一眼阅尽淮安美。

漫步花街，繁华更胜当年。走在青石铺就的石板路上，凝望眼前青砖黛瓦、雕梁画栋的百年古建，身后的高楼大厦、车马喧嚣瞬间化作烟云，迎面而来的是时光精雕细琢过的"花街时刻"。

位于清江浦区人民南路上的清晏园，是我国治水和漕运史上唯一保存完好的明清官宦园林，有"江淮第一名园"之称。这里一砖一瓦藏典故，一步一景皆历史。

里运河畔，延续近 500 年的清江文庙，既是淮安人心中地位崇高的人文胜景，更是古城淮安历史文化传承的根脉所在。与之紧邻的慈云禅寺可谓"大隐隐于市"，深藏人海间。红尘滚滚中，若你有幸亲临其境，只一个转身，便是一次历史与现实的光影穿越。

夜幕降临，华灯初上。屹立于河畔南岸的国师塔，在月影星火的映衬下，分外灵动，更显梦幻。恍惚间，半空中有清风拂过，悬挂在塔檐上的一个个风铃随之摇曳……

月已斜，夜渐深。不知不觉中，里运河上薄雾升腾，恰似一幅若隐若现的水墨丹青，美不胜收。这"薄雾"又在诗意与繁华的淮安夜色中慢慢弥散，和久久回荡在天地间的塔铃梵音一道，述说着古城淮安的岁月变迁，护佑着一城百姓的平安喜乐。

4. 红色热土，风华正茂

红色，是革命老区最亮丽的底色。淮安有着非常丰富的红色资源，踏上这片红色热土，时刻能够感受深入骨髓的红色基因，随处可以看见雄伟庄严的红色遗存。

漫步于淮安市楚州中学校园内,林荫掩映、曲径通幽,几座古朴小楼静静伫立,格外引人注目。这里就是中共中央华中分局、华中军区旧址。踏入历经半个多世纪风雨洗礼的小楼,一幅幅照片、一件件实物、一幕幕情景,还原了一个个血与火的历史场景,刻留了一段段永不磨灭的红色印记,激励着我们,时刻铭记那颗保家卫国的赤子之心、那种自强不息的奋斗精神、那段激情燃烧的革命岁月!

在清江浦区西大街南侧,有一座灰墙黛瓦、庄严肃穆的临街院落——苏皖边区政府旧址纪念馆。走进其中,一组气势恢宏的苏皖边区政府领导人群雕闪烁着耀眼的红色光芒,散发着浓厚的革命气息。纪念馆由六大展厅组成,基本保存了当年苏皖边区政府的建筑原貌,生动展示了苏皖边区党政军民"坚持抗战、创建边区""民主建政、革故鼎新""恢复生产、发展经济""宣传民众、繁荣文化""积极备战、全力自卫""坚持斗争、赢得解放"等一系列光辉的革命历程。

来到英雄之城淮安,循着红色足迹一路追寻。在横沟寺农民武装暴动纪念地,在大胡庄八十二烈士陵园,在黄花塘新四军军部纪念馆,在新四军刘老庄连纪念园,在车桥战役烈士陵园,在涟水保卫战烈士纪念塔,在淮阴攻城战斗将士纪念塔,见证淮安的百年"红色记忆"。烽火远去,但长存于枪林弹雨中的"红色记忆",依然在引领我们走进这段百年峥嵘岁月,重温一个个惊心动魄的历史时刻。

这些"红色瑰宝"是淮安文化生生不息、发展壮大的重要滋养,亦是淮安文化兼收并蓄、与时俱进的永恒气质,更是淮安文化透过光辉岁月、以时代音符唱响美好今天与未来的磅礴伟力!

五、"烟火升腾"的美食之都

　　美食之魅,从来不只是萦绕于舌尖,亦在心灵之中。很多时候,附着在淮扬菜上的"淮安基因",决定了"淮味"的性格、气质和人文精神。让我们一起,走过四季,跨越人海,在世界美食之都淮安,开启一场寻味淮扬之旅。

中国淮扬菜文化博物馆／中国淮扬菜文化博物馆供图

1. 淮味千年,天下至美

饮食,是文化的特殊载体。每一种饮食文化的背后都蕴藏着极为丰富的历史、文化和故事。淮安饮食文化历史悠久,博大精深。

大禹在淮治水成功后,美食与交通在淮安地区完美"碰撞"。此后,淮产美食迅速风靡九州,其中最得宠的当数本地江河湖泊中的极鲜之物淮白鱼。《尚书·禹贡》载"淮夷蠙珠暨鱼",古称淮夷"水多美鱼,白鱼尤为世所珍"。淮产白鱼,因通体洁白如银而得名,后世诗文中又称之为"淮鱼""淮白""银刀"等。

吴王夫差开凿邗沟连接江淮之后,淮安区域经济增速加快,淮扬饮食肴馔的特色也进一步鲜明起来。从辞赋大家枚乘所著《七发》中可见,当时的豪宴已显现南方风味饮食特色。赋中专门提及"笋蒲",叹为"天下之至美"。此物就是今人口中的"蒲菜",也是当下淮扬经典名菜"开洋蒲菜""蒲菜炖肉圆"的主要食材。南宋时期,巾帼英雄梁红玉守城抗金时曾以蒲菜充饥。从此,蒲菜成为淮安人心中无法割舍的"乡愁"。

此外,汉代广陵郡相当有名的"生鱼脍"《世说新语》里的著名典故"张季鹰莼鲈之思",晋人左思所著《三都赋·吴都赋》中的"王鲔鯸鲐"之句,皆为江淮地域特产、风味和饮食文化增添了浓墨重彩的一笔。

千百年来,爱吃、会吃、能吃且善做美食的淮安人,在这些"美食基因"的文化传承下,驾驭着淮扬菜这艘享誉世界的"超级航母",在中国大运河这条流淌千年的"美食航线"上,不断烹饪出一道道淮扬风味的淮安美食、留下一段段难以忘怀的淮安记忆……

2. 食在江淮，味在淮扬

正所谓"一方水土造就一方美食"，隋唐大运河的全线通航，让把控南北漕运往来的淮安，成为当时"先富起来"的一座城市，也让当地居民的"菜篮子"变得更加丰富多"材"。

隋唐时期，潺潺流淌的运河水滋养着淮安大地，让这里的鸡鱼肉蛋和瓜果蔬菜变得格外鲜美。这些本土食材，不仅成就了淮安好味道，还温暖了南北商旅和国际友人的心胃。

彼时淮安，"饿"或许是件幸福的"烦恼"。你可以一边体验"舟行碧波上，人在画中游"的淮上美景，一边在船上"奢侈"一下连隋炀帝都直呼上品的"荷叶鳜鱼"。

你可以在"酒酣夜别淮阴市，月照高楼一曲歌"的市井烟火中，随便走进一家 24 小时不打烊的酒馆食肆。如你是慕名而来的南北游客，一定要尝尝苏东坡等历代诗人赞不绝口的淮产"淮白"；如你是想开洋荤的美食老饕，大可去波斯和阿拉伯商人定居的马头镇、北辰坊等地，尝尝清真风味的特色牛羊肉；如你是多愁善感的文艺青年，岂能错过 88 元一份的"诗仙同款套餐"，一口油鸡一口酒，回味间便是李白的"诗和远方"。

若你到了北宋时期的淮安，时任楚州州学教授的著名诗人徐积，会亲自带你前往名酒楼何家楼，去体验"三月高楼满春色，椒浆琼液盈金壶。盘罗江笋烹淮鱼，樱实赤玉梅甘肤"的绝美"淮味"。又或者，待到"秋风起、菊花美"的时节，你可以跟随嘴巴很"刁"的山阳诗人张耒，去品尝以"匡实黄金重，螯肥白玉香"的洪泽湖大闸蟹为主料的淮扬名菜清炒蟹粉，体验一回什么叫"鲜到你怀疑人生"。

如果你也认同"美食是带着温度的城市记忆"，那么，继续做个"寻味人"吧!去淮安的大街小巷,尽情放纵自己的舌尖,让淮扬菜温暖你的心胃。你会发现,只有味觉活跃,才能时刻保持激情的生活态势。

3. 寻味淮安,登峰造极

每座城市,都有自己的独特味道。千百年来,淮安这座古城见证了运河盛世,谱写了江淮华章。就连淮安美食也沾染了如此特质——圆融和合、大道至简、和精清新、存心养性。

明清时期,淮安为水陆运道的枢纽和"咽喉",是名副其实的"运河之都",有"壮丽东南第一州"的美誉。正因此,官商士绅、侨民方外云集聚居,盛馔侈靡之风大行淮上。人士流寓之多,宾客燕宴之乐,极大地刺激了淮安餐饮业的消费繁荣,亦助推淮扬菜技艺发展迅速跨入"登峰造极"之境。清代淮安进士丁晏作《潇湖曲》曰:"馔玉炊金极毳鲜,春秋无日无华筵。"便是时人笔下描绘的淮安饮食实况。

清代后期,时局动荡,淮安饮食由"烹龙炮凤"转向"烹家野小鲜"。昔日达官贵族餐宴上见惯不怪的山珍海味迅速被当地水产时蔬取替。许多原为官衙献艺的名厨或留在"穷"衙门,或掌勺于名楼酒店,或自己执业开菜馆,或追随官商富家走向全国甚至漂洋过海,将高超厨艺传入民间并施之于民间菜肴。

此后百年间,一代代烹饪大师的归纳、提炼、创新,使得制作淮扬菜如同吟诗作画,注重时令、养生,讲究意境、品味,需要解读、领悟,蕴含浓厚的中国传统文化底蕴。

这种文化底蕴,是何家楼、清溪馆、宴乐楼、裕乐楼、文楼、鉴湖草堂、绿霭亭与小沧洲、震丰园饭店、新半斋饭店、宴花楼、玉壶春饭店、淮园石园兴、胜利饭店等淮安百年"老字号"留在人间的淮安饮食文化与味道记忆。

这种文化底蕴,是"开国第一宴""满汉全席""长鱼宴""全羊宴""运河船宴""戏宴""漕运官府宴"等淮安宴席,呈现于方寸餐桌的人间百味。

这种文化底蕴,是软兜长鱼、开洋蒲菜、平桥豆腐、淮山鸭羹、钦工肉圆、文楼汤包、活鱼锅贴、盱眙小龙虾等淮安美食,赋予喜爱美食、热爱生活的人们的幸福感和安全感。

4. 半是烟火,半是清欢

时至今日,淮扬菜已然形成一整套科学、合理的烹饪技艺,哪怕是在一块豆腐、一只鸡身上,也能得到淋漓尽致的体现。但若论起让淮安人牵肠挂肚的、无法割舍的味道,必然是那一碗街头巷尾再寻常不过却又"锅气"十足的面条。

传统的淮安生活,往往是从一碗"阳春面"开始的。一碗地道的淮安"阳春面",汤"宽",汤色呈淡酱色,面条扁平细长、根根清爽,面上仅漂着零星几滴油花和翠绿蒜花,观之清澈透底,闻之蒜香浓郁,食之爽利滑口。在古城淮安,人人皆爱"阳春面",爱它的便捷实惠,爱它的精致好味,更爱它的暖胃暖心。一口光面一口汤,虽简朴无华,却滋味浓郁,像极了大多数人的日常生活,平安喜乐、温暖有趣……

和淮安"阳春面"的"貌不惊人"相比,源自一地的"盖浇面"则极为"惊艳诱人"。与外地"盖浇面"有异,淮安"盖浇面"的地道做法,尤其讲究"一碗一炒、现炒现浇"。面条选用本地特有的手工碱面;汤底需以猪骨鸡架慢火熬煮;浇头可以荤素百搭,唯要猛火煸炒。如果说淮安"盖浇面"的精华是爽滑筋道的面条,精髓是味道鲜浓的汤底,那么烈焰爆香的浇头就是它的灵魂,也是淮安人心中笃定的地道"锅气"。

在淮安,面馆多为"夫妻档",男人小锅炒菜,女人大锅煮面,争分夺秒,配合默契。肉丝、猪肝、拆骨肉、虾仁、腰花、肚丝、长鱼……现炒的浇头热气腾腾,往刚煮好的大碗面上霸气一盖,"滋啦"作响中,透着一股江湖豪气,也生出一抹烟火温情。

所谓"生活",一半是烟火,一半是清欢。流于风味,亦是如此!于淮安人而言,无论是精致清爽的"阳春面",还是活色鲜香的"盖浇面",抑或是其他口味的面条,都是让人迷恋的生活的味道。

六、"别样风情"的人文高地

淮安,这颗镶嵌在江淮平原上的淮上明珠,以其独特的地理风貌和深厚的文化底蕴吸引着世界的目光。跨越时空,邂逅别样风情,在别具一格的岁时节令中,在源远流长的淮安非遗中,在博大精深的山阳医派中,在崇文尚学的传统风俗中,一起感受淮安悠久的历史和深厚的文化底蕴,一起领略淮安人民的智慧和才情。

1. 乡风民俗,源远流长

淮安的乡风民俗,源远流长。既有楚风,又有吴俗,并随漕运、盐务和淮关的兴废而盛衰演替。淮安民风重礼教、崇信义,大凡婚丧喜庆、岁时节令、祭祀活动、礼尚往来等,既有图吉利、保平安和讲孝道的共同特征,在多元文化的影响下,又有"家隔十里路,各有各乡风"的特点。

以中国四大传统节日为例。春节,俗称"过年"。每年腊月下旬,家家户户"扫尘、送灶、办年货"忙过年。除夕当天,男人贴春联、挂签和年画,女人蒸面点、赶制各式菜肴。晚上家人团聚,祭祖之后,共享团圆饭,一起放爆竹、守岁辞岁。大年初一,人人穿新衣、吃云片大糕和汤圆,家里晚辈给长辈拜年,长辈给孩子压岁钱,一家人一起去逛街市、走访亲朋好友,遇见熟人时,需抱拳连称"恭喜发财"等吉祥语。

清明节,又称踏青节、三月节、祭祖节等。家家门头悬挂柳枝。白天,上坟祭扫,俗称"圆坟"。也有插柳植树和到野外踏青、放风筝的习俗。

端午节,又称端阳节、五月节、娃娃节等。当天,家家屋檐或门口悬插菖蒲和艾草,门上贴神符,挂判官(钟馗)像,挂"五毒"剪纸,谓之"避邪"。此外,还有小儿剃头、脚穿虎头鞋、手腕脚腕系五彩绒绳,以及吃粽子、食咸鸭蛋、喝雄黄酒等传统习俗。

中秋节,又称八月节或团圆节。中秋必敬月、赏月。当天,人们在门外放上供桌,桌前置塔状香斗,桌上陈设月饼、菱角、石榴等供品,然后燃香敬月。晚间,家人聚在一起,吃团圆饭,共同外出赏月观灯。第二天,已嫁女子必归宁。

在"过小年"、元宵节、"二月二""三月三"、立夏、"六月六"、立秋、"七月半"、重阳节、腊八节、冬至等"岁时节令"之日,淮安人皆有与之相应的传统习俗。

这些乡风民俗,蕴藏着淮安的风土人情、历史变迁和文化基因,陪伴着淮安人走过一年又一年,一代又一代。时至今日,我们依然可以通过这些日常生活中无处不在的乡风民俗,自由穿行在时间的隧道中,邂逅淮安的生活本味,串起属于这座城市的千载文脉。

2. 非遗传承,生生不息

悠久的历史,孕育了淮安丰厚的非物质文化遗产。淮安处于过渡地带,南北文化在此碰撞融合。千百年来,劳动群众在长期的生产生活中,在与各种外来文化的交融中,创造出了种类繁多的非物质文化。

目前,淮安市拥有国家级非物质文化遗产项目7个,省级非物质文化遗产项目50个,市级非物质文化遗产项目209个。这些项目包括民间文学、民间音乐、民间舞蹈、戏曲、曲艺、民间手工技艺、民间习俗、民间知识,等等。其中有京剧(荀派艺术)、淮海剧、淮剧、楚州十番锣鼓、金湖秧歌、南闸民歌、洪泽湖渔鼓等

戏剧博物馆上演淮海戏/视觉江苏供图

国家级项目,有淮阴马头灯舞、金湖香火戏、金湖剪纸、博里农民画、清江浦糖画、盱眙龙虾烹饪技艺、洪泽湖渔具制作技艺等省级项目。

这些非物质文化遗产,是淮安优秀传统文化的璀璨瑰宝。一直在解读着淮安这座城市的灵魂、基因和文脉,也在不断地创造性转化、创新性发展中,激发非遗活力,绽放时代新辉。

近年来,淮安先后建设了淮安市文化馆非遗展厅、淮扬菜文化博物馆等一批非遗展示传播场馆。连续多年成功举办中国(淮安)大运河城市非遗展。多次组织淮安非遗走出省市、走出国门,参加国内外的各类非遗展会,将农民画、剪纸等代表乡村传统文化的非遗项目引进课堂。举办"非遗市集"、开设文创驿站、创建非遗电子商城,"互联网+非遗"的叠加效应逐步显现。

淮安是"历史文化名城""运河之都""《西游记》之乡"。淮安市因地制宜、深挖资源,引导全市各地拓展"非遗+旅游"的文旅融合发展模式,推动非遗进里运河文化长廊、进《西游记》文化体验园景区,在景区开展各类非遗项目的展演活动,用好淮安非遗资源,讲好淮安非遗故事,增进本土市民、外地游客对淮安文化的了解、提高对淮安文化的认同。

3. 山阳医派,民族瑰宝

淮安中医文化历史悠久,影响广泛。早在西汉,汉赋大家枚乘就曾以"食疗菜单"巧医楚太子。北宋年间,泗州名医杨介著绘《存真环中图》,开中医解剖学之先河。元明时期,山阳潘氏医家七世行医,是淮安第一个颇有声望和影响的医学世家。进入清代,受温病大家吴鞠通及其《温病条辨》影响,"淮医"逐渐名闻天下,"山阳医派"厚积成势,成为我国一支重要的中医流派。

山阳医派，又称淮医学派、苏北学派。其以吴鞠通为宗师，奉《温病条辨》为圭臬。在吴氏温病学术思想启发下，淮安名医辈出。先后出现了"淮扬九仙"之一的刘金方、"苏北三大名医"之一的张治平、"通才"刘鹗、《温病条辨赋》作者李厚坤、著有《医学摘瑜》的太医韩达哉、两淮名医汪筱川、"大方脉家"应金台和胡慎安、陈养和、张德培、郑兰田、许炳元、王景和等淮医名家。

据统计，山阳医派有史可考的医家有500余位，刊印医学著作上百部；并有汪、刘、张、应、杨、王等多个中医世家，在当地形成了"中医一条街"的局面，带动了中药、餐饮、住宿等产业发展，创造了晚清民国时期山阳中医的辉煌。

在当代，亦涌现出北京中医界"四大名医"之一的张菊人、著名中医学家刘树农、"国家级名老中医"杨子谦以及章湘侯、耿鉴庭、程莘农、余瀛鳌等一大批山阳医派的优秀传承者。

时至今日，山阳医派已历200多年。在现代医学成为整个社会医疗体系主流之时，被冠以"淮医"之名的山阳医派传人们，仍不忘初心，将中医药情怀融入奋斗实践和传承精华、守正创新之中，以实际行动，助力淮安医疗、防疫、保健等事业发展，也为后人了解山阳医派和传承淮安中医文化，留下了珍贵的历史文化遗产。

4. 崇文尚学，蔚然成风

淮安"兴学苦读"之风，古来有之。明清时期，面对社会的繁荣发展和复杂的地理环境，淮安士绅兴学，平民苦读，借以改变家乡的面貌和自己的命运。

在此期间，淮安不仅有府学、县学等基本的官方学校，还有书院、义学、社学、学堂、私塾、武学等诸多教育形式，这些教育机构遍布城乡，促进了淮安文化事业的繁荣。其中，临川书院（淮阴区渔沟中、小学前身)三百年薪火相传,清刑部员外郎吴昆田、当代著名雕塑家滑田友等一大批人才由此涌现。

河下盐商因其富有,常聘请宿儒名士为家族子弟授课。数百年间,河下文脉昌盛,人才辈出。仅明清两朝就出过67名进士、110多名举人和140多名贡生,且状元、榜眼、探花"三鼎甲齐全",有"进士之乡"的美誉。

安东(今涟水县)人更素有"讨饭读书"的传统。据县志记载,安东人勤奋好学,手不释卷,始终不渝,以至于"都会或逊"。为办县学,邑人苏、俞、陈、刘四姓于花园庄倡捐学田;邑人周维新亦于岔庙镇捐置学田,邑人程姚氏于红沙滩为清涟书院捐置经费田。直到现今,此地乡贤兴办文教的传统,仍在发扬光大。

出生于清江浦的淮安现代教育事业的早期开拓者和实践家李更生先生,以自强不息的"成志"精神,培养出了一批坚守民族大义、刻苦自厉、为国为民的有为青年,现代著名文学家、戏剧家陈白尘,曾任中国社会科学院研究生院院长的温济泽等一批才俊,皆出自其门下。

差不多同时,人民教育家陶行知先生来到淮安创建新安学校。不久,汪达之先生接任校长。其与14名学生组成的新安旅行团,从淮安出发,踏上了艰苦卓绝的革命征途。周恩来总理"为中华之崛起而读书"的名言,当下更成为淮安大、中、小学生励志成才、报效祖国的强大精神动力。

最是书香能致远,腹有诗书气自华。如今,遍布于公园、商超、有轨电车、古迹、社区、乡村等各处的淮安书房,载体多元、形态丰富,如同一盏盏诗意而又温暖的文化之灯,点亮了淮安市民的精神世界,照亮了大家前行的光明大道。

有人说,爱上一座城,是因为城中有着喜欢的人。其实不尽然,爱上一座城,也许是为城里的一道生动风景,为一段青梅往事,为一座熟悉老宅。抑或,为的只是这座城。

为了这座城,我们带着敬畏、携着欣喜、揣着好奇,以寻"美"的初心和眼光,走遍淮安的大街小巷,去探知这片故土的深度,去感知这处家园的温度,去邂逅这座城市的旖旎风景、地道风物……

纸短情长,言不尽意。我们期待以"美"为引,与您相约相见于淮安,在一次次穿越历史长河的深情对话和奇妙邂逅中,恋上淮安这座古城的生动风景和那些历久弥新的青梅往事。

盐城四色光影

盐城，屹然横峙海上！

这样激情、自信、豪迈地称颂乡邦的，是明朝万历年间编撰的《盐城县志》。从古到今，盐城都配得上这传奇性的赞誉。

盐城全域处于陆海边缘，在漫长的地质演变中海陆沉浮，这片日出之地几度陆沉又几度崛起。全新世以降，古长江的入海口在这里，古淮河也在此独流入海。距今七千年，海岸线大体稳定在范公堤一线，长江北岸沙嘴和淮河南岸沙嘴不断向海延伸形成沙堤，其内侧逐渐封闭为潟湖，盐城成陆。宋元而下，黄河夺淮，黄河的入海口也在这里。从世界屋脊青藏高原奔流而下，长江、黄河，亘古洪流，贯穿中国，奔腾万里，在这里再次相遇，挽手入海。大江大河大湖大海交汇，江口河口湖口海潮涌托，泥沙淤积，大地生长。

沧海，成了桑田，便有了草荡，有了森林，麋獐奔走，万鸟翔集。亚欧大陆东端、太平洋西岸，造就了一块中国最大的滩涂。先民们来了，距今六千年左右，隆升出海的盐城迎来了华夏先民的原始部落，新石器时代的人类开始在这片土地上繁衍生息，阜宁东园遗址、东台开庄遗址等都留下了他们的文明足迹，文明之火在湖海间如日而升。先秦时期，祖先叫淮夷，或渔或猎，是他们最早煮海为盐。潮涨潮退，一茬茬的移民来到这里，因鱼盐之利，殖江淮福地。海滩盐土，不利农耕，但大海有无尽之卤，滩涂有无边之草，煮盐成民之生计。环海而列灶，白盐积雪五百里；越代而熬波，赤焰堆霞三千年。一座座盐灶，聚成一处处盐场；一处处盐场，汇成一座座城镇。

因盐而名，因盐而城，农渔工商百业并臻。这片土地和这片土地上的人们生生不息，平原日广，生民日蕃，人文日昌。勤勉勇毅的盐城人，在海风烈日的盐碱滩开辟着自己的生活，将不毛之地拓殖成物阜民丰、人文璀璨的鱼米之乡，创造了魅力独特的盐城文化，源源不断地贡献出盐粟丝棉等物产，输送出以臧洪、陈琳、陆秀夫、张士诚、王艮、吴嘉纪等为代表的人杰。

盐城更为卓异的是虽处海疆边域，全境无崇山峻岭之耸峙，皆为海拔四五米的低地海岸平原，却一直巍峨自立，勇担国之大任，奋发而成中华须臾不可缺、坚强不可摧、地可生无穷、人可担危倾的雄州：一是蓝色担当，远古迄今，千里海岸，万里海域，渔可获鱼虾蛤蟹，运可通北海南洋，关可防倭寇海盗，更神奇的是时时都在孕生新陆，滩涂日日淤长，为祖国增添新的土地；二是白色担当，有盐天下咸，煮盐则利兴，三千年海盐生产，不但让天下人有了滋味，还形成了"两淮盐税甲天下"的局面，养壮了国脉，繁华了都邑；三是红色担当，红色热土，英雄辈出，革命老区，血写光荣，"陕北有个延安，苏北有个盐城"，一时与延安并称；四是绿色担当，二十一世纪以来，积极推动黄海湿地申遗为中心的生态文明建设，弃垦还湿、退渔还湿，推动绿色产业化、产业绿色化，深度参与全球生态治理，担当起绿色发展的先锋。

天蓝地绿基因红，黄海浩瀚丰饶，湿地风光旖旎，海盐遗存深厚，红色印记遍布。根植历史，珍爱自然，盐城成为人与自然和谐与共的最佳居所。盐城人护卫着独有的美丽自然，传承着厚重的优良传统，创造着崭新的美好生活，他们说："吾与自然，美美与共。"

一、崛起于海　蓝色澎湃

蓝色，是盐城境域最初的颜色。盐城诞生于海，也崛起于海。

濒临黄海的盐城，地貌历经海陆变迁而底定。与海共舞，大海镂刻了盐城的自然，也将它的文明印上了蓝色。"黄海第一潮"——灌河虎头潮，"江淮第一关"——云梯关，日本遣唐使粟田真人、新罗王子金士信等从盐城上岸入唐，弶港渔民号子、打排斧为代表的渔俗渔歌，海堤串起的众多渔港，都是盐城响彻古今的蓝色乐章。

1. 黄海第一潮

有海即有潮，世人皆知钱塘潮，不识灌河虎头潮。

灌河是盐城北域与连云港的界河，是苏北唯一干流上没有建闸的天然入海潮汐河道，河道顺直，河宽水深。灌河河口"喇叭口"外宽内窄，潮汐落差大，潮水起落，如万马奔腾，汹涌壮观。跌水轰鸣，声若惊雷，震响数里，"响水"因而得名。灌河口特殊的地理特征，加上异常的天文条件，形成"虎头潮"的潮汐奇观。逢得天文大潮，偶得一见。

其初，灌河水突然消退，约减其半，鱼虾搁浅。远处潮水暗涨，不动声色。蓦地呼啸而起，惊涛挤挤挨挨，一道道浪墙奔突，直扑河口。灌河水如弓弦绷紧，甚至被海潮压得中段翘起。一股潮水侧身跫入河口，跌倒，大潮惊立，刹那间雷霆震怒，海潮排山倒海，涌入河口。灌河耸起，像一座山，被赶着在河床里急速倒退。更多的山从海上冲入河中，山呼海啸，白浪滔天，雷鸣嘶吼，震耳欲聋。几十里水面怒潮如群山奔涌，水云横空，巍巍壮观，天地间唯闻虎啸声震。

2. 江淮第一关

海天一色，雄关巍峨。镇守东南的"江淮第一关"云梯关，就在今响水县黄圩镇。

  这里原是古淮河的入海口,相传大禹来过,《禹贡》就说大禹"导淮自桐柏,东会于泗、沂,东入于海"。其地高峻,"自黄河夺淮合流入海,淤沙渐涨,有土套十余,形若云梯,故以名云梯关"(光绪《阜宁县志》)。雄视江淮,关外即海,更增险峭。云梯关设关当在宋元之际,集海关、海防、海运、河防于一身,是海防河防的军事重镇,又是海运漕运枢纽、宗教圣地和商贸要冲。虽说宋元明清都实行海禁政策,但元时江南之粮经运河等途入淮,由云梯关入海抵京。漕粮海运泼油添薪,云梯关一时兴盛,闾阎扑地,四会五达。明清两朝海禁甚严,云梯关控河面海,乃王朝国门,海防河防地位更为显著。明初即在此设大河卫,守卫江淮门户,筑土城五座,屯兵驻防,互为依靠,击其一而四援至。倭寇来侵,将士们据关而战,屡屡击溃海贼。当地居民杨氏族谱记载,其祖杨茂为嘉靖年间云梯关守将,在抗倭中殉国,朝廷予以旌扬,复派其后人继续驻守云梯关。黄河夺淮后黄淮合流,频频决堤泛滥,朝廷河防官员如河道总督等,常驻节云梯关勘察督导,云梯关增建了官衙楼宇,兴修了海神庙、禹王庙等,市面更为繁盛。道光年间河督完颜伟又建造"平成台",俗称"望海楼",楼高八丈,立于十丈关台之上,临海耸峙,益增胜景。

  山川形胜之地,扼襟控咽之关,历来受帝王重视,清朝有四位皇帝为云梯关赐匾,康熙题"灵渎安澜"、乾隆题"利导东渐"、嘉庆题"朝宗普庆"、道光题"海神庙"。为镇水患,康熙敕令铸造"九牛二虎一只鸡"镇守淮、黄、运,云梯关下的黄河堤也有一只敕造大铁牛坐镇。铁牛若真牛大小,卧伏于堤,昂首翘鼻,四足盘踞,两角如弯刀朝天,双目俯视洪流,安闲中带着警觉,成为水患永靖的象征。牧童常牵牛来此嬉戏,铁牛真牛成群,柳笛童戏欢悦，一派田园安乐景象。

江淮雄关，据河海之胜，拥园池之美，会市集之喧，悬帝王重臣题写之巨匾，文人雅士也接踵而来，题咏甚多。道光十九年（1839），鸦片战争就要爆发，黄河也即将溃堤北归。古代诗坛最后一位宗师龚自珍，暮老辞官，南归返乡，行至云梯关，河患国忧涌上心头，诗人吟出《咏史二首·宣室今年起故侯》，"云梯关外茫茫路，一夜吟魂万里愁"，为云梯关也为大清唱了一阕骊歌。滩涂日长，云梯关距海日远，咸丰五年（1855），黄河北归入渤海，云梯关周遭陆野无际，关防功用丧失，即废关。"江山留胜迹，我辈复登临"，登临此地，依稀可见当年繁华。

3. 双塔靖海日

海浪浩荡，高塔擎天，晚钟悠扬，归帆点点，这也是盐城的海景。

盐城的唐宋古塔，现存海春轩塔和朦胧塔，原本都矗立海边。海春轩塔在东台市西溪古镇，七层砖塔，八角八面，内外双层，雄浑峻拔。除底层外，每层八面均设圭形佛龛一座以立佛像，塔内中空，无梯可上。嘉庆《东台县志》、光绪《扬州府志》等记载，该塔为唐代尉迟敬德监造，人称"镇海塔"。想当年海潮拜塔，万潮奔来高塔巍然，何等气象庄严！唐大历年间淮南黜陟使李承修筑常丰堤，见塔下已是市集繁华，为塔取名海春轩塔，并赞道："海轩春潮旺，皆由此塔来。"

朦胧塔位于建湖县宝塔镇，原为五层密檐楼阁式砖塔，后被龙卷风刮倒两级，故又名断塔，现仅存三层。野流枯苇，断塔残阳，故乡苍茫。传说该塔曾经藏过秦王李世民，光绪《阜宁县志》说朦胧塔为唐武德三年（620）所建。重修残塔时，在塔底下发现

海春轩塔 / 练益华 摄

地宫,置石函,石函中有银棺,藏高僧舍利子数粒。

　　海边的人们建塔以镇守海疆,保境安民,指航海运,礼佛敬神。斗转星移,海势东迁,双塔依然伫立平原,时光淬炼,塔身黑如铸铁,成为盐城的历史标尺。

4. 洋湾迎海客

　　海疆即国门,盐城从古至今都是对外交往的前沿。

　　盐城之名,赫然出现在日本第二部敕撰史书《续日本纪》(八世纪编写)中:

　　　　初至唐时,有人来问曰:"何处使人?"

答曰:"日本国使。"

我使反问曰:"此是何州界?"

答曰:"是大周楚州盐城县界也。"

此处记载,乃日本第七批遣唐使团执节使(权位在同行的大使之上)粟田真人归国后的"述职报告",明确说明盐城乃遣唐使登陆地之一。《续日本纪》"宝龟九年"条还记载,第十批遣唐使回国,其第四船即从盐城出发。随第十八批遣唐使团来唐求法的圆仁法师(鉴真第四代弟子、日传天台宗山门派创始人),也曾多次乘船出入今属盐城市的淮河海口。

"排队"经盐城登岸或返国的,史书记载还有高丽僧人封大圣、新罗王子金士信、日本使臣小野石根等。为了重现盐城是汉唐海上丝路要津这段历史,铭刻中外友好往来的盐城印记,盐城在当年遣唐使登岸的大洋湾,重建了唐代风貌的唐湅里小镇,每日再现欢迎遣唐使的盛大场景。唐风唐韵,水舞光影,士女如云,重回万邦来朝的大唐。

5. 海天开盛宴

耕海牧渔,盐城有"蓝色粮仓"。

一条海堤,牵起大大小小奔海而来的河流,河流入海处,都有渔船。黄沙港,是盐城一条入海水道黄沙港河的简称,又名野潮洋。其入海口有渔港,就叫黄沙港,镇以港名,也叫黄沙港,是闻名遐迩的渔文化旅游胜地。

黄沙港闸下建港,闸外泊着上百条渔船,桅杆如林,红旗如云,渔妇织网,渔夫卸筐,渔码头海鲜遍地,渔家院鱼干满席,渔乡风情浓郁。六十米高的海王禅寺三面观音菩萨像,高入云天,端坐于海岸,庇护一方净土,保佑渔民平安出海,满载而归。

渔港渔镇,可观渔民劳作,可尝新捕海鲜,可赏黄海渔俗。每年秋季,黄沙港都举办中国黄海·黄沙港开渔节,焕发渔镇风情,游客如潮。黄沙港海鲜食材多达百种,哪怕你连吃一周海鲜宴,餐餐都不同。随便推开一扇门,生炝海条虾、椒盐皮皮虾、盐水猫眼螺、麻虾子炖蛋、辣炒八爪鱼、豆腐推浪汤、清蒸梭子蟹等,目不暇接,香浓味美,"透鲜"的海鲜肆意地征服你的味蕾。渔俗表演、滩涂小取、湿地观光大桥看海上日出等又是意外之欢了。美景、美食、美俗,在海风吹拂中,是你的海天盛筵。

6. 渔歌海上起

渔有渔俗。渔民搏命于风浪,处境危恶,自然心怀敬畏,天地龙鱼无所不祭,造船、行船、开网、结婚、生子等劳作与生活也充满仪式,千百年口耳相传,形成丰富的渔俗文化。盐城的渔俗文化也很丰厚,近年来在非遗传承热中,弶港渔民号子和打排斧成了网红民俗。

"嗨的哟来,吭呀! 吭呀个号来,哎啰!""嗨咗咗嗨咗,太阳升来嗨嗨啰!"一声声嘹亮的渔民号子铿锵有力,回荡海滩。弶港渔民号子,是渔民在长期搏击大海捕鱼劳作中形成的渔家歌谣,最早只是随口哼哼,渐渐形成节奏旋律。这些渔民号子分门别类,搬网抬锚有"起重号子",起锚上船有"盘车号子",牵帆扯篷有"扯篷号子",测水定位有"测水号子",赶海抓鱼有"赶海号子",等等。其曲调高昂粗犷,节奏分明,不是吆喝,就是呐喊,一唱众和,精神倍增,黄海风韵浓郁,艺术表现丰富。

打排斧是一种劳动生产仪式。"排斧"是造船的一道工序,木匠斧凿敲击,用凿子把油、麻、灰等混合均匀的麻丝嵌进船缝,让船体更加坚固。在渔民生活中渐渐仪式化,有给新造渔船壮胆,祈福出海安全、渔获满舱的寓意,也日益艺术化。数十名木匠,统一穿着,精神焕发,从船头到船尾,左右排开,领作师傅按照曲牌有节奏地敲打,其他人跟着应斧,动作节奏整齐一致,斧打凿子,铿锵有力。"打排斧"完成,船主燃放鞭炮,发烟发糖,喜庆吉祥。

7. 风电新海景

蓝天,白云,大海,上百米高的白色风机巍然耸立在海天之间,上百座风电大风车矗立成林,军阵整齐,巍峨壮观。海风劲吹,叶片拨动,大风车错落有致地转动,映着飞翔的海鸥和来往的海船,画面美到令人窒息。

大风车转啊转,不仅风景如画,为海堤景观走廊增添了新的美景,更重要的是带来清洁环保能源。潮起东方,盐城海域不但动植物资源丰饶,而且风能、潮能、太阳能蕴藏丰富。依托得天独厚的资源禀赋,盐城实现风光资源系统化、规模化、集中化开发。沿着海岸线,在东台竹根沙、大丰亮月沙、射阳河河口、滨海扁担港、响水灌东盐场等浅海海域,二三十个风电场渐次排开,蔚为大观。盐城海上风电装机容量占江苏省一半、全国五分之一、全球十分之一,成为名副其实的"海上风电第一城"和绿色能源城市,为全球翘楚,也形成了壮观的海上风电森林奇景。

经略海洋,向海图强,盐城点燃了高质量发展的蓝色引擎,盐城港通达全球、外向型经济持续登高、清洁能源风电产业领航世界,蓝色澎湃,动能强劲。

二、富国以盐　白色史韵

盐城东襟黄海,西带诸湖,其海岸线曲折、地形平坦、滩涂宽阔、多淤泥质土层,有生产海盐最好的地理条件。不负天地造化之功,先民自古煮海为盐,"环城皆盐场",因盐而生,因盐而名,因盐而兴。盐场万灶青烟,盐仓千峰白雪。盐城富国以盐,饷民以咸。

1. 造化所钟,盐立千秋

盐晶闪烁,白色的晶芒闪耀在盐城的滩涂上。浅沟低滩,潮水来去,风吹日晒,竟能自然析盐,真是天赐,因此盐城有盐场就叫天赐场。这星星点点的白盐,尝之得味,食之强身,诱发了先民煮海为盐的行动。

盐城的盐业活动,先秦时期不见史著。本区域海岸线稳定,有人类活动起或许就有盐业活动,阜宁东园遗址、市区迎宾路东周遗址都发现大量陶片,疑似先秦时期煮盐遗迹。东晋义熙九年(413),原盐渎更名盐城县。南朝阮昇之《南兖州记》记载,盐城"县人以渔盐为业,略不耕种;擅利巨海,用致饶沃。公私商运,充实四远;舳舻往来,常以千计",可见南北朝时盐城盐业之盛。彼时盐城基本上只有单一经济,即盐业,是盐业经济区。唐时在主要产盐区设四场十监,盐城有监,有"盐亭百二十三"(《新唐书·地理志》)。宋时,"淮盐"名号出现。盐城境内有盐场十一个,在西溪专设盐仓。盐业的相关产业也得到发展,如盐运业、蒲包业等,时堰古镇就以生产装盐的蒲包袋而出名,年产上百万只。

因为盐利之丰,唐宋元三朝盐城皆为上县,有巨邑之称。

明清两朝为盐城盐业的鼎盛期。"两淮盐,天下咸",清光绪《两淮盐法志》说"品天下之盐,以淮南之熬于盘者为上",淮盐色味甲于天下成为有口皆碑的公论。淮盐产区南起长江口,北至海州,共设三十个盐场,盐城境内即有十三场,一直是东南盐业生产中心。清末民初,盐城一带因海岸东迁,卤气变薄,再加上淮北晒盐占优,盐业重心转向淮北。废灶兴垦,盐业的主导地位让给农业。

2. 范堤烟雨,串场春晓

踏上盐城,你会感受到海盐文明的强劲脉动,随处可见海盐生产的鲜明印记。数千年盐业塑造了盐城的第二自然,它依然承载着盐城人的生活。范堤烟雨,柳翠莺啼,是盐城古八景之一。范公堤西侧就是当年修堰取土挖出的串场河,串场河历朝疏浚,至今还是贯通苏北的河运要道,碧波荡漾,不时驶过似游龙的船队。

盐城地处湖海之间,地势低平,易遭洪潮风灾。唐大历年间淮南黜陟使李承在盐城西境屯垦射阳湖,又在海滨修筑捍海堰,"自楚州盐城南抵海陵",而使"农事盐课两受其益",堤内谷物常丰,捍海堰被称为"常丰堤",百姓感激李承,又称之为"李堤"。后世李堤屡屡圮塌,虽代有修筑,总是不济,直至范仲淹来此任官重建。宋朝天禧五年(1021),范仲淹调任西溪盐仓监,即上书江淮制置盐运副使张纶,建议急修捍海堰。张纶采纳,奏请朝廷批准。张纶又提请朝廷调任范仲淹为兴化县令,全面负责修堰工程。天圣二年(1024),范仲淹即征集兵夫四万余人兴筑海堰,隆冬雪雨兼旬,大潮汹涌卷岸,兵夫惊走四散,淹死二百余人。

反对者趁机上书朝廷,反对修堰,朝廷暂停工程,委派淮南转运使胡令仪查勘实情。察看后,胡令仪与张纶联名上奏,获准继续开工。后范仲淹因母亲去世辞官守丧,工程由张纶主持完成。堰成后农灶两受其利,"来洪水不得伤害盐业,挡潮水不得伤害庄稼"。逃荒者返乡,百姓安生,"西塍发稻花,东火煎海水",为张纶立了生祠。后人不忘首倡和实际促成者范仲淹,将海堤统称为范公堤。

串场河初为唐代修筑海堤时形成的复堆河,宋代修筑捍海堤(范公堤),疏浚此河,串联富安、安丰、梁垛等盐场,运盐泄洪,所以称串场河。串场河通过泰东运河、古涧河、盐邵河等连接上大运河,直达淮扬,是淮盐运输的主通道。近年来,盐城市以串场河为轴心,全域打造"串场河风景带",盐镇风情,水乡风光,迤逦百里,美不胜收。

3. 盐镇西溪,缘定天仙

千年串场河,串起一个个产盐储盐各具风采的盐镇,其中最古老的应为西溪,或为滨海盐运集散商聚而成。西溪犁木街东头,有一段通到海大口子(古海湾)的古海口盐道,已两千多年,还飘动着汉时的明月光。唐武德九年(626),于西溪镇设海陵监,开宝七年(974)移监于如皋,置西溪盐仓。"谁道西溪小,西溪出大才。参知两丞相,曾向此间来。"这是范仲淹初到西溪任盐官时所作的《至西溪感赋》。诗中所言两丞相,便指他的前任晏殊与吕夷简。西溪又名晏溪,即因晏殊曾在此任盐官得名。范仲淹后来也做到参知政事,是为西溪走出的第三位丞相。人杰地灵神仙也喜欢,西溪又是神仙结缘之地。相传本地孝子董永,被天庭七仙女看上而成婚。你若不信,走几步就可见七仙女纺织的缫丝井、洗浴的凤凰池、别夫的辞郎河等。

汉孝子董永和七仙女的传说,唐建海春轩塔,北宋范仲淹修筑的捍海堰,南宋建泰山寺、通圣桥、八字桥,明清兴起的梨木街,新建的天仙配文化园,鱼汤面,发绣,萃三千年风华,西溪古镇光彩熠熠。

4. 缪杭遗址,制盐聚落

从西溪沿串场河南行约十千米,就是梁垛镇,新近发掘了缪杭制盐聚落遗址。

此地自明洪武元年(1368)建场设课,谓"梁垛场"。淮盐最佳者称"梁盐",即产于此,盐色晶白,盐质甚轻,味鲜而纯,乃灶户微火缓煎而成。2022年8月考古挖掘开始,确认为唐代制盐遗址,发现了引蓄海水、晒灰制卤、淋卤等盐业生产遗迹,再现千年前制盐工序。特别重要的是发现了唐代卤水池。这些卤水池均位于河道边上,方向、长宽、深度、开口层位统一,附近无盐灶和过滤池。《新唐书·地理志》说盐城有"盐亭百二十三",缪杭制盐聚落遗址是两淮地区首次发现的唐代制卤遗迹。遗址外有壕沟,是环濠式封闭型聚落,呈现了晋唐五代海盐最基本生产单位"盐亭"的样貌,证实唐朝严控盐业生产,对海盐生产者和生产全过程都实行类军事化管理。

"烟火八百里,灶煎满天星",缪杭遗址、北团遗址、丁溪遗址以及还在使用的灌东盐场八卦滩等,构成了从唐五代到明清民国完整的制盐生产历史演变序列。

5. 八卦为名,盐史传奇

古代海盐生产样式,迄今还能在盐城看到,这就是八卦滩。

海盐生产最早自然采用"煮海为盐"的煎盐法,晒盐法比较晚出。《明史·食货志》记载淮盐生产"淮南之盐煎,淮北之盐晒",说明明代淮北已实行晒盐法,不过是淋卤晒盐。清末,晒盐法进一步发展,出现泥池滩晒法,在工艺上彻底脱离了煎盐法。泥池滩晒法又叫盐田法,依赖广阔的滩涂,开挖众多稻田一样的泥池,逐级降低,海水引入,风吹日晒,一池一池提升盐度,直到结晶池晒出原盐。盐池也就被称作盐田、盐滩。

光绪年间出现了八卦滩。盐民将滩地设计成八卦形盐田,整个盐田呈正方形,以米字形分八个区域,代表八卦的八个方位,在东北方和西北方也就是生门和开门设两个出口。每个区域又设八个滩池。滩滩相咬,块块相交,阡陌交织,如"蛛网"状,因呈"怀抱太极,身披八卦"之象而得名。先将海水引入最外面的盐滩,曝晒后风车提水逐格递进,越往里滩池卤水浓度越高,最后晒制成盐。滩内还挖一条胖头河直通盐廪运盐。光绪三十四年,济南盐场在灌河两岸广袤的滩涂上铺设八卦滩,一场之产超过淮南总产,占有淮北盐产七成以上。今天灌东盐场还有少量八卦滩传承展示,为江苏省所仅见。

6. 盐人三杰,盐脉雄强

盐民在历史上似乎只有卤沸烟腾中伛偻如豕的黑瘦身影,但盐城的盐民不一样,张士诚、王艮、吴嘉纪这"盐民三杰",或称王,或立说,或著诗,创造了历史新的可能和中国学术思想新的特质,带给文学新的面貌,刻下海盐文明最深的盐城印记。

元末白驹场(今大丰区白驹镇)盐丁张士诚十八根扁担起义。张部是元末起义军三大主力之一,对推翻元人统治厥功甚伟。张士诚后在苏州称吴王,虽败于朱元璋,身死人手,但他薄徭轻税又极为尊重儒生士绅,深得苏州百姓拥戴,至今苏州老百姓还要上九四香祭奠他。明朝安丰场(今东台市安丰镇)人王艮也是盐丁出身,问学于王阳明十年,研修经义,探求精微,终成一代名儒,创建泰州学派。其弟子及再传弟子,有何心隐、罗汝芳、李贽、汤显祖等。王艮让中国的学术思想开始有了肉身,泰州学派将情感、欲望、个体、自由请进道统话语,并抬升其价值,形成人文主义思潮。清初的吴嘉纪,也是安丰场人,出身灶籍,生逢明清鼎革,遂无意科举,不仕新朝,其一生贫困潦倒不改其志。他写了一辈子诗,诗中多咏叹盐民凄惨生活,又被称作"盐民诗人",最著名的诗句是"白头灶户低草房,六月煎盐烈火傍。走出门前炎日里,偷闲一刻是乘凉"。平白如话,写实如画,道尽盐民苦辛。又有诗《海潮叹》,状写大海潮给盐民的灭顶之灾,"飓风激潮潮怒来,高如云山声似雷。沿海人家数千里,鸡犬草木同时死。南场尸漂北场路,一半先随落潮去",其惨不忍读。时人谓其诗为"诗史"。

  盐民三杰建树各异,他们以自己的勇力、才学、风雅,为几千年默默无声的盐民发出铿锵强音,并用自己的创造带给华夏更多的转机与风采,他们也强壮了盐城的盐脉,为盐城人立下了典范。

  盐城的海盐文明已经成为文化血脉,流淌在它的子民身上和社会生活中。比如大量盐味的历史传说还在流传,像张士诚的故事、施耐庵的故事,等等。还有许多盐味地名,如沈灶、新团、梁垛、沟墩、三仓、潘家鏊、五总,等等。即以灶论,东台从头灶一直排到二十八灶。盐民饮食婚礼中的习俗等,也还在世代相传。

中国海盐博物馆 / 中国海盐博物馆供图

　　为了更好地传承海盐文化，中国海盐博物馆在盐城建成，是目前我国唯一一座征集、典藏、陈列和研究中国海盐文明的综合性博物馆，馆藏丰盛，展陈精美。来自悠远时空的文物文化灿烂，刻写了盐与中华民族的丝丝交织，讲述着盐与人类生活的息息相关。盐业兴替、盐民苦辛、盐政更迭、盐商浮沉、盐味珍馐、盐俗盐景，盐踪勾探，一一源流清晰。一部海盐传史诗壮阔！

三、英雄热土　红色薪传

　　盐城是片英雄的土地，盐城人正是有了盐的骨头，铮铮如铁。万历《盐城县志》说盐城"地僻海边，俗尚简朴"，清代书画家郑板桥说盐城"东海之滨,土坚燥,人劲悍,率多慷慨英达豪侠诡激之徒",民风中的湖海豪气,就是不平则鸣,豪迈果决,重情重义,淳朴奋勉。盐城的地平坦低矮,盐城的人耸立成峰。

1. 血铸丰碑英雄地

江淮之间龙吟虎啸,湖海之地英雄辈出。盐城人的血脉里流淌着英雄气,家国之变中常慷慨而起蹈死不顾。汉末臧洪盟誓讨伐董卓,辞气慷慨闻者激昂;南宋陆秀夫负帝蹈海,海国孤忠青史流芳;元末张士诚反元举义,救民水火深得民心;南明黄得功残国败土孤危独支,忠肝义胆力战而亡;清初厉豫举兵反清,兵败身死忠义千秋;清末民初刘天恨、臧在新、伏龙等参加辛亥革命,推翻帝制殒身不恤。

当红色曙光照亮中华,英勇的盐城人民汇进了革命洪流。1919年,五四运动席卷全国,盐城各界云集响应。中国共产党成立,沪宁一批盐城籍进步学生和工人,欣然接受马克思主义,加入党组织,献身革命。工人运动先锋顾正红,以身为炬点燃五卅烈火。卢沟桥事变爆发,盐城人民抗日救亡运动风起云涌。1940年10月,东进的新四军与南下的八路军在大丰狮子口会师,军民开辟抗日根据地,浴血奋战。赶走日寇,国民党反动派又悍然发动内战,英雄的盐城人民坚持斗争,不怕牺牲,经过艰苦卓绝的奋斗,赢得了全境的解放,又踊跃支前参军入伍,淮海战役十万民工支前,渡江战役仅东台县出动长短期民工就超过十万,修路、筑桥、磨粮、做鞋、出船、转运,男女老少人人争先。老区人民高度自觉,牺牲奉献,迎来新中国。

血铸丰碑,鲜血染红、忠魂长存的土地永不褪色。郭猛镇、步凤镇等以烈士命名的镇村、红色遗址遗存不胜枚举,新四军纪念馆、华中工委纪念馆等各种党史军史纪念馆遍布城乡,五条岭烈士陵园、华中鲁艺烈士陵园等烈士纪念设施矗立大地彰显光荣,盐阜大众报、湖海艺文社、鲁迅艺术学院华中分院等抗战时期创建的文教单位依然活力蓬勃,《风雨金牛村》《烽火桃花飞》《华中鲁艺记》《为你绽放》《宋公堤》等宣传红色历史的文艺精品不断涌现,广受欢迎。英雄主义精神和美学,是盐城人精神生活的盐。红色血脉,赓续不断。

2. 红色印迹"新马泰"

"东进!东进!我们是铁的新四军!"威武雄壮的《新四军军歌》在盐城回响。盐城市中心有一条贯通东西的长街,叫建军路,永久铭刻了新四军在盐城重建军部的光荣历史。建军路自西向东,有三座被盐城人称作红色"新马泰"的新四军纪念建筑物,即泰山庙、新四军重建军部纪念塔(俗称"大铜马")、新四军纪念馆。

每一座城市都有神圣的中心点,盐城市的中心点就是被市民亲切称为"大铜马"的青铜雕塑。雕塑屹立在解放路、建军路两条主干道交会处,也是盐城的零公里原点。鲜花簇拥,高高的塔基上,年轻英武的新四军战士,身背大刀,手握缰绳,骑着高扬前蹄的战马,面向

新四军重建军部纪念塔／俞文鸿 摄

朝阳,昂首东进。这就是1986年兴建的新四军重建军部纪念塔,一落成就成了盐城的标志,是英雄之城盐城英气勃勃的城市名片。

和平的阳光照耀着庄严的新四军纪念馆,纪念广场入口一块馆名卧碑昂首崛起,碑后屹立一尊铭文为"东进"的铜雕,威武的新四军战士肃立基座持枪吹号,那号声似乎还是那么嘹亮。甬道两侧松柏苍翠,各有一组花岗岩浮雕,生动展现了新四军战士英勇杀敌和盐阜老区人民拥军支前的历史场景,凝固了士兵杀敌的呐喊声和军民谈笑风生的亲切温暖。巍峨的纪念碑高耸广场中央,其北侧"四"字形主馆雄踞傲视。醒目的"N4A"臂章镶嵌主馆正门上方,"N4A"东西两侧各是一面旗形花岗石阴雕画,再现"两军会师"的沸腾热烈和"重建军部"的悲壮奋起。馆内五千平方展览大厅,一张张照片、一份份史料、一件件文物、一个个模拟实景,鲜活而完整地展现了新四军军史,金戈铁马,热血雄魂,铁军史诗,昭明日月。

小海滩,泰山庙,三水环绕塔影摇。古刹泰山庙,相传为明朝状元宰相兴化人李春芳报答盐城人的恩惠而建,一直走进现代中国的抗日烽火,孕育了新四军的抗战辉煌,成为不朽的传奇。皖南事变后重建的新四军军部和华中局即驻扎于此,泰山庙成为华中抗日的最高指挥部,是华中局与新四军的心脏。灯火泰山庙,光明照征程,泰山庙是中国人民抗战重大事件的发生地和见证物,中小学生列队参观,缅怀以赤诚之心铸就钢铁长城、以泰山之力撑起民族脊梁的英烈们。

3. 弦歌救亡鲁艺红

大铜马西北二三百米,曾有一座贫儿院,是"新四军的艺术摇篮"鲁迅艺术学院华中分院旧址。弦歌救亡,1941年2月8日,鲁迅艺术学院华中分院在盐城开学。从大江南北,从大洋彼岸,中华好儿女奔赴盐城。

丘东平、许幸之、何士德、贺绿汀、黄源、章枚、孟波、蒋天佐、庄五洲、刘保罗、许晴,华中鲁艺教师队伍巨星荟萃,传递抗战文艺的火种。"春天的太阳放彩光,胜利的歌声响四方,我们是中华民族好儿女,千锤百炼已成钢",鲁艺的学生们唱着自己老师创作的《中华民族好儿女》,斗志昂扬地投入火热的学习与战斗。文学系办系刊办墙报,走上街头写墙头诗。美术系办民众画廊,绘制时势漫画连环画,还到街头农村刷标语画墙画。戏剧系、音乐系排演抗日剧作和歌曲,深入部队、农村演出。以华中鲁艺为中心,苏北的文化教育特别是文艺活动一时兴盛,盐城被称作"苏北延安""文化城",掀开抗战文艺的盐城篇章,奏响红色艺术教育的盐城交响。

1941年7月,日伪军对盐阜地区发动大"扫荡",在建湖县北秦庄,奉命转移的鲁艺二队师生突遭日伪军包围。许晴教授带领学生战斗班,以仅有的几支枪阻击敌人,英勇殉职。丘东平教授冒着弹雨,站在小桥边指挥一批一批同学撤退,被敌人子弹击中牺牲。此役还有李锐、王海纹等30多位师生英勇不屈,壮烈殉国。1942年年底,日伪开始第二次"扫荡"盐阜区,军部"精兵简政",鲁工团解散。华中鲁艺培育的革命文艺种子,在苏北和华中大地开花结果,为抗战胜利和新中国成立作出卓越贡献,也成为新中国文艺的脊梁。

4. 民心长城宋公堤

在盐城的海边,屹立着一道"民心长城",这就是宋公堤。

1939年8月30日，盐城沿海发生大海啸，飓风拔木，怒潮摩天，摧山倒海，声声雷震，滨海方圆几十公里的盐场、村庄、农田、房屋瞬间灭顶，全部倾覆于疾卷四溢的海浪中，数万人丧生。民众哀告，国民党韩德勤省政府敷衍民情，修补了一条远低于高潮线的矮堤，百姓讥之为"韩小堤"，次年一场小海啸，潮头一卷即溃塌。

1940年底，新四军开辟了苏北抗日根据地，阜宁县抗日民主政府县长宋乃德访民疾苦，痛心于灾民流离失所。1941年2月，宋乃德主持召开阜宁县参议会，力推修筑海堤提案。民主政府初建，流言四起，发行公债遭挫，新四军调拨十二万斤军粮支援工程上马。5月15日，万名民工齐集海滩正式开工。工地上民工如潮，运输牛车络绎不绝，劳动号子此起彼伏。每天工地告示牌写明每个民工挖土方数与折合工价，不欺不扣，民工干劲倍增，争分夺秒，仅用二十天就筑成北段大堤。宋乃德又继续推动建筑南段大堤。其间，土匪侵扰，杀害修堤干部陈振东、陈景石，日机也三次袭扰，宋乃德坚定不移。进入7月，疫病流行，民工病者十之三四，又忧惧连日狂风暴雨引来海啸，民工大量减员。宋乃德正患疟疾，冒雨赶至工点，动员民工，正巧天也适时放晴，民工深受鼓舞，抢赶工期。7月30日，南段大坝终于赶在汛期前筑成。8月，海啸又至，高大坚实的新堤岿然不动。

一条巨龙横亘南北，根治了数百年海潮和海啸灾害。大海堤，45千米长，3米高，巍然屹立海岸线，"阻海波于堤外、造平安于黎民"。为了表达对宋乃德的感激之情，民众为海堤取名"宋公堤"。宋公堤，筑起了民心的钢铁长城，架起了共产党和人民心连心的桥梁。每闻潮声思"宋公"，铁打江山铸初心。

四、湿地之都　绿色示范

潮沟组成的茂盛潮汐森林日日滋长,秋来火红的盐蒿草燃烧滩涂,芦苇海广阔无边,飞鸟云密布天空——湿地如画,美耀水绿盐城。

盐城生态禀赋独特,河流如网,湖荡密布,滩涂辽阔,沙洲无垠,兼具湿地、森林、海洋三大生态系统,尤以湿地闻名:东部滨海湿地广袤,中部河网湿地稠密,西部湖荡湿地宽阔,湿地类型齐全,连片分布面积辽阔,保护层级完整,是名副其实的湿地之都。

悠悠千载,神奇的五谷树预兆农耕年成,富丽的枯枝牡丹映红盐业兴旺,盐城人堤(范公堤)东制盐堤西农作,与自然相融共生。国家级湿地自然保护区、国际重要湿地、世界自然遗产地,绿色无垠,鸟兽自由,铺开人和自然和谐相处的绚丽画卷。国际湿地城市与国家生态文明建设示范市的称号熠熠生辉,"美丽生态,绿色示范"正成为盐城越来越闪亮的名片。

1. 世遗湿地,鸟的王国

候鸟,以百亿计,秋来徙于南,春至归于北,大自然的生命之歌波澜壮阔。

盐城滩涂,正处全球八条候鸟迁徙通道最主要的一条西太平洋线上。2019年,阿拉木图一声槌响,盐城万众欢呼,第43届世界遗产大会上掌声震耳,黄(渤)海候鸟栖息地(第一期)列入世界自然遗产名录,为江苏省首项世界自然遗产,填补了我国滨海湿地类型遗产空白,标志着我国自然遗产保护从陆地走向海洋。

黄(渤)海候鸟栖息地(第一期),大片大片潮间带滩涂,全球数百万迁徙候鸟在此停歇、换羽、越冬、繁衍,多种珍稀濒危候鸟在这里栖息。鸟的天堂,也是观鸟天堂。八月,条子泥湿地,"720高地",候鸟的"先头部队"已如约而至。一年一度候鸟秋季迁徙拉开帷幕,万鸟翔集的迁徙大军将陆续赶到。涛卷潮涌,飞鸟逐浪,游客伫观,一幅自然和谐的美好画卷。

在丹顶鹤保护区,雪苇之国,千鹤翔集。滩涂之王丹顶鹤在浅水中高蹈踱步,长喙长颈长腿,卓然而立。一声鹤唳,长震四野,轰然起飞,黄海祥云缭绕。松鹤延年、鹤鸣九皋,作为一种仙瑞之禽,鹤在中国一直寓意吉祥、长寿、智慧、高洁等。宋徽宗绘《瑞鹤图》,群鹤飞翔,玉宇澄清;故宫太和殿外一只铜鹤引颈远眺,这些鹤白羽红顶黑足,就是现存鹤属中的丹顶鹤。丹顶鹤也是候鸟,自古以来就在盐城越冬。1983年,江苏盐城省级沿海滩涂珍禽自然保护区建立,主要挽救丹顶鹤、勺嘴鹬、黑嘴鸥等濒危易危物种;2019年,成为黄海湿地世界遗产的主体部分。

保护区兴建后开展丹顶鹤人工孵育实验,来自黑龙江扎龙自然保护区的年轻姑娘徐秀娟带来三枚丹顶鹤蛋,在荒无人烟的滩涂开始科研,废弃的哨所是她的宿舍也是鹤舍。1987年,她寻找受伤的天鹅溺水牺牲,其事迹被谱写成歌曲《一个真实的故事》,传唱中国,"走过那条小河,你可曾听说?有一位女孩她曾经来过。走过这片芦苇坡,你可曾听说?有一位女孩,她留下一首歌",歌声清婉忧伤,歌声中鹤群飞翔的影子覆盖滩涂、覆盖潮汐。

2. 暗夜星空，鹿群移动

　　林草丰茂，晴丝袅袅，鹿群移动，鹿王威武。大丰的鹿，与当地出土的六七千年前的鹿化石一类，是麋鹿。麋鹿，鹿中之鹿，神鹿，脸像马脸一样阔长庄严，鹿眼又大又亮，雄鹿有角高耸，脖子像骆驼一样粗壮结实，长长的驯良的驴尾巴，肥厚坚实的牛蹄子，俗称四不像，传说中是姜子牙这样神异之人的坐骑。麋鹿本是中国特有的珍稀物种，在地球已有 300 多万年的历史，鹿蹄踏遍长江两岸和沿海各地。由于气候影响和人类捕猎，数量急减。

大丰麋鹿／戚晓云 摄

1900年,北京皇家猎苑的最后几十头麋鹿,被八国联军掠走。1986年,39头麋鹿从英国返回祖国,回到曾经的栖息地大丰滩涂。同年,大丰麋鹿国家级自然保护区建立,以保护麋鹿及湿地生态系统,恢复野生麋鹿种群。三十多年保护与野放,滩涂林中已有七千多头麋鹿饮水食草奔跑嬉戏。

保护区旁就是"中国暗夜星空保护地·野鹿荡",是麋鹿的野放区。在五月的暗夜,鹿王伫立,身披露水,巨角峥嵘,一角披挂给"美人们"的水草,一角挑起星空。野鹿荡的夜晚,没有光污染,黑夜完整,亘古如斯,虫鸣如潮,星空如洗,浩瀚而澄净,颗颗星星蜂拥而出,硕大而明亮,满天聚散不均的光钉,打亮宇宙之深邃。星光垂野,星芒可触,星云飞霞,星洪奔涌,星河边篝火熊熊,甚至能看到急旋的星系旋涡。星系、星团、银河,在麋鹿的尖角抖动。

当那满天星芒渐次熄灭,和黎明一起喷薄而出的是那雄性的太阳,小母鹿们芬芳四溢,年轻的公鹿们血脉偾张。鹿王争霸,无所畏惧,激情,血性,力与力的决斗。鹿鸣呦呦,新登基的鹿王奔跑,鹿群奔腾,蹄声雷鸣,那海在涨潮,大地在涨潮,太阳在涨潮,光芒飞溅,奔突的高耸茸角撕裂天空成动荡的碎云。鹿王之域,万里无疆。

3. 水乡泽国,江淮老家

盐城市西部,四周高中间低,是巨大的碟形洼地,湖荡湿地广阔,众多形态各异的湖荡,都是古潟湖的遗存,占江苏省里下河腹部湖泊湖荡总面积的四分之一。古射阳湖就是古潟湖最大的承嗣者,泥沙淤塞、圩田农耕、黄河夺淮等造成了古射阳湖的崩散,大湖崩解为散丝般的河湖港汊,蜂窝样的大纵湖、刘家荡、九龙口、马家荡、绿草荡、九里荡、洋马荡等挤挤挨挨。淳朴的水乡风情、秀美的湖荡风光、浓郁的渔家风韵和丰富的人文景观,描画出"水乡泽国"独特的旖旎风光,牵连着游子们对江淮老家的浓浓乡愁。

大纵湖面积30余平方千米,是里下河地区最大最深的湖泊,盐城百万市民饮用水的源头。大湖之大,一碧汪洋,浩渺烟波,水光接天。八月秋高,云水澄澈,三五之夜,三四知己,泛舟湖上,不棹不桨,从流东西,水声汤汤,风声飕飕。月彻如冰,空里流光,叩之若磬,霜色飞动,拂面不寒。月印大湖,寂灭而又生生不息地流动。"平湖秋月"为古盐城八景之冠,新世纪"纵湖秋色"又被列为"盐城新十景"之首。湖水清洌甘甜、芦草丰茂、野鸟翔集、湖鲜绝美,"大纵湖清水大闸蟹"名扬四海,"纵湖十鲜湖鲜宴"誉满江淮,游人食客慕名而来。水韵人秀,"建安七子"之一的陈琳、明末清初的大书法家宋曹皆生长于斯,龙兴寺几百年梵呗声声护佑一方。新建的东晋水城有"九岛、七河、三街、两广场、一码头、一渡口、二十四桥",覆压千亩,楼阁如云,更增添了大纵湖的厚重与传奇。

九龙口,九条长河汇聚。古射阳湖腹部,千顷芦荡中奔流出蜆河、莫河、林上河等九条放射状河流,扇状汇合,犹如九条巨龙汇成碧波荡漾的湖泊,荡深苇密,水阔连天。湖心又有不沉之岛,形成"九龙戏珠"的绮丽景致,故名"九龙口"。这一带是淮剧与杂技的发祥地,荡边古村沙庄打造"淮剧小镇",江淮老家,腔调十足,一曲乡音,醉了游子。

"八八六十四荡,马家荡是首荡。"马家荡沟河纵横,荡滩毗连,有"苏北沙家浜"之称。苇荡深处,水清见底,春来萍藻摇曳,夏日芙蓉出水,秋至蒲芦摇荡,冬则芦花飞扬,芦荡风情迷人。

九龙戏珠 / 赵小青 摄

渔歌声中,鱼虾跳舟,菱藕满舱,荡里人家悠然自足。

4. 滩涂之东,神奇东沙

潮涨是海,潮落成滩。在盐城近海以弶港为顶点有多条向海辐射状扇形打开的沙洲,气势磅礴,科学家称之为南黄海辐射沙脊群。沙洲一道道分布在浅海,是天然的海堤,可缓冲外海大浪和风暴潮的冲击,沙洲不断并岸和成陆,涌现大片新生土地,为候鸟等动植物持续营造新的家园。其中最神秘诱人的莫过于被称为"东方第一沙洲"的东沙。

东沙"涨没落现",是贝类海产品的"天然牧场",200多种鸟类栖息于此。落潮后的东沙,是一片广阔的海上平原,在这里能看到最壮丽的海上日出。滩上沙砾灰黄,也有稀疏的盐蒿,鸥鸟飞落,泥螺、斧文蛤、竹蛏、沙虫等就在泥上沙中,小取总能筐满袋满。东沙海底潮流畅通、盐度适中、生物资源丰富,鱼汛兴旺,老渔民说:"3月红虾,4月梅头与凤尾,5月鳓鱼与马鲛,6月鲳鱼与黄菇,7月美鱼与梭子蟹,8月海蜇,9月梭子鱼,10月板鱼,舀子都能舀到鱼。"这里也是上百种鱼、虾、蟹、贝等近海底栖动物的繁殖地,还是国内外公认的"水中软黄金"中华鳗主产区和"水中大熊猫"中华鲟的保护区。在其边缘,有风电场的巨人阵和紫菜养殖场。

潮涨了,月映大海,东沙沉沉睡去,等着黎明和鸟群一起醒来。

5. 黄海翠带,梦幻花海

海滨,都是盐碱土,遍地白花花地泛碱,癞子一样斑斑驳驳地长几棵盐蒿草(碱蓬)。鸟来了,兽来了,人来了,盐城人来了。海风呼啸,海潮狂吼,毒日如烤,淋雨冒雪,一代代盐城人用自己的血汗改良生态。黄海边千里海堤,生态防护林绵延不断、郁郁葱葱,如一条飘拂的翠带萦绕黄海,遮护万顷良田沃壤。盐碱荒滩变成林海绿洲,其中最大的林场是黄海海滨国家森林公园。

黄海森林公园前身是1965年成立的东台林场。当年六位干部带领十八位年轻人走进滩涂开荒种绿,风餐露宿,手扒锹挖,引来淡水降盐冲碱,垦土种苕子做基肥改良土壤,种竹子、种刺槐、种水杉,一次次失败后掌握高盐土植树规律。前人种树,后人乘凉。如今森林公园竹海杉林相连,是华东最大的平原森林。大树参天而茂密,遮天蔽日,阳光透过树冠,洒落下来,光斑闪动。林间空气清新湿润,黎明薄雾飘曳,四季叶色斑斓。鸟鸣悦耳,花偎足边,一块生态净土、一块观光旅游休闲胜地、一块人与自然融合的"绿色氧吧",等着你来踏着黄海潮声"森"呼吸。

黄海潮声里,时光万花筒旋转不停,梦幻花海铺满滩涂。一个花的海洋,一个巨大的荷兰风情园降临滩涂,曾经的不毛之地,鲜花怒放,锦绣斑斓。大丰荷兰花海景区,3000万株郁金香,3000万个晶莹的花杯,铭刻着百年前荷兰水利专家为废灶兴垦所做的贡献。郁金香的五彩绸带无尽蔓延,荷兰大风车风翼高悬、临水转动,童话小屋三角屋脊、三色墙面纯美若梦,《只有爱·戏剧幻城》浪漫唯美,一个梦一般的缤纷花海。春日郁金香,夏日玫瑰与薰衣草,秋日百合,冬日三色堇与金鱼草,花开四季,四季花明。一个花的王国,一个梦幻花海,五色斑斓的泡泡一样飘舞在黄海的潮汐之上,飘舞在游客的梦里。

五、江淮乐土　锦绣人文

盐城,她敞开足够的辽阔容得下南来北往。一次次移民,一茬茬的新盐城人,都融进了本土。县区方言不一,风俗各异,从南到北,东台与响水,南蛮北侉;从东到西,东海与西乡,东戆西尖。盐农渔樵都演变出自己的民俗,淮剧与杂技争奇斗艳,东台发绣、滨海五醍浆酒等手工艺产品世人称绝。风雅淮左,才人辈出,文学、哲学、艺术、科学都出现巨匠名作。

栉风沐雨，盐城的每一寸土地都是盐城人的血汗结晶，才有了今天的江淮乐土，锦绣人文。

1. 淮左风雅涌人杰

"盐渎二杰"臧洪、陈琳是风雅盐城在华夏大地的峥嵘头角。汉末诸雄征讨董卓，于酸枣（今河南省新乡市延津县）设坛盟誓，各路诸侯不肯领誓，臧洪升坛歃血盟誓，辞气慷慨，涕泣悲壮，闻者莫不激扬感奋。《三国志》作者陈寿赞其"雄气壮节"。陈琳名列建安七子，《为袁绍檄豫州》雄健铺扬，《饮马长城窟行》悲凉古直，《游览诗》抑扬顿挫。

海陬湖荡，渔盐之民，累代胼手胝足，柴草屋中方有可能升起一缕书香文火，文脉如游丝。唐宋间多得客籍官宦之力，文事渐盛。宋代境内已有书院与县学，晏殊、范仲淹等为官于此，不但用诗文图咏盐城风物，塑造盐城文化符号与盐城诗意，而且也带来了崇文重教之风。自宋始，盐城人文始有根基并日渐壮大，还出现了陆秀夫这样取义成仁的士林表率。南宋末年，陆秀夫与文天祥等苦撑危局，崖山被围，宋军覆没，陆秀夫毅然负帝蹈海，君臣殉国不降，义昭千古。陆秀夫配祀孔庙，是盐城第一个真正意义上的人文坐标。

地日以耕，人日以文。明清时，盐城已是江淮诗礼之地，盐民灶户，亦能十户九读书，文化熏陶，湖海意气贯注，宗师巨匠络绎而出，如施耐庵著成《水浒传》、王艮创立"泰州学派"、吴嘉纪吟咏"盐场今乐府"、宋曹铁画银钩《草书千字文》、冯道立绘解《淮扬水利图说》，等等。

晚清民国，新学渐起，新式教育与新兴文艺流布，应时而起，越来越多的盐城人闪耀在中国文化的灿烂星空。国学大师陈中凡、报界奇才戈公振、中共中央第一支笔胡乔木、外交家乔冠华（胡乔木与乔冠华都曾以乔木为笔名，并称"盐城二乔"）、书法名家胡公石、翻译名家戈宝权、剧作大家陈西汀、与徐悲鸿并称"北徐南戈"的绘画名家戈湘岚、小说名家孙石灵、作曲名家周巍峙，皆为一世之杰。盐城的俗文艺，淮剧、杂技、连环画也在上海滩上站稳脚跟，淮剧泰斗何叫天，连环画四大名旦中赵宏本、钱笑呆，都是盐城人。

2. 盐之有味夸透鲜

最亲切的味道是家乡菜的味道，与名闻天下的淮扬菜相邻，盐城菜一点不张扬。盐城菜就是盐民菜、渔家菜、农家菜，平民，家常。有湖有海有河，有原有滩有荡，食材丰富新鲜，大铁锅爆炒，大砂锅慢炖，大油锅煎炸，大瓦缸腌泡，大太阳暴晒，大盐大油大素大腥，做法简单粗暴。盐城菜就讲究四个字：本味，透鲜。

几千年吃下来，盐城人口福不浅：茶食面点有汤汁如乳的东台鱼汤面，软糯香甜的建湖藕粉圆，"白如雪、薄如纸（单片可点燃）、甜如蜜、柔如云"的阜宁大糕，金黄酥脆的伍佑糖麻花，"金顶铜底玉镶边"的上冈草炉饼，皮薄馅鲜汤浓的野鸭灌汤包，香稠滑润的滨海五粮粥，松软细嫩鲜香的盐城鸡蛋饼。腌腊有黑里透红、奇香奇鲜的滨海香肠，香糯浓醇、不肥不柴的步凤咸猪头，腊香浓郁、皮薄肉嫩的学富风鹅，板正紧实、咸香鲜美的大纵湖螺蛳青咸鱼。

盐城人待客，一张八仙桌，排出八大碗。盐城八大碗从古摆到今，一席八道菜：烩土膘、大鸡抱小鸡、红烧糯米圆、萝卜烧淡菜、涨蛋糕、芋头虾米羹、红烧肉、红烧刀子鱼。都是平常食材，都是功夫菜，半汤半菜，半荤半素，以烩为主，注重调汤，口味清鲜,又有团聚吉祥的意蕴。

盐城人的饮食口味又不总是这么平和,上一盘荸荠鱼片清新柔嫩,下一盘就是"盐城三醉"生猛暴烈。"盐城三醉":醉螺、醉蟹、醉虾。醉螺是小菜中的极品,尤物一样的存在。退潮了,漫无边际的滩涂,随处可见玉籽般的泥螺,捡来洗净,老酒与老抽、冰糖、老姜、红椒、蒜瓣等泡汁腌熟,脆、嫩、鲜,还有腥(海水一样清冽的腥),滋味浓郁。醉螺、醉小蟹是佐粥就饭的小菜,上酒桌也只是冷盘,醉蟹绝对是大菜了。大纵湖醉蟹,青壳坚爪,刚毛直立,螯绒乌墨,上了釉一样清亮,如玉石所雕。打开蟹壳,蟹黄或如金沙堆垒,或如金丝盘缠,或金黄或火赤,不会如蒸煮后的蟹黄那样结块,半凝固状,入口沙者细腻油者柔滑,鲜美浓郁。蟹肉如果冻,一吸便出,冰激凌般清凉润滑,咸鲜中带着甜。醉卤浸润,蟹的鲜香与生猛提纯,美酒与花果草木料汁之香裹挟着蟹腥扑鼻,蟹黄与蟹肉入口即化。才一口,大脑"嗡"的一声,醍醐一点,冲出天灵盖,人间美味!最生猛的是醉虾。东海炝的是条虾,清明前后,条虾壳薄肉莹,在虾肚上轻轻一叩,一吸,虾肉入嘴,糯嫩鲜美。西乡醉的是河虾,一盘子在酒卤中蹦跳,吃到嘴里还在弹跳。

3. 湖海双姝秀淮杂

一方水土养一方艺术,盐城湖海相望、百河相连。斗转星移几千年,百姓生活孕育了无数朵极富乡土气息、地方特色和生活情态的艺苑奇葩,淮剧与杂技便是其中最璀璨的两种,并称湖海双姝。

淮剧,以一条洪流为名,自然也有这条巨流奔腾的激越与两岸秀色的清俊,一弦江淮动,一腔风云从。淮剧起源于盐扬淮里下河地区,清嘉庆前后,盐淮逃荒者多以竹板击拍,一人单唱或二人对唱（对唱称作"二可子"），沿门演唱行乞，曲调就是农事号子和田歌，俗称"门叹词"。唱"门叹词"的常与苏北民间酬神唱"香火戏"的童子合演，日渐融合。之后又和当时流行的徽戏合演（称为"徽夹可"），受其浸染，唱腔、表演和剧目逐渐丰富。清末民初，一些艺人到上海等大城市演出，又接受了京剧的影响，戏剧的完整度越来越高，特色也越来越明显，进而形成了淮剧。淮剧的舞台语言和音韵以建湖方言为标准，四声分明、尖团清楚、发音纯正，字字脆亮、声声入耳、韵味丰厚。"唱不死的淮剧"以唱为主，以唱工见长，"连环迭句""六字句"几十句上百句连唱，紧扣剧情，缠绕不绝，悦人耳目，动人情衷。淮剧音乐洋洋大观，淮调、拉调、自由调三大主调为代表的声腔系统丰富多彩，又广纳博采苏北民歌小调，更显宏博多变。淮剧不仅盛行于苏北皖东的乡村城镇，还风靡十里洋场的沪上都市，名家辈出，流派纷呈，"淮剧皇后"筱文艳、"淮剧老生泰斗"何叫天等老一辈艺术家辉耀梨园，梁伟平、梁国英、王书龙、陈澄、陈明矿五朵"梅花"又炫彩剧坛。紧跟时代长于出新的淮剧，始终是当代中国最具代表性的地方戏剧剧种之一。

　　建湖杂技，杂技冠以建湖地名，建湖何其荣耀！该县庆丰镇所属八十三华里方圆内的十八个村庄（俗称"十八团"），杂技艺术源远流长，与河北吴桥、山东聊城齐名，是中国杂技艺术三个发祥地之一。相传，汉唐时世界都会长安就有"十八团"的艺人表演角抵、走索、吞刀、吐火，明太祖朱元璋从江南移民垦殖苏北，苏州一些杂技艺人迁至"十八团"，原在京受戏曲排挤的当地杂技艺人也陆续回乡，"十八团"杂技家族聚居，计有二百多户，其中高、吴、周、徐、陆、万、夏、董、廖、张十大姓，人丁兴旺，各有专擅，人称"杂技十大家"。建湖杂技饮誉中外，技巧精湛，动作优美,表演细腻。忽如丝罗柔,肢体任盘折;忽作力扛鼎,臂可立云梯;手速疾如电,空空生万物;钢索走芭蕾,腾跳转盘碟。高、准、险的杂技动作揉进轻松快捷的表演,优雅与力量完美结合,观众目不暇接、心悸魄动。近年来,江苏省杂技团(建湖县属)推陈出新,将杂技剧目化,不断创新高难度技巧,杂技剧《西游记·猴》《小桥·流水·人家》《芦苇青青菜花黄》《四季江淮》持续惊艳中外,接连斩获中国杂技最高奖金菊奖等奖项。

鹿群闪现,野菊花碎金耀眼,风电森林高耸海上,高铁飞驰,苇塘倒映蓝天,丹顶鹤栖止自由,沃野万顷稻浪,城镇工商繁荣,百姓安居乐业,民风崇文厚德,这是今天的盐城。提升以世遗保护为中心的生态修复,提速工业化,增进民生福祉,建设产业新盐城、生态新盐城,盐城在走一条环境改善、经济发展、人民幸福并举的无垠之路上。江淮福乐之地,盐城的未来是新的。

凭海临风,融入蔚蓝,新盐城诗画人间。

十有扬州

扬州,《禹贡》九州之一,自春秋筑城,汉置郡国,隋通运河,唐开港埠,至宋元烽火,明清纪兴,几度富庶繁华,历尽废池乔木,留下斑斓的历史和璀璨的文化。

公元前486年,吴王夫差为北上伐齐争霸,在今日扬州城北的蜀冈之上筑起了一座邗城,用来屯兵储粮。当这座周长约5千米的古堡屹立在长江北岸入海口的蜀冈之上时,当今世界上不少发达国家还仅是一片荒原,众多发达城市还在浩瀚的大海之中。同时,一条南引长江之水,北绕城郭,沿途连通广武、樊良渚湖,最后通达淮水于末口的邗沟也被开凿。可见,扬州建城之初,就尽得襟江带海的地理区位优势,有了江、淮之水的滋养。而这条通江连淮的南北水上走廊,以及沿着邗沟堤岸的陆上通道,水陆并行。由秦及汉,这片土地上高台筑、邮亭置、驰道修,交通日益便捷。帆影幢幢,车马辚辚,使扬州逐成东南一座经济繁荣的都会。

在中国历史上,扬州曾有过三次鼎盛。

第一次是在西汉中叶。吴王刘濞即山铸钱,煮海为盐,景观盛极一时,开始了扬州历史上的第一次繁华时期。元封六年(前105),汉武帝刘彻把江都王刘建的女儿刘细君嫁到乌孙国,比王昭君嫁到匈奴还早70多年。

第二次是在隋唐到赵宋时期。隋的历史十分短暂,却在大地上留下了包括拓浚邗沟在内的一条百代赖以通行的运河及岸边御道。连接海、黄、淮、江、浙诸多水系,纵贯南北的大运河,自通航之日起,便开启了扬州的运河时代,先后浇灌出扬州盛唐时期的繁华和清代康乾时期的鼎盛。

唐代,众多文人墨客联袂而来,在这块风水宝地上演出了一幕幕感天动地的"扬州梦"。

唐代的扬州，农业、商业和手工业相当发达，出现了大量的工场和手工作坊，盛产方丈镜、江心镜等上等铜镜。彼时扬州是中国东南第一大都会，和世界多国交往频繁。不少波斯、阿拉伯、天竺、昆仑、新罗、日本等国人成为侨居扬州的客商。日本遣唐使的到来和大唐高僧鉴真东渡日本，促进了中日两国的政治、经济、科学和文化的交流。晚唐时期新罗入唐诗人崔致远在扬州为官四年有余，回国后把唐朝的服饰、礼仪、文化传播到新罗，被称为"东国儒宗"。唐代扬州，自身文化发展也有长足的进步。扬州人李善在吸收前人成果的基础上重新注释《文选》，为后人保存了大量已经散佚的重要文献资料。其子李邕是继虞世南、褚遂良之后的大书法家之一。大诗人张若虚为"吴中四杰"之一，其《春江花月夜》一诗，有"孤篇横绝，竟为大家"之誉。唐代不少著名诗人都到过扬州，在扬州留下了脍炙人口的诗作。晚唐时，藩镇割据，军阀混战，扬州屡遭毁坏。

第三次是在明清时期。扬州位于长江和京杭大运河的交界处，因漕运、盐运而愈加繁庶，南北两京、苏杭二州一同被列为"士大夫必游五都会"，为全国最重要的文化中心之一，书画家、歌舞家、艺人等不计其数，扬州八怪便是其中之一。这一时期，一个名垂青史的人物不得不提，这个人就是抗清名将史可法。清顺治二年（1645）四月二十四日，清军以红衣大炮攻占扬州，不愿投降的河南开封人"史督师"史可法决然自刎，被手下拦住。被擒后，史可法拒绝投降被杀，为柔美的扬州抹上了一笔慷慨激昂的悲壮之色。

"青山依旧在，几度夕阳红。"有兴有难，这是所有名城绕不过的成长规律。回望千年历史中的扬州城，兴荣之时"天下三分明月夜，二分无赖是扬州"，曾与成都号称"扬一益二"，且势压成都一筹;兵凶战危之时,有"扬州十日"的清兵屠城,有太平天国运动时反复鏖战、阻断运河漕运。但名城终究是名城,任何人和任何力量都无法遮盖其喷薄而出,直至如日中天的蓬勃势头。

二十一世纪以来,扬州先后荣获"世界运河之都""世界美食之都""东亚文化之都"称号,成为联合国人居奖城市、国家环保模范城市、国家森林城市、国家卫生城市、国家园林城市、国家生态示范市和住建部美丽宜居试点重点城市,展现了扬州这座城市多姿多彩的超凡魅力。

扬州,是月,是雪,是诗,是歌,是天上,是历史,更是人间。倘若提到一座城,人们无须引证,无须多言,便共鸣称道"好地方!好地方!"的,扬州必占一席。

一、有江有河

纵观人类发展史,水与人类文明发展息息相关。在中华民族发展史上,大禹治水开启了光辉灿烂的华夏文明。追溯扬州城的历史,早在春秋战国时期,吴王夫差便开凿古邗沟,沟通江淮。"邗沟"成为后来大运河的滥觞,流淌出2500多年的运河文化,让华夏文明多了一段璀璨的华章。

1. 水韵扬州

"日出江花红胜火,春来江水绿如蓝。"

扬州依水而生、因水而兴。水是扬州变迁的重要缘由,更是扬州发展的不竭源泉。

扬州地处长江与淮河两大水系之间,从地图上看,扬州市就像一只傲然独立的仙鹤。这只"仙鹤"位于长江北岸、江淮平原南端,境内江河湖泽应有尽有,有长江岸线近87千米,京杭大运河纵穿腹地,境内运河全长125千米,由北向南沟通白马湖、宝应湖、高邮湖、邵伯湖,最终汇入长江。长江、淮河、大运河三水在此汇合,扬州既是大运河最早开凿的一段邗沟故道之所在,也是南水北调东线工程的源头,淮河综合治理工程的关键地域。

扬州之盛之美,得益于有江有河。运河与长江、淮河纵横相交、相互贯通,不但灌溉了扬州古今的繁华,也形成了浑厚而独特的交融文化。可以说,扬州就是江河共同孕育的城市,共生共荣、互补互惠。运河帆影与长江涛声交相辉映,奠定了扬州的历史地位,促进了扬州的经济发展,繁荣了扬州的灿烂文化,铸就了扬州的水脉文脉。如今,扬州凭借通江达海、江运交汇的地缘优势,成为重要的"海上丝绸之路"城市,取得了国际性地位。

水韵扬州,水是扬州文化的基因。扬州"水文化"的内容,是世代文人笔下旷世不衰的主题。李白的"故人西辞黄鹤楼,烟花三月下扬州",杜牧的"青山隐隐水迢迢,秋尽江南草未凋",刘禹锡的"沉舟侧畔千帆过,病树前头万木春",郑谷的"扬子江头杨柳春,杨花愁杀渡江人"。仿佛江河之水到了扬州,透过每一泓细流、每一朵浪花、每一滴水珠,都能找寻到熠熠生辉而又"意通天地"的诗词歌赋。

"水善利万物而不争。"扬州之所以成为好地方,是因为扬州人尊重自然、因地制宜,既让水滋养,亦给水动力,由此创造出水之智慧、水之景观、水之工程、水之文化、水之财富。扬州处处流动着江河之水,也流动着扬州人民勤劳务实、创新求变、开放包容的精神品格。

2. 大江大河

扬州的"江河交汇"之地,是长江六圩河口。从扬州市中心文昌路往南 15 千米,即可到达长江六圩河口。这里既是京杭运河与长江干流在江北的交汇水域,也是全国最大的内河"十字"交汇点,长江和运河正是在这里有了第一次亲密接触。

这片水域辽阔绵延,船只往来不绝,自古便是南北货运往来的必经之道,"连舻百里,帆樯蔽日",见证了漕运百年的兴衰,也见证了新中国成立以来水运历史的发展。长江干线日均船舶流量高达 3800 余艘次,进出苏北运河日均船舶流量达到 600 余艘次,年进出河口船舶货运量达 3.34 亿吨。

这里有一座新打造的灯塔公园。置身公园不仅可以感受大江大河的雄浑之气,也能感受到小桥流水的园林风韵。首先映入眼帘的是一老一新、一低一高、一左一右,相距不远的两座六圩灯塔,对岸就是镇江的焦山。灯塔虽是水利地标,但也成了网红景观。从新灯塔俯瞰大运河与长江,百舸争流,汽笛声和风浪声不绝于耳,顿觉心胸开阔,恍若海景大片。江河的神奇治愈力,吸引越来越多的都市人群解压"打卡"。

"身无彩凤双飞翼,心有灵犀一点通。"老灯塔和新灯塔互对而望,真情守候,既让人感慨时光的流逝,又能感悟时空变化带来的沧桑和力量,仿佛灯塔不仅照亮着江河、船只,而且照亮着扬州人勇往直前、开放包容、自强不息的精神,这些精神随江河东流入海,散播各地,影响深远。

3. 江淮明珠

"引江济淮"的水利枢纽,位于扬州境内的江都,说得更准确点,是扬州市境内新通扬运河和淮河入江水道尾闾——芒稻河交汇处。这里既是江苏江水北调工程的龙头,也是国家南水北调东线工程的源头,被誉为"江淮明珠"。

广袤的苏北平原河网密布,稻菽千重,是个易旱易涝的地方。历史上,由于地势低洼,以扬州、泰州、盐城为主的里下河地区水患频繁,老百姓民不聊生,苦难深重。1128年,宋朝和金国的腐朽统治者听任黄河南徙,侵泗夺淮入海,从而破坏了整个淮河下游的水道系统,使里下河地区成了"大雨大灾,小雨小灾,无雨旱灾"的悲声载道之地。

1950年淮河流域发生了特大洪涝灾害,上千万人受灾,数千万亩土地被淹。随着"一定要把淮河修好"的一声令下,举世瞩目的水利工程——江都水利枢纽工程在1961年12月挥开了第一锹土,建设历时16年,到1977年3月,一个拥有远东最大排灌能力,能灌、能排、能发电、能航运的综合水利枢纽在世界东方巍然出现,这也成了我国南水北调工程的第一站。

"逝者如斯夫!不舍昼夜。"江都水利枢纽工程建成运行近五十年来,让昔日十年九灾的苏北平原变成了如今的米粮仓。难能可贵的是,江都水利枢纽工程还修建了配套工程——太平闸鱼道。这一工程主要是为了便于各种鱼类进入内河湖泊索饵育肥以及出江产卵、繁殖后代,开闸放水对鱼基本无影响。通过鱼道涵养水生生物资源,完善鱼类种群结构,同时也保住了子孙后代的"财富"。

4. 运河湾湾

"畅通南北"的扬州三湾河道,古已有名,近些年来更是妇孺皆知。三湾河道虽然远不及四川都江堰宏大雄伟、震撼人心,但因从属于大运河的一部分,在中国古代水利工程史上,也占有一席之地。

扬州自古以来地势北高南低，上游淮河流经这里时，水势直泻难蓄，漕船、盐船常常在此搁浅。1597年，扬州知府郭光为解决漕运交通的问题，把原有的100多米河道改弯后变成了1.7千米，以增加河道长度和曲折度的方式来抬高水位和减缓水的流速，从而解决了当时漕运交通的难题——蓄水量不足，后人称该段河道为"三湾子"。

"扬州谓运河，言必称三湾。"扬州三湾河道曲折绵延，其忽远忽近的视角空间，带来变化莫测的美景观感，让人流连忘返，不得不感慨设计者的聪明智慧。通过延长河道以降低坡度的办法，简单高效，且不劳民伤财，这是真正的科学思维、辩证思维。同时，蜿蜒狭长的水道又是历代文人墨客、富商、高僧进入扬州的主要水路，又为繁荣扬州的经济、文化打开了另外一道门。

如今，总占地面积3800亩的运河三湾风景区，以运河三湾及周边湿地风光为依托，因地制宜地配置人文景观及休闲设施而成为大型生态人文景区，并于2018年被评定为4A级景区。值得一提的是，三湾风景区内坐落着一座现代化的博物馆——扬州中国大运河博物馆。博物馆形似一艘行驶在河中的巨轮，停驻在扬州三湾生态中心，寓意着扬州与运河的关系，犹如船只与水一样，相依相偎、相辅相成。该馆总用地200亩，总建筑面积约7.9万平方米，藏有自春秋至当代反映运河主题的古籍文献、书画、碑刻、陶瓷器、金属器、杂项等各类文物展品1万多件（套），兼顾收藏展示、研究教育、旅游休闲与对外交流，被誉为中国大运河的"百科全书"。

三湾湿地公园／视觉中国供图

二、有吃有玩

"腰缠十万贯,骑鹤下扬州。"

扬州水陆交通便捷、物产丰盛,自古就是繁华、富庶之地。尤其清朝康熙年间,因为天下承平,运河航运发达,扬州成为南北贸易的重要集散点。扬州又是两淮巡盐御史衙门和两淮盐运使衙门所在地,盐商云集,巨大的消费能力促进了餐饮娱乐业的高度发展,皇帝的南巡驻跸,更加提升了扬州奢华精细的餐饮技艺、餐饮文化和娱乐文化。

1. 早茶"不早"

来扬州,早茶不能错过。

几年前我写过一篇散文叫《过早》,介绍和比较了世界各地的早餐和早茶,很多杂志和报纸都转载过。在这篇文章中,我提出了一个观点:对待早餐的态度最能反映一个城市市民对待生活的态度。世界上有好早餐的城市不少,但有成体系早茶的却寥寥无几,因为早茶不但要有可口的食物,还得有怡口的茶点,更得有闲情逸致和充裕的时间。

扬州的早茶以其丰富多样的包子、菜肴和精致的泡茶工艺而闻名,坊间称"早上皮包水,晚上水包皮"("皮包水"形容肚皮里是早茶;"水包皮"意思是吃饱了泡澡、搓背和修脚)。清李斗所著的《扬州画舫录》中有记载:"吾乡茶肆,甲于天下。"朱自清先生《扬州的夏日》也曾写道:"北门外一带,叫作下街,'茶馆'最多,往往一面临河。船行过时,茶客与乘客可以随便招呼说话。船上人若高兴时,也可以向茶馆中要一壶茶,或一两种'小笼点心',在河中喝着、吃着、谈着。"可见,扬州人舍得花时间吃早茶是有传统的。慢悠悠起个晚床,晃悠悠来到早茶店,乐悠悠啜上一口热茶,美悠悠吸上一口汤包,飘悠悠听上一曲小调,将乐哉悠哉的闲情逸致发挥到极致。这一切,早已深深融入扬州人的生活之中,成为扬州文化的一种重要体现。

扬州人习惯用一盘烫干丝拉开早茶的序幕。作为一道冷盘,烫干丝从原料、刀工到烹调方法都极为讲究,是扬州人公认的最有扬州特色的味道之一,也是典型的以讲究刀工火候著称

扬州早茶 / 视觉江苏供图

的淮扬菜的代表作之一。也有将干丝佐以鸡汤、竹笋丝、鸡丝、木耳、虾、鸡皮和其他配料烹煮的,称为"鸡汁煮干丝""大煮干丝"。和烫干丝相比,味道偏浓,却别有一番口感和滋味。

一般来说,早茶还要有蟹黄汤包、虾籽馄饨、肴肉、三丁包子等,只要你不赶时间,伸手之筷绝不会夹到重复的早点。

蟹黄汤包,其皮薄如纸,吹弹即破,制作绝、形态美、吃法奇。

扬州人总结出了蟹黄汤包正确吃法的"十二字方针"：轻轻提，慢慢移，先开窗，后喝汤。"提笼摆菊"是鉴别汤包工艺是否过硬的四字箴言，一个优质的汤包必然是提起来像灯笼，摆下去像菊花。这也是所谓的"轻轻提"。"慢慢移"，用筷子将汤包轻移至盘子边缘。"先开窗"，用嘴在汤包的斜上方咬开一个小口子。"后喝汤"，汤汁才是扬州蟹黄汤包的灵魂核心。喝汤也有技巧的，一定要端起盘子，不能放在桌子上吃，头向前倾，寻求喝汤汁的最佳高度与角度。喝完汤，只剩下一张汤包的皮，这时候，可以放一点陈醋，连皮带肉吃，香而不腻。

胃口较好的食客，通常会在早茶结束前再来一碗热气腾腾的饺面。所谓饺面，就是虾籽馄饨和阳春面条合二为一，虾肉香而饱满，面条滑而劲道，让人垂涎。据说，扬州人清晨起床的动力不是闹钟，而是一碗热腾腾的饺面。也有喜好白汤脆鱼面的食客。一碗白汤，里面盛二三两面条，面条上放了十几根一寸长油炸鳝丝作浇头，再撒些白胡椒粉，醇厚的汤底、细软的面条、香脆的鳝丝，一碗下肚，浑身温热，额头微汗，不大呼过瘾才怪呢！

很多城市的早茶，茶是配角，但扬州早茶中的茶却不然。用细嫩的绿茶或花茶作为早茶的基底，其清爽的口感和芬芳的香气能够提升整个早茶的体验。扬州人尤其喜好本地产"绿杨春"。此茶成品纤细秀长，形似新柳，色泽翠绿油润，茶色清澈明亮，香气雅致持久，滋味鲜醇，叶底嫩绿匀齐。还有一种常见的茶叶叫作"魁龙珠"，是由三个省的茶拼兑而成，取自龙井味、珠兰香、魁针色，不减色不变味，由于这种茶融苏、浙、皖名茶于一壶，故又称"魁龙珠"为"三省茶"，有"一江春水三省茶"的美名。

扬州早茶店遍地都是，富春茶社、冶春茶社、趣园茶社、锦春、怡园、九炉分座、共和春、花园茶楼……其中名气较大的还得属趣园,据说被称作早茶界的"爱马仕"。趣园,建有"水云胜概"和"四桥烟雨"两大胜景,其中四桥烟雨景区的别致很受乾隆皇帝的赏识,乾隆六次南巡,曾四次临幸此地,并四次赠诗。

享受早茶,需要"慢"的心境。扬州早茶不仅仅是一种饮食习惯,更体现了当地人民对生活品质的追求。烟花三月来到扬州,于琼花丛中,捧一杯绿茶,品一碟点心,静静地看着河边的杨柳,伸手触摸从屋檐滴下的绵绵细雨,放下人间纷争,忘却功名利禄。这就是扬州人特有的幸福"慢"生活。

2. 大菜"精作"

人间至味是清欢。

扬州菜历史悠久,该菜系始于春秋,兴于隋唐,盛于明清,素有"东南第一佳味,天下之至美"的美誉。

扬州菜亦称淮扬菜,为全国四大菜系之一,迄今已有1600多年的历史。淮扬菜名气大、影响大,但口味不大、体量不大,处处体现着精细、精巧、精致、精雅。淮扬菜特别在意色、香、味、形:用料注重鲜活、鲜嫩;重视调汤,强调本味;色彩鲜艳,清爽悦目;制作精细,讲究刀工("扬州三把刀"当中的第一刀);别致新颖,造型美观,生动逼真;口味清鲜平和,咸甜浓淡适中,南北皆宜,常为国宴首选。

红楼宴、三头宴、全藕宴是扬州菜肴的三颗明珠。

红楼宴源于文学巨著《红楼梦》中所描述或提及的各种菜肴。著名红学家冯其庸赞叹:"天下珍馐属扬州,三套鸭子烩鱼头。红楼昨夜开佳宴,馋煞九州饕餮侯。"红楼宴是对《红楼梦》书中所写菜肴的创新。曹雪芹曾久居扬州,其祖父曹寅到扬州接驾康熙皇帝时也曾设宴招待六司百宫,使得扬州美食文化或明或晦地出现在曹雪芹的笔下。

三头宴是扬州非物质文化遗产的代表,主要由扬州的三道传统名菜——拆烩鲢鱼头、清炖狮子头、扒烧整猪头发展而成的宴席。2018年9月10日,三头宴被评为"中国菜"江苏十大主题名宴。狮子头肥嫩不腻,鲢鱼头口味香醇,整猪头香溢四座,既做工用料精细,又不失浓郁的乡土风味。其中,狮子头更是扬州的家常菜,基本家家户户都会做。日本首相田中角荣和美国总统尼克松、里根等外国领导人访华时,狮子头曾作为国宴菜招待贵宾。

全藕宴是"荷藕之乡"扬州宝应的人民根据祖传方法制作的。明清时期,宝应的白莲藕粉被列为皇室贡品,有"鹅毛雪片"之称,而"蜜饯捶藕"誉满江淮,为四方宾客所称道。如今,扬州人又创新出50余种藕菜肴,如糖水花香藕、荷叶叫花鸡、甲鱼莲子羹、藕丝糕、糯米藕等,形成独特的清淡、清爽、清香的风味。单藕成席,将一道普通的食材,应用到极致,其间凝结的,是扬州宝应人的智慧。

除了这些招牌佳肴,还有很多深受百姓喜爱的家常菜肴。这也正是扬州菜生活化的证明之一。

扬州炒饭。亦称扬州蛋炒饭,据说源于隋朝越国公杨素爱吃的碎金饭。扬州炒饭看似简单,实际上选料严谨,制作精细,色、香、味俱全。扬州人为了一盘炒饭下足了功夫。2015年10月,扬州发布了新的扬州炒饭标准:炒饭在形态上要达到米饭颗粒分明、晶莹透亮;色泽上要做到红绿黄白橙,明快、和谐;口感上要咸鲜、软硬适度、香润爽口;气味上要具有炒饭特有的香味。这份新标准,规定了主料和配料,并且连制作步骤也进行了详细说明。

扬州三丁包。扬州三丁包据说起源于乾隆皇帝下江南时扬州大厨做的早餐。所谓"三丁",即鸡丁、肉丁、笋丁:鸡丁选用经年母鸡,既肥且嫩;肉丁选用五花肋条,膘头适中;笋丁根据季节选用鲜笋。三丁包三鲜一体、食不粘牙、老少皆宜。

扬州翡翠烧卖。翡翠烧卖已经有几百年的历史了,做法是将青菜切碎,加入精盐、白糖和熟猪油,搅拌成馅料,用半熟的热面条卷成薄皮,揉成菊花状。上桌的烧卖,皮是白色的,馅是绿色的,味道香甜怡口。

扬州春卷。"春到人间一卷之。"扬州春卷是从春饼演变而来的,馅料通常由猪肉、笋尖、韭菜黄、蘑菇和胡萝卜组成,尝起来美味可口。一张小小的春卷皮,卷得起野菜杂蔬,也卷得住山珍海味,平淡与雅致,脆香与黏连尽在其中,是手艺,是智慧,也是情调。

一方水土造就一方美景,也酝酿一方美味。扬州美食经过一代又一代的厨艺大师之手,来自民间,又回到民间,最终走向世界。历史文化的积淀让这座城市更加古朴优雅,饮食文化又让人们的生活更加从容安适。千年古城的历史文化韵味,不在别处,就在这碗碟中。

3. 老街"新颜"

到扬州不到东关街,扬州的人间烟火气算是错过了。

如今,中国"十大历史文化名街"之一东关街的知名度越来越高,成为"吃、住、行、游、购、娱"的全产业链旅游大景区,每年接待中外游客 1000 多万人次,年营业收入 6 亿多元。

2022 年,我创作出版了一部描写新四军在江苏英勇抗战的长篇小说《江山》,其中有一段描写两个宿迁青年乘船去杭州购买稻米,在扬州短暂停留所看到的东关街的景象。

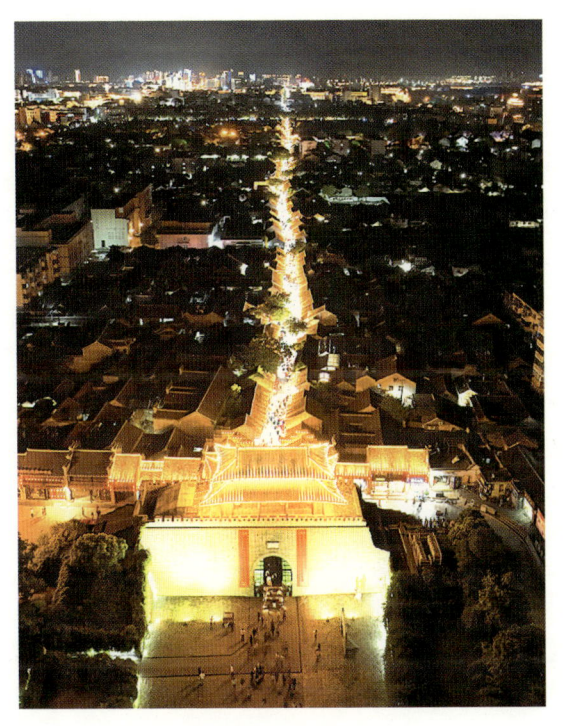

东关街夜景／严柏平 摄

  大排船到扬州已是第二天傍晚。

  船老大招呼大家停靠两个时辰,便解下两艘尾船。春祥和占舟利用这个空当上岸转了一圈。走在东关街石板路上,路旁景色让两人应接不暇,只觉每一样都无比新奇。路两边的商铺招牌各式各样,铺面的杂货吃食琳琅满目,吆喝声、敲打声和讨价还价声不绝于耳,从路口一直贯穿到巷尾。

  东关街是扬州手工业的集中地,前店后坊的连家店遍及全街。街面上市井繁华、商家林立,行当俱全,生意兴隆。陆陈行、油米坊、鲜鱼行、八鲜行、瓜果行、竹木行近百家之多。东关街上的"老字号"商家有四美酱园、谢馥春香粉店、潘广和五金店、夏广盛豆腐店、陈同兴鞋子店、乾大昌纸店、震泰昌香粉店、张洪兴当铺……扬州的繁华富庶给春祥留下了深刻的印象。

返回到东关渡口,更是一番热闹景象,酒肆、茶楼一应排开,进进出出的食客茶友个个昂首踱步,齿牙春色;夹杂其间的迎春院、凤栖楼、藏香阁门前,酒后微醺的男客在浓妆艳抹的姑娘搀扶下,肆意浪笑着迈进了大门……

上面的文字描绘的是二十世纪三十年代的东关街,如今的东关街旧貌换了新颜。街长1122米,商居穿插、店铺相邻,一应俱全,生意兴隆。老字号有百余家,大都有近200年的历史。尤其是谢馥春的香粉,采取天然原料,经鲜花熏染、冰麝定香工艺精制而成,为清廷贡粉,1915年曾荣获美国巴拿马太平洋万国博览会的国际银质奖章和奖状。这里各色小吃也花色繁多,黄桥烧饼、叠汤圆、豆腐脑、胡辣汤、黄珏老鹅让你大饱口福。此外,东关街区域内还有不少大小园林,如个园、壶园等,都是住宅与园林的结合体。

如果说东关街是老城繁华的代表,仁丰里则是老城历史的符号。街区南起甘泉路,北至文昌中路,东临小秦淮河,西邻迎春巷、史巷,2016年被认定为江苏省历史文化街区。仁丰里街区汇集了十几处隋唐至明清的文博遗址,有纪念宋代岳飞而改名的旌忠寺,有乾嘉经学泰斗阮元的住宅和家庙,有陈氏"一门三进士,父子两传胪"的科举佳话,有与文选编撰有关的文选楼、曹李巷,有明代兵马司的衙署所在地,还有百年老字号浴池"双桂泉",等等。历经千年,这里汇聚了众多历史名人的印记,清代三朝阁老、一代文宗阮元,民国历史学家黎东方等,都曾是小巷人家。

皮市街可能没有东关街名气那么大,但是作为扬州曾经繁华的皮货一条街,自古至今都是时尚、高雅的象征。如今,皮市街华丽转身,以"网红街"重新出现在世人面前,这里不仅有开了几十年的老店,还有很多浪漫温馨的网红店,随处可见书店、咖啡店、美食店、文创店……每一家的店铺装修都极具个性,看似随意,实又在细节中体现用心,前卫中带着古朴,悠闲里透着优雅,非常值得"打卡"。

相比之下,彩衣街反而显得朴实无华了。彩衣街本是一条建于明清时期的老街,因为当时街上遍布大大小小的制衣局,衣服从低端到高端一应俱全,无论是达官贵人还是平头百姓都来这条街上裁剪衣服,因而得名"裁衣街"。日子久了就渐渐演化成"彩衣街"。彩衣街不长,只有三百多米,建筑风格以明清式样为主,随处可见飞檐亭、马头墙、清水砖墙。自带的明清古朴风韵让这条老街充满年代感,逛起来格外舒适。如今,彩衣街充满着老街独有的韵味和烟火气,是本地人必逛的小吃街之一。

走在老街上,看尽朝阳与落日,感受繁花与落叶,看着时光在古老建筑中洗尽铅华,此时,渴望生命能够永远定格在这里,定格在青春年少之时,希望老街永远不老,老街的每一条石板路、每一面马头墙、每一座老屋都能够留下生活的本色,都能够镌刻时光的美好。

4. 轻手"不轻"

"皮包水"是扬州的早茶文化,"水包皮"则是扬州的沐浴文化。扬州沐浴文化始于战国时期,兴于汉唐,行于宋元,盛于明清,传承和发展至当代。

宋时,时任扬州太守的苏东坡常到浴室洗澡,并作《如梦令》词一首:"水垢何曾相受,细看两俱无有。寄语揩背人,尽日劳君挥肘。轻手、轻手!居士本来无垢。"这里的"轻手、轻手",并不是指下手要轻,是指轻重得当,让东坡先生有了身心放松的极致体验,在搓背过程中发出愉快嗟叹。

明清时期,扬州浴堂之风盛行,搓背也得到快速发展。当年,相传乾隆皇帝体验了扬州的沐浴文化,曾御笔题下赞美之词:扬州擦背,天下一绝;修脚之功,乃肉上雕花也。

"扬州传统搓背术"作为扬州市级非物质文化遗产代表性项目,是指尖上的非遗,不仅是扬州沐浴文化中的重要组成部分,也是中华医药宝库中的一朵奇葩。扬州搓背是一种以中医理论为指导的传统理疗方式,运用擦背、烫背、敲背等多种手法,使人祛秽洁身、消除疲劳、舒筋活血、愉悦身心。擦背,以"舒适到位"著称,讲究"八轻八重八周到";烫背,为古代"十三种烫熨疗法"之一,与灸法有异曲同工之妙;敲背,实质是一种中医按摩,"机触于外,巧生于内,手随心转,法从手出",其"撒点子"敲捶拍打所发出的声响,既悦耳又悦心,就好像享受了一场听觉盛宴。

搓澡体验完,如果你还想继续感受扬州的精致服务,那么"扬州三把刀"之一的"修脚刀"就登场了。扬州扦脚所用到的刀具共有大小两套,大套 12 把,小套 6 把,具体实施起来的妙处,只有亲自体验了才知道。

幸福生活靠奋斗得来。扬州作为中国"沐浴之都",近万名搓背师活跃在数以千计的浴堂内,还为全国各地输送了数万名"搓背大军",且世代相承,呈现出一派可持续发展的态势。

三、有看有听

看和听,最能代表一座城市的精神文明。倘若一座城,不仅有吃有玩,还有看有听,既能饱眼福、口福,还能饱耳福,这座城市就必然充满人文气息,也必然引人流连。

我曾经留学的德国埃森被称为欧洲文化之都,那里的埃森歌剧院和卡巴莱剧院非常受人欢迎,经常一票难求,二十世纪九十年代如此,前几年我到母校讲学,发现这种情况依然。在欧洲,华沙、威尼斯、维也纳、波恩、柏林等都是这样的城市。在中国,能与他们媲美的城市特别是中小型城市不多,但扬州就是这样的一座城市。

1. 赏心悦目的扬州园林

扬州园林的历史,可追溯到公元前150多年前西汉江都王的宫苑建筑,经过隋唐宋元明清,仅城叠城已超过五次,如要考察扬州园林,则不知叠了多少次。

早在唐代时,便有扬州"园林多是宅"的说法,实际上扬州每一座园林都是一座大宅门。园林的兴废,实际上就是一个家族的兴衰,就犹如《红楼梦》中大观园一般,园子盛了,家业定是兴了;园子废了,家势定是败了。

清代,扬州因盐业繁荣而富甲天下,绿杨城郭成了人人向往之地。淮盐西运，全国最大的两淮盐场所产官盐在此集散，城内有两淮盐运使衙门和大批盐商，这些商贾多来自安徽；富有的盐商在新城南河下一带和西北郊瘦西湖沿岸修筑许多精美的园林，当时公认的说法是：苏州以市肆胜，扬州以园林胜，杭州以湖山胜。

扬州园林的主人以富商为多，造园时在保留江南园林清雅、秀美韵味的基础上，还凭借其雄厚的经济实力，借鉴北方皇家园林雄伟恢宏和高贵富丽的风格，形成雅健的南北过渡特色。

个园。个园是清代扬州盐商宅邸、私家园林，也是中国四大名园之一。个园以遍植青竹而名，以春夏秋冬四季假山而胜，在国内外享有盛誉。园内以叠石艺术著名，笋石、湖石、黄石、宣石叠成的春夏秋冬四季假山，融造园法则与山水画理于一体，将意境升华得更加诗意、跳脱，被园林泰斗陈从周先生誉为"国内孤例"。

何园。扬州十大最美园林之一的何园，被誉为"晚清第一园"，造园风格融合了江南风情和西洋风情，这在江南古典园林中较为少见。水景是何园完美的点缀，回廊和假山主要围绕水景建造和构筑。

小盘谷。小盘谷因园内假山峰危路险，苍岩探水，溪谷幽深，石径盘旋，故而得名。与个园、何园相比，小盘谷鲜为人知，其精髓在于紧凑集中、以少胜多、以小见大。水池、山石和楼阁之间，或深幽，或开朗，或高峻，或低平，节奏多变，对比强烈，它在有限的空间里，因地制宜，随形造景，产生深山大泽的气势，咫尺天涯，耐人寻味，这是其他园子所不能相比的。

冶春园。冶春园是始建于清代中期的中国古代园林建筑，原是清代诗人王渔洋的私园。冶春园临水而筑，水景天成，以水取胜。这里园林和茶肆结合，在此游园、赏景、品茗、

个园／程曦 摄

小吃，既领略了当地民间的乡风习俗，亦享受了古朴风情的自然乐趣。

　　蔚圃。蔚圃是扬州园林的代表，布局规整严谨，构筑工整考究，整体呈规整长方形，占地约1700平方米。面北依壁叠砌湖石假山一座，俗称"龙凤山"，庭园内峰、洞、水、鱼、花、木俱全，布局精致，是扬州著名画家兼叠石大家余继之所筑。

　　明月楼。明月楼也称扬州侨之家，以著名诗句"天下三分明月夜,二分无赖是扬州"而得名。清道光年间,员姓豪门依唐徐凝诗意建成此园,楼上悬清代钱泳书题"二分明月楼"匾额。二分明月楼公园占地仅1000平方米,但通过月光、山色、水意、树影、亭阁、漏窗交织互映,极富内涵。

除此之外,扬州尚有一定遗存的园林还有棣园、小圃、华氏园、朱氏园、刘氏园、青云山馆、卢氏意园,等等。来到扬州,总有一座园林能够走进你的内心,让你不虚此行。

2."瘦"不虚传的瘦西湖

瘦西湖是一条长长的、弯弯的河,原本是古扬州护城之河,名字叫"保障河"或"炮山河"。到扬州不游瘦西湖,就等于没来扬州,去扬州的人几乎都这么说。可想而知,瘦西湖在扬州城的地位是何等重要。

最早提起"瘦西湖"名字的人,一般认为是杭州人汪沆。这位汪沆也算是满腹诗书的,当时他的藏书在江南颇有名气,但他无意于仕途。他和当时许多杭州文人一样,经常往来于扬州。在一次游览了扬州红桥风光之后,汪沆信笔挥毫,写下了《红桥秋禊词》的绝妙诗句,其中一首云:"垂杨不断接残芜,雁齿红桥俨画图。也是销金一锅子,故应唤作瘦西湖!"从此,"瘦西湖"的大名便风行天下。

瘦西湖的"瘦",一曰"形瘦"。"瘦西湖长河如绳,宽不过二丈许。"借取西湖一角堪夸其瘦,移来金山半点何惜乎小。瘦西湖之形瘦,在于布局曲折多变,左一石,右一桥,或亭或台,方以为"山穷水尽",倏而又"柳暗花明"。瘦西湖的"瘦",二曰"景瘦"。瘦西湖每个景观错落有致、连绵不绝,窈窕曲折的一湖碧水,串以徐园、小金山、五亭桥、白塔、二十四桥、万花园、双峰云栈等名园胜迹，整体呈现清秀瘦美、以瘦见美的感觉，好似无数窈窕淑女隐匿其中，瘦中见媚、瘦中见秀、瘦中见雅、瘦中见情……

瘦西湖共有十四处大景点，从隋唐开始，景区陆续建园，及至清代盛世，由于康熙、乾隆两代帝王的六次南巡，造就了"两岸花柳全依水，一路楼台直到山"的湖山盛况，俨然一幅次第展开的国画长卷。历史上李白、杜牧、苏轼、朱自清等文化名人都很赞叹瘦西湖秀美的风光，留下众多脍炙人口的篇章。"烟花三月下扬州""绿杨城郭是扬州"等数不清的名言佳句，为瘦西湖增添了耀眼的浓墨重彩。

瘦西湖景区的开篇是一段长长的隋堤。堤长六百余米，三步一桃，五步一柳，桃柳相间。每当阳春三月，春花缤纷烂漫，柳丝婀娜起舞，飞扬如烟。相传，隋炀帝还亲手在隋堤栽了一株柳树，并赐姓为"杨"，后来人们便称柳树为"杨柳"。

沿着长堤春柳向北，不久就来到了小金山景区。山上遍植梅花，每当冬季梅香四溢，故又称"梅岭春深"。小金山是瘦西湖上建筑最为密集的地方，历史上最早见于史书记载的风亭、月观、吹台、琴室如今全都集中在这里，高低错落有序，每座建筑布局都很别致。

五亭桥。中国著名桥梁专家茅以升教授曾评价说："中国最古老的桥是赵州桥，最壮美的桥是卢沟桥，最秀美的、最富艺术代表性的桥，就是扬州的五亭桥了。"五亭桥建于1757年，仿北京北海的五龙亭和十七孔桥而建，建筑风格既有南方之秀，也有北方之雄。中秋之夜，可感受到"扬州好，高跨五亭桥。面面清波涵月影，头头空洞过云桡，夜听玉人箫"的绝妙佳境。

白塔。清乾隆四十九年，史载仿造北海"琼岛春荫"之白塔，高 28.5 米,由十三天、龛和塔基三部分组成。扬州白塔秀美匀称,如扬州美女亭亭玉立,有别于北海塔的厚重沉稳,雄壮之气锐减,窈窕气质倍增。

二十四桥。"二十四桥明月夜,玉人何处教吹箫",这是大诗人杜牧的吟唱。关于二十四桥,一说是有二十四座桥,一说是有座桥名为"廿四桥"。郁达夫曾评论二十四桥的明月是中国南方的四大秋色之一。该桥长 24 米,宽 2.4 米,栏杆 24 根,上下各 24 级台阶,似乎处处都与二十四对应。曹雪芹笔下多愁善感的林黛玉思念起家乡扬州,便是惦着"春花秋月,水秀山明,二十四桥,六朝遗迹……"

泛舟瘦西湖,赏不尽湖光山色,听不完琴箫莺歌,美不够衣香人影。如今的瘦西湖万花园,春有蕙兰展、夏有荷花展、秋有菊花会、冬有双梅展,四季不断地向八方游客敞开怀抱,热情欢迎远道而来的嘉宾高朋。

3. 大饱耳福的扬州戏曲

一方水土养一方戏,一方戏曲唱一方情。

每到节假日,扬州的仁丰里小剧场热闹非凡,扬州评话、扬州弹词、扬州清曲、扬剧、木偶等传统文艺汇聚一堂,时时激荡起深巷里的欢声笑语。

扬州评话,是以扬州方言徒口讲说表演的曲艺说书形式,兴起于明末清初。扬州评话表演讲求细节丰富,人物形象鲜明,语言风趣生动。在艺术上以描写细致、结构严谨、首尾呼应、头绪纷繁而井然不乱见长,同时艺人在创作和表演中还十分注意渲染扬州本地的风情,尤擅长以扬州市井小民为对象,刻画和塑造书中当时当地的各种小人物,诸如衙役、书吏、丫鬟、使女、贩夫、走卒、堂倌、屠夫,使之入木三分,呼之欲出。扬州评话的传统节目分为三类,其中包括讲史演义类的《三国》《隋唐》《水浒》《岳传》等,公案侠义类的《绿牡丹》《八窍珠》《九莲灯》《清风闸》等,神话灵怪类的《封神榜》《西游记》《济公传》等。

扬州弹词,原名弦词,是一种以扬州方言为基础的弹词系统曲种。扬州弹词和扬州评话属于姊妹艺术,形成于明末,兴盛于清初,至今已有四百多年的历史。扬州弹词表演以说表为主,弹唱为辅。扬州弹词表演分单档、双档、多档等几种形式。单档为一人表演,双档为两人表演,多档为三至四人表演。常用曲牌有"三七梨花""琐南枝""沉水""海曲""道情"等,以羽调和商调居多。其中又以"三七梨花"为最主要最基本的曲调,曲调朴实典雅,古色古香,是一支旋律优美、形态多姿、表现范围广、感情容量大的上品曲牌,颇受观众欢迎。扬州弹词的传统书目,已记录的有《玉蜻蜓》《珍珠塔》《双金锭》《落金扇》《刁刘氏》《双珠凤》《双剪发》《白蛇传》等。

扬州清曲,又名"广陵清曲""维扬清曲",俗称"小唱"或"唱小曲"。扬州清曲风格轻便简洁、朴实无华,曲调源自当地小调,还包括传自四方的各地小调,富有民间性和地域特征。扬州清曲为坐唱表演形式,其演出形式俗称"开席坐":中设一桌,三四人至六七人三面围坐,面向听众,各操一种乐器,或独唱,或对唱,不化妆,也无其他道具。扬州清曲曲目十分丰富,分单曲曲目和套曲。单曲多为写景、抒情、咏物、相思之类,如《风花雪月》《四季相思》《清和天气》《烟花自叹》《竹木相争》等;套曲多取材于民间传说、历史故事,如《三国演义》《水浒传》《西厢记》《红楼梦》《白蛇传》《珍珠塔》等。

扬剧,原名"维扬戏",俗称"扬州戏",以扬州民间歌舞小戏花鼓戏和苏北民间酬神赛会时由男巫扮演的香火戏为基础,吸收扬州清曲、地方民歌小调而最终成型。扬剧历史悠久,曲牌众多,角色有生、旦、净、丑等,重视丑、旦的表演。扬剧伴奏有文、武场之别,文场有主胡、正弓、琵琶、三弦、扬琴、笛、唢呐等乐器,武场有板鼓、大锣、小锣、铙钹、堂鼓等打击乐器。扬剧的伴奏轻俏流丽,既规范又灵活,色彩鲜明,个性独特,在一般剧种中较为少见。传统剧目有四百多种,其中影响较大的有《玉蜻蜓》《珍珠塔》《审土地》《绣符缘》《王昭君》《闹灯记》《三戏白牡丹》《命妇宴》《樵夫与画女》《鸿雁传书》《百岁挂帅》等。

四、有寺有学

千年变迁,物是人非,不变的是扬州城古代文化与现代文明的交相辉映。扬州,一座从诗中走出来的月亮古城,从春秋时期的"邗"城算起,至今已有2500多年的历史。这里不仅有让文人墨客们喜爱的瘦西湖,还有众多古迹。扬州八大名刹不仅是重点文物保护单位,也是百姓祈福、研究佛学的好地方。另外,扬州本身也是江南知名地区,学习氛围浓郁,学术技术精湛,是国内外众多学子向往的地方。

城市多寺庙,定是安静、包容和敬畏之地。

城市多学府,定是青春、赓续和活力之地。

1. 清代七大藏书楼之一文汇阁

在瘦西湖畔、北护城河边,复建的文汇阁古朴典雅,周边水系环绕,五亭一廊将全院分成南水院、北山院,重现当年盛景。

楼阁从外面看为两层,实则共三层,一楼设有"文汇阁历史文化展陈",介绍了文汇阁的前世今生,二楼三楼藏有历时12年复制完成的《四库全书》一部,共有书架128架,书函6144个,书籍36000余册。

文汇阁建于清乾隆四十五年(1780),位于扬州天宁寺御花园内,因收藏《古今图书集成》与《四库全书》而出名。它和北京紫禁城的文渊阁、圆明园的文源阁、盛京皇宫的文溯阁、承德避暑山庄的文津阁、镇江金山寺的文宗阁、杭州圣因寺的文澜阁并称为七大藏书阁。咸丰四年(1854),太平军攻入扬州,文汇阁及其藏书一起毁于战火之中。

据史书记载,乾隆对于文汇阁的建设与使用颇为重视,至少下过三道圣旨,强调阁中所藏之书不是做样子的,要允许读书人阅读和传抄。乾隆五十五年(1790)五月二十三日,弘历的圣旨里有这样开明通达的话:"俟贮阁全书排架齐集后,谕令该省士子,有愿读中秘书者,许其呈明到阁抄阅,但不得任其私自携归,以致稍有遗失。"按照当时的规定,士子愿意读书的,可以进入文汇阁阅读,在办理相关手续后,还可借出抄写。

文汇阁不仅是中国藏书史上的一座丰碑,也是扬州历史上十分重要的古代图书集聚地和文化传播中心,见证了扬州曾在全国经济、社会、文化中的重要地位。复建开放的文汇阁,不仅让毁于战火的清代七大藏书楼之一文汇阁重见天日,也在保护和传承中为优秀传统文化插上"活化"之翼,赋予其新的活力。

2. 高僧坐镇的大明寺

扬州大明寺是名副其实的千年古刹,因初建于南朝宋孝武帝大明年间而得名。1500 余年来,寺名多有变化,如隋代称"栖灵寺""西寺",唐末称"秤平"等。清代,因讳"大明"二字,一度沿称"栖灵寺",乾隆三十年皇帝亲笔题书"敕题法净寺"。唐代的鉴真和尚曾任大明寺住持,在大明寺讲律传戒,闻名遐迩,为僧俗所景仰。他不畏艰险,历经六次才成功东渡日本,讲授佛学理论,为中日两国的文化交流作出了重要的贡献,受到中日人民和佛学界的尊敬。1980 年,为迎接鉴真大师坐像回国巡展,复名"大明寺"。

大明寺 / 视觉中国供图

大明寺及周边有牌楼、天王殿、平山堂、西园、"淮东第一观"五碑石、栖灵塔、第五泉、鹤冢等诸多人文景观,但最有特色的建筑是鉴真纪念堂,纪念堂是根据周恩来总理的指示,为纪念鉴真法师圆寂1200周年奠基建成的。

此外,大明寺内还有平山堂,位于大明寺大雄宝殿西侧的"仙人旧馆"内。时任扬州太守的欧阳修,极赏这里的清幽古朴,于此筑堂。坐此堂上,江南诸山,历历在目,似与堂平,平山堂因而得名。平山堂是专供士大夫、文人吟诗作赋的场所。宋叶梦得称赞此堂"壮丽为淮南第一",山堂于元代曾一度荒废,明代万历年间重新修葺。清代咸丰年间,山堂毁于兵火,重建于清同治九年。

平山堂颇多前人匾联,光绪年间两江总督刘坤一所题的"风流宛在"一匾,书法流畅,"流"字少了一点,而"在"字却多了一点,虽然都是异体字,用在这里却仿佛因风而流动,别寓情趣。堂北檐挂着林肇元题"远山来与此堂平"匾额。堂前朱漆红柱上有清代太守伊秉绶所作的楹联"过江诸山到此堂下,太守之宴与众宾欢",上联以山喻人,再现当年高朋满座、谈古论今的盛景,下联则借欧阳公《醉翁亭记》中名句,表现乐观自适的情怀。

3. 何惜香火的天宁寺

扬州天宁寺,是清代扬州八大名刹之一,曾被称为"江淮诸寺之冠"。《宝祐惟扬志》记载,天宁寺始建于武则天证圣元年,以年号为名,最初称为"证圣寺"。北宋真宗大中祥符五年,证圣寺改名"兴教院"。宋徽宗政和二年,全国重要州府均建"天宁寺"。因此,今日我们在各地都能见到"天宁寺"。

与其他各地的天宁寺相比,扬州天宁寺的整体布局和传统寺院没有太大区别，但奇怪的是，在这座天宁寺里并没有看到传统寺院中的佛像，取而代之的居然是扬州八怪的一些书画作品，这便是扬州八怪艺术广场。

从寺庙的西侧出口出来就是御马头，相传乾隆南巡，在天宁寺旁边驻跸。为方便皇帝出行，在天宁寺门口古运河边修建了供游船停靠的码头，码头修建好以后，请乾隆皇帝赐名，乾隆原本打算赐"御码头"之名，可是想了一下，有个石字挨在马的前面，容易马失前蹄，所以就把"码"字的"石"字旁去掉，最终赐名"御马头"。

今天走进天宁寺，虽无香烟缭绕，亦无钟鼓之声，但庙宇堂堂，绿树森森，置身其中，厚重的文化气息扑面而来。每逢周日，民间文物交流活动，使这座庄严梵宇洋溢着浓浓的世俗气息。

扬州天宁寺阐释了一个很好的当世道理：每个人都是自己的佛陀，要学会主宰自己的命运。能让人参悟此道，便算功德圆满，至于是否要香火，就显得不是很重要了。

4. 奉旨敕造的重宁寺

扬州重宁寺位于扬州城北长征路，享有"江南诸寺之冠"盛誉，同为清代八大古刹之列。清乾隆四十八年（1783），淮商吁请在天宁寺后建万寿寺为祝寿之所。乾隆六次南巡，最后一次南巡驻跸在刚刚建成的重宁寺，御赐"万寿重宁寺"额和"普现庄严""妙雨花香"两匾，又亲撰寺记并勒石。

重宁寺因为是奉旨而建，所以规模、形制、质量都比一般寺庙为胜。扬州重宁寺气势宏大，建筑用料考究，尤其是大雄宝殿的建筑具有较高的艺术水平和历史价值。现为全国重点文物保护单位、世界文化遗产大运河遗产点。

与重宁寺有关的文化名人，首先要数扬州八怪之一的罗聘。《清稗类钞·艺术类》载："重宁寺为高宗祝釐地，其壁有画，为两峰所缋，盖两淮鹾商出数百金延请其所作者也。"他应邀为重宁寺作大幅壁画，绘制仙佛人物，惟妙惟肖，壁画传为名胜，惜已不存。咸丰年间，寺与园均毁于兵火。光绪十七年（1891），僧瑞堂募资重建山门、大殿。大殿重檐歇山顶，庄严嵯峨，平面近于正方形，面阔五间，为扬州诸名刹之冠。按照皇宫大内寺庙的工艺做法。殿中佛像、罗汉像，出自宁波名塑工之手。佛像后，有海岛，穷极工巧，仿制普陀山海岛形式。佛像现已不存。光绪二十七年，僧长惺与其徒雨山、宝荃等又建三层楼阁，以复旧观。楼阁面阔五间，署名"藏经楼"。藏经楼与天宁寺三层楼前后相望，均为佛寺之重要建筑，至宣统元年竣工。没过几年，重宁寺逐渐荒芜。民国年间，重宁寺规模虽大不如前，但其在全国佛教界的地位依旧很高。

5. 门风高峻的高旻寺

高旻寺，与镇江金山寺、常州天宁寺、宁波天童寺并称我国佛教禅宗的四大丛林，不仅在国内享有盛名，而且影响远及东南亚各国。1983年，国务院宗教事务局正式将高旻寺列为全国重点寺观之一。

传高旻寺创建于隋代，屡兴屡废，且数易其名，清初重建为行宫。康熙第一次、第五次、第六次南巡，均曾驻跸于此。康熙帝于1704年南巡，曾登临寺内天中塔，极顶四眺，有高入天际之感，故书额赐名为"高旻寺"。次年又御制《高旻寺碑记》，颁赐内宫药师如来脱沙泥金宝像，寺内建金佛殿及御碑亭供奉。其后曹寅等于寺西创建行宫，规模数倍于寺。

今寺庙山门嵌有康熙手书"敕建高旻寺"汉白玉石额。现存建筑有老禅堂、念佛堂、藏经楼、玉佛堂、西楼、水架凉亭和寮房等。高旻寺是临水寺,建筑活泼轻灵,构成曲折幽深的空间,实际上是佛教建筑形态的民居化和花园化。

高旻寺风何在?就是坐香打禅七,一门深入。高旻寺作为禅宗道场,除了参禅打坐,其他的什么都不做,可以说专到极点了。高旻寺"冬参夏学"的寺风延续多年,每年冬季都坚持坐香,以香计时,要求的是练好坐功,一支香坐不下来,就没有资格参禅打坐。"夏学"就是要诵两部大经,分别为《华严经》和《法华经》。近代以来,高旻寺出过两位高僧,第一位是来果禅师,第二位是德林长老。

扬州名刹众多,除此之外,还有建隆寺、山光寺、慧因寺、静慧寺、福缘寺等,在历代兴衰重建之中,见证着扬州古城的发展,也守护着扬州人民内心的宁静。

6. 坚苦自立的扬州大学

扬州南濒长江,北负淮河,中贯京杭大运河,长江和运河在此交汇,扬州的古城文化、运河文化、工艺文化、名人文化和红色文化等资源,为本土高校增加了人文教育的魅力和活力,也深深吸引着广大学子深爱扬州、行走扬州、扎根扬州、创业扬州。

扬州大学可以追溯至始建于1902年的通州师范学校和通海农学堂。百年名校,芳华永驻,扬州大学"坚苦自立",砥砺美好征程。

"坚苦自立",取自近代中国实业家、教育家——张謇先生为其创办的通州师范学校(即扬州大学的源头)所立校训。建校120多年来,一辈辈扬大人勤勉诚朴,孜孜矻矻,坚持不懈探求科学的真理,为国家社会培养了一批又一批德才兼备、素质全面的优秀人才。120多年来,一代代扬大学子秉承"坚苦自立"校训精神,扎根中国大地,坚持立德树人,厚植家国情怀,勇于筑梦逐梦,在培养卓越创新人才、开展科学研究、服务社会经济发展、推动文化传承创新、推进国际合作交流等方面作出了卓然贡献。

扬州大学虽屡经更迭,然文脉相承、绵延赓续,其命维新、其志唯坚,始终与祖国共进、与时代同行。扬州大学波澜壮阔的办学史诗,如长江奔涌,大河滔滔,在中国高等教育史上书写了浓墨重彩的篇章。

奋进新时代,启航新征程,扬州大学正凝心聚力,全力以赴,向着高水平研究型大学的建设目标阔步迈进。正如《扬州大学校歌》吟唱的那样:

> 扬州大学,通州溯源,
> 六校聚合,屹立苏中。
> 坚苦自立,实学研攻,
> 往绩可述,来绩无穷。
> 愿我人,继前人之志,尽我人之力,益大益充。
> 传校誉于后世,建大业于寰中。

7. 百花竞放的各式学府

除扬州大学外,扬州还有两所本科院校,分别是南京邮电大学通达学院和扬州大学广陵学院。

南京邮电大学通达学院是经教育部批准,1999年创办的全日制本科独立学院。自办学以来,学院保持与信息通信行业密切稳定的合作关系,培养了一批信息产业建设的合格人才,成为造就IT英才的摇篮、投身信息产业的阶梯。通达学院致力于应用型人才培养,先后在中国国际"互联网+"大学生创新创业大赛、美国大学生数学建模竞赛、"蓝桥杯"全国软件和信息技术专业人才大赛、中国大学生计算机设计大赛等比赛中屡获佳绩。

扬州大学广陵学院是一所创办于1998年12月本科层次的民办独立学院。学院立足江苏,面向全国,探索高水平应用型大学的办学路径,坚持"让我们一起有使命地成长"教育理念,积极推进"产教学研用"深度融合人才培养模式改革,致力培养具有社会责任感、健全人格和创新精神的高素质应用型人才。近年来,学院先后在全国"挑战杯"大学生课外学术科技作品竞赛、全国大学生计算机设计大赛、全国大学生建模创新大赛等比赛获得各类国家级奖项300余项。

扬州的多所职业技术院注重以市场需求为导向,一批区域一流、专业多元、高水平的高质量职业院校正在建成。学校以教学质量为核心,以实践能力为目标,为学生提供了更广阔的发展空间。

扬州工业职业技术学院由原扬州化工学校、扬州建筑工程学校等合并组建而成。学校是苏中地区工科特色鲜明的高等职业院校,是江苏省中国特色高水平高职学校建设单位、江苏省示范性高等职业院校和江苏省职业教育先进单位。十分荣幸的是,2007年—2014年,笔者曾在该校担任校长和书记。

扬州市职业大学是一所市属全日制综合性高等职业技术院校,为国家建设类技能型紧缺人才培养试点高校、教育部高职高专人才培养工作水平评估优秀院校。学校先后与扬州市广播电视大学、扬州教育学院、扬州环境资源职业技术学院等17所学校和1个研究所合并办学。

江苏旅游职业学院是一所经江苏省人民政府批准、教育部备案的全日制省属公办普通高等专科学校，是首批国家改革发展示范校、教育部第二批"1+X"证书制度试点院校。

除了这些学校，扬州还有一批开办烹饪、戏曲、体育、木偶、漆器、保健等专业的中等职业技术学校，他们用独具特色的办学实力和水平赓续着扬州的悠久历史，彰显着扬州作为一座幸福宜居城市的个性和魅力。

百年名校扬州中学以办学立意高峻、校风优良、名师荟萃、人才辈出著称于世，在 20 世纪 30 年代就赢得了"北南开，南扬中"的盛誉。校友中有江泽民，胡乔木，朱自清，"两弹一星"元勋黄纬禄，国家最高科学技术奖获得者吴征镒、吴良镛等名人大家和 49 位院士，更有大批专家、学者、干部及各行各业高素质的劳动者。

五、有家有派

扬州城，物华天宝，人杰地灵。

在古代，扬州的名人大家数不胜数，各领风骚数百年；扬州学派"治学不尚墨守，主张融会贯通，善于归纳总结，力求通经致用"，对后世治学影响深远。

1. 登峰造极的扬州八怪

扬州八怪，是清康熙中期至乾隆末年活跃于扬州地区的一批风格各异的书画家总称，美术史上也常称其为"扬州画派"。这些艺术家以"怪"自居，在绘画艺术上有着强烈的个性特征。

他们大多出身贫寒,生活清苦,清高狂放,书画往往成为抒发心胸志向、表达真情实感的媒介。

"八怪"之称最早由清人汪鋆提出,他在其《扬州画苑录》中即有"怪以八名"之说。扬州八怪生前即声名远播,他们的书画风格异于常人,不落俗套。据传,郑燮(怪在传奇)、高翔(怪在淡泊)、金农(怪在才)、李鱓(怪在命)、黄慎(怪在悟性)、李方膺(怪在倔)、汪士慎(怪在人)、罗聘(怪在使命),虽然怪各有异,但怪在坎坷波折的身世、独辟蹊径的立意、不落窠臼的技法、挥洒自如的笔锋,特立高标的品行则同。

扬州八怪将个人的性情与艺术风格融合起来,创造出了独具个性的艺术作品,在中国绘画史上留下了浓墨重彩的一笔。扬州八怪的绘画作品为数之多,流传之广,无可计量。仅据今人所编《扬州八怪现存画目》记载,为国内外200多个博物馆、美术馆及研究单位收藏的就有8000余幅。他们作为中国画史上的杰出群体,已经闻名世界。

近现代名画家如王小梅、吴让之、赵之谦、吴昌硕、任伯年、任渭长、王梦白、王雪涛、唐云、王一亭、陈师曾、齐白石、徐悲鸿、黄宾虹、潘天寿等,都各自在某些方面受"扬州八怪"的作品影响。他们对"扬州八怪"的作品作了高度评价。徐悲鸿曾在郑燮的一幅《兰竹》画上题云:"板桥先生为中国近三百年最卓绝的人物之一。其思想奇,文奇,书画尤奇。观其诗文及书画,不但想见高致,而其寓仁悲于奇妙,尤为古今天才之难得者。"

2. 不胜枚举的历史名人

"江山代有才人出,各领风骚数百年。"

扬州作为国务院首批公布的历史文化名城,人文荟萃,名流众多,群星璀璨,历代名人在这方热土上辛勤耕耘,丰富了辉煌灿烂的中华文化。

《扬州历史名人》一书目录中列举的名人名事除文中已经提到的外,还有鲍照名作《芜城赋》、杜佑节度淮南、刘禹锡登栖灵塔、杜牧十年扬州梦、崔致远"桂苑笔耕"、吴敬梓客死琼花观、石涛魂归扬州、王士禛修禊红桥、阮元"品端学醇"、李涵秋著《广陵潮》、刘师培博学多才、任中敏精通词曲、朱自清学界称楷模等。

此外,还有许多曾经在扬州生活过、学习过、工作过的名人,尤其有不少近现代有名的政治家、军事家和科学家。

有着"中国雷达之父"之称的扬州人束星北,他的学生中有诺贝尔奖得主李政道、国家最高科学技术奖获得者程开甲,还有李文铸、李寿枬、许良英和周志成等学界名人。

这些流芳百世并镌刻于扬州文化丰碑上的历代先贤,是扬州历史文化熠熠生辉的独特人文资源,一代又一代人以其为楷模,构成扬州名城文化中一道极为亮丽的风景线。

3. 升堂入室的扬州学派

十八世纪是清代学术的极盛时期,乾嘉学派是乾隆、嘉庆时期思想学术领域中出现的以考据为治学方法的学派。扬州学派是乾嘉学派的重要分支,其成员全部是扬州本地著名学者。

扬州学派远师顾炎武,近承乾嘉学派的吴派、皖派,形成于清乾隆、嘉庆时期,在经学、小学、校勘学等方面都取得了突出的成就。其治学不同于宋代理学空谈性理,而追求实事求是的精神,把汉学、经学发扬光大。

扬州学派的前期学者在治学方法上较之吴、皖两派有很大改进,他们熟练地综合利用辑佚、校勘、注释等研究手段,兼顾训诂与义理,解经更具精确性。不仅讲究贯通群经,而且追求经学与诸子学及史学的融汇,注重经世致用,将乾嘉汉学推向巅峰,为晚清经世派之先驱,在历史转折时期开启了近代学术之先河。

扬州学派的代表学者有阮元、汪中、焦循、王念孙、王引之、刘宝楠、刘文淇等人。他们代表了中国传统文化人的最高标准:沉静、严谨、渊博、通达。梁启超著《中国近三百年学术史》有云:"扬州一派,领袖人物是焦(里堂)循、汪(容甫)中,他们研究的范围比较广博。"

乾隆三十年前后,王念孙常与同里名儒贾田祖、李惇等人在家乡高邮相聚论学,"抵掌而谈",又与汪中、刘台拱、任大椿等人书札往还,"讲求古学"。除了贾田祖年长先逝,这批人后来都成了朴学名家,并组成了扬州学派早期的基本阵容。在他们的影响下,扬州学风为之一变,师友授受,家族传承,人才辈出。嘉庆年间,有朱彬、阮元、焦循、凌廷堪、王引之等人;道光年间,刘文淇、刘宝楠等人足称当世一流学人。至咸丰、同治年间,犹有刘毓崧、刘恭冕、成孺等人。百余年间,扬州朴学之盛为学林瞩目。

扬州学派治学规模、次第、方法,集吴、皖二派之长,又独具风格。如焦循在阐明性理、探究经学、教诫子弟等方面都强调会通,主张日新,反对据守所称定论。在求知领域上,扬州学派不仅研究经学,也研究史学、诸子学、历算、词曲、谣谚等。在自然科学、哲学、教育学、训诂、校勘、编书、刻书等方面都有贡献。

扬州学人以笃诚的学风追求对古代典籍、史实史料的通达理解,以仁爱之心探索学术经世方略,其富有创新的理论探索对后人产生了重要影响。

当然,作为古代文化与现代文明交相辉映的好地方,扬州可陈可数的城市魅力远不止"十有"。近年来,扬州以大运河文化带建设为中心,着力推动城市各项建设,改善人居环境,全面打造扬州"好地方",让"人文、生态、精致、宜居"的城市特色更加鲜明。扬州的好,在于亲历,在于体验,在于感悟。百闻不如一见,要想了解扬州,感悟扬州,就到扬州来吧!

"八风"说镇江

"八风"说镇江

2020年中秋国庆双节同庆。央视中秋晚会上,两位歌手隔岸对唱《归乡》:

> 焦山烟雨,洒落幽幽江南,明月何时照我还。
> 风涛千万里,金山水连天,却似江心一朵莲。
> 南来的风,东去的水,浮云伴着游子归;
> 西窗的雨,归来的你,醉在故乡斜月里。

这是为镇江(古称京口、润州)写的一首歌,长江、运河、金山、焦山、北固山、西津渡等城市元素尽在歌中。这首表达思乡之情的歌曲在央视播出后,镇江成为全国人民甚至全球华人梦中的江南。歌词内容意境,和元末明初诗人郑定《南风谣》"片帆摇摇出京口,夜倚淮云瞻北斗""早晚回船望北归,直候南风吹到晓"有若干相通之处。

诗歌的"风"也一样。风来自天地,吹过八千里,与你擦肩而过,在心中掀起一片软浪,望向远方时,又荡开涟漪。这就是诗意。此外,风在来去间也起着携带、运输、散播的作用,"风带来故事的种子,时间使之发芽"。

就像约瑟夫·儒伯特(Joseph Joubert)说过的这句话一样:"我们的生活是由风编织而成的。"

一、神州之眼说风光

"满眼风光多闪烁,看山恰似走来迎;仔细看山山不动,是船行",包含着运动的绝对性和静止的相对性的统一哲学。更有名的是辛弃疾的"何处望神州,满眼风光北固楼",意思是什么地方可以看见中原呢？在北固楼上,满眼都是美好的风光。言下之意,北固楼上,只见眼前风光,不见中原故土,写尽了时空变迁之感慨。

1. 沧桑巨变江成湖

镇江,一个曾拥有大江、大河、大海的梦幻之地。一横是长江,一纵是运河。这两条河流在这里交汇,自然与人工在这里相互融合,形成了独特的地理环境和人文气息

长江——这条世界上的大河之一,穿越了无数的山川河流,最终来到了镇江。站在江边,仿佛置身于一个巨大的画卷之中。运河——作为古代劳动人民智慧的结晶,连接了南北两大水系,为古代的贸易和文化交流提供了便利。金山湖风景区坐落于市区西北部,原来是金山周边的淤塘,通过退渔还湖,结合镇江水专项治理,进行金山水环境生态修复,造就了新的景区。环镇江西北侧的金山湖给镇江格外增添了一份灵动之美。这片湖,让镇江依水而立,使城市充满了水的灵气、水的宁静、水的秀美。依水而立的镇江城,在湖水的衬托下,形成了滨水城市特有的沿岸美景和绝佳的黄金水岸景色。金山湖最纯真的美,在于她完美的自然生态。湖水,清澈纯净,优越的水环境生态,远远超出城市自来水采水供水的水质标准。焦山一侧的沿湖水岸,芦苇相连,形成了与湖相衬相托的湿地景观。伫立湖边,风是凉凉的,轻抚脸颊带来阵阵惬意,无论近观还是远眺,进入眼帘的都是原生态的自然之美;心是轻缓放松的,整个湖面带给人沉浸式的享受。

2. 城市山林真性情

镇江被北宋书画家米芾赞为"城市山林"。自西向东蜿蜒伸展的宁镇山脉,与贯穿南北的茅山山脉和贯穿东南部的丹阳山

脉形成"淮扬山字形"交叉。

　　天人合一的宇宙观为镇江山水风光带来了人性的串联,而借喻影射的表现手段为其增添了新的意义。站在镇江中山北路延伸段向西望去,巍巍慈寿塔剑指蓝天,塔前是一片波光粼粼的金山湖,宝塔倒映在如镜子般平坦的湖面上,这派迷人水景真个"淡妆浓抹总相宜"。焦山以东曾是长江入海口。古人曾把在镇江看到的海潮称为"京江潮",这也一度成为这座古城的象征。沧海桑田,巨变万千。城市有了新的地理坐标,但那江中的焦山依然是镇江城的"浮玉"。秋日艳阳下的焦山,林木与楼宇交相

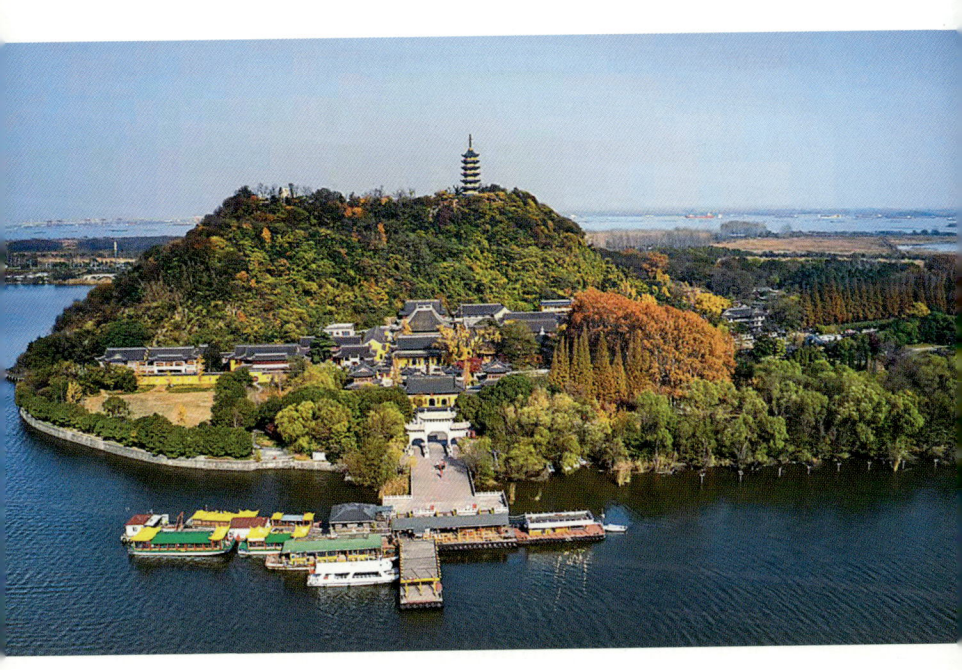

焦山风光 / 杨宪华 摄

掩映，浓烈的色彩令人沉醉。清代神韵派代表人物王士禛游焦山的观感是这样的："中流一岛号浮玉，登高眺远何茫茫。"从万佛塔高处看，奇秀的焦山与发展中的镇江一水相连，迷人的光色续写着这座城的诗意与远方。

南山，一个深幽秀美的地方，曾引无数文人骚客为之留恋。它竹木静谧，曲径通幽，泉水淙淙，鸟鸣清脆，连呼吸的空气都让人心旷神怡，无愧于"天然氧吧"的美誉。夏日炎热，焦躁不已，最是适合寻一清凉之地度过。游一游文苑、招隐、黄鹤山、磨笄山、莲花洞等景点，扫去夏日烦闷，让幽静清凉浸入肌肤，让清新空气深入肺腑，来一次彻底的夏日洗礼。"行歌白云岭，坐咏修竹林。风轻花自落，日薄山半阴。"苏轼在其《游鹤林招隐》中，便将南山的美呈现出来。康熙皇帝也偏爱南山，他在南巡时，赋诗："一径入深竹，数里来上方。丛生岩磴密，枝拂云烟长。"南山竹林幽深而韶秀，最是让人欢喜。竹林寺建在夹山之中，参天古木直指天际，幽深而静谧，大自然仿佛极尽所能打造出这一片人间禅境。如再遇雨天，更是别有一番风情深刻在心间。

3. 群峰排闼送青来

镇江这座历史悠久的城市，以其壮丽的自然风光和丰厚的文化底蕴吸引着无数游客。其中，镇江的几座名山更是享有盛名，它们是宝华山、茅山、圌山、长山。

宝华山位于句容，因春天黄花漫山而得名。宝华山森林公园素有林麓之美、峰峦之秀、洞壑之深、烟霞之胜四大奇景。静卧于山林之间的隆昌寺因其为"律宗第一名山"而备受推崇。

茅山是江南道教名山，山峦起伏，山势秀丽，山上林木葱郁，青竹繁茂，云雾缭绕，山下湖泊星罗棋布。层峦叠嶂的群山中，曲洞溪流交织纵横,大小溶洞星罗棋布,洞中有洞,千姿百态,自古就有九峰、十九泉、二十六洞、二十八池之美景。茅山景区内有着众多名胜,如九霄万福宫、华阳洞等。

圌山为江防要塞,位于镇江城东,以雄伟险要著称,同时又以秀丽旖旎出奇。五峰山与圌山相接,屹立主峰之上的是万里长江第一塔报恩塔,此峰为宁镇山脉东端最高峰,山体上部崖壁陡峭,山巅宝塔矗立,气势不凡。山前水土丰足,树木密布,枝繁叶茂,生机勃发。圌山的日出日落仿佛能将时间定格,寻找一处宁静的角落,静看日出,黎明的曙光揭去夜幕的轻纱,从点点微光到漫天霞光,光线一层层拂过江面、高楼,这流烟轻红的时刻,是一场绝美的视觉盛宴。五峰山大桥,横跨大江,承载着一路向南的高铁,与沪宁城际交会,直奔南京、上海。

十里长山位于丹徒新城西面。长山蜿蜒,气势非凡,主峰海拔近 350 米,是宁镇山脉东段的高峰,更是镇江市区最高山脉,连绵十余里长,宛如一条长龙横亘,蔚为壮观。建成的米芾书法公园是全国唯一的以著名书法家命名的书法主题公园。

"长江百景",镇江 13 个!扬中雷公岛地处长江下游黄金水道,大江风貌、田园风光,总面积 1.2 万亩,临江岸线分布着成片的芦滩、杞柳,西江边栖息着多种鸟类和野生畜禽,尽是绿野生机。世业洲满目翠绿,尽显"江中翡翠"美丽风光,其上的润扬长江大桥不仅是一座跨过长江的桥梁,更是一条天然的分界线。在大桥的正中央,长江水流分为两股,形成了两座大桥,分别通向南北两岸。从远处望去,这幅景象犹如一幅画卷,让人心生敬畏。蔚蓝的天空与碧绿的江水交相辉映,两座大桥在长江上如同巨龙般曲折而过,与岸边的建筑、树木交相辉映,构成了一幅美不胜收的画面。桥上来往的车辆和行人川流不息,一派繁忙的景象。为这幅画卷注入了生机和活力。

总之,镇江是一个充满魅力的地方。这里有壮丽的自然景观,有人类的智慧结晶,有历史的沉淀,也有未来的希望。

二、书声琴韵说风雅

在中国传统文化中,风雅是一种高尚的品格,是一种向上的精神追求,也是一种深沉内涵的表达。它包含了文学、艺术、礼仪、品德等多个方面的元素,是中国古代精英文化的高度表现。

1. 一城山水一城诗

镇江这座沐浴着浓郁墨香的古城,因唐风宋韵而诗意万千。隋唐时期,漕运兴起,南来北往,皆以京口通津。举凡仕宦、商贾、应举游幕,经过此地者,无不登山临水,吟咏流连。《全唐诗》中吟咏镇江的诗作有数百首。

例如,王湾的"潮平两岸阔,风正一帆悬"(《次北固山下》),李白的"丹阳北固是吴关,画出楼台云水间"(《永王东巡歌》),李涉的"终日昏昏醉梦间,忽闻春尽强登山。因过竹院逢僧话,又得浮生半日闲"(《题鹤林寺僧舍》),张祜的"金陵津渡小山楼,一宿行人自可愁。潮落夜江斜月里,两三星火是瓜洲"(《题金陵渡》)。

再如,曾公亮的"要看银山拍天浪,开窗放入大江来"(《宿甘露僧舍》),沈括的"楼台两岸水相连,江北江南镜里天"(《夜登金山》),释仲殊的"万岁楼边谁唱月,千秋桥上自吹箫"(《京口怀古》),辛弃疾的"想当年,金戈铁马,气吞万里如虎"(《永遇乐·京口北固亭怀古》),"何处望神州,满眼风光北固楼"(《南乡子·

"八风"说镇江

北固风光／韩有亮 摄

登京口北固亭有怀》),陈亮的"一水横陈,连冈三面,做出争雄势"(《念奴娇·登多景楼》)等。

在中国文学史上有较大影响的诗人词家,大都来过镇江并写下了不朽的诗篇。

从小学到中学,谁没有背诵过"洛阳亲友如相问,一片冰心在玉壶""春风又绿江南岸,明月何时照我还""千古江山,英雄无觅孙仲谋处""我劝天公重抖擞,不拘一格降人才"?

镇江

镇江的往事风流,不仅是我们对年少课本的集体怀旧,更是我们拥有高华气质的腹中诗书。

我国第一部艳歌总集《玉台新咏》为南朝镇江名士徐陵选编;我国第一部文学理论与批评著作《文心雕龙》的作者刘勰生于镇江,弱冠之前大约一直生活在镇江;中唐殷璠编纂的《河岳英灵集》,北宋曾彦和编纂的《润州类集》,清代张学仁、王豫编辑的《京口耆旧集》等,都为保存地方诗歌文献并使之广为流传起到了重大作用。

很多游客慕名来到镇江,实地探访那些家喻户晓的诗歌诞生地。每到一处,通过朗诵古诗词、讲诗歌背后的故事等方式,感受镇江深厚的人文积淀和优美的景色。

2. 丹青翰墨有传灯

南唐句容画家周文矩绘制的《孔子讲道图》长卷,乾隆年间丹徒王文治题字。相隔 800 年,两位艺术家"携手"合作。图画主要描绘的是孔子陈蔡受困的故事。长期积累的雄厚经济条件及重要的政治军事地理位置、先进的文化环境和秀丽优美的自然风貌,为镇江书画艺术的繁盛提供了充实条件。

焦山碑林为全国重点文物保护单位,摩崖石刻举世皆知,碑林碑刻质量高,影响大,为江南第一大碑林。清人王文治的书法艺术风神俊逸,与当时的诸城刘墉齐名,时有"浓墨宰相(刘墉)、淡墨探花(王文治)"之誉,"帖派"书法达到了清代中叶最高水平。

京江的画学传统可上溯至北宋大书画家米芾。而米芾的"米氏云山"又是从王维、张璪及王洽等人的水墨山水画中一路走来。米芾及其子米友仁在继承董源、巨然江南山水画派的基础上,结合对京江山水的观察、感受,从而形成墨色淋漓、烟云变幻、气韵流畅的米氏风格。对"米氏云山"的悉心追摹和对地域性画学传统的发扬光大,使京江画坛代不乏人,最终形成"京江画派"。

宋代赵黻在《江山万里图》中开始自觉地将镇江山水作为题材,并力求通会董源、巨然之精神,而创造出一种"有气韵"的非院体风格。

元代京江画家郭天锡所作《青山白云图卷》对米芾"逸格"作了自我阐释并将两宋的艺术表现手法加以综合。比杜堇稍晚一些的周纶,专师浙派,《山水扇》"老笔坚苍,荆穆淳古",为浙派之典型。兼有画家与画评家双重身份的笪重光可谓折中主义的典型,他的创作借用了"米氏云山",却又以一种写意性的笔法来消减样式化的负面效果,展示文人"墨戏"的自由心态。

"京口三大家"是蔡嘉、蒋璋、张琪的合称,他们都是活跃于康雍年间京江画坛的重要画家。他们的绘画创作实践,代表了这一时期镇江地区绘画所达到的高度,亦标志着镇江绘画旺盛期的到来。

十八世纪末、十九世纪上半叶,镇江绘画的创作进入了高峰时期,一个新的画派"京江画派"也悄然兴起。"京江画派"是我国历史上出现的最后一个以山水画见长的绘画流派,以张崟为首,以潘恭寿、顾鹤庆、潘思牧、周镐为骨干,高举"吾润画家,家自为法"的旗帜,以本邑山水的"真景实境"为描绘对象,形成了"落笔浓重,丘壑严整",具有鲜明地域特色的艺术风格。京江画派前后的活动,延续了近100年,成为中国绘画近代时期变革的前奏。

镇江古代的拓印技艺也建树颇高。清代中叶,朴学兴盛,焦山六舟和尚"以灯取形、画出轮廓",拓印定慧寺海云堂所藏著名的西周鄘惠鼎,开创了全形拓技艺,名震当时。收藏界称赞六舟为"创从来未有之事,开金石家一奇格,仰望慈云,莫慰饥渴"。扬州学派大师阮元赞誉六舟为"九能僧""金石僧"。其后,定慧寺鹤洲传承衣钵,与吴昌硕等书画大师合作,拓印"焦山鄘惠鼎、金山遂启諆鼎"全形拓,创作了大量"清供图"作品,使全形拓技艺广为流传。"全形拓清供图"不仅格调高雅,也成为"文创"产品的滥觞。

3. 一曲鹧歌戴氏琴

以镇江大市口为原点,沿解放路北行,折进演军巷,明清民居建筑五柳堂立于眼前。琴声淙淙,婉约醉人,这里是梅庵琴派在镇江的国家级保护传承基地。

由琴音缭绕的五柳堂,让人想到掩映于南山的听鹂山房,"鹂声一起宫商羽"。今日琴人刘善教与六朝琴人戴颙,一脉传承,古琴这门艺术就这样深深地浸入千年镇江,独具韵味。从戴颙《三调游弦》《广陵止息》到梅庵琴派代表曲目之一《长门怨》,琴声流淌,时间在七弦琴上定格。北宋沈括著《梦溪笔谈》以严肃的态度研究古琴音乐,在声学共振、制琴、鉴藏、演奏技巧和乐曲等方面为后世提供了丰富的资料。

1986年,梅庵琴派第二代传人刘景韶(刘善教的父亲)创立镇江梦溪琴社,担任首任社长。2003年,古琴艺术被列入第二批联合国人类口述和非物质文化遗产,梦溪琴社是中国政府申报列举的八大琴社之一。刘善教是联合国古琴项目保护专家组十名成员之一,古琴艺术·梅庵琴派国家级非物质文化遗产代表性传承人。

镇江的琴音从来没有停息，有刘景韶，有刘善教、刘云扬父子及众多弹琴、爱琴之人。悠扬婉转的琴声，时时唤起镇江人的记忆。

三、星汉灿烂说风采

镇江这块并不算太广阔却深厚的土地，哺育了众多的文化科技名人。他们的思想火花，闪耀了一座城市。他们为文化的传承，更为文化的创新，竭尽了才智，取得了丰硕的成果。千百年来，科教巨子、文化名家、军政要人之多、涵盖领域之广，形成独特风采，更使人拊掌惊叹！

1. 六朝药学两丰碑

诺奖殊荣，青蒿焕彩。屠呦呦获诺贝尔奖与镇江有什么关联？约890年前，屠呦呦的浙江乡贤、著名诗人许景衡流连到镇江，因中暑猝然离世，年仅57岁。此前在南方他写了两首七律给当地一位唐知府，其中一首是："异礼多应得隽豪，病夫深愧馆人劳。初欣秩秩陪宾席，却忆呦呦赋野蒿。春草池塘还得句，霜天雕鹗定飞高。也知野客多闲散，丹灶松风独访陶。"

正如屠呦呦父亲给女儿取名的特殊意涵，我们仔细看诗人许景衡的这56字，似乎极其鲜明生动地预言了2015年获奖嘉宾屠呦呦谦抑若水的品质、获奖晚宴的盛况，还将获奖智慧来源的"胜地"——茅山点明。屠呦呦说："晋朝葛洪的处方给了我灵感。"

葛洪为句容人，仙翁葛玄是他的从祖父，句容"二葛"是著名道教学家、化学家、医药学家。葛洪著有《肘后备急方》等医学著作。《肘后备急方》在内科学、外科学、急症病学、灸疗学、推拿学、药物学等多个方面均有重大贡献。

许景衡诗尾联中的最后一个字,指的就是松风阁的茅山宗祖师陶弘景,他是葛洪之后茅山科学事业的继承者。这位南朝大贤的人气可是横跨三朝,经久不衰。他出身江东名门,从小读《葛洪传》,饱读诗书,上知天文下知地理,进能领军打仗,退能修身治国,还懂数理化,铸造医学都不在话下。他隐居的时候,众多官员士人为他送别,盛况空前,还吸引一国之君来询问国事,时有"山中宰相"的美誉。

这两座丰碑矗立在六朝的时间坐标上。再看看作为六朝京畿要地的京口,蕴藏着太多的政治文化盛事:魏蜀吴三国鼎立的形成,决策于斯;西晋末年祖逖率师北伐,击楫渡江于斯;东晋淝水之战大败苻坚,北府兵发兵于斯;祖冲之演算圆周率得出密率,并编就《大明历》于斯;中国书法史上大字之祖《瘗鹤铭》勒石于斯……

2. 北宋科技"双子星"

北宋中后期,几乎与许景衡同时,镇江出现了两位科学巨匠——苏颂、沈括。李约瑟赞扬苏颂"是中国古代和中世纪最伟大的博物学家和科学家之一",赞扬沈括"是中国整部科学史中最卓越的人物"。

元祐元年(1086)苏颂组织天文历法官员,于元祐三年(1088)制成木制"水运仪象台",四年改为铜制,其对天象测算的准确度远迈前代,"星辰躔度所次,占候则验,不差晷刻,昼夜晦明,皆可推见,前此未有也"。苏颂在元祐八年(1093)退居润州后，著《新仪象法要》，对他所领导的天文学实践进行了科学的总结。他也是药物学家，嘉祐六年(1061)编成《本草图经》，该书在叙述各种药物的药性、产地、炮制、鉴别等内容后，附有近500个验方，并为600多种药物绘制了近千幅附图。

沈括在熙宁年间提举司天监，改制了浑仪、景表、五壶浮漏等仪器，编制《奉元历》。沈括还是著名地理学家，著有《使契丹图抄》。熙宁九年(1076)受命绘制"天下州县图"，元祐三年(1088)完成。迁居润州城东梦溪园写下了笔记体巨著《梦溪笔谈》，记载了他一生的科学成就，内容包括数学、天文学、气象、地理、物理、化学、冶金、水利、建筑、生物、农学、医药等各个方面。他还编有《良方》15卷，后人将它与苏轼的书合刻为《苏沈内翰良方》，"用者多验"。

苏沈学派能将自然科学和社会科学综合起来，上升到哲学的高度进行探讨。博学而后专深是苏沈学派的为学特色，其学术活动萌蘖于汴京(开封)，成熟于润州，为后世镇江人才的文化积累和次第发展奠定了基石。

3. 星汉灿烂何其多

西风东渐，古老的中华从沿海泛起新浪。这一次在文化史上几可媲美先秦时期的百家争鸣，使镇江有幸位居中国近代化前沿，镇江文化在二十世纪初再次放射出异彩，出现了甲骨学家刘鹗、"丹徒国师"马相伯、语法泰斗马建忠、飞机制造专家巴玉藻。

开埠后的120多年来，是镇江人才涌现的时期，举凡军政、文学、艺术、教育、出版、学术、新闻、金融、实业，无不人才济济，傲视全国。如黄花岗起义总指挥赵声、国学大师柳诒徵、金融巨子陈光甫、美术教育家吕凤子等,皆可谓自成一家的巨擘。在新兴的科学技术界,镇江人亦出类拔萃。茅以升是中国近代桥梁工程奠基人之一,他一生致力于桥梁科学研究、教育和工程建设,建造了我国第一座公路铁路两用桥。

2006年1月8日,中国科学院国家天文台宣布,将一颗由中国科学家发现的小行星命名为"茅以升星"。此前祖冲之、沈括先后有小行星以他们的名字命名,月球背面还有以祖冲之命名的环形山,因此,有人说"三星高照是镇江"。2018年7月,经国际天文学联合会所属的小天体命名委员会讨论通过,国际小行星中心发布"李佩星"命名公告,李佩被誉为"中国应用语言学之母"。这位杰出女性在茫茫苍穹中又增一簇"来自镇江"的星光!

最美奋斗者、人民教育家于漪说:"家乡是个有内涵的城市,有着深厚的文化底蕴,此生有幸,生于镇江。""是镇江秀丽的景色陶冶了我的思想情操,是镇江的悠久历史塑造了我的生命之魂。"

四、英雄儿女说风骨

镇江,自古以来便不缺少英雄风骨。白居易说:"风骨英灵殁有神。"一个在国家、在民族最危难时刻站出来,撑起一片天的人,就是英雄,而他身上这种气节,就是英雄风骨。

1. 英雄只可推京口

清初广东诗人屈大均赞扬镇江说:"英雄只可推京口,风雅何曾在浣溪。"巨流东去,云浮浪涌;耳畔,响遏行云,铁马金戈。镇江城的每一片砖瓦、每一条道路、每一寸光阴,都回荡着英雄长歌,满载着热血咏叹。

南宋将领韩世忠率领八千军民同仇敌忾,中流鼓枻,使敌人终不能前进一步,金山成了金军心头的梦魇。再看山顶上战旗猎猎,击鼓催征,梁红玉飒爽英姿,亲冒箭雨,擂鼓助战。南宋军民越战越勇,金军且战且退,慌不择路败进死水港黄天荡,被堵在里面整整48天。十万金军上天无路,入地无门。

特别是镇江人民,在几千年的对敌斗争史上,始终表现出一种不屈不挠的英雄气概。

早在东晋时期,北府兵就是这样一支神一般存在的队伍,他们英勇善战,作风强悍。《晋书·郗超传》记载:"京口酒可饮,兵可用。"京口兵指的就是在镇江招募的北府兵。378年,前秦派出十七万大军攻打襄阳,一路势如破竹,东晋将领谢玄率五万北府兵救场,四战四捷全歼敌人。383年,前秦王苻坚为报前仇,决定卷土重来,倾全国一百一十二万之兵,以投鞭断流之势南下,大有鲸吞江南之威。仅有八万人的北府兵众志成城,淝水一战中,长风怒卷,势不可挡,把百万敌军打得一败涂地,苻坚退回北方后,庞大的前秦帝国就此土崩瓦解。京口北府兵以一己之力保江南的稳定与繁华。之后,东晋将领刘裕讨孙恩,灭桓玄,取巴蜀、伐南燕、征后秦,最后建立了南朝,也是靠的北府兵。

2. 忠义人间长不灭

1842年6月,英国侵略军悍然发动"扬子江战役",将镇江作为进攻目标,妄图切断运河航运,扼住清廷南北的经济命脉。

7月13日,英舰队进入圌山江面,炮台守军开炮迎击,打响了抗英第一炮。英军船坚炮利,火力猛烈,守军顽强奋战,宁死不屈,最后因弹尽粮绝,圌山被敌人攻占。在焦山炮台,誓死不退一步的守军,用大刀长矛与英军展开白刃战,最终全部壮烈殉国,血洒炮台。

7月21日清晨,数千英军兵分三路进攻镇江城。清军终因武器落后,无法阻挡英军的涌入,城门被打开,但守城官兵们挺身竟节,誓死不降,进行了激烈的街巷争夺战斗。他们与进城的英军短兵相接,有的徒手将敌人摔下城墙,有的扭住敌人一起跳墙同归于尽。但因敌众我寡,守军全部壮烈牺牲,副都统海龄自焚殉国。镇江之战,是鸦片战争以来英军投入兵力最多的一战,也是英军遭受损失最为惨重的一战。恩格斯在评价镇江保卫战时说:"如果侵略者到处都遭到同样的英勇抵抗,英国人是绝对到不了南京的。"

抗日战争时期,镇江军民的英雄气概更是可歌可泣。1937年12月3日和5日,日军在进攻镇江时遭到中国守军坚决抵抗,官塘桥、三里岗、砚梁山等多处发生激战,敌军伤亡惨重。8日上午,镇江驻象山炮台守军人皆虎贲,炮尽雷轰,毙敌百余名。日军不甘失败,随后在飞机、重炮配合下登上焦山。驻守炮台的骆禧标等12名士兵组成敢死队,誓死抵抗。

镇江失守后,民间自发的抗日斗争此起彼伏,在农村普遍建立了自卫队、刀会、枪会等组织。比较有规模的地方抗日武装包括丹阳的管文蔚部、贡友三部、姜小龙部等。在句容有许维新部、张雍冲部、樊玉琳部。1938年6月17日,粟裕率新四军在韦岗初战告捷,极大鼓舞了镇江人民的抗日斗志,揭开了新四军创建茅山抗日根据地的序幕。

大江滂滂，长风泱泱，3000年的历史长河中，镇江之城，英雄辈出，运河两岸，俊杰不断。从巾帼英雄梁红玉，到抗英殉国的海龄；从视死如归、绝不投降的黄竞西，到"4·29"武汉空战中勇撞日本敌机的陈怀民；从投笔从戎、绝食殉国的新四军团长巫恒通，到长眠于茅山脚下的7000多名烈士，无数英雄谱写了一段段气壮山河的英雄之歌。

镇江人民正在新征程上，秉怀初心，阔步前行，把千古凛然的英雄之歌一代代传唱下去。

五、大爱绵延说风义

"觉来风义念平生。申胥当日事，季札此时情。"延陵季子（吴国季札）是镇江地域内最早的道德标杆。季札是春秋时期著名的政治家、思想家、外交家、文艺评论家，留下的谦让、守信、清廉、致用的先贤文化与诚信精神，影响了一代代镇江人。

1. 善举大爱风尚远

明代人编著的《润州先贤录》载镇江府属各县自周至宋先贤共20人，既有镇江本土名贤，也有外地至镇江做官或隐居的名贤。全书六卷，即高风第一（吴季札、汉焦光、宋刘宰）；忠节第二（唐桓彦范，宋宗泽、陈东、陆秀夫）。

镇江数千年来那份包容与向善始终不曾褪色。慈善的思想，自古有之。以大爱为名的镇江，自古以来就是一个充满慈善情怀的城市，其慈善之举源远流长。

以丹阳为例，延陵千年流传的季子挂剑、麦舟相赠、岳贡世

季子庙 / 赵羽 摄

好的"仁义礼智信",流芳千古。据《(至顺)镇江志》记载,早在宋齐年间,镇江就设有常平仓,广储米棉。清朝末年到民国期间,镇江更是在全国引领了一股全民慈善的风潮。不久前,镇江市档案局公布四五百份当时相关慈善机构的档案资料,其中有地契、董事会人员登记表、董事会报告、收支明细等众多内容,这些也进一步佐证了当年镇江如火如荼的慈善事业。

2. 江上救生近千载

位于西津渡的救生会是世界上最早的水上救助组织。镇江段水路复杂、水势凶险，这里历来都是船舶南北渡江、东西航行的"老虎口"，频繁发生船难。船难既多，救险便应运而生。据考证，早在北宋天圣四年（1026），镇江金山等"津渡险恶处"就设置了救生船，这也是世界上最早的救生船。

从官府设置救生船到民间形成"义救制度"，镇江都属先行者。明朝崇祯年间，镇江超岸寺设避风馆并在民间募救生红船，京口救生会雏形初现。至清康熙四十一年（1702），京口救生会正式创立，比历史悠久、享有盛誉的英国皇家全国救生艇协会成立还要早122年。

如今西津渡景区京口救生会旧址的庭院里，依然陈列着当年救生红船的模型，引得很多游客驻足。长江救生文化、"京江义救"精神，在这座城市接续、弘扬和践行，不只在京口救生会复会，而是早已落实到很多领域中。

发轫于镇江等地的长江水上救生制度和体系，一直是官商士民合力共举，并从救生发展到义渡。京口救生会由蒋元鼐等15名民间善士创设，此后也由蒋氏七代后人传承163年。"京江义救"可谓为官者施仁政、为商者捐钱财、为民者出力气，具有"仁善义勇"的核心价值。这一定程度上也是"大爱镇江"的文化和精神源头。

3. "三老"高风泽惠多

谈到镇江近现代慈善，当然不得不提被誉为"镇江三老"的冷御秋、陆小波、严惠宇。他们一生乐善好施，造福桑梓，有口皆碑,可以说他们支撑起了镇江慈善半壁以上的江山。

当年,冷御秋把黄墟作为农村改进试验区,创办了乡村医院和乡村卫生站。他与黄炎培等在上海创办中华职业教育社后,通过中华职业教育社与镇江地方人士合办了镇江女子职业学校。1931年春夏之交,长江中下游连降暴雨导致多处江堤溃决,他又参与组织了"镇江国难救济会",募集资金、发放食品、组织船只,并设立了难民收容所……

陆小波长期担任"世界红卍字会镇江分会"会长,除带头捐资外,还多方筹款,动员家人变卖首饰充作捐款。与此同时,他还积极参与当时镇江众多慈善机构的组织和慈善活动的开展。

严惠宇创办了四益农场,发展蚕桑事业,并在农场所属乡镇开办了9所小学,免费招收当地儿童入学;接办了镇江弘仁医院,对贫苦病人免收挂号、医药和住院费用;他还参与成立了镇江贫民食米供应委员会,与镇江籍全国金融界巨子陈光甫、赵棣华等共同筹款时币20亿元和2000担大米,用于救济镇江贫民过冬。

此外,"镇江三老"还共同创办了京江中学,为国家培养了许多优秀建设人才。

正是这些慈善的历史,缔造了镇江淳朴善良的民风。镇江城走出了躬身田野半个世纪、耄耋之年仍要"带着农民继续奋斗"的全国脱贫攻坚楷模赵亚夫;燃尽生命之光、以一把剪刀裁出农民富裕之路的全国道德模范糜林;耗费十年心血、五十亿资金"死磕"碳纤维军工技术的爱国企业家钱云宝……在镇江,仁人志士群英荟萃,也从来不乏慈善人物与感人故事。

"布衣慈善"是无私的大众慈善,是汇聚大爱的社会慈善。为壮大"布衣慈善"力量,镇江市慈善总会通过"一日捐"活动、企业认捐、爱心市民捐赠、网络募集激发了全民参与慈善的热情，续写风义镇江的时代篇章。

六、多元并蓄说风汇

"风汇"是一种能够聚集东西南北中外，巧妙牵引不同文化的独特又美妙的风味。镇江是南北通衢，太伯奔吴及历史上几次人口大迁徙，成就了移民城市镇江。"居然江北复江南"，语言风俗的北化，使镇江独具文化丰姿。在"风汇"中，语言、习俗、宗教和文化的差异不是艰难的隔阂，在激情与活力的相遇中，搭配出难忘又精彩的镇江符号。汇聚季风流动的力量，吹动文化海洋的潮汐，创造独一无二的气象。

1. 风从西面来

首先走进山巷清真寺，它是目前镇江地区保存最完好的伊斯兰教古寺。它西临著名繁华商业街道山巷，故得其名；又因其地处古城西门外，亦称"西大寺"。光绪二十八年（1902）大规模扩建修缮，初具规模。西大寺占地近 4 亩，主体为中国传统殿宇式建筑风格，主要建筑有照壁、门楼、前厅、水房、天井、大殿、南讲堂、信一堂和望月楼等。整座寺采用江南园林布景手法，以四个大小不一、形状各异的天井巧妙相连，层层递进，结构严谨，庄重典雅。其中天井最大，近似正方形。天井四角栽有枇杷、银杏、金桂和翠柏，四周绕以木质花式回廊。礼拜大殿横梁及顶部的水彩雕梁画栋，多以国人喜爱的山水、花草、树木、苹果（寓意"平安"）、石榴（寓意"多子多福"）、文房四宝、几何图形、云纹、万字纹、暗八仙等作为装饰图案,计有千余幅,其中带有米芾开创的"米家山水"画风的长方形山水画多达50幅。此外,还有少见的八边形瘦竹图4幅。据故宫博物院工作人员参观后介绍,大殿上水彩画用的颜料应该是有色矿物和植物萃取精华调配而成,故虽处在江南潮湿的城市山林,历经一百余年也能艳丽如初。相传唐贞观二年(628),即有古润礼拜寺。镇江从唐代以来是海上丝绸之路的重要城市。

风从西面来,"春日才看杨柳绿,秋风又见菊花黄。荣华终是三更梦,富贵还同九月霜"。西汉年间,陕西咸阳茅盈、茅固、茅衷三兄弟在汉元帝初元五年走进了句曲山。他们在这里采药炼丹、济世救民。之后,句曲山改为茅山。据《梁书·陶弘景传》:"(陶弘景)止于句容之句曲山。恒云:'此山下是第八洞宫,名金坛华阳之天,周回一百五十里。昔汉有咸阳三茅君得道,来掌此山,故谓之茅山。'乃中山立馆,自号华阳隐居。"陶弘景遁入山林之初,就以逍遥的姿态怡然自乐。他弘扬道家学说,所著道家著作丰厚,终为道教上清派宗师。他一生未娶,没有妻室拖累,又形貌伟岸、精神矍铄,行动于山水之间,乐哉快哉!当地的人们以为他是神仙下世,好不艳羡。当梁武帝问他"山中何所有"的时候,他以小诗答之曰:"山中何所有,岭上多白云。只可自怡悦,不堪持赠君。"

焦山定慧寺是佛教传入江苏后最古老的一座寺院,素有"教下"传统,被称为"历代祖庭";金山寺是佛教"水陆法会"的祖庭和禅宗"参禅悟道"的核心场所。水陆法会的影响很大,很多人了解佛教,都是从水陆法会开始的。"水陆"之名,始见于宋代遵式的《施食正名》,谓系"取诸仙致食于流水,鬼致食于净地"。相传梁武帝梦见一位神僧,劝他兴办水陆(大斋)普济六道众生。

他醒来后,接受宝志禅师的劝告,日夜阅览佛经,历时三年撰成《水陆仪文》,并于天监四年(505)在南徐(今镇江)金山寺设立道场。梁武帝参加法会,命僧祐禅师主法宣文。这就是水陆法会的起源。

水陆法会大行于世是从宋代开始的。元丰年间,佛印了元禅师驻锡金山寺时,有个专门从事海运生意的大商人到寺,出资设水陆法会,由佛印主持,颇为壮观,遂以"金山水陆"驰名。"水陆法会"经过一千多年的发展变化,早已经成为中国文化的一部分。

2. 昭关石塔佑平安

镇江寺庙众多,塔也多,最负盛名的当数金山慈寿塔、北固山铁塔、西津渡街昭关塔、鼎石山僧伽塔和焦山万佛塔。五座塔分布在城区东、西、南、北、中,按建筑朝代分有宋塔、元塔、明塔、清塔;按塔的性质分有舍利塔、过街塔、宝塔和寿塔;按建筑材料分有木塔、铁塔、石塔、砖塔、琉璃塔。多数古塔虽历经千年的风雨沧桑,依然矗立于"城市山林"之中,雄伟隽秀,熠熠生辉,成为古城镇江独特的风景。

金山不远处的云台山北麓五十三坡上,横跨救生会与观音洞路中有一处青石塔。塔下一圭窦形门洞,类似城关,为古代通往江北瓜洲和江中金山的主要渡口西津渡。城关门额上刻"昭关"二字,附会为伍子胥所过之昭关,俗称"昭关石塔"。关门上为喇嘛塔,全用青石雕成,下层为亚字形,四角各形成五个转角,上面为覆莲瓶座和瓶形塔身,塔身之上为八山和十三轮,造型和元至正三年(1343)所建今武汉黄鹤楼胜像宝塔相似,为元代所建。藏传佛教覆钵式喇嘛塔,元代最后定型并盛行,明清以后依然盛行。洞门平台石上有"万历十年壬午十月吉重修"字样,并有镇江知府、同知、通判、推官和丹徒知县、县丞、主簿等官称和姓名,明代"重修",已当成地方官府和官员的功德。题记明确指出是"重修",塔身显然还是元代遗物。

3. 文化人桥赛珍珠

基督教于元代传入镇江,并建立了教堂。《马可·波罗游记》对基督教在元代镇江传播的记载,是具有世界意义的历史文献。到了明末的1599年,被称为四百年来"中西文化交流的第一人"的利玛窦来到镇江,那一年,他在镇江过了春节,与镇江官绅进行广泛交流。

美国作家赛珍珠随作为传教士的父母亲在镇江生活了近18年,童年、少年时代都在镇江度过,她以安徽、江苏的经历为主创作的小说《大地三部曲》获得诺贝尔文学奖后,在西方产生巨大影响。1973年,时任美国总统尼克松称赞她是"一座沟通东西方文明的人桥"。

1896年初,冬去春来,赛珍珠父母重新定居到居住过多年的镇江,他们的女儿取了中文名赛珍珠。赛珍珠在自传中写道:"我的童年便在那儿静穆地消逝,住在一间建筑在山顶上的小茅屋里,从这个山巅上可以俯瞰长江和人烟稠密的鱼鳞也似的瓦屋顶,在我们家的那一边,有许多矮小的山,可爱的园景一般的山谷和竹林。"

赛珍珠在这座古城生活到大学毕业,在此成长成才成婚。镇江,被赛珍珠称为"我的中国故乡"。返美后直到晚年,临终她依旧一往情深地说:"我一生到老,从童稚到少女到成年,都属于中国。"

赛珍珠故居位于登云山上,中西合璧别墅式房屋,坐北朝

"八风"说镇江

赛珍珠纪念馆 / 陈大经 摄

南,二层砖木结构,瓦楞铁皮屋面。墙身两层以青砖叠砌,建筑出檐甚多,有牛腿支撑,立面层次丰富。推开酒红色的木门,屋里的桌椅、家具都规整地摆放着。一楼的餐厅、客厅,二楼的书房、卧室……一切陈设宛如昨日,每间屋子有保存完好的壁炉,南北两侧为门和内走廊,四面窗户都挂有赛珍珠生前喜欢的白色落地窗帘。避开了闹市的喧嚣,镇江人像呵护自己的女儿一样呵护着小屋中的一切。

和一般中国儿童一样,赛珍珠留下了童年金色的回忆。这里有她儿时爱吃的芝麻奶糖、糯米糕、箬叶包的粽子、凉性很重的螃蟹,还有烧饼。她和中国人吃一样的东西,讲中国话,穿中国衣服,像中国人一样做事。她描写长江港口的故乡环境:"河谷碧绿,白鹅摇摆于阡陌之间,农舍掩映在翠柳中,孩子们嬉戏在谷场上,身穿蓝棉布衣服的农夫、农妇在田间耕耘。灰色古城外,江河如练,奔向大海。"

山灵水秀的镇江哺育了赛珍珠,也为她日后蜚声四海的作品提供了丰富多彩的生活素材。镇江,是她成长的摇篮和走上成功的起点,在她的心目中留下了母亲般的回忆。

七、从来风趣果悠然

亚里士多德认为,风趣就是"有教养的傲慢"。这里的"风趣"既有"教育"之意,也可以指"稚气"或"嬉闹"。在镇江,有"沧海浪惊天",有"佳山秀岭结仙缘",也流传着很多风雅趣味。

1. 古邑发祥溯源远

镇江,这座美丽的滨江山林城市,古代曾名为宜、朱方、谷阳、丹徒、京口、南徐州、润州。临岸远眺,浩浩的江水,阔大无边。北有扬州,南有常州,且在南京(金陵)和上海(华亭)之间,这镇江是如何镇得住的呢?

镇江最古老的地名"宜",源于1954年大港烟墩山遗址出土的宜侯夨簋,铭文记述了周康王(前1020—前996年在位)改封夨于宜地的经过。在春秋时称为"朱方",战国时改称"谷阳",秦朝时称"丹徒",三国时为"京"(京口),南朝宋在京口设"南徐州",隋统一后改置"润州"。北宋政和三年(1113)八月,宋徽宗下诏"升润州为镇江府"。这是行政建制得名"镇江"的开始。这里原来是"镇海军"驻地,北宋改称"镇江军",这些名号显示,镇江在古代是守卫东海和长江下游东南地区的形胜之地。其实民间还有一个有关镇江的歇后语"船头打鼓——镇(震)江"。

白娘子凄美的故事,与金山寺密不可分。何以水漫金山?如果水能漫过金山,那水该是滔天的了。北固山临江处的多景楼,米芾的名帖所述之地,不坐在那里,又如何感受"天下江山第一楼"之言不虚?而甘露寺是刘备相亲之所,周瑜设下的刀斧手又藏在什么地方?

2. 东吴第一铁瓮城

镇江这座城市之所以得名"京口",是因为孙权在北固山前峰上修筑了一座"京城",即高丘上的城池之意,民间俗称为"铁瓮城"。建安十三年(208)孙权移镇于此,其城前的入江浦口由此称为京口。

北固山由前峰、中峰、后峰组成,从凤凰池出发朝南走,向北固山前峰出发,大约十几分钟后就能到达铁瓮城西门遗址考古现场。铁瓮城遗址经过考古发掘之后,不同年代的地层已经显露出来,从六朝、宋元一直到明清时期层层积压,最深处埋藏在地下六七米。在泥土深处,六朝时期的青砖与夯土层清晰显现。尤其让人惊讶的是,历经千年深埋地下的时光,重现人间的青砖还是如此致密结实。

中国历史上用砖砌城墙出现得比较晚,与铁瓮城几乎同时期的东汉首都洛阳的城墙仍然只是用土夯筑。铁瓮城是较早出现的整体包砌青砖的城池。

为何割据江东的孙氏政权,要在镇江筑建铁瓮城呢?孙权选择的这个地理位置,又有何特殊之处呢?铁瓮城这座孙氏家族的据点,实际上就是一座军事城堡。因为这里水路发达,可以停泊舰船、商船,便于运输军队和物资,这样就牢牢地把握住了从北方进入江南腹地的门户。

筑铁瓮城,转移政治中心,这被认为是孙权在汉末割据过程中所做的一件最具战略意义的事。此举标志着孙氏集团告别相对富庶的吴地,正式北上西进,竞逐天下。就在孙权迁到镇江后不久,就发生了著名的赤壁之战。选择这样一个地理位置,无疑是孙权战略雄心的体现。

此后不久,孙权又营造了南京的石头城,同样坐落于长江边的山上,山下秦淮河直通长江。可以说,京口的铁瓮城也是后来南京石头城的"蓝本"。

3. "大字之祖"《瘗鹤铭》

1937年12月8日下午,侵华日军用大炮轰开镇江南门,置古城于水火之中。与此同时,一艘悬挂太阳旗的快艇隐身在硝烟中,直扑孤悬于长江急流中的焦山。他们是日本"金百合计划"团队,受天皇密令,掠夺中国文物。此行目标是搜寻一块垂涎已久的瑰宝——《瘗鹤铭》残碑。日本江户时代良宽和尚,正是因研习推广《瘗鹤铭》才得以成为书界一代宗师。此时,日本人却用野蛮对付文明,变窥视为公开抢劫了。可令他们失望的是,即便把收藏残碑的定慧寺翻了个底朝天,始终一无所获。其实,早在前一天,定慧寺群僧在雪烦法师的指挥下,把《瘗鹤铭》残石推倒,埋藏在焦山脚下隐僻之处,方才逃过此劫。

《瘗鹤铭》不过是一篇埋葬家鹤的祭文,但是,这块立于焦山西麓峭壁上的摩崖石刻,在书法史上却具有标志性的意义,它不同凡响的艺术价值、扑朔迷离的"身世"命运,一直是历代方家高堂书斋之议题。

《瘗鹤铭》前承魏晋,后启隋唐。既有隶的厚重古朴,又有楷的规矩端庄。碑上只留下"华阳真逸撰　上皇山樵书"这样一个虚无缥缈的款识。因此,人们只能把与这几个字有关联或字形字风相似的知名书家排查一遍,候选人有王瓒、顾况、皮日休、颜真卿等,但都没有证据可考。

清康熙五十一年(1712)冬,曾任江宁、苏州知府的陈鹏年谪居镇江。他花巨资雇人打捞。三个月后,于1713年5月17日在焦山下游三里处,捞起《瘗鹤铭》残石五块,清理剔垢后得铭文完整字八十一,损缺字十二,计九十三字。不过,迄今为止,因全碑缺损,《瘗鹤铭》的全文究竟有多少字,仍然无法确定。

4. 城南庙会祭都天

镇江是水城,桥城,还是一座巷城,一条条古朴优雅的小巷串联起了古城,其整体形象更能代表一座城市的层次、品位和内涵。有一副有趣的名联:"石婆婆磨刀劈竹竿,五条八叉;范公公拖板搭浮桥,万古千秋。"上联是镇江城内五条巷子的名称,下联是五座桥的名称。古人用简单的街巷桥梁的名称写成对联,表达了对百姓安居乐业,国家千秋太平的美好愿望。

镇江城东有一座都天庙,位于鼎石山(今俗称宝塔山)下,停泊众多舟楫处是古运河。山下、河滨的建筑群则是规模宏大的都天庙,三门外左右分列吹亭和旗杆。

道光年间,诗人龚自珍途经镇江,看到古运河畔都天庙盛大的祭祀活动,产生许多感慨,吟成"九州生气恃风雷,万马齐喑究可哀,我劝天公重抖擞,不拘一格降人才"这一千古绝唱。

都天庙始建于明崇祯年间,自清乾隆以来屡加缮葺,此后烧香信徒络绎不绝,成为镇江闻名的香火庙。依托都天庙而兴起的都天会是影响大江南北的著名民间庙会,既是镇江全城的狂欢节,又是镇江商民一年中经商的黄金季,前后在镇江盛行近二百年。庙会前三天,全城男女老少都要去"上庙",求都天大帝保佑家庭平安、健康长寿、财源广进。在通往都天庙的运河上,外地专程来镇参庙进香的大小民船一字排开,十分壮观,更有跑码头的各色人等赶集谋生,使得人口骤增。都天会行会前后,往往要热闹一个月,当时游客麇集,高峰时近二十万人。

镇江都天会所祭祀的都天大帝是唐代平定安史之乱的英雄、睢阳守将张巡。韩愈名篇《张中丞传后叙》为张巡、许远等英烈辩污,歌颂他们的英雄业绩。后来的民间传说逐渐将张巡神化,演变成为生前忠烈、死后仍庇佑百姓的神仙,人们尊称他为"都天老爷""都天大帝"。清代学术宗师阮元给镇江张巡庙题联:"颜许同名,唐代人伦维气类;李韩论定,熙朝庙貌屹江淮。"

像镇江都天会这样规模宏大,吸引众多的人千里迢迢前来参加,并且历经战乱延续几百年之久而不衰的集会,是极为罕见的。虽然都天会在镇江已中断了六七十年,但都天会积淀起来的民俗、民间文化至今仍在深深影响着这座城市的发展,尤其是先民们那种龙腾虎跃、生机勃发的奋斗精神。

八、南北咸宜说风味

经过千年历史岁月的积淀和中华传统文化的浸润,地方风味已经超过了美食本身,具有更多文化含义。它既展示了人们对美好生活的向往和追求，又蕴藏着礼仪之邦真诚友善等精神特质。风味在柴米油盐中蕴藏真挚的人间情感，揭示汇天下之精华的品格，守正不守旧、尊古不复古的精神，以及"和而不同""以和为贵"的基因。

1. 舌尖上的味美极致

清人汪之珩在镇江蒜山客居，写下了《望江南》："山居好，入馔尽新鲜。出水鲥鱼光灿灿，迸泥春笋嫩纤纤。风味剧堪怜。"俗话说"尝鲜无不道春笋"，早在三千年前，笋就成为人们餐桌上的美馔。三月初，挖来的春笋，和溯江而上的鲥鱼搭配烹饪。"应时而食"，这是镇江人的生活哲学。鲥鱼和刀鱼、河豚，素来被人们称为"长江三鲜"，还有"鱼中之王"的美名，在古代是不可不尝的江鲜。关于鲥鱼，还有一桩趣谈。此鱼入网，则静止不动，似乎怕损伤了鱼鳞，所以被人调侃为"惜鳞鱼"。清蒸后的鲥鱼，鱼鳞融化成胶状，既保持了鱼的真味，又丰富了口感。被春雨滋润过的春笋，是最细嫩、水分最充足的。由于笋成竹需要的时间短，因此一年之中，只有三月初清明前后的短短十几天，才能吃到最好的笋。这个时候的笋鲜脆清甜。笋和鲥鱼这两种鲜美食材的组合，鲜上加鲜，任谁吃了都要连连称赞。笋与长江四鱼（刀、鲥、鲴、河豚）在镇江一地聚合出美味之都。

2."三怪"组合的艺术加持

镇江特产好食材，还有调味品"醋"。清代两淮盐运使卢见曾写了一首长诗《谢刘百朋台长送镇江醋》："穷庐两事眠与餐，黄粱一饱游邯郸……虽然富国无近效，和羹大用谁能刊。雅爱京口传秘制，风味不减桃花酸。"镇江醋，享誉海内外。恒顺香醋是国宴用醋,具有"色、香、酸、醇、浓"的特点,酸而不涩,香而微甜,色浓味鲜,多次获得国内外的嘉奖。

肴肉又名水晶肴蹄,简称肴,是镇江传统名馔。肴肉精选猪前蹄为主料,经特殊的工艺腌制加工而成。虽为凉菜,但酥嫩易化,食不塞牙;肥肉去脂,食之不腻;胶冻透明晶亮,柔韧不拗口,不肥不腻。镇江人品尝肴肉有个习惯,清早上馆子,泡壶茶,将肴肉蘸着香醋姜丝吃,故有"不当菜"之说。

早市还有面条,分大面、火面。大面是馆子里的白汤面,火面是小店的面,分宽、细,带汤、干拌。民国初年镇江籍南社诗人叶玉森描写龙江茶社的早茶:"龙江楼上早茶香,牛鼎嵯峨客满堂。我亦清晨趋末座,饱尝异味说天方。红炉旋贴芝麻饼,绿碗微温椒桂浆。只有坡仙愁到此,不容刚鬣入禅房。"笔法幽默生动,写出了火面、烧饼等镇江特色早餐。

旧传俚谚"面锅里滂锅盖"之"锅盖",原是面灶"二锅"(充分利用灶火余热,形成二锅的温水使用)锅盖。二十世纪七八十年代后,镇江餐饮界形成"面锅里煮锅盖,香醋摆不坏,肴肉不当菜"的新三怪谚,前者还附会乾隆下江南到镇江尝面故事,蜚声市内外。机制面条形成市场后,手工小刀面已颇稀见,而街巷间"锅盖面"店招,几乎随处可见。

小锅盖漂在大锅里,面条在下面。一团团面摆下锅,水一滚,各自东漂西散,而小锅盖漂在上面,相对起稳定作用。哪个先,哪个后,跟编了号一样,井然有序,一目了然。起锅时,先后有序,一点都不会乱。面既不会生,也不会烂。另外经过这一焖,面条更加柔韧有劲,捞到碗里,汤汁更易入味。从此,二锅的锅盖就移居到大锅里了。2009年江苏省政府公布第二批省级非物质文化遗产名录,镇江锅盖面汤面制作技艺名列其中。

3. 淮扬菜系的江帮名馔

镇江地域属于淮扬菜系的最南端，号称江帮，在京、津、沪、汉曾有镇江菜馆。芙蓉套蟹是一款江鲜名菜。此菜有一则民间故事，鲁迅先生曾提过此事。白娘娘和法海斗法，法海斗败后，落荒而逃，慌不择路，一头栽进了江边上的螃蟹壳内，成了螃蟹壳内的"小和尚"。镇江厨师心领神会，据此故事衍生出一道新奇的江鲜蟹菜。经过精心研制，运用超凡的技艺，先将江蟹剥出蟹黄、蟹肉以及蟹腿、蟹螯、蟹鼓子肉，调制处理后，装入洗净备用的蟹壳内；再用蛋清加鸡清汤，搅拌成糊，术语称之为"芙蓉"，摊糊在装满蟹肉的蟹壳上，上笼蒸之。成菜芙蓉细嫩、洁白如玉。蟹壳完整，蟹肉鲜美，佐以江米、香醋，祛寒提鲜。

蟹黄汤包是镇江江帮点心之一，为蟹黄"三剑客"包、饺、烧之首。馅心的主体是猪肉糜、蟹黄、皮汤冻。肉糜是鲜猪肉斩成。江蟹肉质细腻，形体大小适中，口味清淡醇和，鲜而不腥，滋味隽永，食后回味时，尚带有丝丝甘甜清香。淮扬菜肴、江帮点心多得力于江蟹。现出笼的汤包，透过薄皮，仿佛可见到汤汁在包子里流动。体小形美，娇小玲珑，颤巍巍不住晃动，婀娜多姿。皮薄馅饱，汤足味鲜，那是点心大师的功夫！至于如何食用，热气腾腾、滚烫的蟹包，必须是"人等蟹包、蟹包不等人"。而"轻轻提、慢慢移。先开窗，后喝汤"，这是南北通用之法，是食客的阅历和见识。

"八风吹不动，端坐紫金莲。"镇江之美，美不胜收。但愿读者能够从叙述文字中真正获得想象的自由以及心灵的栖息、滋养和升华。

江海水韵竞风流

在长江之滨、苏中大地，大自然用温情和浪漫，造就了一座秀美亮丽、和谐幸福之城——泰州。长江、淮河、黄海在此激荡汇聚，人在三水即成"泰"。在汉语中，"泰"的字义由《周易》中泰卦而来，本身有吉祥美好之意。泰州之美，美在自然，美在人文，更美在生活。宁静悠长的水乡气质，润泽着泰州人的幸福向往；柔软明媚的水乡韵致，让泰州成为浓淡相宜的宜居福地。

一、江海底色自然美

碧水蓝天、绿野无垠、河网密布、鱼跃鹿鸣……独一无二的世界级品质的生态资源，是大自然钟爱这里最生动的诠释。

距今约一万年前，江尾海头隆起一片土地，泰州大地从长江三角洲冲积平原与里下河沉积平原的交汇处发育形成，在神奇的江海淮三水激荡孕育之下成长壮大。

西晋张华《博物志》记载："海陵县扶江接海，多麋兽，千千为群……"南宋韩元吉《泰州水门鼓角楼记》赞美泰州"淮甸之郊，介江而濒海曰海陵郡，其地富鱼盐，骈商贾，河流贯城中，舟行若夷路"。明万历《泰州志·形胜篇》中写道："泰州介乎维扬崇川之间，平原爽垲，众水萦回，东濒海，北据淮，大江映乎前，巨湖环于后，有鼓角门戟之雄，实江海门户之要。"

大江大海孕育了泰州大地，养育了泰州人民，催生了江海文化。海，有容乃大，开放包容；江，奔流不息，一往无前。江海既静水流深、包容万物，又奔腾不息、气象万千，在漫长的历史进程中，文化的原始基因，深深融入泰州人的血脉。泰州人拥有了海的基因、江的气魄，塑造了勇立潮头、争创一流的气质品格，铸就了"兼容并蓄,经世致用,崇文重教,安泰祥和"的文化特征。江海文化伴随着泰州人一路前行,并不断丰富完善、升华发展。

1. 自然赋予江海底蕴

在漫长的地质年代里,沧海变桑田。泰州有着5000年的文明史。一具有着7000多年历史的雄性麋鹿化石在泰州出土,标志着泰州成陆的历史在7000年前。距今6000多年的兴化林湖影山头遗址,是江淮地区面积最大的一处新石器时代遗址,也是江淮地区最重要的新石器时代遗址之一。

虽然大海不断东移,但泰州人对大海的热爱始终不变,对大海的依恋代代相传。宋代时,海岸线已远去,基于对海的崇拜和感恩,绍定二年(1229),在泰州城建起了一座楼,名海阳楼,号称江淮第一楼。该楼屡毁屡建。明代重建时改名望海楼,清代重建时更名为靖海楼、鸣凤楼。2007年重建,恢复望海楼的名称,一个"望"字把泰州人对大海的记忆和思念表达得无比强烈。

范仲淹二十八代孙范敬宜先生在他撰写的《重修望海楼记》中写道:"巍然一楼,飞峙泰州凤城河之滨,上接重霄,下临无地,飞甍浮光,崇阶砌玉,其势可与黄鹤楼、滕王阁媲美,允称江淮第一楼。"虽然"古之海天,已非今之目力所及""而望海之情,古今一也"。

清代诗人赵瑜《海陵竹枝词》中"穿城不足三里远,绕郭居然一水通"的诗句,形象描绘了"城在水中,水在城中"的水城格局。泰州水域面积占23%,从泰州城区往北就是里下河地区,水网更是密布,沟渠纵横。正如一位作家在《水的泰州》中说:"泰州的城池,名曰水城;泰州的乡村,人称水乡;泰州的世界,一派水的世界。"诗情画意尽在水中。

望海楼既见证了泰州"因海产盐,由盐致富,富而建楼"的城市历史,也见证了"儒风之盛,冠冕淮南"的文化繁荣。清人夏荃说望海楼为泰州"文运命脉"。大海已远去,但望海情怀一直都在。如今,望海楼已成为泰州的文化地标,登楼凭眺,梅桃柳三园、文昌阁、南山寺、文会堂等尽收眼底,成"众星拱月"之势。

2. 美不胜收千垛菜花

"眼前的一大片又一大片的菜花,一垛又一垛的漂浮在水中的田,它既是水淋淋的,又是沉甸甸的,既空灵飘逸,又厚重沉稳。"这是著名作家范小青笔下兴化的千垛菜花。

"举目四望,前后左右满是菜花、菜花、菜花!在阳光的映照下,眩目的金黄、金黄、金黄!蝴蝶翩跹,蜜蜂嗡吟,一阵阵浓烈的菜花香气,像酒一样醉人,我也确像醉了酒似的萌生着一些睡意了。"这是散文名家忆明珠面对千垛菜花所抒发的切实感受。

君不见,初春时节的千垛景区,用"游人如织"都不足以描绘其生动火热的情境。一波接一波的游人,有如潮水一般涌入景区,他们为漂浮于水上的菜花而惊叹!他们更为眼前的自然生态而陶醉!

泰州兴化境内共保存垛田 4.8 万亩。千万块垛田漂浮在水面上,形态各异,大小不等,大的两三亩,小的只有几分、几厘。垛与垛之间互不相连,四面环水,人称"千垛之乡"。兴化垛田既是里下河地区农田防洪避灾的杰作,也是人们向水要田的智慧结晶,是全国罕见的耕作方式,更是一种独特的文化景观。

最早的垛田也称葑田,人们扎成木架放在水上,在上面堆积水草泥土,种植蔬菜,漂浮在水面之上。北宋梅尧臣《宛陵集》云:"雁落葑田阔,船过菱渚秋。"明代高谷《题兴化邑志初稿》曰:

兴化油菜花垛田 / 视觉中国供图

"葑田凫嘤嘤，芦渚雁嗈嗈，荇带萦深碧，莲房坠浅红。"后来人们选择水中稍高的地段，反复往上浇泥浆、堆泥渣，形成土垛，土垛又渐渐长高长大，形成小块垛田。

那漂浮在水面上的千百块垛田，如海面上的座座岛屿，如乡场上的堆堆麦垛，如湖面上的朵朵荷叶……由于垛田地势较高、排水良好、土壤肥沃，尤其适宜种植瓜果蔬菜。兴化垛田已有上千年的造田耕作史，基本保持原有的地貌特征，垛在水中，船行垛间，田间劳作无舟不行。

垛田作为古代土地利用的活化石，是研究当地生态环境变迁和土地利用方式转变的珍贵标本，2014年被联合国粮农组织认定为全球重要农业文化遗产，2022年入选世界灌溉工程遗产候选名单。千垛菜花美景享誉全国，清明前后，金黄色的油菜花盛开于垛田之上，千百垛田漂浮于水中，在水面上形成一片金黄色"花海"，犹如一朵朵彩云飘舞于水面，又似一片片流霞散落在人间,"河有万湾多碧水,田无一垛不黄花"的旖旎景色,令中外游客流连忘返。千垛菜花风景区已入选"世界最美油菜花海",与享誉世界的普罗旺斯薰衣草园、荷兰郁金香花海、京都樱花并称,跻身全球四大花海之列。

3. 梦幻奇特水上森林

李中水上森林,是江苏省较大的人工生态森林,占地面积2000余亩,形成了"河流回环,水杉林立"的奇观。景区树木参天,鸟儿欢唱。它们的叫声,有的短促,有的悠长,有的清脆,有的嘹亮,有的婉转,有的高亢……浑然一体,似一曲优美的和弦在林中回荡。黄昏时分,百鸟归巢,遮天蔽日,景象蔚为壮观。水上森林景点有"好汉林""森林迷宫""闻莺桥""落鹭亭""小九寨沟"等,或沿木甬道穿行林间,尽享林间清风,令人飘飘欲仙;或乘"木筏漂流",缓缓划行于密林的沟汊间,船在林中行,云在水中漂,会蓦然惊起林间水滩上栖息的水鸟,令游人领略无限野趣。

在李中水上森林公园内,无论是在漂流木筏上,还是走在崎岖不平的林间栈道,都足以让人抹去世俗尘烟的灰烬,与自然对话,与心灵沟通,让身心彻底放松。李中水上森林是天然的生态氧舱,是都市人回归自然、休闲度假的奇妙去处。

4. 祥和安泰水乡韵致

春天远去的时候,来自太平洋上的暖湿气流会给泰州带来一段多雨天气。溱湖湿地,池塘沟洼纵横交错,洲滩塘垛自成方圆,珍禽栖息,鸥鹭飞舞,让你感受5A级旅游景区、国家级湿地公园名副其实的"绿肺"魅力。泰兴古银杏公园是大自然赋予人

泰州

类的原生态"森林氧吧",漫步其中,仿若经历一场"银杏森林浴"。

深秋时节,绵延千米的银杏树组成了独特的自然森林风貌,金果累累,满园飘香,令人心旷神怡,目眩神醉。冬天来了,满街的绿色橱窗,诠释着"花枝不断四时春",品味华侨城温泉养生文化和健康休闲的生活气息,让你体会到高品质的身心温暖和心灵放松。这个城市一年一年的轮回,给你带去无尽的好运……

当河水不再洁净,当空气不再清新,当鲜花不再盛开,经济发展再快,GDP增长率再高,一座城市的美也无从谈起。泰州始终把"绿水青山就是金山银山"作为发展核心价值,以一种知黑守白的智慧描摹风景,不轻易画每一笔,为生态留白、为民生留白,把转型发展"蓝图"描绘在生态建设"绿图"上。而今,人与自然和谐共生的绿色长卷次第打开,踩着生态文明建设的铿锵步伐,向美丽泰州的绿色愿景渐行渐近。

"上善若水,水善利万物而不争。"《老子》中的这句话应该是对水最高的褒奖,也是对水的品质最精妙的概括。水的滋育,让泰州成为物产丰饶的鱼米之乡,赋予这里独具特色的水乡风情,也给泰州带来了难得的发展机遇。

二、崇儒重教人文美

一方文明的厚土,孕育着悠久的历史。泰州人文荟萃、名贤辈出,千年文化一脉相承,人文之美始终是她的灵魂。"州建南唐,文昌北宋""重光殿宇古招提,放翁大笔今堪用",赵朴初寥寥几笔，勾画出泰州人杰地灵的人文风貌。穿过汉雨唐风，到北宋时期，迎来了文化繁荣。

泰州的文人学者也同样胸怀天下，利济苍生，影响深远。唐代书法理论家张怀瓘，以一部《书断》独步盛唐，尽显大唐风范；北宋教育家胡瑗，首创分科教学，倡导"明体达用"，开一代教育之风气；元末明初小说家施耐庵创作的《水浒传》，开创了明清小说的繁荣局面；清代书画家郑板桥，以"诗书画三绝"著称于世；清代文艺理论家刘熙载，人称"东方黑格尔"，创作的文艺理论著作《艺概》，可与刘勰《文心雕龙》相媲美；康熙时围棋圣手黄龙士著述《弈括》，是围棋经典著作，后翻译成日文，远播东瀛；历算学家陈厚耀著著述宏富，对我国数学发展产生巨大影响；现代著名教育家、社会活动家吴贻芳，曾任金陵女子大学校长，并曾代表中国政府在联合国宪章上签字。泰州儒家文化，源远流长，光辉灿烂。

1. 经邦济世明体用

"致天下之治者在人材，成天下之材者在教化……教化之所本者在学校。"这句名言来自开创宋代学术先河的思想家、教育家——胡瑗先生的《松滋县学记》。

胡瑗世称"安定先生"。北宋太宗淳化四年（993）出生于泰州海陵，其祖籍本是陕西路安定堡，他的祖父胡修在宋初任泰州司寇参军，来到海陵，并定居于此。

祖籍西北而长于淮南，胡瑗的骨子里深植着北方人的果敢，一如陕北秦腔，高亢激越，豪迈刚毅。在他少年时，曾独自一人前往泰山南麓的栖真观求学深造。相传，胡瑗在栖真观一学就是十年，十年间从未回家一次。胡瑗并非不想亲人乡友，每逢家书捎来,但见"平安"二字,他便将家书抛入山涧,不复展读,唯恐撩起乡思,影响学习。为此,后人在泰山设立"投书涧",石刻"弘毅"二字,以弘扬学子励志精勤、刻苦攻读的精神。

西夏国侵犯北宋边界,胡瑗又毅然放下手中的笔,走出书斋,跟随范仲淹来到陕西戍守边防,成为丹州的军事推官。为了更有效地抵御西夏的滋扰,胡瑗走遍丹州,了解当地的人文地理,深入当地百姓,分析敌我形势,并提出了一系列中肯的建议,提高了部队的战斗力。那时,无论是北宋的高级军官,还是归顺的番兵,抑或是勤杂人员,胡瑗总是以诚相见,文质彬彬、温润君子的形象深入人心。

胡瑗结合教学实践,提出"明体达用"思想,倡导必须内在挺立道体、坚守义理,实现"修齐治平"圣贤理想。胡瑗认为"明体"即"明夫圣人体用,以为政教之本",以圣贤之道教书育人;"达用",是指在"明"圣人之道基础上,把所学儒家经义运用于实践,"大则可以论道经邦,小可以作而行事""能润泽斯民,归于皇极"。

岁月悠悠,安定先生虽已驾鹤近千年,但为纪念他而建的安定书院依然静静伫立在泰州中学内,历经沧桑,几番沉浮。现在的书院,前后两进,面阔三间,单檐歇山,翘角飞檐,黛瓦红廊,掩映在绿树翠竹之间,古朴庄重,沉静肃穆。正门上悬"安定书院"匾,有雕刻祥云凤凰与麒麟花纹的石鼓,门联为"精忠上仰将军岳,正学前瞻教授胡"。厅内展出的是胡瑗的图文资料。书院右前方有一株银杏古树,相传为胡瑗手植,寓意"长青"。历经千年风雨,依旧枝干遒劲,根深叶茂,见证着千年文化教育的传承。

2. 修身齐家尚文德

泰州是汉唐古郡、淮海名区，向来崇文重教，注重育才兴学。北宋时，滕宗谅（子京）担任过泰州从事，刘攽做过泰州通判，晏殊、欧阳修、王安石、富弼、秦观等名士都曾驻足泰州。滕子京修建文会堂，倡导崇文重教风气，泰州赢得"文昌北宋"美誉。胡瑗首创"分斋教学"，朱熹称其教绩为"百世之法"。南宋诗人陆游的祖父陆佃曾在泰州任知州。在陆游传世诗作中，有诸如"却寻陈迹海陵仓""香粳炊熟泰州红"等诗句，涉及泰州风物。南宋年间，孔子第五十一世孙孔元虔在靖江兴建马洲书院。清光绪十六年，溱潼李氏订立家训，"爱我中华、兴我家邦"，后辈诗礼传家、德才报国，百年家训成就一门三院士。兴化城四牌楼悬挂47块匾额，旌表75名贤。他们人生迥异，但都为官清明、为人正直、为学严谨、忠贞耿介，道德文章深得时人称颂、后世景仰。

3. 百姓日用道不离

明代平民哲学家王艮，创建了中国思想史上重要的学术流派——泰州学派。著名作家费振钟说："由于王艮出现，泰州不一般了……随着一个地理人文意义上的新命名'王泰州'，历史忽然赋予这个小城市一种沉着坚硬的哲学属性。"泰州城成为泰州学派思想传播与交流的中心。而泰州学派的思想也随着长江之水波荡漾开来，一时间风靡全国。

在历代思想家的心目中，"道"只有"圣人"才能够认识和掌握，普通百姓根本不可能知晓。但王艮把"道"与"百姓日用"等同起来，认为"百姓日用即道"。"道"存在于普通人的衣食住行、

泰州学派纪念馆／视觉江苏供图

各种自然欲求之中,指向的是满足普通百姓的物质性需求,明确肯定了百姓生活作为一种本体存在的现实合理性与不可剥夺性。

王艮从阳明先生那里领会了心学的基本思想。他刻苦研读儒家典籍及"王学"著作后,结合自己的实践体会,独创了"百姓日用"之学。其内容重视人性,打破旧传统,传播新观念,给尚处在黑暗中的人们带来光明与希望,深受社会下层民众的欢迎,具有启蒙思想的意义。

48岁时,王艮回到家乡泰州的安丰场广收门徒。他把百姓和圣人放在同等的地位,倡导"人皆可以为尧舜""人皆可以为圣人",所讲内容是"百姓日用之学",又注重教学方法,因此影响日益扩大,来自四方的学生与日俱增。王艮把自己的学术思想称为孔子之后"将绝二千年"的"大成之学"。他在五十七岁上作《大成歌》,最终完成了自己学术思想的建构,成为中国哲学史上别具一格的平民儒学派创始人。王艮的努力,培养出一批又一批的人才,他的学生中不仅有官僚士大夫,更多的是普通百姓,有盐民、农民、商人、樵夫等,泰州学派的平民教育特色非常明显。

4. 枝叶关情系乡梓

自古以来,清官廉吏,泰州代有才人。三国时,吕岱戎马一生,位居东吴大司马,年过八旬仍能"躬亲王事",亲自处理政务。为官清廉,两袖清风,任交州刺史时,勤于公事,数年以家中资财周济他人,以致妻子饥乏,孙权为之叹服。临终遗嘱薄葬,入殓时头戴粗布,身着布衣,仪式从简。宋代,吕夷简、晏殊、范仲淹、韩琦、富弼等担任宰相前,皆在泰州为官,清廉自守,深得百姓拥戴、朝廷信任。

北宋天禧年间,范仲淹任泰州西溪盐仓监,"卑栖曾未托椅梧,敢议雄心万里途"(范仲淹《西溪书事》),看到海堤坍塌,海水倒灌、良田被废、民受其害,力倡修复捍海堰。

南宋建炎四年(1130),岳飞任通泰镇抚使兼知泰州,率领岳家军在此抗击金兵,至今泰州各地仍有许多岳飞抗金印记,有为岳飞建的生祠,有为纪念抗金英雄流传至今的国家级非遗溱潼会船。南宋末年,宋廷大厦将倾,文天祥颠沛流离,经泰州东去,以图再起,"羁臣家万里,天日鉴孤忠"(《泰州》);两淮制置使李庭芝在泰州抗元誓死不降,投莲花池自杀未成,被俘就义。明清时期,黄河夺淮,水灾频仍,但泰州人百折不回、勇于治水。清道光二十九年(1849),魏源署兴化知县,亲率数万乡民抗洪保坝,是岁大穰,民谓其稻为"魏公稻"。

明朝"五朝元老"高谷,兴化县人,从中书舍人一路擢升至内阁大学士,始终清正廉洁。明"后七子"之一宗臣,"有刚正不阿之节",死后身无长物"士民皆哭"。储巏、季开生等,无论官位高低,皆以清廉正气,称道于世。明代泰兴县令舒曰敬,清廉厚德,任上颇有政绩,离任时因无路费回乡,当了所佩银带。其后,城中百姓凑钱赎出银带,并兴建遗带亭,奔赴千里寻访状元焦竑为其立传,写下《遗带亭记》。万历年间,何镁在江西德兴任县令,为官清正,爱民如子,当地民谣曰:"何侯为令,吏瘦民肥。"百姓自发为他建造生祠。

清乾隆七年(1742),郑板桥任范县知县,重视农桑,体察民情,百姓安居乐业。乾隆十一年(1746),郑板桥任山东潍县知县时,作《潍县署中画竹呈年伯包大中丞括》,题诗"衙斋卧听萧萧竹,疑是民间疾苦声。些小吾曹州县吏,一枝一叶总关情",板桥虽为知县,但依然从衙斋萧萧竹声中,联想到百姓疾苦。

5. 艺文并茂名人出

历史上的泰州,艺文并茂,名人辈出。他们点亮了泰州群星璀璨的人文星空,他们的文化品格穿透时代、历久弥新。

泰州是京剧大师梅兰芳的家乡。走进三面环水、绿树成荫的梅园,在"四绝"之一的梅亭东侧,坐落着一尊汉白玉大师坐像,气定神闲,优雅地注视着游人。如今,每天都有戏迷在梅园一角表演梅兰芳的经典名剧,他的艺术品格与人文精神在泰州大地薪火相传。

里下河地区的兴化被称为中国长篇小说的发祥地、明清小说的重要基地。特别是二十世纪八十年代以来，里下河文学创作呈现出蓬勃发展的势头，涌现出一大批有成就的作家、评论家，如茅盾文学奖、鲁迅文学奖获得者毕飞宇，鲁迅文学奖获得者朱辉、王干，知名作家费振钟、顾保孜、庞余亮、顾坚、梅国云、刘仁前……被世人惊叹为"兴化文学现象"。2012年中国作家协会授予兴化"中国小说之乡"称号。以施耐庵先生的名字设立的文学奖——"施耐庵长篇叙事文学奖"，是我国最高文学奖之一。

在历史长河中传承的优秀传统文化，是泰州这座城市的"根和魂"。这文化不但被传承着，也在被创新着，文化的味道在这里飘散。徜徉在泰州的大街小巷，遗迹仿佛粒粒珍珠，连缀成一幅波澜壮阔、神采毕现的历史画卷，你不经意间就能邂逅一份悠久历史和城市记忆。"一街三景"儒、释、道（指崇儒祠、光孝寺和城隍庙）体现出泰州历史文化的兼容并蓄；"一城三园"（即柳园、桃园、梅园）则让你品味柳敬亭、孔尚任和梅兰芳为代表的泰州曲艺和戏曲文化。

三、红色热土社会美

泰州自古就是一座崇尚德行、知行合一之城，向善、行善的基因已深深植根于社会大众。历史上，范仲淹"先天下之忧而忧"的忧民情怀、岳飞精忠报国的爱国精神、王艮"百姓日用之学"的民本理念、郑板桥"一枝一叶总关情"的仁爱思想等，都成为激励和引导一代代泰州人积德行善、争做好人的巨大力量。

1. 英雄壮美

泰州是著名的英雄城市,近代以来,泰州人民用鲜血和生命谱写了感天动地的英雄史诗。"黄桥烧饼黄又黄,黄桥烧饼慰劳忙",黄桥决战在广袤大地上谱写"军拥民、民拥军"的嘹亮赞歌;志愿军首位特级英雄杨根思在朝鲜战场用生命树起丰碑,"三个不相信"(不相信有完不成的任务,不相信有克服不了的困难,不相信有战胜不了的敌人)成为泰州人的精神特质。

在中国广袤的版图上,有一处地方虽不靠海,却孕育了中国海军的辉煌起点——这就是泰州市高港区白马镇白马庙,人民解放军海军的诞生地。白马庙坐落在泰州市城边一个不起眼的乡村小镇。1949 年 4 月 23 日,中国人民解放军华东军区海军在白马庙宣告成立。人民海军从泰州起航,驶向辽阔的万里海疆。中国人民解放军海军诞生地纪念馆新馆,远处看去,仿佛是停泊在港湾的军舰;展馆内,人头攒动。在一张张历史照片、一件件珍贵藏品、一份份文献史料中,参观者"触摸"着人民海军从无到有、由弱到强、不断发展壮大的光荣历史。

靖江是渡江战役东线重要的集结点和进攻发起点,被誉为"东线第一帆"。东线第一帆纪念公园以渡江战役历史为主题,采用"户外博物馆"的形式,让更多历史场景和细节在公园环境中呈现,多角度描绘出那场伟大的战役。公园内的千帆竞发广场上,横向一字竖起 20 面高 10 米的公共艺术船帆,配合人物雕塑,还原出千帆过江的历史场景。雕塑群中,推独轮车运送草料、牵马、挑担的民工,肩扛竹竿的船工,还原了靖江人民支援前线部队的历史场景。

中国人民解放军海军诞生地纪念馆 / 视觉江苏供图

黄桥古镇曾是军事重镇,依旧保留着历史原貌,延续着千年的古镇脉搏。古镇中的中将府、何氏宗祠等均为爱国主义教育场所。黄桥战役打响后,黄桥镇12家磨坊、60只烧饼炉,日夜赶做烧饼。当地群众冒着敌人的炮火把烧饼送到前线阵地,谱写了一曲军民相依的英勇凯歌,一曲朗朗上口的《黄桥烧饼歌》更使黄桥和黄桥烧饼享誉全国。

2. 民俗绚美

泰州人喜讲、唱、舞、技,表演风格或雅致秀美,或刚劲质朴,或活泼灵巧,或风趣诙谐,幸福吉祥溢满城市的每一个角落。泰州花鼓、木偶戏、剪纸、叶雕、泥塑、面塑以及神会、社戏等,百卉争艳,遍及城乡,广为流传。要说泰州最具代表性的民俗,那便是会船了。

会船是里下河一带的民俗,目前已被列入中国十大民俗。会船就是撑船比赛,最具代表性的,就是溱潼会船,相传已有800多年历史。因溱潼在里下河诸乡镇中地处交通要道,境内喜鹊湖四通八达,水面开阔,便于赛船,故各乡镇会船相聚溱潼。极盛时不但里下河四乡八镇百姓踊跃参与,连邻近县市船只也赶来赴会。随着溱潼会船规模逐年壮大,人们把姜堰地区会船统称为"溱潼会船"。

史载,南宋期间,抗金名将岳飞任通泰镇抚使兼知泰州,利用水乡优势领兵抗金,山东义士张荣、贾虎带兵前来投奔岳家军,在溱潼遭遇金军,力战而亡。溱潼百姓助葬阵亡将士,并于每年清明节撑篙子船,扫墓祭奠英魂,久而久之,形成会船的习俗。

溱潼会船形式独特,场面恢宏。作为国内唯一的、保存最为完整、最具原生态特质的水上庙会,数百年来基本不变。溱湖每年举办"溱潼会船节""湿地生态旅游节""溱湖八鲜美食节""溱湖冬季捕鱼节暨溱湖百鱼宴"等活动。溱潼会船有"世界上最大的水上庙会"之称,被列入全国非物质文化遗产名录。

每年会船节,十里溱湖,千舟齐发;飞篙走桨,弄潮击浪。贡船、花船、拐妇船应有尽有,秧歌、社戏、舞龙灯各领风骚,尽态极妍,热闹非凡。铿锵的锣鼓声响彻天地,身着彩衣"战袍"的选手昂立船上、齐声呐喊,使出浑身力气舞动竹篙,在湖中点缀出千朵万朵白色浪花,洋溢着冲天豪情。恢宏壮观的场面,多姿多彩的表演,引发现场万名观众阵阵惊呼,也有了"溱潼会船甲天下"的美誉。

3. 文明淳美

文明城市,因人而美。

"全国文明城市"是国家授予一座城市的最高综合性荣誉,是含金量最高、影响力最大的城市品牌和名片。从 2014 年跻身全国文明城市开始,泰州始终把"文明"作为发展的价值追求。文明城市创建,是一场永不止步的"幸福接力"。在这样的"幸福接力"过程中,生活中的点滴变化都让市民切身感受到:文明城市创建让城市更美好。

进入新时代,泰州通过团结奋斗和接续奋战,推动城市物质文明和精神文明协调发展、城市文明程度和人民文明素养同步提升,城市面貌和广大市民的精神风貌都产生了深刻改变,城市的影响力、美誉度获得显著提升。

文明的内核,在于坚定的价值引领;城市的发展,离不开文明的润泽。人民向往的获得感、幸福感、安全感,在泰州更加可触、可感、可及。

近年来,道德楷模、重大典型、最美人物不断涌现,"一群好人,满城祥泰"是这座城市的魅力所在,"泰州好人"享誉全国。一批重大先进典型和"接地气"的百姓身边草根典型,像一颗颗明珠璀璨绽放、熠熠生辉,汇聚成满满正能量,传递了真善美,勾勒出泰州水美人更美的美丽画卷。

文明,凝聚了全市人民的心血和汗水,铭刻了泰州发展的光荣与梦想。让文明浸润整座城市,用行动的自觉、制度的力量、文明的习惯唤醒心中的文明因子,更好构筑人们诗意栖居的精神家园。文明,已成泰州最有价值的无形资产、最具竞争力的金字招牌和最亮丽的社会名片。

四、尘世幸福生活美

泰州自古以来就是一个民风淳朴、社会祥和的宜居之地。"钟情击壤古歌声,遥想江淮第一城;时在西周多石器,獐鱼麋鹿井旁烹。"栖居在这片土地上的古代泰州人,就是这般诗意地生活着。

唐人骆宾王赞誉道:"海陵红粟,仓储之积靡穷。"海陵红粟因而闻名于世。"漕运之地必有美食",泰州滨江临海,更是有丰富的江河湖鲜美食资源。

700多年前,意大利著名旅行家马可·波罗游历泰州,称赞"这城不很大,但各种尘世的幸福极多"。这幸福,就浓缩在一盘干丝、一碗鱼汤面里,体现在早上皮包水、晚上水包皮里。早晨,一壶浓茶、一碟干丝、一只蟹黄包、一碗鱼汤面,舒适的慢生活便开始了。

1. 早茶中的人间烟火

早茶是中国社交饮食习俗之一。相传郑板桥曾经得到过泰州学政试院附近一家茶馆赞助,考中进士后欣然写下"青菜萝卜糙米饭,瓦壶天水菊花茶"的诗句,成就了泰州早茶的一段传奇。泰州人喜爱喝早茶,所谓早上"皮包水",浓浓的人间烟火味,一直弥漫至今拂之不去。

泰州早茶文化历史悠久,在清中期,泰州诞生了"雨轩""绿雨楼""广胜居""品香"等知名茶馆。到了晚清之际,陆续开设了"富春""海陵春""怡园""者者居""小蓬莱""一枝春""大东酒楼"等茶馆。

泰州早茶充满了水乡特色,离不开泰州的水乡食材。泰州干丝虽是一种大众风味小吃,却是泰州美食文化的翘楚,更是泰州早茶文化中一块响当当的招牌。现已列入泰州非物质文化遗产目录。

泰州最老的茶馆之一,当数下坝的"广胜居"。从前,每天早晨,稻河街一带的粮行老板及经纪人相聚于此,评议粮价,洽谈买卖,全城的粮价涨落往往在早茶声中敲定。清代储树人《海陵竹枝词》有曰:"稻河米市近如何,最是江湖贩子多。广胜居中谈买卖,百文一石下南河。"

泰州"富春茶社"开办于光绪三年(1877),店址位于海陵西坝口杜家巷头,共有三进房屋,中搭天棚连通,一进为普通茶座,二、三进为商客座位,后进厢房设有雅座,类似于现在饭店的"包房"。该茶馆曾邀请著名评话艺人王少堂等说书。现在的富春饭店,一直坚持以里下河的原生态食材为原料,保持泰州老早茶的手工制作工艺,传承着泰州老味道。

早茶店遍布泰州大街小巷,店有大小之分,价格也有高下之异,消费者则各取所需。上班族大多以填饱肚子为主,点上一碟烫干丝、一碗鱼汤面、一杯茶,再加两只热气腾腾的包子,舒适而随意。有闲人呼朋唤友,到早茶店要上一壶好茶,几样中意的茶点,慢饮细品,潇洒而快意。生意人则以早茶店作为谈生意的平台,不必觥筹交错、面红耳赤,一笔又一笔生意在谈笑间成交……泰州的早茶店里,每天食客如云。

闹中取静的钟楼巷承载着老泰州民生变迁的印记,流淌着浓郁的文艺气息,这里既是小资的天堂,也是慢生活的消费链。老街汇聚了本地及全国各地的特色小吃,堪称泰州美食的历史"地标"。在这里品尝的不仅是美味,还有享受生活、轻松乐观的休闲心态。夜幕降临,老街夜市、城河夜游绝不能错过,品味"千年城河灯火处"心醉夜色,这才算是完整而幸福的一天。

随着岁月的变迁,老字号茶馆大多已不存在,但新的茶馆又不断开张,兼营早茶的酒店更是如雨后春笋,大量涌现。2020年10月,泰州早茶博物馆开馆,它是国内首家系统展示泰州地区早茶文化的专业博物馆。将文物资料与科普体验结合,梳理泰州早茶发展脉络,展现泰州早茶文化辉煌。

泰州早茶是闲适的。能够品味生活闲趣的人,往往也是获得生活偏爱的人。泰州人相遇,必定会相约吃早茶。倘若有朋自远方来,泰州人是一定要请你吃早茶的。泰州早茶发展至今,已是这方水土最具特色的饮食习惯,也是人们日常社交和文化生活不可缺少的重要组成部分,更是泰州独特的文化名片和美食标识。"泰州早茶,早来泰州",邀约天下宾朋共享水城"慢生活"、幸福"水天堂"的无穷魅力。

2. 闲适中的尘世幸福

泰州古称凤城,因古城形似凤凰而得名。千百年来,泰州风调雨顺、安定祥和,被誉为"祥瑞福地、祥泰之州"。2100多年的建城史,让这座城市承载着马可·波罗口中"极多的尘世幸福"。泰州人勤劳质朴、真诚善良,泰州城凡人义举多、社会正能量多,漫步泰州见得最多的是笑脸、感受最深的是善意。

滚滚长江在此处留下"春江潮水连海平,海上明月共潮生"的大气象,鱼米富庶在此处滋养"施耐庵著《水浒》、郑板桥书水墨、梅兰芳舞水袖"的气派,江淮互济在此处生发"吞江吐海、清浑皆具"的气度。走进泰州,可将写意生活过得有滋有味。

登临江淮第一望海楼,能俯瞰水街并行的绝妙;漫行星罗棋布老巷陌,能感受人间烟火的气息;夜游城水相依凤城河,能触摸"双水绕城"的温婉。走进泰州,可将一日时光换作半日浮生。

时光流转、岁月变迁,泰州城市一直延续的是幸福基因,泰州百姓感受不变的是幸福生活,连年获评"中国最具幸福感城市"就是对此最好的诠释。

在美食层面而言,长江三鲜、溱湖八鲜、靖江汤包、靖江猪肉脯、黄桥烧饼等名物名吃,以及江淮官话斯文质朴的表达,使得泰州有了与俗世生活相适配的某种实用文艺。

3. 奔跑中的精神气质

泰州是一座年轻的设区市,建市20多年来,一直将产业发展作为强市之基、富民之本。特别是近年来,奔着健康这一人类幸福的终极目标,积极投身健康中国建设,依托医药产业比较优势,叠加农业、旅游、生态等资源禀赋,聚力打造大健康产业体系,致力建设"健康名城、幸福泰州"。

多年来泰州聚焦"人民健康"主题,打造全国健康城市建设样板市,成为江苏唯一全民健身活力指数发布试点城市。整洁优美的人居环境让"好生态"全民共享,精彩纷呈的体育赛事让"动起来"全龄参与,健康的生活让城市更阳光。

泰州拥有全国唯一"部省共建"国家级医药高新区,同时依托一批全国医药制造百强企业,大健康产业体系在近年来泰州整体产业布局中,一直处于引领地位;拥有全国唯一新型疫苗和特异性诊断试剂产业集聚试点、全国唯一长江经济带大健康产业集聚发展试点,生物医药产业入选国家先进制造业集群。泰州地区生产总值连跨5000亿、6000亿两个千亿级台阶,主要经济指标增速跃居全省前列,迈进了江苏省高质量发展第一方阵,呈现出更具区域竞争力的发展态势。

五、拥江揽海愿景美

有人曾预言,到二十一世纪末,人类将成为一个完全生活在城市里的物种。如果人们注定要落脚于城市,在这一历程中,如何让城市变得更美,决定了我们能走多远,能抵达怎样的境界。以年轻祥泰著称的泰州是静谧的,却又酝酿着发展的不平静。

1. 一座诠释幸福的城市

"日出江花红胜火"的江堤春色,"水浒水墨水袖"的人文底蕴,"早上皮包水、晚上水包皮"的闲适生活,"安全安稳安定"的社会环境,都是幸福的生动写照。泰州百姓常用"恰意""一当"等方言,来形容城市的舒适惬意、日子的温暖幸福。这种幸福,源自真心实意的惠民追求。在当代,泰州聚焦就业、住房、教育、医疗等领域,持续排查解决突出问题,不断让"中国最具幸福感城市"更接地气、更有质感。泰州的幸福,源自美丽宜人的生态底色。泰州南部有绵延百里、绿满滨江的大江风光带,中部有农旅融合、观光休闲的生态经济带,北部有苇荡相连、桨声灯影的水乡风情带,境内2万多条河流纵横交错,城区上百个公园游园星罗棋布,随时都可以悠闲漫步、尽情深呼吸。泰州的幸福,源自守望相助的人文环境。越是走进泰州,越能读懂马可·波罗感慨泰州"尘世的幸福极多"的丰富内涵。

2. 一座成就梦想的城市

溱湖湿地、梅兰芳纪念馆、望海楼、雕花楼、兴化万亩荷塘……单看无一惊艳,很难具体说出好在哪里,也不是大景点,每个单项都撑不起文旅的流量,却都有着沉稳的积淀和节制淡定的表达。

泰州之于江苏,就像天元之于围棋,落子中心,就能抢占先手(省自然资源厅在泰州兴化的沙沟镇设有"江苏省地理中心"的牌子)。对于即将迈入"而立"之年的泰州而言,追梦圆梦的脚步从未停歇。伴随城市发展的奔腾向前,春兰空调、扬子江药业、林海动力……都是叫得响的泰州制造,曾经书写下泰州产业印记。一批批投资创业者相聚泰州,演绎着与城市一起成长的故事;一批批科创企业在泰州扎根,写下高质量发展的生动注脚。越是走进泰州,越能体会追逐梦想、成就事业的无限可能。

3. 一座追江赶海的城市

"感世界潮流之变,而思何以应之"是历史赋予泰州人的精神基因。

长江至泰州,没有了金沙江的奔腾激越,没有了川江的险滩急流,也不像荆江九曲回肠。江面开阔、水静流深,滋润着这片土地,哺育着泰州儿女,也赋予了泰州广阔的发展空间。泰州始终将自己定位为一个追赶型城市,以更加开放的胸襟、更加积极的姿态融入区域合作,加快构建全方位、宽领域、多层次的对外开放新格局。泰州主动策应长三角区域一体化发展、长江经济带高质量发展等国家战略,与周边区域优势互补、共赢发展,把区位和资源优势转变为发展优势,把握新一轮区域发展新格局的主动权。

当下的泰州,把大健康产业打造成全国领先的地标产业,生物医药、海工装备和高技术船舶两个产业集群入选国家先进制造业集群。在城市赋能上,紧扣长三角Ⅱ型大城市的定位,推动城市形象品质实现更大提升。在交通赋能上,瞄准建设区域性交通枢纽城市,加快高铁建设,加密过江通道,构筑"1小时通达上海和南京、2小时通达长三角省会城市"的高品质出行圈。越是走进泰州,越能感受朝气蓬勃、日新月异的精彩蝶变。

"大地在窗外睡眠!窗内的人心,遥领着世界深秘的回音。"泰州之美,或许正该是这样的图景:柔软明媚的水乡韵致,自然与社会相得益彰,人们向往尘世幸福,既是一个让你敞开心扉深呼吸的地方,也是投资的热土,创业的乐园,健康生活的福地。在这里,人的心便像那杯中的春芽,沉淀下来,舒展开来,淡然间便寻到一块精神的家园。未来泰州要做的,归根结底,就是要输送"泰州生活方式"。

醉美宿迁

宿迁,古称下相、宿豫,淮水横穿东西,泗水纵贯南北,京杭运河、古黄河穿境而过,迄今已有2800余年的建城史,历经烽火洗礼,见证着兴衰更替,承载着悠久的历史,绽放着独特的水乡风情,宛如一颗镶嵌在时光长河中的璀璨明珠,素有"华夏文明之脉、江苏文明之根、楚汉文化之魂"的美誉。建置区划虽几经调整,但宿迁地缘四省、南北交汇的文化空间特征相对稳定,长期繁衍生息在这块古老而又年轻土地上的人民,在中华文明的滋养下,秉承楚汉文化之精髓,源远流长的文脉、灿若星河的古迹和兼收并蓄、敢为人先的精神融会贯通,形成了独特多维的地域文化形态和勤俭朴实、奋勇创新、尚仁厚德、重诺爱国的淳朴民风,历久弥新、历久弥坚,孕育出这座城市别具一格的文化自信,彰显出顽强生命力、深厚凝聚力和巨大创新力。

时光匆匆,桑海沧田,静坐岁月一隅,煮一盏清欢,温一壶诗意,回眸历史烟云,聆听宿迁弦歌往事。1800万年前,长臂古猿在这里醉卧成石,见证了自然酒之灵;5万年前,下草湾人在这里繁衍生息,开启了华夏文明之脉;8000年前,顺山集人在这里建屋垒灶,厚植了江苏文明之根;4000年前,夏朝若木在这里封疆建国,沉淀了以国为氏徐人的传承底蕴。2200年前,西楚霸王在这里手植古槐。280年前,乾隆皇帝在这里建碑立亭,啧啧赞叹"第一江山春好处"的秀丽。46年前,垫湖村人在这里夜谈包产,悄悄谱写"春到上塘"的改革传奇。28年前,宿迁人在这里撤县建市,逐梦跨越,一路芳华,青春无限,未来可期。钟吾书院的清亮读书声在天空中飘荡,泗水河畔的晨钟暮鼓在凛冽的岁月里回响,东关口古城墙边盛放出一树繁茂的新花。无论翻越浩瀚的历史,抑或身处繁华的今日,在这里总能找到寄怀的故事和动情的瞬间。

醉美宿迁

宿迁北望齐鲁，南接江淮，境内河流湖泊纵横交错，沟渠溪流萦绕成片，大运河、古黄河两条飘逸灵动的玉带穿城而过，又悠悠抱城入怀，波光粼粼，船影如画，无言诉说着古渡老街的昨日灯火，续写着黄金水道的今日繁华。洪泽湖、骆马湖两颗璀璨夺目的明珠南北相望，碧波渺渺，舟楫点点，清风拂过，水面荡起层层波澜，人心漾起层层涟漪，仿佛置身于"天接云涛连晓雾，星河欲转千帆舞"的人间仙境，美得让人心醉。六塘河、柴米河、淮沭河、新沂河、淮河、汴河、天岗湖、成子湖等水清岸绿，飞鸟翩跹，大美宿迁在追青逐绿中跑出了让人艳羡的幸福"加速度"，构筑了城水相依、人水相亲的独特风情。萋萋芳草中，绿荫白云下，深邃的河湖流转底色身份，成为"一带两湖、五片八水多点""一带两环，五楔三园"的全域生态大公园建设的核心支撑。

酒是风物志，蕴藏着一方水土的风俗人情和文脉传承。作为中国东部沿海地区唯一一个"中国白酒之都"，宿迁白酒历史悠久，素享美誉，早已渗进了宿迁人的骨髓，成为其独特标识和文化符号，形成了以洋河、双沟为引领，以乾隆江南、御珍、分金亭等为重要组成部分，以百威英博啤酒、青岛啤酒为补充的酒企版图。在这里，酒不仅是一种饮品，更是这座城市的味道，塑造了宿迁人豪爽不羁的气质与热情好客的性格，吸引着无数人的目光和心灵。漫步宿迁街巷，萦绕在鼻端挥之不去的酒香，飘扬在餐桌上，四溢在酒坊旁，并在岁月回荡中渗入城市的历史缝隙，遗存印记随处可见，酒景交融，古今汇聚，吹散记忆深处难以释怀的浓浓乡愁。春暖花开时，邀三五酒友一起来宿迁寻味，品鉴醇香的绵柔原浆，体验传统的古法技艺，触摸匠心传承的千年酒魂，探寻白酒背后的历史变迁与文化情愫。

每个繁华城市都有老街旧巷,承载着几代人的烟火气息,印刻着独特的人文风韵和流年变迁的痕迹,是藏在旧时光里的城市灵魂。读懂老街旧巷,才能读懂城市的前世今生。新盛街兴于明代万历年间,式微于清代漕运废弛,而今经过保护性改造,保留了原有的街巷肌理。畅游其中,不仅能感受到老街巷的历史文化,更能感受到古今融合的宿迁烟火。黉学街因宿迁黉学于明崇祯八年(1635)迁至此街办学而得名,分为"一街四巷",即黉学街、迎薰巷、迎东巷、文曲巷、彤华巷,是宿迁最古老的历史文化街区之一。打卡宿迁的老街旧巷,深度探源宿迁城市文明之美。

江山春好,杨柳依依,天蓝水碧,徜徉流连。古老的底色,年轻的面孔,五万年的沉淀,二十八载的芳华,现代与古老的和谐共存,绝美的自然风光和厚重的人文历史相得益彰。宿迁就像是一本博大精深的百科全书,每一页都充满着惊喜和感动。

一、古宿前事

宿迁是一片古老而神奇的土地,区位独特优越,气候温和,河湖密布,先民在这里居息繁衍,耕耘劳作,创造了丰富璀璨的远古文明,留下了星罗棋布的人类活动遗存和古代文化遗迹,历经岁月的冲刷古韵犹存,讲述着宿迁久远的历史和过往的风霜。穿越时空,回首探寻,每到一处,都忍不住要停下来听听那些古老的传说,感受那份浓厚的历史文化气息,在光影流转中定格自然的美好善意和真情流露。

1. 远古留痕溯文脉

风过留声,雁过留痕。远古岁月无情湮灭,历史留下了人类存在和生活的痕迹,带着鲜明且独特的地域气质,昭示着先辈们的壮举,印证着文明的渊薮,书写着发轫的故事,在这纷扰的世间辗转传承,引来后世无尽的感慨与追忆,叩打着今人内心的激越与温情。

走进南京博物院文物展览第一厅"人类发展史",一眼就可以看见显著位置陈列着一段骨化石,下面标贴着"下草湾人股骨化石"的名称。这是 1954 年,中国科学院古生物学家杨钟健教授在泗洪县双沟镇下草湾采集化石时,发现的一段远古人类股骨化石。经著名古生物学家吴汝康、贾兰坡,古人类学家徐钦琦、计宏祥等研究鉴定,这段人类股骨化石侧面直平,同"北京猿人"的股骨相似,股骨上部的扁平度介于"北京猿人"与现代人之间,股骨下端骨壁的厚度和髓腔大小的比例比"北京猿人"小,为"北京猿人"的后裔,属旧石器时代晚期的新人,与"山顶洞人"同一时代,是现代中国人的祖先之一,并定名为"下草湾人",距今约五万年。"下草湾人"股骨化石静静躺在文物架上,承载着凝固的历史,也散发着流动的神韵,让我们在宁静中沉思,在沉思中接上人类进化的长链,演绎着宿迁苍茫大地的传奇与浑厚。

走近黄土和荒草间的宿迁顺山集文化遗址,坑坑洼洼的聚落环壕将 8000 年前先民们的生活场景推至眼前,看到了时光的罅隙里遗落一道光,照耀在金黄色的稻穗上,一粒粒稻米成熟坠地,一颗颗金灿灿的种子迎来了文明奇迹。这一群先民勇敢地走出山林洞穴,走向旷野,开始修筑环壕,制作移动陶灶,赤脚耕田,种下了一捧稻米,吸收天地精华,经过漫长的等待,金黄稻穗在风中摇曳,稻花香飘散在淮河两岸,成为家园边最美丽的风景。收获脱粒后,升起了一缕炊烟,开启了"民以食为天,食以稻为先"的新的历史篇章。这一捧稻米而今黑黑小小,毫不起眼,在考古成果展陈中却最吸引访客目光,因为它曾尘封于黑暗中,八千年后才在宿迁土地上重见天光,与顺山集文化遗址中的稻田遗迹、人工开挖的水坑、水沟和水口,以及与稻米相关的圆形石磨盘和石磨球、刃端附着植物淀粉粒的石斧、类似石锤的长柱状石器、用于烧煮的移动式陶灶,共同印证着这片土地上生存着一群淮河流域最早培育稻种、生产稻米、煮食米饭的先民。他们对美好生活的向往和追求,把江苏文明史向前推进了 1600 余年,为研究东亚地区稻作农业起源提供了珍贵样本,也为研究新石器时代中期淮河流域的生业模式、淮河中游与黄河流域和长江流域的文化交流提供了鲜活资料。

2. 古国遗存传经义

跋涉数千年岁月,穿梭在生死荣枯的古文明之林间,人聚成邑,邑聚为国。古国在淮夷泗水间初铸辉煌,自九州之中,酿就四方众望、人心所向的风潮。奈何岁月变迁,风云变幻,这一个个辉煌古国,尽归粒粒尘埃,只留下斑驳沧桑的旧迹,传递着纷繁复杂的历史密码。

古代王朝更迭十分频繁,长有几百年,短则几年。但在宿迁泗洪境内的一个古老方国,却历经夏、商、周三代 44 位国君,长达 1649 年,辖域横跨今宿迁泗洪、泗阳、宿豫等地区,创造了辉煌灿烂的"徐文化",形成了淳朴的徐国民风,这就是古徐国。其中最著名的国君是第 32 代的徐偃王。因其推行仁政,成为统辖淮、泗流域的东方霸主,《韩非子·五蠹》《后汉书·东夷传》中记载"割(陆)地而朝者三十有六国"。后因不愿让百姓抗楚流血牺牲,弃国远走,"百姓随之者以万数",让孔子在几近绝望之中看到了"仁义"的希望,荀子将其与古代圣君尧、舜、禹,贤臣皋陶、周公、伊尹,哲人孔子等并论,大加赞扬,当下许多学者认为,儒家仁义之道的源头在徐偃王。现今泗洪境内雄伟壮阔的"古徐阁",展陈了古徐国恒久流传的仁义气节。

在与之相隔不远的古徐广场中,回溯最初的凝望,感到另一颗心跨越时空,一柄青铜剑让符号成了诗,呼唤成了歌,文明留下了烙印。《史记》记载:春秋时吴国贵族季札出使晋国,路经徐国,佩戴青铜剑拜访徐国国君。徐国国君心里喜爱季札宝剑,但没有说出来,季札看了出来,因出使需要佩剑,故未敢献。他出使完毕又经徐国时,欲将剑献与徐国国君,但其已去世,季札因前已心许,就将剑挂在徐君墓前树上而去。后人在"徐君墓"旁筑了一座高台,名曰"挂剑台"。这一把不朽的青铜剑代言了"君子一诺,生死不悔",在中国道德文化史上写下了别开生面的诚信篇章,赢得了千古赞誉。当时徐人歌曰:"延陵季子兮不忘故,脱千金剑兮带丘墓。"曹植在《赠丁仪》中写道:"思慕延陵子,宝剑非所惜。子其宁尔心,亲交义不薄。"陆机在《吴趋行》中称赞:"穆穆延陵子,灼灼光诸华。"为了纪念季札,后人在徐君墓旁筑了一座高台,名曰"挂剑台"。后世"挂剑台"成为古泗州的一处名胜,原"泗州十景"中,就有"挂剑台秋风"一景。现在,宿迁泗洪县的古徐广场立有季札挂剑的大型雕塑。2500多年过去了,徐偃王与季札的仁义诚信已为泗洪人民所继承,泗洪人民古朴淳厚、热情好客、义气大方,对朋友恪守信义的世情风俗,就像古徐阁、挂剑台一样,年年修葺、代代相传。

2000多年前,汉武帝辟淮泗沃土置泗水王国,封常山宪王子刘商为泗水王,历经五代六王,历时125年。随着时光流逝,泗水王国淹没在尘沙掩藏的地下,加之文献中关于泗水王国疆域和都邑的记载非常简略,泗水王国成了一个难解的谜团。2002年11月,泗阳县的三庄汉墓群发掘出的一把鎏银错金的铜弩机揭开了泗水王国的神秘面纱。这把铜弩机精巧美丽,机身上用黄白两色金银雕饰出"狗追鹿""老虎吃野猪"的花纹,用于固定弓弦的"望山"两侧则分别是精美的龙和凤,箭槽内的刻有"一箭双雕"图案,两只大雁在前,离弦之箭在后,刻画得栩栩如生,被考古学家誉为"天下第一弩机"。这把精美的鎏银错金铜弩机,是汉代文明的缩影,填补了泗水王国历史记载的不足。

站在考古学搭起的阶梯上,向千百年来成就今日之宿迁的先辈们致敬!自先人起,便未更改对于这片土地的深情,在星辰般的碎片里,在这片祖辈们守望过的土地上,站在山巅,与日月星辰对话;潜游水底,与河湖晤谈,传千年之经义,燃万古之明灯。文脉之魂,文以化之,文以铸之。

3. 英雄故里有风骨

"天地英雄气,千秋尚凛然。"在历史的转折处,英雄常常横刀立马,力挽狂澜;在命运的转折点,英雄常常视死如归,勇赴国难。极目见故土,抬首望星空,以微毫诠释盛大,以风骨激扬豪情。一方水土一方人。故乡的山水给予了英雄成长的养分,是他们灵魂的摇篮。故乡的草木见证了英雄的成长轨迹,是他们梦想出发的地方。英雄故里,留有独属于英雄自身的印记,貌似平和安静,暗藏金戈铁马。

在宿迁大地上,孕育了无数的英雄传奇,其中最为人们津津

醉美宿迁

乐道的,莫过于西楚霸王项羽的英雄事迹。司马迁在《史记·项羽本纪》里记载:"项籍者,下相人也,字羽。"下相,宿迁的秦代建置,下相的梧桐巷,正是西楚霸王项羽的出生地。走进项王故里,盖世英雄项羽的青铜雕塑金戈铁马,发出浩浩荡荡的英雄气,他身后是高大巍峨的西楚古城门,"项"字旗在长风中猎猎作响。踏进门槛,映入眼帘的是一座古朴的建筑群,青砖黑瓦,雕梁画栋,充满了古色古香的韵味。漫步其中,能够深深感受到历史的沉淀和岁月的痕迹,仿佛回到了两千多年前那个冷兵器时代,回到了楚汉相争的那个英雄辈出时代,与英雄做兄弟,并肩在楚汉战场上冲锋陷阵,在枪鸣剑啸中叱咤风云,亲眼见证破釜沉舟的豪气、戏下分封的霸气、彭城之战的勇气、鸿门宴的义气……

纵观五千年历史,项羽是一个特殊的存在,不是帝王,却有本纪,豪情万丈,却儿女情长,勇猛无敌,却谦虚有礼……如今英雄凝视过的天空依旧广袤,英雄驰骋过的土地依旧厚实,英雄亲手植下的槐树依旧枝繁叶茂,生机勃勃,被誉为"天下第一槐"。这是一棵见证了千年历史的古槐,树干粗壮,一分为二的造型令人惊叹。虽然树干内部已经空洞,但依然顽强地生长着,每年发芽吐绿、开花结果,让人不得不感叹大自然的美妙和生命的力量。在今人眼中,这棵古槐成了"神树",纷纷在树干外围系上红丝带,寄托心中的愿望。这些红丝带在古槐周围飘扬,为英雄故里增添了一道独特的风景线,也缓缓诉说着霸王项羽的英勇与乡愁。站在千年古槐前,不禁感慨万千,这棵历经沧桑的古槐见证了宿迁数千年的历史变迁,也见证了霸王项羽英勇无畏的一生。在这里,不由得感受到历史的厚重与文化的传承。这不仅是一棵树,更是一个时代的缩影和乡愁的寄托。

项王故里老槐树 / 视觉江苏供图

4. 龙王庙中驻帝王

封建时代,"国之大事,在祀与戎"。祭祀河神是朝廷治水的一项不可或缺的礼制。康熙首次南巡(1684)到宿迁,御舟停泊皂河口,看到洪灾肆虐,田园荒芜,村舍破败,随即宣旨"奠厥民居,繄神功是赖"。开国库拨帑金,将宿迁皂河原有较小的"草堂庙",改建为皇家祭祀水神的龙王庙,为民祈福。乾隆皇帝六下江南有五次驻跸于此,建碑立亭、帑金修缮,重新题写庙名为"敕建安澜龙王庙",成为千里运河第一庙,民间称之为乾隆行宫。这座行宫是四院三进封闭式合院的构造,坐北向南,有戏楼、禅殿、御碑亭、怡殿、龙王殿、灵宫殿、大禹殿等主体建筑。东西两侧相互对称,有牌楼、配殿、滚龙殿、厢房、钟鼓楼、御膳房,错落有致,每一处细节都经过精心设计,朱红与金黄的建筑色彩,充满了皇家气派和历史厚重感。置身其中,仿佛穿越回了清朝,目睹乾隆皇帝南巡的盛况。

乾隆行宫里的御碑亭是其核心建筑,朱红抱柱擎着六角重檐攒尖顶的黄色琉璃瓦屋面,尽显奢华。黄色瓦饰,形状如伞,故又名"皇伞"。六角圆柱上镌刻着神采各异的十八罗汉,栩栩如生,顶端放置着象征皇帝至高无上权威的夜明宝珠,让整个御碑亭耀眼夺目,金碧辉煌。御碑亭内矗立着高五米的御碑,石料是上等的青石,表面柔滑如玉。碑帽的正面镌刻"圣旨"二字,碑身正面刻有乾隆亲笔书写的圣旨全文,记载着皇帝建庙的初衷和经过。背面刻有乾隆五次下榻于此的诗文真迹,"所希神贶显,沙刷辑洪波"与旁边钟楼八角钟上"国泰民安,风调雨顺"遥相呼应,飘逸洒脱,承载着封建帝王对江河太平、百姓安居的希望。碑座的赑屃兽,岿然蹲卧,气势雄浑。碑帽上缘和碑身四周精雕细刻着生动传神的五爪巨龙,流云袅袅,瑞气千祥,造型精致,尽显皇家的风范与端庄的气质。站在御碑亭前,看斗拱飞檐,听风铃摇曳,领略雕梁画栋之精妙,每块琉璃瓦仿佛都在诉说世事变迁,历史大戏的主角们已经远去,留下这风云散尽的舞台,静静倾听着后来者的足音。

乾隆行宫外的古镇"拉魂腔",吸取了泗州戏、淮海戏的精华,悠扬的旋律悦耳动听,优美的唱腔尽显韵味,男唱腔粗犷、爽朗、嘹亮,女唱腔婉转悠扬、细腻柔和,余味无穷,唱着古镇生活,讲着运河传奇。今日龙王庙会上,古戏楼上的"拉魂腔"依旧让人沉醉,随着潺潺流动的运河水,荡漾起心间层层涟漪,历史与现实在这里融合,传统与现代在这里对接。

时光留下可以追寻的痕迹,在静谧祥和里带着温柔奔赴远方,与宏伟历史并行铺展,滚滚红尘源远流长。古人在这神圣空间内,演绎着天地的奥秘,呈给后人一个巨大的感叹号。宿迁这座历史古城,究竟隐藏了多少前尘故事?等你来到这里,慢慢探寻!

二、水韵名城寄乡愁

《管子·水地》云:"水者,何也?万物之本原也。"枕水而生,倚河而兴,水是宿迁的魂。大自然的鬼斧神工雕刻出了宿迁大地的骨相,而水赋予了它百转千回的精魂,在茂林芳草中纵横交织,密如蛛网,融浓绿苍翠,环绕一块块农田、园圃,环抱一处处城镇、村庄,不舍每一个昼夜晨昏的光影年华,也不忍抛却每一丝的缠绵缱绻,轻描淡写着浓郁浪漫。那从水墨风韵之中走出来的帝王将相、文人墨客,一个个都眼神迷离,为了它的美而不停吟咏。

宿迁城池,因水而定;宿迁之名,因河而生。不管是大运河、古黄河还是骆马湖、洪泽湖,这里的每一缕水光潋滟都格外迷人。若说江南的水是柔情的,那么宿迁的水便是婉约中暗藏豪放,奔腾向前,打破沟壑中酝酿的重重心事,在挺拔的角度中构建诗意河岸,在历史转折之中积淀着厚重的记忆,依河而居的人们便将对美好生活的向往寄托于河流两岸。河岸成了漫漫人生路上难以言说的乡愁驿站。

1. 两河安澜,青绿入怀

黄河是中华民族的母亲河,孕育了灿烂的华夏文明,留下了联结"四省""八市"的复杂故道体系。宿迁境内那条默默无语、缓缓流淌的黄河故道,阅尽世代沧桑。

春秋时期,吴王夫差开凿邗沟,沟通江淮,舟师沿今宿迁境内的古泗水北上,泗水河道作用进一步发挥。

南宋时期,黄河"夺泗入淮",多道并行,泛滥成灾。元朝时期,郭守敬开通京杭大运河,在宿迁段"借河为漕",境内河患频仍。明朝时期,修建了黄河大提,使黄河"定于一道",并修建高家堰大坝"逼黄注淮",形成宿迁境内的洪泽湖;后黄河淤积严重,"避黄行运",形成宿迁境内的骆马湖。清康熙年间,靳辅在宿迁开凿中运河,贯通南北,形成了黄运并行、穿城而过的航运胜景。

清朝咸丰年间,黄河北徙不复再来,形成了今日所见的高滩悬河故道,成为宿迁目前十分重要的黄金水道之一。如今古黄河水景公园、雄壮河湾公园、河滨公园、印象黄河、鸣凤溥、下相公园等串联成黄河故道的亮丽风景线,双塔云影、楚苑风荷、芳轩揽翠、金沙戏水、连岛野韵、龙岗秋月、青萍早春、林间花海、将军丰碑、泗水渔歌等景致交相辉映,既有天蓝水绿、鸟语花香的田园美景,也有鸟雀嬉戏觅食、繁衍生息的盎然生机,犹如为宿迁披上了一条清新的绿纱带。

这是一条人与自然和谐相处的绿色生态走廊,它依托蜿蜒的河流,用大自然缤纷的色彩,在这片现代化的城市空间里,勾画出一幅山水田园的诗情画卷。需慢慢欣赏,细细品味,在宿迁开启一段养生慢生活。

宿迁人常以"千里运河,宿迁三条"而自豪。隋炀帝时所开古运河,给唐宋分别带来了200多年和100多年的繁荣,古汴河沟通了黄河、淮河、长江三大水系,唐人皮日休在《汴河怀古》诗

俯瞰陆运河船闸／汪小兰 摄

中云:"尽道隋亡为此河,至今千里赖通波。若无水殿龙舟事,共禹论功不较多。"白居易路过此地时写下了农家丰收的场景:"去县百余里,桑麻青氛氲。机梭声札札,牛驴走纭纭。"漕运之船,更是一年四季,络绎不绝。

元时郭守敬整治的大运河,将弓弯取直,畅通了海河、黄河、淮河、长江、钱塘江五大河流,使得交通便利,货物流通,人才汇聚,文化繁荣。《宋史》载,宋太宗云:"东京(开封)养甲兵数十万,居人百万家,天下转漕,仰给在此一渠水。"

清时靳辅自骆马湖凿马陵山开中运河,到清河的仲家庄,既可分泄黄河部分之水，减灾，又利漕运，避开了黄河行运风浪之险。

大运河以其深厚的历史文化底蕴，被誉为"古代文化长廊""古代科技库""名胜博物馆""民俗陈列室"，见证着悠久的历史文明。

2. 徜徉湖畔，花海绵延

洪泽湖自然景观，壮丽雄奇。辽阔的湖面，水天一色，万顷烟波，"无限银涛接远天"。极目远眺，恰是"古岸云山山隐隐，烟州芳草草芊芊"，如诗如画，美不胜收。乾隆游湖盛赞："水乡泽国，人间仙境。"

洪泽湖风光旖旎，资源丰富，不仅是驰名中外的"螃蟹之乡"，而且革命历史底蕴深厚。抗日战争时期，老一辈革命家以洪泽湖为依托，创建了淮海、淮北抗日根据地。

洪泽湖岸边桃红柳绿，水面波浪无垠，千亩荷花连片，万顷芦苇起舞，真是"云霞映湖披锦绣，绿水红花景更殊"。洪泽湖畔有1.3万多亩的茂密森林，生长着100多种飞禽，是"鸟的天堂"。

泗洪穆墩岛景色秀美，岛上生活着150多户人家，以水产养殖为主。该岛冬暖夏凉，气候独特，有湖色与轻舟相伴，是亲近自然、放飞心情的理想之所，令人心驰神往。静谧而幽雅的柳岸，接天莲叶无穷碧的荷花荡，古今多少文人墨客在此留下华词丽句！这里处处充满着水乡韵味，展示着小岛迷人风采。在岛上可以尽情领略洪泽湖的烟波浩渺，感受日出日落，渔家人的生产生活、传统的风俗民情。环岛的几千亩荷花一望无际，泛舟置身其中，别有一番情趣。

穆墩岛不仅环境优美，而且资源丰富，岛上一年四季盛产各种水产品：晶莹剔透的银鱼，闻名遐迩的稀有珍品鳜鱼，体大肥美的洪泽湖大闸蟹、肉嫩味鲜的大青虾等,会使你大饱口福。居住在岛上的渔家人,勤劳朴实,热情好客,且心灵手巧,他们以独特的烹调方法加工出美味佳肴,堪称一绝。在这方古老的土地上,文化积淀深厚,勤奋聪明的穆墩岛人创造了独特的文化,渔家剪纸、洪泽湖渔歌、穆墩岛渔鼓等朵朵绚丽的艺术奇葩在水乡小岛尽情绽放。

骆马湖湖面开阔,烟波浩渺,山水相映,气象万千。诗人萧延年《骆马湖》诗云:"红莲深处听轻歌,小艇南风骤起波。围岸乱花迷望眼,野鸭飞向这边多。"骆马湖银鱼,通体洁白,透明如玉,肉质细嫩鲜美,有"水中白银"的美誉。骆马湖产的大青虾,皮青玉嫩;螃蟹,壳凸脂红。

骆马湖是苏北大平原上难得一见的"山水画廊",历代文人墨客,常为之吟诗撰文,清代诗人程式惠《秋日游湖》诗写道:"秋水连天碧,夕阳著地红。乌啼深树里,人在画船中。"湖中小岛戴场,像一颗明珠。湖畔的嶂山森林公园,园内人文景观繁多,有新石器时代和西汉时期的文化遗址,有唐、宋古战场和"宿北大战"遗址,有优美动人的神话与传说。草坡、绿地、山丘、小湖、河滩、竹林、果园、农舍、菜畦等,错落有致,风景各异,如梦幻般的桃花源。

骆马湖水泽于民,民系于湖,有关它的传说轶闻,广传于民间。京剧《骆马湖》演了200余年,《打蛮船》的故事,更是流传至今。

三台山国家森林公园,地处风景秀美的骆马湖畔,地接马陵山麓余脉,因其秀美的景色、清新的空气和四季花开而被誉为"苏北西双版纳"和宿迁人眼中的"后花园"。景区中的"衲田花海",一年四季都有花开,每个季节的花都不相同。在花海中有一条宛如长龙的空中栈道,蜿蜒曲折地盘旋在千亩花海之上,供游客休闲散步或赏花观景。站在栈道上,四周洋溢着花的芬芳,令人心情愉悦。如果与爱人一同前来,更是别有一番浪漫。景区有梅园、天和塔、晴翠湖、镜湖、相思湖、衲田村、白马溪涧等景点。这里处处美景,让人流连忘返。

镜湖是整个国家森林公园中心地带最大的湖泊,虽然规模小于骆马湖,却是乘船泛舟赏景的好去处。租一艘小船,在湖上悠闲地划行,感受湖光山色,尽情享受大自然的美好。湖水清澈见底,远处青山绿水,让人忘却一切烦恼。这里空气清新,植被茂密,空气中负氧离子含量高,如同一个巨大的天然氧吧,适合漫步于树林之中,尽情沐浴在大自然的怀抱里。

三台山国家森林公园以其绚丽多姿的雾森栈道而著名,每天定时喷发人工雾气,栈道上烟雾缭绕,宛如仙境。

3. 小镇古渡,烟火人家

一座城市的历史固然会逐渐走远,却会在石板桥上留下自己的齿痕,在水面上留下自己的风情,在河水两岸留下自己的声音。

皂河古镇就是一个介绍宿迁岁月风华的地方。只要迈进它的老街,古镇就会用自己独有的魅力让你忘记他乡。皂河古镇从唐宋形成,到明清鼎盛,如同裹着岁月的流光,触手可及。临河而建的房屋,屋宇相连;老街上有人叫卖,阡陌小巷里飘出暖暖的人间烟火,最能安慰所有孤独的心灵。就算是寒冬腊月里,行走在皂河老街,依然能感受到一份喜庆与祥和。古老淳朴的水乡风韵在柳琴戏、花灯、捏面人、舞龙、高跷、舞狮、赵家糁汤之中传递着,滋味从来都不会减淡,水乡民俗的味儿反而更加浓烈了。皂河古镇里的小桥也格外有趣,拱、梁、亭各式各样的桥千

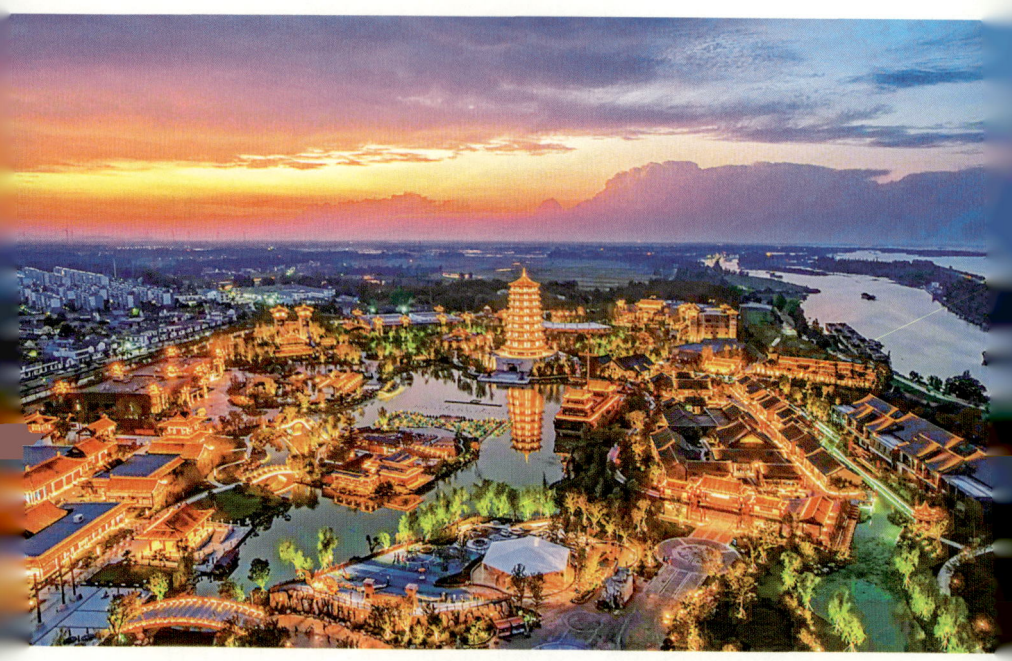

皂河古镇龙运城 / 视觉江苏供图

姿百态,是生活在这里的人们用一砖一石打造而成,古朴典雅。碧水贯街千万居,桥带着人们的期冀而生,自然也会有美好的名字——如意、万安,每一个名字都是建造者对美好生活的祝愿。安澜大桥宛如一道彩虹跨河连湖,一头是皂河古镇街区,另一头直通骆马湖畔,成为一道美丽的风景线。

  东关口是宿迁运河西岸的一个关口,船只来往穿梭,关口热闹非凡。清代东关口是宿迁水路运输的主要码头和进出口货物集散地,河面上常常是舳舻相接、帆樯林立。岸边,商人洽谈购销、运输事宜,搬运工、装卸工来往穿梭,加之运河东岸广大民众进城过渡,东关口常常是人声鼎沸,摩肩接踵。当时东关口建筑雄伟,款式整齐。建筑坐西面河,前有高大门楼,上横书"紫气东来"字样,两侧有厢房。大门前沿河堤筑有高大坚固的石坝,坝的沿边有石柱木栏。大坝前端耸立五丈多高的旗杆,杆顶悬挂有"宿关"字样的大旗。关后有小街,名关口街,古朴幽深,沿街各处茶肆林立,饭馆、客栈、商店、典当行等密布,茶食、糕点、酱醋、肥皂等应有尽有。如今,东关口正在进行一场华丽的变身,通过协调生态保护与运河文化发掘,传承宿迁历史文化记忆,成为市民休闲活动场所。

唐中期,浙人钱起曾有《沭阳古渡作》诗云:

日落问津处,云霞残碧空。
牧牛避田烧,退鹢随潮风。
回首故乡远,临流此路穷。
翩翩青冥去,羡彼高飞鸿。

此诗描写的就是沭阳陈庄古渡口,古代此地无桥,往来皆靠渡口小船,繁忙景象可见一斑。数百年过去,艄公的划桨声,对岸等候坐船人的埋怨声,小商小贩的脚步声,农人的赶耕声,纤夫的拉纤声,仿佛萦绕在耳。

宿迁地跨南北,既有绵延悠长的江南水韵,也有沃野平畴的北地风光,在打造独具风韵的美丽田园乡村上,具备得天独厚的资源禀赋与优势。畅想绿色田园,诗意盎然。碧绿闪光的野草在微风中摇曳,中间夹杂着一簇簇的小野花。洁白的康乃馨,殷红的百合,深粉的马兰,浅蓝的桔梗,白色的蒲公英……远远看去,就像绿地毯上绣的图案。一片辽阔的平原,大得无边无际,风儿把一大片一大片庄稼吹得如涟波荡漾。这就是自然的美。

水于宿迁,大抵是笔墨丹青画不出的生动跳跃,诗词歌赋咏不完的款款深情,生发出人生若只如初见的隽永美好。游走其中,让人不禁放慢脚步,只想静静感受这古老悠远的静好岁月。水韵宿迁,风景如斯,人生亦如斯。

三、醉美酒都竞风流

宿迁酿酒兴于隋唐、盛于明清,上千年的酿酒历史,孕育出了"洋河""双沟"两大中国名酒,是世界十大烈酒产区和三大湿地名酒产区之一,被授予"中国白酒之都"的称号。浩瀚的历史长河中,中国酒文化犹如跌宕起伏的乐章,而宿迁白酒则在这乐章中奏出了传统与现代交织的灵动旋律。"洋河""双沟"酒更是以卓越品质演绎了一部跨越时空、连接古今的陈酿传奇。

1. 天下好酒出淮泗

好水产好酒。得天独厚的水生态,让宿迁成为最具天然酿酒环境的地方,被专家们视为中国东部地区最适合酿酒的地方。千年时光流转,一壶酒诉说着古宿大地的故事与智慧。一同探寻中国酒的历史渊源与匠心独运的酿造工艺,品味那一份深藏在每一滴醇香背后的岁月韵味与文化积淀。

追溯历史,早在远古的仰韶文化时期,我们的祖先便偶然发现自然发酵的秘密,开启了酿酒的序章。最初的酒,或许是意外收获的甜蜜佳酿,而后经过世代传承与改良,逐步形成了系统的酿酒技艺。历经商周至秦汉,酒已深深融入祭祀、宴饮等日常生活,成为中华文明的一部分。

苏酒基地洋河、双沟,"东临淮郡,西障彭城""地势广阜……河面既阔,支港畅流,亦无壅塞冲突之患",均坐落在淮河北岸泗水流域,紧靠烟岚一片、水天无尽、波光粼粼的洪泽湖、骆马湖,其南有女山、荷花、七星、茅耳诸湖,百里之内,河网湖泊交织,一派水乡泽国。后人用"美人古泉、茅茨桃艳、双桥护井、沽帆唱晚、槽坊晚烟"等景来描绘这里。

洋河、双沟出美酒,主要是得天地之灵秀,背后的科学机理是微生物的生长发酵。洋河、双沟地处我国南北过渡带,长年受西北冷气流和热带洋面暖气流控制,属暖温带鲁淮气候区,气候温和湿润,季风气候特征明显。四季分明,春暖温润,夏季盛行东南风,湿热多雨,雨热同季,冬晴干燥。这种气候是微生菌群的"绝佳环境"。

1977年9月,中国科学院脊椎动物与古人类研究所李传夔教授在泗洪双沟发现一块长臂猿化石,经测定是生活在双沟地区亚热带原始森林中的古猿人,因吞食了经自然发酵的野果而醉倒不醒,成了千万年后的猿化石,距今1800万年,被命名为"双沟醉猿"。学者们慨叹:"人猿相揖千万年,沧海桑田一梦间。黄土有情掩醉骨,一脉酒香万古传。"2002年5月,来自世界各地的百余名考古专家齐聚双沟,开展"双沟醉猿国际科学考察年"活动,论证了双沟地区为"古生物进化的平台、孕育人类的胎盘、最具天然酿酒环境和自然酒起源的地方"。

洋河酒,"色清透明,香气浓郁,风味协调,尾净余长",流誉四方。夏、商、周时期,洋河的酿酒技艺已经成熟,如靠近洋河的梅花赵庄,在6000年前的文化遗址中出土过杯、尊、觞等酒具。唐宋时酿酒业有很大进步,泗州的酥酒闻名遐迩。明清时,酿酒业更为发达。明代诗人邹缉的诗句说:"白洋河下春水碧,白洋河中多沽客。"清雍正年间,洋河大曲已行销江淮一带,获"福泉酒海清香美,味占江淮第一家"之誉,并被列为皇室贡品。1915年,获巴拿马国际博览会"国际名酒"奖状和金质奖章。

行走洋河,不禁要问,有多少洋河酒曲?有多少洋河醅池?有多少洋河陈酿?不知答案,只知道洋河酒曲,一行行,一层层,高高垒起,势如长城;洋河醅池,一方方,一塘塘,塘内千年醅泥,含有200多种微生物,是名酒厂家真正的软黄金;洋河陈酿,只见酒库是一座名副其实的地下宫殿,密封的千斤大瓮,一尊尊,一片片。瓮中岁月几何?不知道,只觉得醇香透瓮而出,醉得人脚不生根,百余年、几百年、千余年?依稀听得有人介绍,瞬间又随香飘去。

我国著名的人类学家、社会学家费孝通先生来洋河考察时,连声赞叹:"酒都、酒都!"并高兴地为洋河酒写下"闻香已醉,未品先酣"八个大字。走进洋河,就走进了酒的城堡,酒的故乡,酒的怀抱,酒的海洋,每一块泥土都饱含酒的醇香,每一缕空气都漂浮酒的芬芳。宿迁自古是南北交通枢纽,人文交汇之处,齐鲁文化之刚健,燕赵文化之慷慨,中原文化之恢宏,吴越文化之精致,在宿迁人身上融为一体。不知不觉中,把自己的柔情,化作"甜、绵、软、净、香",酿入烈性、侠义和雄阔之中,使洋河美酒既有"大江东去"的粗犷、豪爽,更有"小桥流水"的细密、体贴。

据《帝乡纪略》载,宋熙宁年间,泗州年课税13万贯,其中双沟酒课税就有10万贯。元明时期,双沟酒更是美名远扬,在扬州、苏州等繁华都市都有专卖处。元代诗人萨都剌的诗中,就有"渡口客船争贳酒"的描述。明洪武十八年(1385)皇家为祭祀建全德槽坊,官绅士人,富商大贾以一品全德酒坊佳酿为至荣。清雍正十年(1732),一位浪迹天涯的酿酒师贺氏到双沟谋生,见土地肥沃，物产丰饶，不仅盛产优质红高粱和稻、麦、豆等五谷杂粮，而且水质好，是一个理想的酿酒地方，于是立下锅灶，办起了"全德"大曲槽坊，产品深受欢迎，曾有"名驰冀北三千里，味占江南第一家"之说。1910年，全德槽坊酿制的双沟大曲参加南洋劝业会展评，以浓香独特的典型特色，被评为名酒第一，并获金质奖章。1912年，孙中山听闻双沟大曲在南洋劝业会获得第一名酒称号时，欣然题写了"双沟醴泉"四个大字。

我们不得不感叹，中国酒不仅是一种饮品，更是一种文化符号，一种历史记忆。它的每一道工序、每一次发酵、每一口醇香，都在讲述着一个关于时间、自然与人文交织的美丽传说。下一次举杯时，不妨细细品味那隐藏在酒液中的深远历史与精湛工艺，感受那份穿越千年的醇香。

2. 肝胆相照一杯酒

人类最早饮用的酒，是原始的果酒，即"猿酒"。这种酒是含有糖成分和酵母菌的野果经过高温堆积和水湿成分作用而自然发酵的天然果酒。都说宿迁的空气闻着就醉人，麻雀也能喝二两，那酒却不是红泥小火炉上热的新醅酒，也不是红酥手里擎起的黄滕酒，它就是寻常饭桌上推杯换盏中一股烟火气的大曲酒、杂粮酒。

酒都男人大多贪杯，但会适可而止。女人们也常抿上几口，有些酒量好的，却只宠溺地看着自家男人，抹了嘴，自去做事。俗话说，"看景看扬州，饮酒饮双沟"，让双沟人最引以为豪的，就是这传承千年、闻名天下的双沟酒。

在双沟，喝酒不需要好的下酒菜，只要有"就着"的东西就行。打开酒坛，香飘十里，有了这浓浓的酒香，再好的菜也是多余的。

双沟人多是用碗喝酒！或仰首一饮而尽,或埋头细细品味,饮的是豪爽,品的却是故事。

真正爱酒的人才懂酒,而每一个懂酒的人背后都有一段与酒有关的故事。因此双沟人说,每一碗酒里都有故事！一千年前的东坡居士在境遇凄凉之际,饮一碗双沟酒,顿时一扫胸中块垒,不觉慨然道:"使君夜半分酥酒,惊起妻孥一笑哗。"三杯两盏酒下肚后,不妨在镇上找间旅店住下。这样可以一边赏着湖景,吹着湖风,闻着镇上弥漫千年的酒香,静静地睡着。"醉卧双沟镇,一梦到深秋",这个时候,只能感叹一句"好一碗双沟酒"！

"劝君更尽一杯酒,西出阳关无故人",双沟酒可以一醉解千愁。落寞时,喝上两口,可以一扫身边的孤单;失意时,喝上一碗,可以顿时驱除心中阴霾;沮丧时,狂饮三杯,可以立马豪气干云。难怪人们常说,会品酒的人喝下去的是美酒,喝出来的全都是诗意。

对于那些客居他乡或是出门远游的人来说,来到宿迁不妨到双沟镇看一看,饮一碗双沟酒。在异乡的夜色里,迎着洪泽湖畔的醉人清风,掬一捧美酒,对着月光开怀畅饮,一个个遥远的故事从记忆的闸门里缓缓驶来,又顺着波涛起伏的湖水慢慢退去。"就着"浓浓的酒香,小心地呷一口,酒浆瞬间在舌尖化去,浓香的酒气从口鼻喷散;大口地喝一杯,只觉舌尖在燃烧,一股热流沿着食管酣畅而下,在胃中沸腾。整个酒浆流经之处,暖暖的,热热的,酥酥的,辣辣的。觥筹交错,推杯换盏,饮下几杯,归去小睡一夜,天明后五体通透,如沐春风,丝毫没有头痛之感。

如果有幸参观酒厂车间,品一大杯刚从管子里流出来的、还带着酒曲蒸馏热度的"原泡子",那可是喝酒的最高境界。一杯酒下肚,如同一股炽热的岩浆,带着积压万年的热情,沿着山壁扑进大海,在蓝色的海天间激起冲天的白色气浪。口中酒香浓,腹中酒香热,心中酒香醉,酣畅淋漓、荡气回肠!这时,你才懂得"酒味冲天,飞鸟闻香化凤;糟粕入水,游鱼得味成龙"的真意。

作为基酒,"原泡子"市场上不常见,喝"原泡子"多是至交好友间随意而为。做东者性急的会朗声说,走,喝酒去,"原泡子"!而性子笃定的,开席了才笑盈盈地拎出一个装色拉油用的塑料桶。众人一看,都称道"原泡子"!好酒!也有人心有余悸:这酒厉害!

"风来隔壁千家醉,雨过开瓶十里香。"宿迁酒优雅细腻、酒体醇厚、回味悠长、空杯留香。每一杯宿迁酒都是酿酒人心无旁骛、殚精竭虑的杰作,凝结着匠人们的精湛技艺和完美追求,体现出宿迁朴实无华、热情豁达的纯甄品质。畅游醉美宿迁,共同体会"万丈红尘三杯酒"的人生况味,一起感受"心悬天地外,兴在一杯中"的人生态度,携手抒发"酒里乾坤大,壶中日月长"的人生境界。

3. 酒中乾坤岁月长

一方水土养一方酒,每个地区的酒都有其不可复制的独特性格与魅力。洋河、双沟之水,似乎总是带有一缕香气,是宿迁白酒坛子里散发出来的浓郁香气。这醉人的香气总会令人飘飘然。洋河古镇的酿酒传统源远流长,始于隋唐、兴于明清,极盛时全镇有槽坊、会馆、酒肆数十家,鳞次栉比,酒旗招展,美人古泉、槽坊晚烟、沽帆唱晚,一时文人骚客诗酒流连,吟咏不绝。处

江苏十三美

于淮水系中轴的核心,洋河又位于南北过渡带,这样的空气湿度适合酿酒的微生物生长,于是,地下水、地表水、空气中的水共同调和,孕育了洋河不可复制的绵柔基因。在洋河古镇的泉泰槽坊,还保留着最古老的纯手工酿酒工艺。这里的窖池,有着两百多年的历史,能让酿出的酒特别香醇绵柔,千年佳酿香飘世界的秘诀就藏在此间。

酒都公园夜景 / 宿迁市委宣传部供图

古镇是中华文明绵延传承的生动见证。千年古镇双沟镇位于苏皖两省四县接壤处,东滨洪泽湖,南临淮河,北宋诗人陈师道在《隐者郊居》一诗中写道:"高斋缭绕度双沟,老气轩昂盖九州。"因此,北宋时已有"双沟"之名。

宋元时期,双沟镇已成为"酿酒胜地",境内有大运河、淮河、窑河、溧西河,水陆交通便利,是南北文化的交汇处,天时地利共同造就了这里"酒文化"的温床。

明朝,双沟镇酿酒进入繁盛时期,明洪武年间,双沟镇朱家糟坊采用传统的老五甑工艺酿酒,因口感丰富成为御酒。双沟酒醇厚酒香和柔和口感,曾让明清君王为之倾倒,如今,双沟大曲酿造技艺也是省级非物质文化遗产。

丰富的历史遗存,见证着古镇的历史。酿造技艺、传说故事,也代代延续着古镇的传奇。寻周末不妨到"醉猿故里"醉一回,品一缕醇厚酒香、读一首气韵诗词、听一曲婉转淮红戏、逛一逛酒香四溢的老街,来双沟感受省级历史文化名镇的风采!

四、人文锦绣正青春

常常有人说,宿迁是个好地方,地肥水美五谷香。宿迁之美,不仅在于湖光潋滟的好风光,更在于丰富多彩的人文底蕴。城市如人,拥有自己的发展脉络、人文符号。人文符号是城市的名片,彰显着城市之美。

1. 群贤荟萃

宿迁历史悠久,自古人杰地灵。可以说,一部宿迁文化史,就是一部宿迁群英谱！一部宿迁城市发展史，也就是一部宿迁人才的成长史。历史深处的群贤名士，在青山绿水间、烟波浩渺中，激发出了最昂扬的生命力，各怀经纶、各擅专长、各执技艺，最能代表宿迁的风雅，为中华传统文化写下了浓墨重彩的遒劲一笔。

　　宿迁女子是魂韵，宿迁才子是风骨，两者丰富了这片山水的清明，令人觉得，一生在宿迁走走停停都不够，还祈求来生也能结识这方水土的风貌与精灵。

　　南朝时一般文人对七言体不很重视，认为七言诗是一种"体小而俗"的形式，宿迁人鲍照不仅大胆地采用这种一般文人视为鄙俗的形式，而且以丰富的内容充实这种形式，以革新的精神改造这种形式，变逐句用韵为隔句用韵，并且可以自由换韵，为七言诗的进一步发展开拓了宽广的道路。自他以后，七言体就在南北朝文人诗歌中日益繁荣起来。诗跳荡雄肆，酣畅淋漓，"慷慨任气，磊落使才"，凌厉之势和"发唱惊挺"的独特魅力，不仅在当时标举独出，也深得后代诗人与诗论家的赞许。鲍照与谢灵运、颜延之并称为"元嘉三大家"。他擅长诗赋和骈文，尤善乐府，作品风格俊逸。他的七言及五言乐府等作品，对唐代李白、高适、岑参、杜甫等诗人有很大的影响。明代陆时雍在《诗镜总论》中说："鲍照材力标举，凌厉当年，如五丁凿山，开人世之所未有。当其得意时，直前挥霍，目无坚壁矣。骏马轻貂，雕弓短剑，秋风落日，驰骋平冈，可以想此君意气所在。"清代刘熙载在《艺概·诗概》中说："'孤蓬自振，惊沙坐飞'，此鲍明远赋句也，若移以评明远诗，颇复相似。"晚清房震亨一生坎坷，家道清贫，对诗文则颇有造诣。就馆于淮阴、南京等地。常以诗词寄慨，抒发感怀之情愫。其人交游甚广，与本地名流硕彦，淮阴、南京等地诗人雅士，还有亲戚、族秀、门生等文人，均为道义之交。其诗庄重诙谐兼具，有的直取里巷歌谣，修整成篇，有白居易、陆游的风格。

晚清刘清韵的诗词清新飘逸，挥洒有致，言辞间透出豪侠之气，自成一格，但是，后世最为关注的还是她的戏曲创作。据已刊行的10种作品来看，刘清韵作品涉猎的题材内容较为广泛，主题新颖别致，人物鲜明生动，情节集中简练，结构紧凑完整，语言雅洁自然。在传奇创作渐趋没落的时代，她的戏曲创作却立足于雅俗共赏，注重舞台的演出效果，语言则以平淡自然为美。刘清韵的创作实绩，足以令其在中国戏曲史、女性文学史和近代文学史上占有一席之地。

清人薛怀的枯墨小品，疏脱闲雅，别有风味。他是以宜兴茶器入画的第一人，推动了宜兴茶器向高雅艺术转变。据传世书画看，薛怀所画宜兴茶器，皆阴阳向背，十分朗豁，极似现代素描画，深受人们喜爱。

现当代画家苏葆桢利用墨色的淡浓和中间留出的高光，画出带光感和水分饱满的葡萄，并将葡萄组成富有立体感的葡萄串，表现枝头葡萄的空间感。他不仅用水墨画葡萄，还以花青、胭脂、藤黄相调配，画出紫色葡萄和绿色葡萄，并以紫、墨、绿三色画出不同颜色的葡萄串，配以篮子、盘子或各色花卉，表现不同情状下的葡萄。他画的葡萄水分饱满、丰盛充盈、墨彩交辉、生动自然，充分表现出葡萄那种半透明的质感和空间感。人们为表示对苏葆桢所创作的葡萄画品的认同，给予其"苏葡萄"的美誉。

现当代导演吴印咸拍摄的《风云儿女》，轰动一时，成为中国电影史上的经典之作。电影中白求恩大夫身穿白色围裙，高高地卷起袖子,站在简陋的手术台前,他那一丝不苟、严肃认真、沉着镇定的神情,形象地呈现在人们面前,思想性和艺术性完美结合,留下了珍贵的历史性镜头。

2. 绚烂传承

千百年来,古老的西楚大地上有着丰富多彩、弥足珍贵的非物质文化遗产。那一个个鼓点、一声声吟唱、一处处镌刻、一盏盏琼浆,让年轻的宿迁绽放出绚丽的光彩!文脉是一个民族的魂脉,一个城市的精神,宿迁的非遗,美在事之奇,赋予了宿迁独特的精神气质。

宿迁流传着谚语:"家有三棵桃,不怕野鬼嚎!"桃树在水川墩下广泛种植,被称为天桃千顷。泗阳核雕不仅是一门技艺,更是一种传统文化的延续和表达。通过对桃核的细致雕刻,泗阳核雕艺术家将各种形象和情感呈现在作品中。核雕作品在充分展示民间智慧和技艺的同时,也传递着泗阳人民对吉祥、幸福和祥和生活的向往。

一块电烙铁、一块木板、一件精美工艺品是烙画的基本表征,通过铬铁的勾、勒、点、染、擦、白描等手法,烙出具有丰富层次、惟妙惟肖的人物肖像。烙铁与明火的巧妙结合加上娴熟的驾驭能力,无论是山水风光、花鸟动物的泼墨抹染,还是人体与静物的质感肌理,都跃然木板之上,别具韵味。作品出神入化地表现人、牛、羊、马、驴等形象,栩栩如生。烙画创作的题材广泛,甚至农家院里的石磨、老屋等都是描绘的对象。

泗洲戏、柳琴戏、淮海戏、淮红戏、童子戏……清曲绵绵,演绎着人世间的离合悲欢。泗洲戏,明快活泼、雅俗共赏;柳琴戏,委婉动人、余音绕梁;淮海戏,优美动听、唱腔爽朗;苏北大鼓,一板一鼓,源远流长;苏北琴书,琴板和鸣、唱响八方。宿迁的非遗,美在乐之壮。霸王锣鼓,历史悠久、文武兼长;天岗锣鼓,气势恢宏、相得益彰;打硪号子,节奏强劲、边打边唱;大兴吹打乐,粗犷豪放、音色洪亮。宿迁的非遗,美在舞之魂。洪泽湖渔鼓、大兴旱船、丁嘴跑驴、顺河舞龙、侍岭舞狮、董王高跷,这些极具地方特色的传统舞蹈,诙谐幽默、激情飞扬。宿迁的非遗,美在技之精。匠心独具的宿迁剪纸、"铁笔"生花的烙(书)画、形象生动的泥(面)塑、古朴灵动的旋木雕,以及巧夺天工的云渡桃雕,向世人展示着宿迁非遗的独特魅力。一项项古老的非遗在传承创新中逐步鲜活起来、流行起来。一方传奇水土、一缕绵柔醇香、一抹梦幻幽蓝、一曲婉转吟唱,世代相传的非遗文化,正以独特的魅力,影响着宿迁人的思维方式,维系着中华民族的文化绵延!

3. 特色风味

宿迁特色美食集中了南北风味,既有鲁菜之重,也有淮扬菜之轻,口味多样化。宿迁的特色风味,千年传承、匠心独具,让人唇齿留香、回味悠长。

乾隆贡酥得名于1757年乾隆二下江南之时。小镇的人在制作"乾隆贡酥"的过程中,非常注意烧饼的艺术性。从形状上看,它们有圆的、椭圆的、四边形叠加的、规则的、不规则的。从色泽上看,它们有的蛋黄、有的斑红、有的葱白,随糖汁的多少和火候的大小任意变化。配上去了皮的芝麻,点点斑斑,有疏有密,使人想起美人眉下几粒淡淡的斑点,透着秀气。"贡酥饼"深受人们喜爱,已成为小镇人必不可少的生活佳品。湖上渔家的小鱼锅贴,省时省事,是洪泽湖渔民在长期的湖上生活实践中,在因湖而宜的饮食习惯中创造出来的一种独特的名肴。

　　历史渐行渐远,远到只有故事和传说。传统饮食和技艺却不曾停息,内中隐含若干细节长久流传,从历史的深处融入今日的街巷与庙堂,弥漫到广阔的舞台,日渐成为百姓日常生活的一部分。

　　感悟宿迁,我们能够读到的,是她的宁静、悠远、厚重、深沉、丰腴与富足,我们内心体会的,是风雨之后的淡定、从容与自信,我们希望做到的,是灿烂文明的世代传承。处于这个伟大时代,如今的宿迁,天时正旺,人和正浓,云帆已挂！如今的宿迁,带着浪漫与诗意从千年文明中走来,在新时代迸发出古老与青春交汇、厚重与灵动交融、热闹与静谧结合的奇妙魅力。